高等职业教育"十三五"规划教材

汽车专业工作过程导向职业核心课程双证系列教材

人力资源和社会保障部职业技能鉴定中心组编

汽车底盘电控系统
检修一体化项目教程

主　编　曾　文　刘　伟

副主编　雷治亮　叶伟健　黎国铭

　　　　袁　勇　廖俊洲

主　审　蔡昶文

上海交通大学出版社

内容提要

本书主要内容包括：汽车自动变速器检修、汽车 DSG 双离合变速器检修、汽车 ABS 故障检修、汽车 ESP 系统检修、汽车电子驻车制动系统检修、汽车电控悬架检修、汽车电动助力转向检修、汽车电控四轮驱动系统检修、汽车轮胎气压监测系统检修、汽车驱动防滑系统检修等 10 个章节，本书重点介绍了底盘电控系统的结构、工作原理、故障诊断与检修方法。重点强调按企业实际工作过程来培养学生的汽车底盘电控系统的故障分析、故障诊断与排除等专业能力和职业核心能力。

本书可作为高职高专、技工院校、普通院校、远程教育和培训机构的汽车底盘电控系统的检修教材，也可供广大汽车维修从业人员学习参考和职业鉴定前应试辅导。

为了方便老师教学及学生自学，本书配有多媒体课件，欢迎读者来函来电索取。联系电话：(021)60403010；电子邮箱：39366534@qq.com。

图书在版编目(CIP)数据

汽车底盘电控系统检修一体化项目教程／曾文，刘
伟主编. —上海：上海交通大学出版社，2015
ISBN 978-7-313-12854-6

Ⅰ. ①汽… Ⅱ. ①曾… ②刘… Ⅲ. ①汽车-底盘-
电气控制系统-车辆修理-中等专业学校-教材 Ⅳ.
①U472.41

中国版本图书馆 CIP 数据核字(2015)第 081186 号

汽车底盘电控系统检修一体化项目教程

主 编：曾 文 刘 伟					
出版发行	上海交通大学出版社		地 址：	上海市番禺路 951 号	
邮政编码：	200030		电 话：	021-64071208	
出 版 人：	韩建民				
印 制	上海天地海设计印刷有限公司		经 销：	全国新华书店	
开 本：	787 mm×1092 mm 1/16		印 张：	18.25	
字 数：	425 千字				
版 次：	2015 年 7 月第 1 版		印 次：	2015 年 7 月第 1 次印刷	
书 号：	ISBN 978-7-313-12854-6／U				
定 价：	48.00 元				

序

随着社会经济的高速发展和现代制造业的不断升级，我国对技能人才地位和作用的认识得到了空前的提高，技能人才的价值越来越得到认可。如何培养符合未来中国经济社会发展需要的技能人才也得到社会的广泛关注。

人力资源和社会保障部职业技能鉴定中心、中国就业培训技术指导中心担负着为我国就业和职业技能培训领域提供技术支持和技术服务的重要任务。在新的形势下，为各类技工院校、职业院校和培训机构提供技能人才培训、培养模式及方法等方面的技术指导尤为重要。在党中央国务院就业培训政策方针指引下，中心结合国情，开拓创新思路，探索培训方式，研究扩大就业，提供技术支持，为国家就业服务和职业培训鉴定事业的发展，提供了强有力的支撑。与此同时，中心不断深化理论研究，注重将理论转化为实践，成果也十分明显，由中心组编的"汽车专业工作过程导向职业核心课程双证系列教材"便是这种实践成果之一。

我国作为世界汽车生产和消费大国，汽车产业的快速发展和汽车消费的持续增长，为国民经济的增长产生了巨大拉动作用。近年来，我国汽车专业职业教育事业取得了长足发展，为汽车行业输送了大量的人才。随着汽车产业的迅猛发展，社会对汽车专业人才提出了更高的要求。进一步深化人才培养模式、课程体系和教学内容的改革，不断提高办学质量和教学水平，培养更多的适应新时代需要的具有创新能力的高技能、高素质人才，是汽车专业教育的当务之急。

作为汽车专业教育的重要环节，教材建设肩负着重要使命，新的形势要求教材建设适应新的教学要求。职业教育教材应针对学生自身特点,按照技能人才培养模式和培养目标,以应用性职业岗位需求为中心,以素质教育、创新教育为基础,以学生能力培养、技能实训为本位,使职业资格认证培训内容和教材内容有机衔接,全面构建适应 21 世纪人才培养需求的汽车类专业教材体系。

我热切地期待,本系列教材的出版将对职业教育汽车类专业人才的培养和教育教学改革工作起到积极的推动作用。

人力资源和社会保障部职业技能鉴定中心主任

中国就业培训技术指导中心主任

2011 年 5 月

目 录

第一部分

课程整体设计

本教材根据汽车维修岗位工作内容,结合汽车维修工作业层次不同,选取了自动变速器、DSG 双离合变速器、ABS 车轮防抱死系统、ASR 驱动防滑系统、ESP 车身电子稳定系统、汽车电子驻车制动系统、汽车电控悬架系统、汽车电控转向系统、汽车电控四轮驱动系统、轮胎气压监测系统 10 个学习项目。

项目一根据汽车传动系的结构和工作原理,培养学生具备定期维护汽车传动变速系统的相关技能。

项目二根据汽车自动变速器基础上加入 DSG 双离合变速器的学习,通过 DSG 双离合变速器的检修、DSG 双离合变速器挂档不走的故障案例,进行诊断与排除,从而认识 DSG 双离合变速器的结构与原理。

项目三、项目四、项目五都是根据汽车行驶系的结构和工作原理,培养学生具备定期维护汽车行驶系统的 ABS、ASR、ESP 系统的相关技能。

项目六、项目七、根据现代汽车发展,对高档车锁具备的电子驻车制动系统与汽车电控悬架系统的日常维护与检修过程进行学习结构与原理。

项目八、项目九、根据汽车电控转向系统与汽车电控四轮驱动系统的维修方法分为诊断与排除汽车转向沉重、车辆跑偏故障,学习汽车转向系、行驶系的结构、控制原理和主要部件的检修方法。

项目十根据轮胎气压监测系统结构和工作原理,培养学生具备定期检测和维护汽车轮胎气压监测系统的相关技能。

本书所有项目按工作过程导向项目课程的思路组织编写,以实施具体任务来实现项目目标,同时还设计了若干训练活动来为顺利实施任务做准备。以完成任务展开学习,边学边做任务。实现做中学,学中做一体化教学核心思想。

一、课程内容设计

10 个学习项目具体的教学安排如下表所示。

项目名称	工作任务	课时分配
项目一 自动变速器检修	任务1 自动变速器检查与维护	3
	任务1.1 电子控制系统故障诊断与排除	3
	任务1.2 自动变速器的性能测试	2
项目二 DSG双离合变速器检修	2.1 DSG双离合变速器检查与维护	3
	2.2 DSG挂档不走故障诊断与排除	3
项目三 ABS车轮防抱死系统检修	3.1 ABS系统的检查与维护	3
	3.2 ABS故障的诊断与排除	3
项目四 ASR驱动防滑系统检修	4.1 ASR检查与维护	4
	4.2 ASR故障的诊断与排除	4
项目五 ESP车身电子稳定系统检修	ESP维护、保养与故障诊断、排除	8
项目六 汽车电子驻车制动系统检修	FSE拆、装手刹制动拉索及维护与故障的诊断、排除	8
项目七 汽车电控悬架系统检修	7.1 车身高度传感器维护与故障的诊断、排除	4
	7.2 汽车电控悬架打气泵维护与故障的诊断、排除	4
项目八 汽车电控转向系统检修	8.1 液压式电控动力转向系统结构维护与故障的诊断、排除	4
	8.2 电动式电动转向系统结构维护与故障的诊断、排除	4
项目九 汽车电控四轮驱动系统检修	9.1 汽车电控四轮驱动系统检查与维护	4
	9.2 汽车电控四轮驱动系统故障的诊断与排除	4
项目十 轮胎气压监测系统检修	10.1 轮胎压力检测系统检查与维护	4
	10.2 轮胎压力检测系统的故障诊断与排除	4

二、课程目标设计

能描述汽车电控底盘的结构、工作原理、功能及装配关系,能够从整车或台架上自动变速器、DSG双离合变速器、ABS车轮防抱死系统、ASR驱动防滑系统、ESP车身电子稳定系统、汽车电子驻车制动系统、汽车电控悬架系统、汽车电控转向系统、汽车电控四轮驱动系统、轮胎气压监测系统的零部件并进行检修年。

能够根据汽车底盘各部件的磨损规律制定维修方案,并熟练实施维修保养作业。会利用汽车故障现象,分析汽车电控底盘故障原因,制定故障诊断流程,并能根据汽车底盘故障现象的特点和故障诊断流程进行作业,排除汽车电控底盘故障。能正确使用常用工具、仪器设备。实施维修与保养作业。

会运用维修手册和维修电子资料。根据汽车电控底盘的结构原理,正确规范完成汽车自动变速器、DSG双离合变速器、ABS车轮防抱死系统、ASR驱动防滑系统、ESP车身电子稳定系统、汽车电子驻车制动系统、汽车电控悬架系统、汽车电控转向系统、汽车电控四轮驱动系统、轮胎气压监测系统零部件的拆装与调整。在学习或作业过程中严格的执行5S现场管理与操作规范,能以其他同学团结协作,共同处理学习和工作中一般问题。

了解最新的汽车电控底盘技术的应用。

三、课程教学资源的要求

师资要求：建议中级或以上职称，或技师职业资格，或具有 3 年以上的企业维修经验的双师型教师任课。

实训资源如下表所示。

实习场地名称	实习场地要求	设备序号	设 备 名 称	数量	设备功能\技术指标
汽车底盘实训室	面积：200 m² 配电 380 V、220 V　12 V 抽排系统 环保： JY/T0380 - 2006 要求	1	自动变速器实验台	4	自动变速器等零部件拆装与检测实训
		2	电控悬架实习台架	4	电控悬架拆装与检测实训
		3	汽车举升机	4	举升车辆
		4	汽车尾气抽排系统	1套	排除尾气
		5	防抱死制动系实验台	2	防抱死制动系统检查实训
		6	牵引力控制系统、制动分配系统实验台	2	四轮驱动系统检查实训
		7	车身稳定系统实验台	2	车身稳定系统检查实训
		8	电动助力转向统实验台	1	电动助力转向系统检查实训
		9	轮胎气压监测系统实验台	1	轮胎气压监测系统检查实训
		10	中高级轿车	2	实习用车
		11	专用拆装工具	2	拆装各部件
			解码器	2	读取鼓掌码
			液压吊机	2	举升台架

四、项目设置与项目能力培养目标分解（见下表）

学 习 内 容
学习完本课程后，学生应能够进行底盘电控系统系统的维护、故障诊断和修理作业，包括： （1）自动变速器无前进档故障诊断与排除 （2）DSG 双离合变速器无前进档故障诊断与排除 （3）ABS 故障指示灯常亮故障诊断与排除 （4）ASR 系统失效故障诊断与排除 （5）ESP 系统失效故障诊断与排除 （6）汽车电子驻车制动系统失效故障诊断与排除 （7）电控悬架系统失效的故障诊断与排除 （8）电动助力转向助力不足故障诊断与排除 （9）汽车电控四轮驱动系统失效故障诊断与排除 （10）轮胎气压监测系统失效的故障诊断与排除

笔记

（续　表）

		参考性学习任务			
序号	学习任务名称	学习子任务及目标描述	一体化	理论	实训
				学时	
1	自动变速器检修无前进档诊断与排除	（1）能够分辨自动变速器的形式 （2）能够叙述自动变速器的组成，简述自动变速器的换档原理 （3）能够叙述电子控制系统的主要组成部分及其作用 （4）能够分析电子控制系统的工作过程和故障原因 （5）能够在教师的指导下，制订自动变速器的基本检查工作训划并进行调整 （6）小组合作查阅维修资料，对自动变速器进行基本检查	8	3	5
2	DSG 双离合变速器无前进档故障诊断与排除	（1）会 DSG 双离合器的功能 （2）会 DSG 双离合器的发展 （3）会 DSG 双离合器的分类 （4）能够检阅维修资料获取 DSG 双离合器压控制系统的检修方法，并实施 （5）能够在教师指导下，制订 DSG 双离合器拆卸和安装的计划，并实施	6	2	4
3	ABS 故障指示灯常亮故障诊断与排除	（1）汽车 ABS 系统的组成、作用及原理 （2）能够熟悉汽车 ABS 系统的布置与拆装 （3）掌握汽车 ABS 系统的故障诊断与检修方法 （4）掌握汽车 ABS 系统的故障诊断与检修方法	6	2	4
4	ASR 系统失效故障诊断与排除	（1）能够叙述 ASR 的功用 （2）能够叙述 ASR 的组成、各部件的作用与原理 （3）能够叙述 ASR 的工作原理 （4）能够按照规定流程确定 ASR 的故障症状，分析故障原因，并制定检修计划 （5）能按照技术要求和检修计划实施检修作业，排除 ASR 系统失效的故障	8	3	5
5	ESP 系统失效故障诊断与排除	（1）能够叙述车身稳定系统的功用 （2）能够叙述车身稳定系统的组成、各部件的作用与原理 （3）能够叙述车身稳定系统的工作原理 （4）能够按照规定流程确定车身稳定系统的故障症状，分析故障原因，并制定检修计划 （5）能按照技术要求和检修计划实施检修作业，排除 ESP 系统失效的故障	8	3	5
6	汽车电子驻车制动系统失效故障诊断与排除	（1）会电子驻车制动系统的结构与功能 （2）会电子驻车制动系统的发展 （3）会电子驻车制动系统的分类 （4）能够按照规定流程确定电子驻车制动系统的故障症状，分析故障原因，并制定检修计划 （5）能按照技术要求和检修计划实施检修作业，排除电子驻车制动系统失效的故障	8	3	5

（续 表）

参考性学习任务					
			学时		
序号	学习任务名称	学习子任务及目标描述	一体化	理论	实训
7	电控悬架系统失效的故障诊断与排除	（1）能够叙述电控悬架系统的功用 （2）能够叙述电控悬架系统的组成、各部件的作用与原理 （3）能够叙述电控悬架系统工作原理 （4）能够按照规定流程确定电控悬架系统的故障症状，分析故障原因，并制定检修计划 （5）能按照技术要求和检修计划实施检修作业，排除电控悬架系统失效的故障	8	3	5
8	电动助力转向助力不足故障诊断与排除	（1）能够叙述电动助力转向系统的功用 （2）能够叙述电动助力转向系统的组成、各部件的作用与原理 （3）能够叙述电动助力转向系统的工作原理 （4）能够按照规定流程确定电动助力转向系统的故障症状，分析故障原因，并制定检修计划 （5）能按照技术要求和检修计划实施检修作业，排除电动助力转向助力不足的故障	8	3	5
9	汽车电控四轮驱动系统失效故障诊断与排除	（1）能叙述出电控四轮驱动系统的作用、组成与原理 （2）电控四轮驱动系统主要部件的构造、工作原理、特点 （3）电控四轮驱动系统主要部件的检修工艺及技术要求 （4）掌握自诊断系统故障代码的读取 （5）掌握第二代随车电脑诊断系统 OBDⅡ故障代码的读取 （6）掌握利用车外自诊断系统故障代码的读取	8	3	5
10	轮胎气压监测系统失效的故障诊断与排除	（1）能够叙述轮胎气压监测系统的功用 （2）能够叙述轮胎气压监测系统的组成、各部件的作用与原理 （3）能够叙述轮胎气压监测系统工作原理 （4）能够按照规定流程确定轮胎气压监测系统的故障症状，分析故障原因，并制定检修计划 （5）能按照技术要求和检修计划实施检修作业，排除轮胎气压监测系统失效的故障	8	3	5
合 计			76	28	48

五、课程考核方案设计

1）课程定位

《汽车底盘电控系统检修》课程是汽车运用与维修专业的专业课程，该课程内容涉及到汽车发动机的核心控制部分，是汽车维修岗位的关键技术能力，本课程构建于《汽车认识》《汽车维修基础》《汽车电工电子检测》《汽车维护》《汽车传动系维修》《汽车转向系维修》等课程的基础之上，为《汽车底盘综合故障诊断与排除》《汽车使用与性能检测》《汽车维修质量检验》等课程的学习奠定基础。该课程适合采用工作过程系统化、行动导向等教学方法组织教学。

2）课程目标和内容

学生以独立或小组合作的形式，通过教师指导或借助于汽车维修手册等资料，制定汽油发动机控制系统检修作业计划，在规定的时间内完成上述计划、实施、检查并进行评价反馈。在实施过程中，使用工具、设备、燃料和材料等要符合劳动安全和环境保护规定，对已完成的任务进行记录、存档和评价反馈。

学习完本课程后，学生应能够对汽油底盘电控系统进行故障诊断、零部件及电路检测、故障修复的作业，包括：

（1）汽车自动变速器检修。

（2）汽车 DSG 双离合变速器检修。

（3）汽车 ABS、ASR、ESP 系统检修。

（4）汽车 FSE 驻车制动系统检修。

（5）汽车电控悬架系统检修。

（6）汽车电控转向系统检修。

（7）汽车四轮驱动系统检修。

（8）汽车轮胎压力监测系统检修。

3）课程考核方案

本课程考核内容主要以汽车系《汽车底盘电控系统检修》课程标准为依据，课程综合考核主要部分如下表所示。

项　目	工 作 任 务	综 合 表 现	操 作 考 核
比　重	35%	30%	35%
类　型	过程评定	过程评定	技能考核（结果评定、理论考核?）
备　注	实操过程中完成各工作任务情况	考勤、学习态度、团队、沟通、自主学习等综合能力表现评定	技能实操考核结合提问口答等多种形式进行

课程考核方案如下表所示。

项　目	内　　容	比重	评分标准	评分主体	总分
工作任务	ABS 系统故障检修	15	完成度	互评	A
	ASR、ESP 系统故障检修	15	完成度	互评	
	电动助力转向系统故障检修	15	完成度	互评	
	自动变速器系统故障检修	20	完成度	互评	
	电控悬架系统故障检修	15	完成度	互评	
	底盘电控系统综合故障的诊断与修复	20	完成度	互评	
	说明：工作任务根据任务完成情况，由小组组长评定，或队员互评方式进行对 5S 执行情况、工具使用、操作规范等进行评定				

（续表）

项　目	内　　容	比重	评分标准	评分主体	总分
综合表现	考　勤	30	到课率	班干	B
	课堂表现		单项扣分	班干	
	团队合作	40	模糊	自评	
	自主学习		模糊	自评	
	交流沟通		模糊	自评	
	说明：考勤由班干负责，旷课1节扣1分，迟到扣0.5分；课堂表现采用点名扣分制，被老师点名一次扣5分。其他采用在组内公开进行自评的方式进行				
操作考核	ABS系统故障检修		实操＋口答	教师＋小组组长	C
	ASR、ESP系统故障检修		实操＋口答		
	电动助力转向系统故障检修		实操＋口答		
	自动变速器系统故障检修		实操＋口答		
	电控悬架系统故障检修		实操＋口答		
	底盘电控系统综合故障的诊断与修复		实操＋口答		
	操作考核采用抽题方式进行，上面各项只需考其中一项，考核过程中除了完成操作任务外，还要口头简要回答该系统结构、名称、组成、功用、工作原理等问题				
综合成绩			总分＝A×35％＋B×30％＋C×35％		

六、教学建议

（1）建议本课程常用理论与实操一体化的教学模式，教学场所和行动导向的教学方法。

（2）教学场所中应设置理论教学区和实践教学区，在理论教学区中设置学习讨论区，配置学习任务所需的维修手册、维修资料和维修数据的计算机查询系统。

（3）为保证安全，建议每位指导老师负责组织和指导20位左右的学生，每组学生控制在3～6人。

（4）教师在讲授和演示教学中，应借组多媒体教学设备，配置丰富的课件。

（5）《汽车底盘电控系统检修》工作页是教学的主线，其他学习资料是为工作页服务的。

（6）可根据当地汽车维修行业情况、学校师资、学生情况、场地和设备等实际条件进行相应的调整，并结合本地区的生产实际和具体学习任务调整教学时间和教学内容。

第二部分

教 学 内 容

项目一 自动变速器检修

项目概述

　　自动变速器的功用是能够根据发动机负荷和车速等情况自动变换传动比,使汽车获得良好的动力性和燃料经济性,并可以减少发动机排气污染。装有自动变速器(见图 1-1、1-2)的汽车易于操作,可大大提高汽车行驶的安全性。

图 1-1　前置后驱自动变速器　　　　　　图 1-2　前置前驱自动变速器

　　随着汽车技术的发展,追求动力、经济及环保性的要求,自动变速器功能越来越强大,系统零件变得越来越复杂,自动变速器的动力性、经济性、使用寿命、排放等方面的性能。

本项目主要学习任务:

　1　自动变速器检查与维护

笔记

2　电子控制系统故障诊断与排除
3　自动变速器的性能测试

工作任务 1　自动变速器检查与维护

任务描述

　　一天,小王接到的一辆轿车,更换后的变速器油在较短的时间里就会变质、变速器油温度过高,进入维修厂进行维修。通过询问客户了解车辆使用情况,车间检测初步确认结果是需进行 ATF 检查与更换。保证汽车自动变速器良好的技术状况对于汽车正常工作十分重要。因此,必须定期对汽车自动变速器行检查与维护,并及时更换已严重磨损或损坏的零部件,以便及时发现和排除故障,确保自动变速器的工作性能良好。

学习目标

　　1. 知识目标
　　(1) 认识自动变速器的组成、结构与功用。
　　(2) 掌握整车上自动变速器组成、各部件的位置及作用。
　　2. 技能目标
　　(1) 能够初步进行自动变速器的检查维护。
　　(2) 会运用所学知识和经验,为客户提供自动变速器日常维护的建议。
　　3. 素养目标
　　(1) 具备信息查询和手册使用的基本能力。
　　(2) 能够按照企业 5S 要求和安全生产规范进行操作。
　　(3) 能与同学密切合作,规范安全的完成学习活动。
　　(4) 养成自主学习、操作规范的工作作风及环保意识。
　　建议学时: 6 学时

资料查询

　　1. 查阅"学习参考书"、维修手册和相关维修资料,整理出该任务的知识点和技能点

笔记

知识点	(1)
	(2)
	(3)
	(4)
	(5)
技能点	(1)
	(2)
	(3)
	(4)
	(5)

2. 查阅资料,完成下列测试

(1) 自动变速器需要检查和维护哪些项目请一一列举?

(2) 当油面高度过低,_____可能进人油泵与 ATF 混合,导致 ATF 分解,从而使自动变速器_____降低,可能导致自动变速器发生严重的故障。

(3) 当油面高度过高,油液被运动的齿轮_____,_____,可能和 ATF 混合,产生_____,过热和氧化现象,同样可能导致变速器的阀门、离合器、执行机构等部件出现故障。

3. 查阅资料,识别自动变速器主部件,并指出各部件在车上的安装位置并填写下图中。

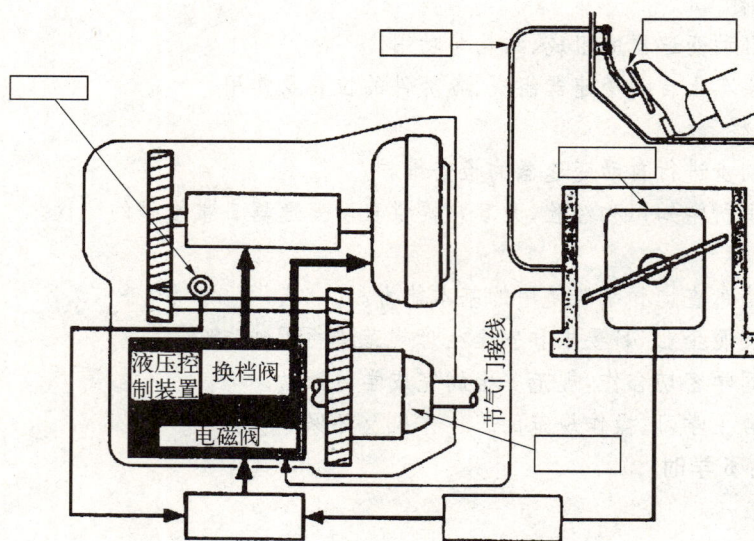

计划决策

请根据任务要求,确定汽车自动变速器检查与维护所需要的资料及用具。

笔 记

1. 需要的资料及用具

(1) 场地设施：_____

(2) 设备器材：_____

(3) 备件耗材：_____

(4) 防护用品：_____

2. 小组成员分工

人 员 分 工	工具、量具准备	主 要 职 责
组号		
组长		
组员		

3. 汽车自动变速器认知、检查与维护流程工作任务

工作步骤	工 作 内 容
步骤 1	
步骤 2	
步骤 3	
步骤 4	
步骤 5	
步骤 6	

任务实施

1. 自动变速器检查

自动变速器的油位不当，油质不佳、联动机构调节不当以及发动机怠速不正常，是引起自动速器产生故障的最常见原因。通常把对这些部件的检查与重新调整，称为自动变速器的基本检查。无论具体故障是什么，这种基本检查总是要进行，而且也是首先进行的。基本检查和调整项目包括：油面检查、油质检查、液压控制系统漏油检查、油门拉索检查和调整、换档杆位置检查和调整、空档起动开关和怠速检查。

2. 油面高度检查

(1) 先将汽车停在平等的路面上或者举升机上，起动发动机，先将发动机怠速运转 1 分钟以上。

(2) 拉起驻车制动器，踩住刹车，将换档杆分别挂入各个档位，在每个档位停留时间应不少于 5 s，使液力变矩器和所有换档执行元件中都充满波箱油，最后挂回驻车档。注意不要熄火。

① 对于有机油尺的自动变速器,先将机油尺擦干,然后重新将机油尺插到自动变速器内,再次拔出机油尺观察机油尺上 ATF 油液面高度,应在标准范围之内。

波箱油油面高度的标准是:如果自动变速器处于冷态(即冷车刚刚起动,波箱油的温度较低,为室温或低于 25℃时),波箱油油面高度应在油尺刻线的下限附近;如果自动变速器处于热态(如低速行驶 5 分钟以上,波箱油温度已达 70～80℃),油面高度应在油尺刻线的上限附近(见图 1-3)。这是因为低温时波箱油的粘度大,运转时有较多的波箱油附着在行星齿轮等零件上,所以油面高度较低;高温时波箱油粘度小,容易流回油底壳。因此油面较高。

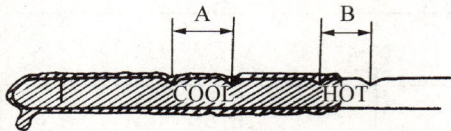

图 1-3 自动变速器油面高度的检查

大多数车型的机油尺有冷态(COOL)和热态(HOT)两种刻度,如果没有热车就检查 ATF 油,应以冷态范围的刻度标准为主。

② 对于没有安装机油尺的自动变速器在油底壳的放油处一般装有溢流阀。须把车辆停在举升机上,将车辆平稳顶起。在挂完各个档位后,拧开放油螺丝,检查是否有 ATF 油溢出。如果有 ATF 油大量流出,则说明 ATF 油过多,须适量放出一些;如果没有 ATF 油溢出,则说明油液过少,须补充。

对于装有溢流阀的自动变速器必须要等到自动变速器达到正常工作温度后才可以检查。

ATF 油过少将会导致离合器、制动器打滑,汽车加速性能变差,同时将导致行星齿轮润滑不良;ATF 油过多可能造成控制阀排油不畅影响离合器、制动器平顺分离,造成换档迟缓。

3. 检查油质

变速器在正常工作温度下一般能行驶约 6 万千米或 24 个月,影响油液和变速器使用寿命的最重要因素之一是油液的温度,而影响油液温度的主要因素是液力变矩器有故障、离合器、制动器滑转或分离不彻底,单向离合器滑转和油冷却器堵塞等,所以油液温度过高或急剧上升是十分重要和危险的信号,说明自动变速器内部有故障或油量不够。若发现温度过高,应当立即停止检查。延长自动变速器使用寿命的关键就在于经常检查油面、检查油液的温度和状态。

在检查油面高度的同时,还应该进行油液状况的检查。检查油液时,从油尺上嗅一嗅油液的气味,在手指上点少许油液,用手指互相摩擦看是否有渣粒,或将油尺上的波箱油滴在干净的白纸上,检查波箱油的颜色及气味。正常波箱油的颜色一般为粉红色、金黄色或绿色,有特殊气味。如波箱油呈棕色或有焦味,说明已变质,应立即换油。自动变速变冷却油质的原因:

1) 过热破坏

如果油液变成了褐色或暗红色,说明油液已经发生了过热老化。其主要原因是:

(1) 自动变速器油使用时间过长,一般情况下油液应该定期更换(一般为两年或 60 000 千米),如果长时间不换,油液就会变质。

(2) 液力变矩器锁止功能失效。

(3) 自动变速器散热器堵塞或散热油管弯折,使油液不能很好散热。

2）自动变速进器水

如果油液出现乳状，说明自动变速器进水。一般自动变速器进水的原因有两种：

（1）发动机冷却液通过自动变速器散热器进入波箱油中，此时应更换自动变速器散热器并检查自动变速器冷却油压是否在正常范围内。

（2）雨水或洗车水从透自动变速器气孔中进入波箱，此种情况应检查自动变速器的透气帽是否丢失，如果丢失必须补齐透气帽，否则极易造成雨水或洗车水再次进入自动变速器。

3）油面高度误差大

油中有泡沫。此现象主要是由于油面过高或过低引起的。当油面过高时，行星齿轮和其他旋转部件部分浸在波箱油中，发生搅动油液的现象，导致油液产生气泡。如果油液过低，油泵将吸入空气，使油液与空气混合，产生气泡。若气泡进入液压控制系统，液压控制系统到压力会下降，影响正自动变速器常工作，甚至打滑。而且气泡还会引起油面上涨，导致油液自动变速器从透气孔和加油口溢出，引起错误判断。

4）摩擦片打滑

如果油液呈深黑色，与旧机油的颜色相近，并且伴有严重的焦糊味，说明离合器、制动器的摩擦元件打滑并引起波箱油变质。伴随这种现象出现的故障是自动变速器严重打滑，换档受影响或不能完成换档。此种情况出现基本可以判断必自动变速器须进行解体大修。

5）金属零件磨损

油液中含有金属杂质，拆下油底壳放油堵时，在磁铁上会发现大量金属碎末，此种现象是由于波箱内的金属异常磨损造成的。该常自动变速器见的易磨损部件有：中间抽、轴承、离合器钢片、离合器壳体等。

6）摩擦材料脱落

油中有摩擦片的剥落物，此种现象常出现在进自动变速器水后未进行解体大修，而仅是更换自动变速器油后继续使用，在继续使用过程中通常会出现摩擦片脱落的现象。

4. 漏油检查与油自动变速器的更换

1）漏油检查

自动变速器的各连接部位上都有油封和密封垫，这些部件是常发生漏油的地方。自动变速器漏油会引起油路压力下降，油位下降是换档打滑和延迟的常见原因。图1-4是自动变速器易发生漏油部位，应逐一进行检查。

2）自动变速器油的更换

自动变速器换油的具体方法可参照如下方法进行：

（1）车辆运行至自动变速器达到正常工作温度油温70～80℃后停车熄火。

（2）拆下自动变速器自动变速器油底壳上的放油螺塞，将油底壳内的油放净。有些车型的自动变速器油底壳上没有放油螺塞，应拆下整个油底壳，然后放油。拆油底壳时应先将后半部油底壳螺钉拆下，拧松前半部油底壳螺钉，再将后半部油底壳撬离变速器壳体，放出部分波箱油，最后再将整个油底壳拆下。

（3）拆下油底壳，将油底壳清洗干净。有些自动变速器的油底壳上的放油螺塞为磁性螺塞，也有些自动变速器在油底壳内专门放置一块磁铁，以吸附换屑。清洗时必须注意将螺塞或磁铁上的铁屑清洗干净后放回。

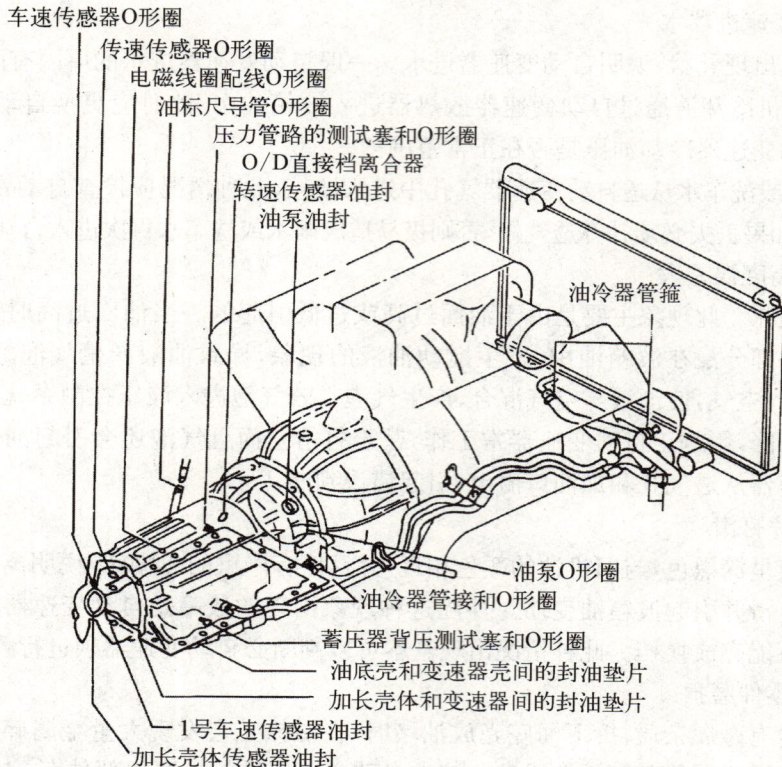

图 1-4　变速器各油封位置

（4）拆下自动变速器油散热器油管接头，用压缩空气将散热器的残余自动变速器油吹出，再装好油管接头。

（5）装好油底壳和放油螺塞。

（6）从自动变速器加油管中加入规定牌号的波箱油。一般自动变速器油底壳内的贮油量为 4 L 左右。

（7）起动发动机，检查自动变速器油面高度。要注意由于新加入的油液温度较低，油面高度应在油尺刻线的下限附近。如油面高度太低，应继续加油至规定油面高度。

（8）让汽车行驶至发动机和自动变速器达到正常工作温度，再次检查油面高度是否在油尺线的上限附近。如过低，应继续加油，直至满足规定要求为止。

（9）如果不慎加入过多油使自动变速器油面高于规定的高度，切不可凑合使用。因为当油面过高时，行驶中油液被行星排剧烈地搅动，产生大量的泡沫。这些带有泡沫的自动变速器油进入油泵和控制系统后，对自动变速器的工作极为不利。其后果和油面高度不是一样，会造成油压过低，导致自动变速器内的摩擦元件打滑磨损。因此油面过高时，应把油放掉一些。有放油螺塞的自动变速器只要把螺塞打开即可放油；没有放油螺塞的自动变速器在做少量放油时，可从加油管处往外吸。

一般自动变速器的总油量为 7 升左右，按上述方法换油时，变矩器内的波箱油是无法放出的。若波箱油严重变质，必须全部更换时，可先按上述方法换油，然后让汽车行驶约 5 分钟后再次换油。

笔 记

考核评价

1. 知识评价

现场问答题：

(1) 叙述自动变速器的功用。

(2) 在实车上指出自动变速器的组成、各零件的位置及作用。

(3) 描述自动变速器进行基本检查和维护方法。

2. 技能及素养评价

综合考评		自我评价	小组互评	教师评价	第三方评价
素质考评 30分	劳动态度6				
	遵守纪律6				
	安全操作6				
	学习态度6				
	出勤情况6				
技能考评 70分	工具使用10				
	任务方案10				
	实施过程30				
	完成结果10				
	任务工单10				
（总分100分）本次得分：					
最终得分：					

工作任务2　电子控制系统诊断与排除

任务描述

　　王先生的一辆轿车在行驶中，自动变速器升档的车速明显过高，升档时发动机的转速也明显高于正常值；需采用提前升档的操作方法（松开加速踏板）才能使自动变速器升入高档或超速档。进入维修厂进行维修。通过询问客户了解车辆使用情况，车间检测初步确认结果是需进行电子控制系统检修。

　　现在需要你对自动变速器进行进一步检测。

笔记

学习目标

1. 知识目标

掌握各类型自动变速器结构、工作原理及检测方法、流程。

2. 技能目标

(1) 能够解释自动变速器采样数据。

(2) 能够正确使用故障诊断仪,通过查看所选参数,监测自动变速器。

(3) 能够解释所选故障码的故障排除程序。

3. 素养目标

(1) 具备信息查询和手册使用的基本能力。

(2) 能够按照企业 5S 要求和安全生产规范进行操作。

(3) 能与同学密切合作,规范安全的完成学习活动。

(4) 养成自主学习、操作规范的工作作风及环保意识。

建议学时:4 学时

资料查询

1. 查阅"学习参考书"、维修手册和相关维修资料,整理出该任务的知识点和技能点

知识点	(1)	
	(2)	
	(3)	
	(4)	
	(5)	
技能点	(1)	
	(2)	
	(3)	
	(4)	
	(5)	

2. 查阅资料,完成下列测试

(1) 电子控制系统由 3 部分组成:

① 信号输入系统有＿＿＿＿＿、＿＿＿＿＿、＿＿＿＿＿、＿＿＿＿＿、＿＿＿＿＿、＿＿＿＿＿、＿＿＿＿＿等传感器和信号开关;

② 执行器主要有＿＿＿＿＿、＿＿＿＿＿、＿＿＿＿＿等电磁阀;

③ 控制单元即＿＿＿＿＿＿＿＿＿＿＿(ECT ECU)。

(2) 如何识别 ECT?

(3) 车速传感器将车辆的＿＿＿＿＿转换成电信号并输入＿＿＿＿＿,用于＿＿＿＿＿和锁止的控制,与节气门位置传感器一样是＿＿＿＿＿和＿＿＿＿＿控制的主要信号。

3. 查阅资料,分析自动变速器电控部分工作原理,并将插座上的各线路用胶布进行名称标注

计划决策

请根据任务要求,确定汽车自动变速器电控部分检查与维护所需的资料及用具。

1. 需要的资料及用具

(1) 场地设施:＿＿＿＿＿＿＿＿＿＿＿＿＿＿＿＿＿＿＿＿＿＿＿＿＿＿

(2) 设备器材:＿＿＿＿＿＿＿＿＿＿＿＿＿＿＿＿＿＿＿＿＿＿＿＿＿＿

(3) 备件耗材:＿＿＿＿＿＿＿＿＿＿＿＿＿＿＿＿＿＿＿＿＿＿＿＿＿＿

(4) 防护用品:＿＿＿＿＿＿＿＿＿＿＿＿＿＿＿＿＿＿＿＿＿＿＿＿＿＿

2. 小组成员分工

人 员 分 工	工具、量具准备	主 要 职 责
组号		
组长		
组员		

3. 汽车自动变速器电控部分认知、检查与维护流程工作任务

工作步骤	工 作 内 容
步骤1	正确识别和解释自动变速器电控部分扫描器数据
步骤2	利用OBD状态菜单检验自动变速器电控部分的运行
步骤3	解释所选DTC故障排除的程序
步骤4	
步骤5	
步骤6	

任务实施

1. 电控自动变速器故障

电控变速器电控装置监视变速器的工作并且包含有一个自诊断系统,这一系统能够在变速器电控系统失灵或出现故障时储存代码。如果问题出在1号或2号电磁阀,或者车速传感器上,并且代码已经设定,电控变速器电控装置将使仪表盘"OD OFF"灯闪烁警告驾驶员。如果故障存在于锁止电磁阀,或者故障的存在伴随着制动灯开关信号或节气门位置传感器信号仪表盘上的"OD OFF"灯将不会闪烁警告驾驶员。

1) 丰田汽车

(1) 故障码读取方法:

① 接通点火开关,不起动发动机。压下变速杆上的超速档开关到"ON"位置。

笔记

② 在诊断接头 1 或诊断接头 2 的 TE1 与 TE2 端子间连接跨接线。

③ 记下仪表盘上"OD OFF"灯的闪烁次数。如果系统运行正常,"OD OFF"灯将每隔 0.25 s 闪烁一次。

④ 如果系统运行正常,并且没有故障码存在,则关闭点火开关并同时拆去跨接线。通过完成"变速器换档测试"中的"手动换档测试"来确定问题出在电路上还是机械上;通过症状来检查系统,见"故障症状检修"中相应的内容。

⑤ 如果代码存在,"OD OFF"灯将每隔 0.5 s 闪烁一次,闪烁次数相当于代码的第一位数字,再过大约 1.5 s,显示第二位数字。

⑥ 如果不止一个代码存在,下一个代码将在 2.5 s 后显示,首先显示最小的数字代码,显示的代码数字逐渐增大。代码会重复显示。

⑦ 一旦获取代码,就要确定可能的原因和症状(见表 1-1)。

表 1-1 故障代码识别

故障代码	可能的原因(1)
42	1号车速传感器(2)
61	2号车速传感器(2)
62	1号电磁阀故障
63	2号电磁阀故障
64	锁止电磁阀故障

(2) 故障码的清除方法:

一旦修理完毕,代码一定要从电控变速器电控装置内存中清除。从发动机舱靠近电池的保险丝盒中,拆去保险丝(15A)大约 10 秒钟或更多的时间,可清除电控变速器电控装置存储内容。

注:代码也可以通过断开蓄电池负极来清除但是电子元件的存储内容也被删除。

2) 日产汽车

(1) 故障码的读取方法(千里马、阿尔蒂玛、寻觅车型):

① 将点火开关置于 OFF 位置,变速器模式开关置于 AUTO 位置,超速档开关置于 ON 位置,变速杆置于 P 位。把点火开关换至 ON 位置,但不要起动发动机,"POWER"指示灯应亮 2 s 左右。

② 把点火开关置于 OFF 位置,并将变速杆移到 D 位,将超速档开关置于"OFF"位置。再把点火开关换至"ON"位置,将变速杆拉至"1"位,将超速档开关置于"OFF"位置。

③ 将加速踏板踩到底,然后放开。记录"POWER"指示灯闪烁情况。

④ 如果每次故障码闪烁都是 2 s,则是蓄电池电压过低(千里马车型)。

(2) 故障码的清除方法:

起动发动机两次,即可清除故障码(所有日产的自动变速器清除方法都一样)。

考核评价

1. 知识评价

能描述汽车自动变速器的电子控制系统组成。

笔 记

2. 技能及素养评价

综 合 考 评		自我评价	小组互评	教师评价	备注说明
素质考评 30 分	劳动态度 6				
	遵守纪律 6				
	安全操作 6				
	学习态度 6				
	出勤情况 6				
技能考评 70 分	工具使用 10				
	任务方案 10				
	实施过程 30				
	完成结果 10				
	任务工单 10				
（总分 100 分） 本次得分：					
最终得分：					

工作任务 3　自动变速器的性能测试

任务描述

一天,接待员小王接到客户的电话:"早上起动车辆以后,正常挂档,但是车辆不能前行,只能后退"经过拖车把车辆拖回到厂里初步检查是自动变速器故障。用解码仪对自动变速器进行检测。没有故障码显示。经过检测后,初步判断为是机械故障。

现在需要你对自动变速器进行进一步检测。

学习目标

1. 知识目标
掌握各类型自动变速器结构、工作原理及检测方法、流程。

2. 技能目标
(1)能够解释自动变速器性能测试完采样数据。

（2）能够正确使用故障诊断仪，通过查看所选参数，监测自动变速器。

（3）能够解释所选故障码的故障排除程序。

3．素养目标

（1）具备信息查询和手册使用的基本能力。

（2）能够按照企业 5S 要求和安全生产规范进行操作。

（3）能与同学密切合作，规范安全的完成学习活动。

（4）养成自主学习、操作规范的工作作风及环保意识。

建议学时：4 学时

资料查询

1．查阅"学习参考书"、维修手册和相关维修资料，整理出该任务的知识点和技能点

知识点	（1）	
	（2）	
	（3）	
	（4）	
	（5）	
技能点	（1）	
	（2）	
	（3）	
	（4）	
	（5）	

2．查阅资料，完成下列测试

（1）简述失速试验的作用？

（2）简述时滞试验的作用？

（3）简述道路试验的作用？

3．查阅资料，分析自动变速器性能测试工作原理。

计划决策

请根据任务要求，确定汽车自动变速器性能测试检查与维护所需要的资料及用具

1．需要的资料及用具

（1）场地设施：_____

（2）设备器材：_____

（3）备件耗材：_____

（4）防护用品：_____

笔 记

2. 小组成员分工

人员分工	工具、量具准备	主要职责
组号		
组长		
组员		

3. 汽车自动变速器性能测试流程工作任务

工作步骤	工 作 内 容
步骤1	正确识别和解释自动变速器性能测试数据
步骤2	解释所选DTC故障排除的程序
步骤3	用测试出来的数据判断自动变速器的故障原因
步骤4	
步骤5	
步骤6	

任务实施

1. 失速试验

失速试验测试的是发动机处于失速工况下所能达到的最高转速,即失速转速。失速工况是指操纵手柄处于前进档或倒档的位置条件下,踩住制动踏板并完全踩下加速踏板时,发动机运转所处的工况。很显然,在失速工况下,自动变速器的输出轴转速为零,变速器壳体和泵轮随发动机飞轮一起转动,因此,发动机就处于最大转矩工况。

1)试验目的

根据失速试验来诊断发动机的整体性能和自动变速器的综合性能。主要是检查发动机的输出功率、变矩器性能、自动变速器的离合器及制动器是否打滑等。

2)试验方法

(1)失速试验时注意事项:

① 对于已经知道有故障的汽车不能做失速试验。

② 在做失速试验时汽车,应选择在空旷的地方做,并且在做试验时,汽车前后方都不得有人。

③ 检查汽车的脚制动和手制动,确认其性能良好。

④ 发动机及自动变速器应预热至正常工作温度。

⑤ 自动变速器的油面高度应符合标准。

⑥ 在升高发动机转速时不要换档。

⑦ 从发动机加速踏板踩下到松开的整个时间不得超过5 s,否则自动变速器油会因温度

升高而变质,变速器的密封件会因油压过高而损坏。

⑧ 对于转速表故障的车辆,可使用汽车诊断仪读取发动机转速。

⑨ 如果在试验中发现驱动轮因制动力不足而转动或者车辆向前或向后移动,应立即松开油门踏板,停止试验。

⑩ 在一个档位试验完成后,不要立即进入下一个档位的试验,要等油温下降以后再进行。试验结束后不要立即熄火,让发动机怠速运转几分钟,以使自动变速器油温度正常。

(2) 失速试验的步骤如下:

① 用三角木抵紧车轮。

② 拉紧手制动器,并用左脚用力将制动踏板踩到底。

③ 起动发动机,将操纵手柄置于前进档(D档)。

④ 在左脚踩紧制动踏板的同时,用右脚将油门踏板踩到底(时间控制在5 s以内),并迅速记下发动机的最高转速,该转速即为失速转速。

⑤ 读取发动机转速后,立即放松油门踏板和制动踏板,将操纵手柄置于N档或P档,使发动机怠速运转1分钟以上,以防止制动变速器油因温度过高而变质。

⑥ 将操纵手柄置于倒档(R档),重复上述试验,并记下其失速转速。

自动变速器失速试验过程如图1-5所示。

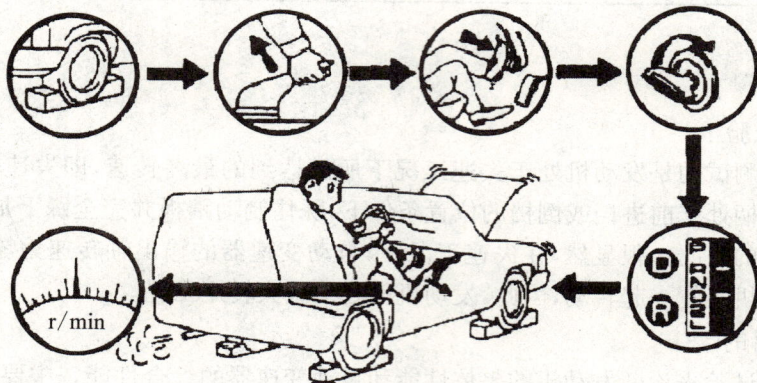

图1-5　失速试验操作流程

2. 时滞试验

(1) 时滞试验时的注意事项:

① 对于已经知道有故障的汽车不能做时滞试验。

② 在做道路试验时汽车,应选择在空旷的地方做,并且在做试验时,汽车前后方都不得有人。

③ 检查汽车的脚制动和手制动,确认其性能良好。

④ 发动机及自动变速器应预热至正常工作温度(50～80℃)。

⑤ 自动变速器的油面高度应符合标准。

⑥ 在升高发动机转速时不要换档。

⑦ 从发动机加速踏板踩下到松开的整个时间不得超过5 s,否则自动变速器油会因温度升高而变质,变速器的密封件会因油压过高而损坏。

⑧ 对于转速表故障的车辆，可使用汽车诊断仪读取发动机转速。

⑨ 如果在试验中发现驱动轮因制动力不足而转动或者车辆向前或向后移动，应立即松开油门踏板，停止试验。

⑩ 在一个档位试验完成后，不要立即进入下一个档位的试验，要等油温下降以后再进行。试验结束后不要立即熄火，让发动机怠速运转几分钟，以使自动变速器油温度正常。

（2）时滞试验步骤：

① 让汽车行驶，使发动机和自动变速器达到正常工作温度。

② 将汽车停放在水平地面上，拉紧手制动。

③ 检查发动机怠速。若不正常，应按标准予以调整。

④ 将自动变速器纵手柄从空档"N"位置拨至前进档"D"位置，用秒表测量从拨动操纵手柄开始到感觉汽车震动为止所需的时间，该时间称为N-D延时时间。

⑤ 将操纵手柄拨至N位置，让发动机怠速运转1分钟后，再做一次同样的试验。

⑥ 做3次试验，并取平均值。

⑦ 按上述方法，将操纵手柄由N位置拨至R位置，测量N-R延时时间，如图1-6所示。

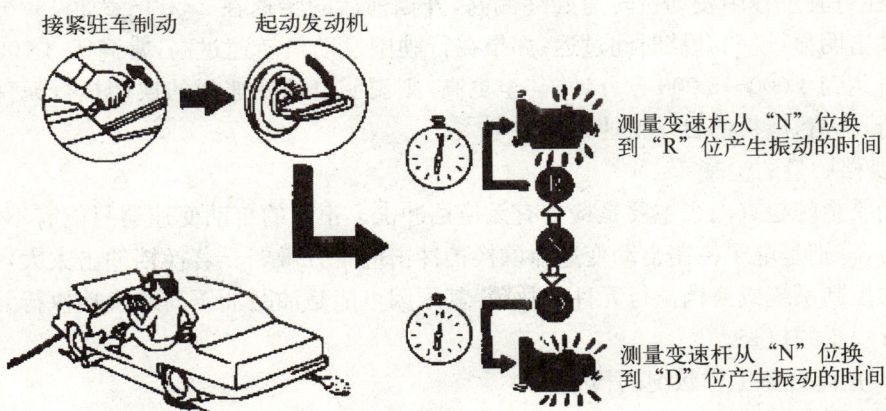

图1-6　时滞试验

3. 道路试验

在道路试验之前，应先让汽车以中低速行驶（5～10）分钟，让发动机和自动变速器都达到正常工作温度。在试验中，若有特殊需要，应将超速档开关置于ON位置（即超速指示灯熄灭），并将模式开关置于普通模式或经济模式的位置。

1）升档检查

将操纵手柄拨至前进档"D"位置，踩下油门踏板，使节气门保持在1/2开度左右，让汽车起步加速，检查自动变速器的升档情况。自动变速器在升档时发动机会有瞬时的转速下降，同时车身有轻微的闯动感。正常情况下，汽车起步后随着车速的升高，试车者应能感觉到自动变速器能顺利地由1档升入2档，随后再由2档升入3档，最后升入超速档。若自动变速器不能升入高档（3档或超速档），说明控制系统或换档执行元件有故障。

2）升档车速的检查

将操纵手柄拨至前进档"D"位置，踩下油门踏板，并使节气门保持在某一固定开度，让汽车起步并加速。当察觉到自动变速器升档时，记下升档车速。

一般4档自动变速器在节气门开度保持在1/2时由1档升至2档的升档车速为25～35 km/h，由2档升至3档的升档车速为55～70 km/h，由3档升至4档（超速档）的升档车速为90～120 km/h。由于升档车速和节气门开度有很大的关系，即节气门开度不同时，升档车速也不同，而且不同车型的自动变速器各档位传动比的大小都不相同，其升档车速也不完全一样，因此，只要升档车速基本保持在上述范围内，而且汽车行驶中加速良好，无明显的换档冲击，都可认为其升档车速基本正常。若汽车行驶中加速无力，升档车速明显低于上述范围，说明升档车速过低（即过早升档）；若汽车行驶中有明显的换档冲击，升档车速明显示高于上述范围，说明升档车速过高（即太迟升档）。

3）升档时发动机转速的检查

在正常情况下，若自动变速器处于经济模式或普通模式，节气门保持在低于1/2开度范围内，则汽车在由起步加速直至升入高速档的整个行驶过程中，发动机转速都将低于3 000 r/分钟。通常发动机在加速至即将要升档时的转速可达到2 500～3 000 r/分钟，在刚刚升档后的短时间内发动机转速将下降至2 000 r/分钟，说明升档时间过早或发动机动力不足；如果在行驶过程中发动机转速始终偏高，升档前后的转速在2 500～3 500 r/分钟之间，且换档冲击明显，说明升档时间过迟；如果在行驶中发动机转速过高，常高于3 000 r/分钟，在加速时达到4 000～5 000 r/分钟，甚至更高，则说明自动变速器的换档执行元件（离合器或制动器）打滑，应拆修自动变速器。

4）换档质量的检查

换档质量的检查内容主要是检查有无换档冲击。正常的自动变速器只能有不太明显的换档冲击，特别是电子控制自动变速器的换档冲击应十分微弱。若换档冲击太大，说明自动变速器的控制系统或换档执行元件有故障，其原因可能是油路油压高或换档执行元件打滑，应做进行一步的检查。

5）锁止离合器工作状况的检查

可以采用道路试验的方法进行检查。让汽车加速至超速档，以高于80 km/h的车速行驶，并让节气门开度保持在低于1/2的位置，使变矩器进入锁止状态。此时，快速将油门踏板踩下至2/3开度，同时检查发动机转速的变化情况。若发动机转速没有太大的变化，说明锁止离合器处于结合状态；反之，若发动机转速升高很多，则表明锁止离合器没有结合，其原因通常是锁止控制系统有故障。

6）发动机制动作用的检查

检查自动变速器有无发动机制动作用时，应将操纵从手柄拨至前进低档（S、L或2、1）位置，在汽车以2档或1档行驶时，突然松开油门踏板，检查是否有发动机制动作用。若松开油门踏板后车速立即随之下降，说明有发动机制动作用；否则说明控制系统或前进强制离合器有故障。

7）强制降档功能的检查

检查自动变速器强制降档功能时，应将操纵手柄拨至前进档"D"位置，保持节气门开度为1/3左右,在以2档、3档或超速档行驶时突然将油门踏板完全踩到底,检查自动变速器是否被强制降低一个档位。在强制降档时,发动机转速会突然上升至4 000 r/分钟左右,并随着加速升档,转速逐渐下降。若踩下油门踏板后没有出现强制降档,说明强制降档功能失效。若在强制降档时发动机转速升高反常。达5 000～6 000 r/分钟,并在升档时出现换档冲击,则说明换档执行元件打滑,应拆修自动变速器。

8) 手动换档试验

步骤:

(1) 脱开电子控制自动变速器的所有换档电磁阀线束插头。

(2) 起动发动机,将操纵手柄拨至不同位置,然后做道路试验(也可以将驱动轮悬空,进行台架试验)。

(3) 观察发动机转速和车速的对应关系(见表1-2),以判断自动变速器所处的档位。

表1-2　自动变速器不同档位时发动机转速和车速的关系

档位	发动机转速/r/分钟	车速/km/h
1档	2 000	18～22
2档	2 000	34～38
3档	2 000	50～55
超速档	2 000	70～75

(4) 若操纵手柄位于不同位置时,自动变速器所处的档位与表中相同。说明电子控制自动变速器的阀板及换档执行元件基本上工作正常。否则,说明自动变速器的阀板或换档执行元件有故障。

(5) 试验结束后,接上电磁阀线束插头。

(6) 清除电脑中的故障代码,防止因脱开电磁阀线束插头而产生的故障代码保存在电脑中,影响自动变速器的故障自诊断工作。

考核评价

1. 知识评价

能描述汽车自动变速器为什么要性能试验。

2. 技能及素养评价

综合考评		自我评价	小组互评	教师评价	备注说明
素质考评 30分	劳动态度6				
	遵守纪律6				
	安全操作6				
	学习态度6				
	出勤情况6				

（续 表）

综 合 考 评		自我评价	小组互评	教师评价	备注说明
技能考评 70分	工具使用 10				
	任务方案 10				
	实施过程 30				
	完成结果 10				
	任务工单 10				
（总分 100 分）本次得分：					
最终得分：					

参考资料

理论知识

一、自动变速器的分类

自动变速器的功用是能够根据发动机负荷和车速等情况自动变换传动比，使汽车获得良好的动力性和燃料经济性，并可以减少发动机排气污染。装有自动变速器的汽车易于操作，可大大提高汽车行驶的安全性。

不同的汽车厂家在不同的车型上，装有不同型号的自动变速器，在这些型号各异的自动变速器中，根据不同的角度，可以对它们进行不同的分类。

（1）按汽车的驱动方式分类：汽车本身的驱动方式有前驱和后驱两种，装置在这两种汽车上的自动变速度器在结构上也就有很大地不同而分为前驱动自动变速器和后驱动自动变速器。

（2）按控制方式分类：自动变速器根据其控制方式分类有全液压式和电控式（见图 1-7）两种。值得注意的是，这两种都有一套原理基本相同的液压控制系统。

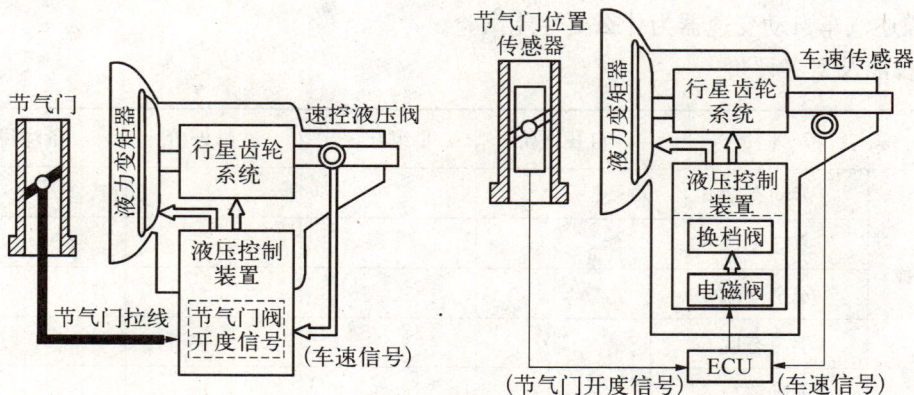

图 1-7　全液压式和电控式系统

（3）按结构形式分类：自动变速器按其自身结构分类有行星齿轮传动自动变速器（主要为辛普森式自动变速器和拉威娜式自动变速器）和定轴斜齿轮传动自动变速器。

二、自动变速器的基本组成

1. 液力变矩器

液力变矩器位于自动变速器的最前端，安装在发动机的飞轮上，其作用与采用手动变速器的汽车中的离合器相似（见图1-8）。它利用油液循环流动过程中动能的变化将发动机的动力传递自动变速器的输入轴，并能根据汽车行驶阻力的变化，在一定范围内自动地、无级地改变传动比和扭矩比，具有一定的减速增扭功能。

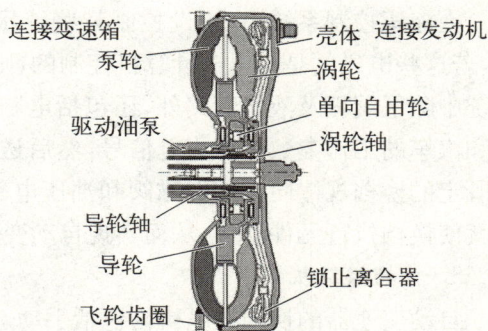

连接变速箱　泵轮　壳体　连接发动机　涡轮　单向自由轮　驱动油泵　涡轮轴　导轮轴　导轮　锁止离合器　飞轮齿圈

图1-8　液力变矩器

2. 变速齿轮机构

自动变速器中的变速齿轮机构所采用的型式有普通齿轮式和行星齿轮式两种。

采用普通齿轮式的变速器，由于尺寸较大，最大传动比较小，只有少数车型采用。目前绝大多数轿车自动变速器中的齿轮变速器采用的是行星齿轮式。

变速齿轮机构主要包括行星齿轮机构和换档执行机构两部分。行星齿轮机构是自动变速器的重要组成部分之一，主要由于太阳轮（也称中心轮）、内齿圈、行星架和行星齿轮等元件组成。行星齿轮机构是实现变速的机构，速比的改变是通过以不同的元件作主动件和限制不同元件的运动而实现的。在速比改变的过程中，整个行星齿轮组还存在运动，动力传递没有中断，因而实现了动力换档。

换档执行机构主要是用来改变行星齿轮中的主动元件或限制某个元件的运动，改变动力传递的方向和速比，主要由多片式离合器、制动器和单向超越离合器等组成。离合器的作用是把动力传给行星齿轮机构的某个元件使之成为主动件。制动器的作用是将行星齿轮机构中的某个元件抱住，使之不动。单向超越离合器也是行星齿轮变速器的换档元件之一，其作用与多片式离合器及制动器基本相同，也是用于固定或连接几个行星排中的某些太阳轮、行星架、齿圈等基本元件，让行星齿轮变速器组成不同传动比的档位。

3. 供油系统

自动变速器的供油系统主要由油泵、油箱、滤清器、调压阀及管道所组成。

油泵是自动变速器最重要的总成之一，它通常安装在变矩器的后方，由变矩器壳后端的轴套驱动。在发动机运转时，不论汽车是否行驶，油泵都在运转，为自动变速器中的变矩器、换档执行机构、自动换档控制系统部分提供一定油压的液压油。油压的调节由调压阀来实现。

4. 自动换档控制系统

自动换档控制系统能根据发动机的负荷（节气门开度）和汽车的行驶速度，按照设定的换档规律，自动地接通或切断某些换档离合器和制动器的供油油路，使离合器结合或分开、制动器制动或释放，以改变齿轮变速器的传动化，从而实现自动换档。

自动变速器的自动换档控制系统有液压控制和电液压(电子)控制两种。

液压控制系统是由阀体和各种控制阀及油路所组成的,阀门和油路设置在一个板块内,称为阀体总成。不同型号的自动变速器阀体总成的安装位置有所不同,有的装置于上部,有的装置于侧面,纵置的自动变速器一般装置于下部。

在液压控制系统中,增设控制某些液压油路的电磁阀,就成了电器控制的换档控制系统,若这些电磁阀是由电子计算机控制的,则成为电子控制的换档系统。在电子控制的换档系统中除了阀板及液压管路外,还包括电脑、传感器、执行器及控制电路等。传感器将发动机和汽车的工作参数转变为电信号,然后送给自动变速器电脑,电脑接收到这些信号后,根据既定的换档规律向换档电磁阀和油压电磁阀发出指令,使它们动作。这样阀板中的各种阀就使换档执行元件动作,从而实现自动变速。

5. 换档操纵机构

自动变速器的换档操纵机构包括手动选择阀的操纵机构和节气门阀的操纵机构等。

驾驶员通过自动变速器的操纵手柄改变阀板内的手动阀位置,控制系统根据手动阀的位置及节气门开度、车速、控制开关的状态等因素,利用液压自动控制原理或电子自动控制原理,按照一定的规律控制齿轮变速器中的换档执行机构的工作,实现自动换档。

6. 冷却系统

在自动变速器的外部还设有一个液压油散热器(有的装在水箱处,有的装在自动变速器上),通过管路与阀板连接,用于散发自动变速器内液压油在工作中产生的热量。

三、自动变速器的拆卸

自动变速器的结构形式随车型的不同而变化,但其拆装与调整的方法大致相同,本实训内容以丰田 A341E 和 A342E 自动变速器为例,介绍后驱自动变速器拆装。

1. 丰田 A341E 和 A342E 自动变速器的结构

图 1-9、图 1-10 为丰田 A341E 和 A342E 自动变速器的结构。该自动变速器形式为辛普森式,有三排行星齿轮机构。

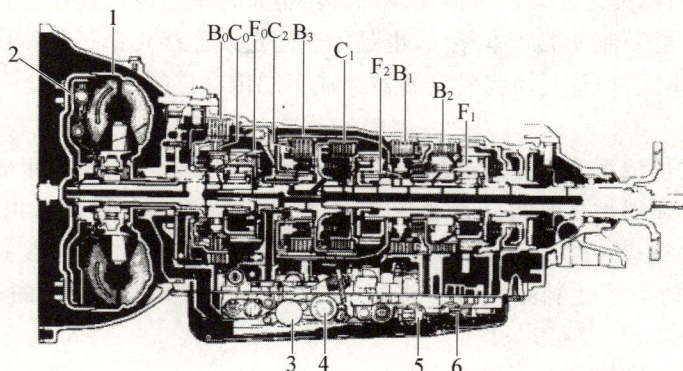

图 1-9　丰田 A341E 和 A342E 自动变速器的结构(a)

1-变扭器;2-锁止离合器;3-锁止电磁阀;4-油压电磁阀;5-换档电磁阀 B;6-换档电磁阀 A;C_0-直接离合器;C_1-倒档及高档离合器;C_2-前进档离合器;B_0-超速制动器;B_1-2 档制动器;B_2-低档及倒档制动器;B_3-2 档强制制动器;F_0-直接单向超越离合器;F_1-低档单向超越离合器;F_2-2 档单向超越离合器阀

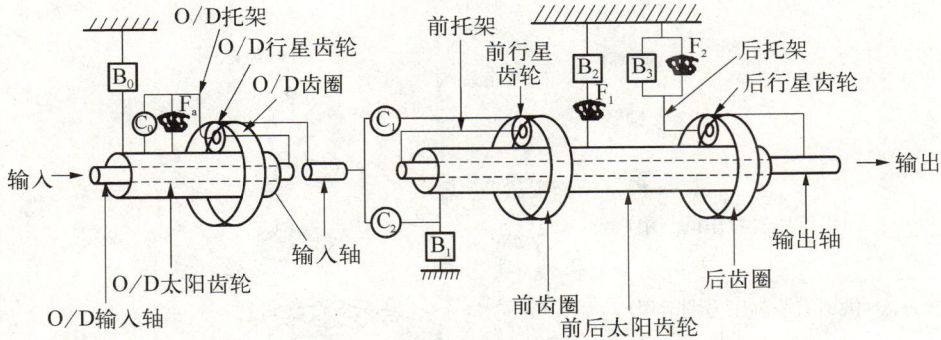

图 1－10　丰田 A341E 和 A342E 自动变速器的结构(b)

丰田 A341E 和 A342E 自动变速器共有 10 个换档执行机构,其中离合器 3 个,制动器 4 个,单向离合器 3 个。

表 1－3　丰田 A341E 和 A342E 自动变速器各档位工作情况

执行机构档位	C0	F0	B0	C1	C2	B1	B2	B3	F1	F2
R	○	○			○			○		
D1	○	○		○						○
D2	○	○		○			○		○	
D3	○	○		○	○		●		●	
D4	○		○	○	○		●		●	
2(1)	○	○		○		●				○
2(2)	○	○		○			●		●	
L(1)	○	○		○				○		

注:○表示执行机构作用;●表示执行机构作用但不影响该档位。

2. 丰田 A341E 和 A342E 自动变速器液压控制系统

如图 1－11 所示,变速器的液压控制系统由油泵、阀体、电磁阀、蓄压器、离合器、制动器和作用连接这些零部件的液压通道组成。液压控制系统由油泵产生液压并根据车辆的行驶情况来调节用于变矩器的液压。另外,阀体上有 4 个电磁阀。这些电磁阀受 ECU 控制。当 1、2 号电磁阀收到

ECU 信号后进行接通和关闭动作,以操纵换档阀改变变速器的档位;3 号电磁阀收到 ECU 信号后,便使变矩器的锁定离合器脱开或接合;当 4 号电磁阀收到 ECU 信号后,便可控制接通速度和降低齿轮换档时的冲击。

3. 丰田 A341E 和 A342E 自动变速器拆卸

自动变速器的拆卸方法和普通齿轮变速器有所不同,必须按照正确的步骤进行,以避免损坏自动变速器。在拆卸自动变速器之前,应关闭汽车的点火开关,拆下蓄电池负极电缆,放掉自动变速器中的液压油,然后按下列步骤进行拆卸,如图 1－12 所示。

(1) 拆下与节气门摇臂连接的自动变速器节气门拉索,拔下自动变速器上的所有线束

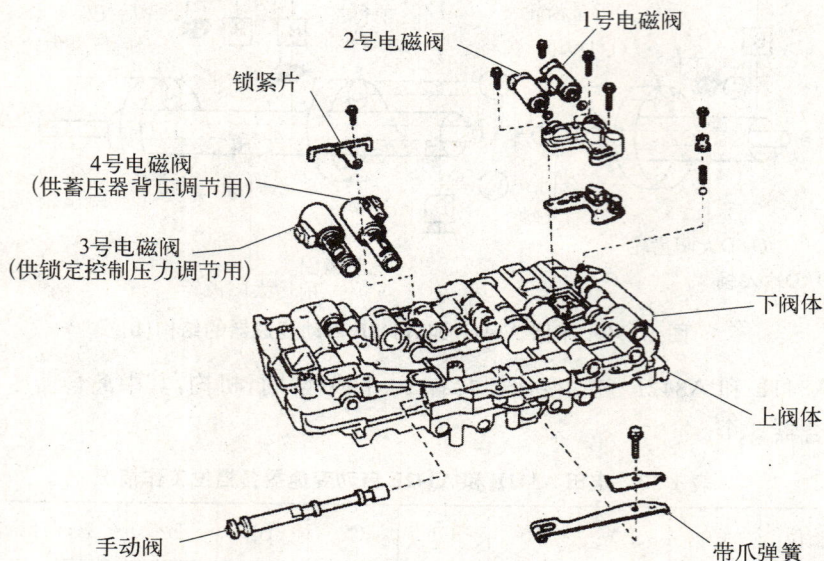

图 1-11　液压控制系统

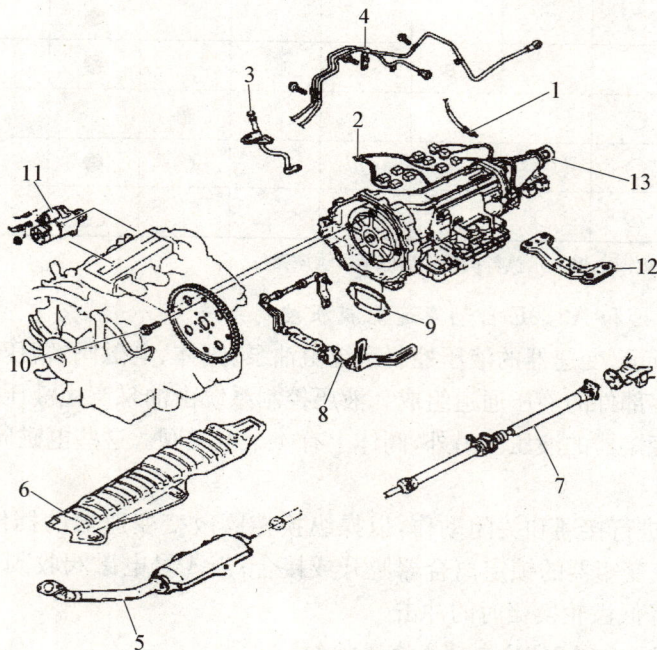

图 1-12　后驱自动变速器的拆卸

1-车速表软轴；2-线束；3-油尺及加油管；4-散热器油管；5-排气管中段；6-护罩；7-传动轴；8-操纵手柄拉杆；9-飞轮壳盖板；10-变扭器与飞轮的连接螺栓；11-起动机；12-支架；13-自动变速器

插头,拆除车速表软轴、液压油加油管、散热器油管、操纵手柄与手动阀摇臂的连接杆等所有与自动变速器连接的零部件。

(2)拆去排气管中段,拆除自动变速器下方的护罩、护板等。

(3)松开传动轴与自动变速器输出轴的连接螺栓,拆下传动轴。

(4)拆下飞轮壳盖板,用起子撬动飞轮,逐个拆下飞轮与变扭器的连接螺栓。

(5)拆下起动机。

(6)拆下自动变速器与车架的连接支架,用千斤顶托住自动变速器。

(7)拆下自动变速器和飞轮壳的连接螺栓,将变扭器和自动变速器一同抬下。在抬下自动变速器时,应扶住变扭器,以防止滑落。

四、丰田 A341E 和 A342E 自动变速器的分解

1. 拆卸自动变速器前后壳体、油底壳及阀板(见图 1-13)

(1)从自动变速器前方取下变扭器。

(2)拆除所有安装在自动变速器壳体上的部件,如加油管、档位开关、车速传感器、输入轴传感器等。

(3)松开紧固螺栓,拆下自动变速器前端的变扭器壳。

(4)拆除输出轴凸缘和自动变速器后端壳,从输出轴上拆下车速传感器感应转子。

(5)拆下油底壳,松开进油滤网与阀板之间的固定螺栓,从阀板上拆下进油滤网。

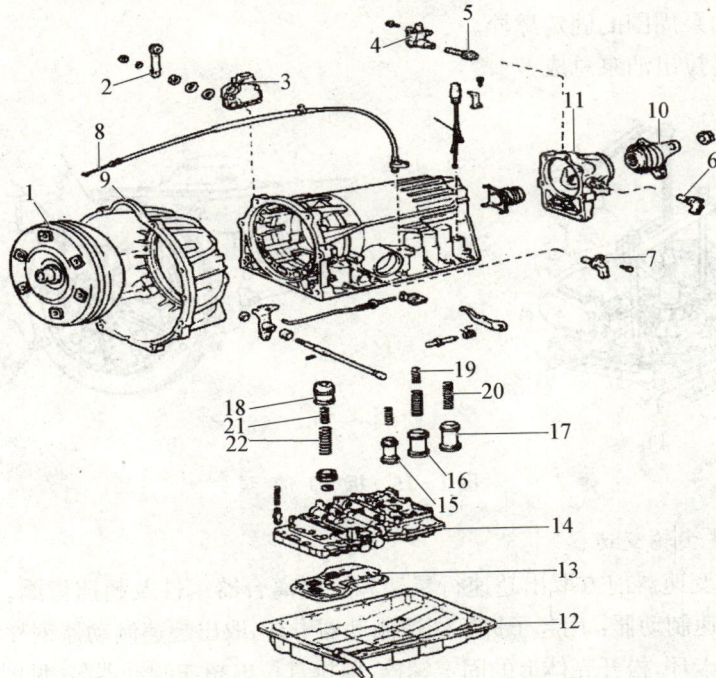

图 1-13 A341E 和 A342E 自动变速器分解

1-变矩器;2-手动阀摇臂;3-档位开关;4-车速表传感器;5-车速表传感器驱动齿轮;6-车速传感器;7-输入轴转速传感器;8-节气门拉索;9-变扭器壳;10-输出轴凸缘;11-后端壳;12-油底壳;13-进油滤网;14-阀板;15、16、17、18-减振器活塞;19、20、21、22-减振弹簧

（6）拔下连接在阀板上的所有线束插头，拆除与节气门阀连接的节气门拉索，松开阀板与自动变速器壳体之间的固定螺栓，取下阀板总成。阀板上的螺栓除一部分是固定在自动变速器壳体上之外，还有许多是上下阀板之间的固定螺栓。在拆卸阀板总成时，应对照维修手册，认准阀板与自动变速器壳体之间的固定螺栓。有些自动变速器的阀板与自动变速器壳体之间有油管连接（如 A340E 自动变速器）可先用起子将油管撬起后再拆下阀板总成。

（7）取出自动变速器壳体油道中的止回阀和弹簧[见图 1-14(a)]。

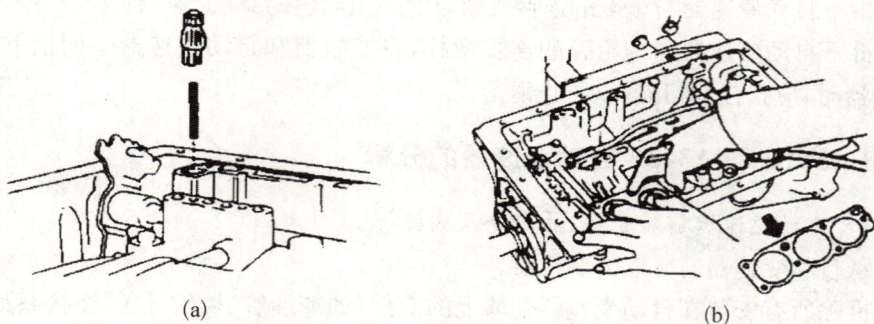

(a)　　　　　　　　　　　　(b)

图 1-14　取出油道中的止回阀和减振器活塞

（8）取出自动变速器壳体上的减振器活塞[见图 1-14(b)]。方法是：用手指按住减振器活塞，从减振器活塞周围相应的油孔中吹入压缩空气，将减振器活塞吹出。

2. 拆卸油泵总成（见图 1-15）

（1）拆下油泵周围的固定螺栓。

（2）用拉具拉出油泵总成

(a)　　　　　　　　　　　　(b)

图 1-15　拆 卸 油 泵

3. 分解行星齿轮变速器

（1）从自动变速器前方取出超速行星架和直接离合器组件及超速齿圈。

（2）拆卸超速制动器：用起子拆下超速制动器卡环，取出超速制动器钢片和摩擦片。拆下超速制动器鼓的卡环，松开壳体上的固定螺栓，用拉具拉出超速制动器鼓[见图 1-16(a)]。

（3）拆卸 2 档强制制动带活塞：从外壳上拆下 2 档强制制动带液压缸缸盖卡环，用手指按住液压缸缸盖，从液压缸进油孔中吹入压缩空气，将液压缸缸盖和活塞吹出[见图 1-16(b)]。

（4）取出中间轴、高档及倒档离合器和前进离合器组件。

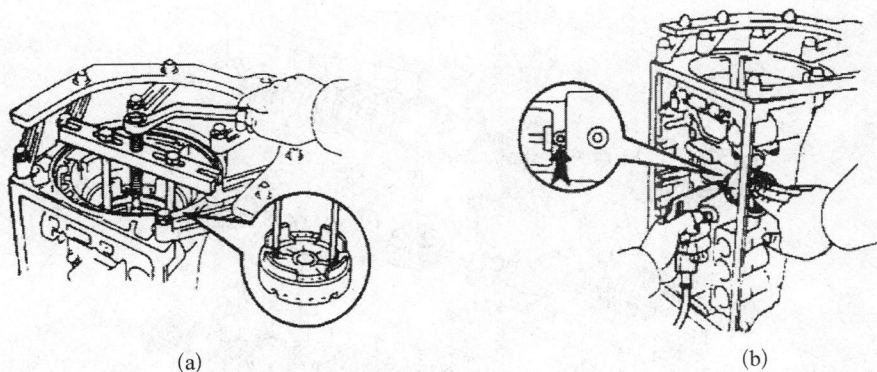

图 1-16　超速制动器鼓和 2 档强制制动带活塞拆卸

（a）用拉具拉出油泵　（b）用惯性锤拉出油泵

（5）拆出 2 档强制制动带销轴，取出制动带。

（6）拆出前行星排：取出前齿圈，将自动变速器立起，用木块垫住输出轴，拆下前行星架上的卡环，拆出前行星架和行星轮组件（见图 1-17）。

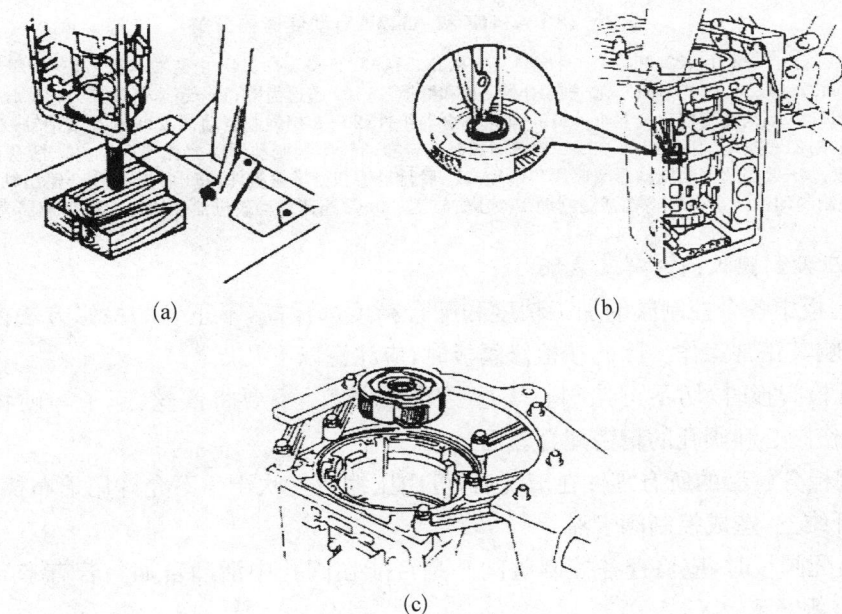

图 1-17　前行星排拆卸

（a）立起自动变速器　（b）拆下卡环　（c）拆出前行星架

（7）取出前后太阳轮组件和低档单向超越离合器。

（8）拆卸 2 档制动器：拆下卡环，取出 2 档制动器的所有摩擦片、钢片及活塞衬套。

（9）拆卸输出轴、后行星排和低档及倒档制动器组件：拆下卡环，抓住输出轴，取出输出轴、后行星排、前进单向超越离合器、低档及倒档制动器和 2 档制动器鼓组件。

在分解自动变速器时，应将所有组件和零件按分解顺序依次排放（见图 1-18），以便于检修和组装。要特别注意各个止推垫片、止推轴承的位置，不可错乱。

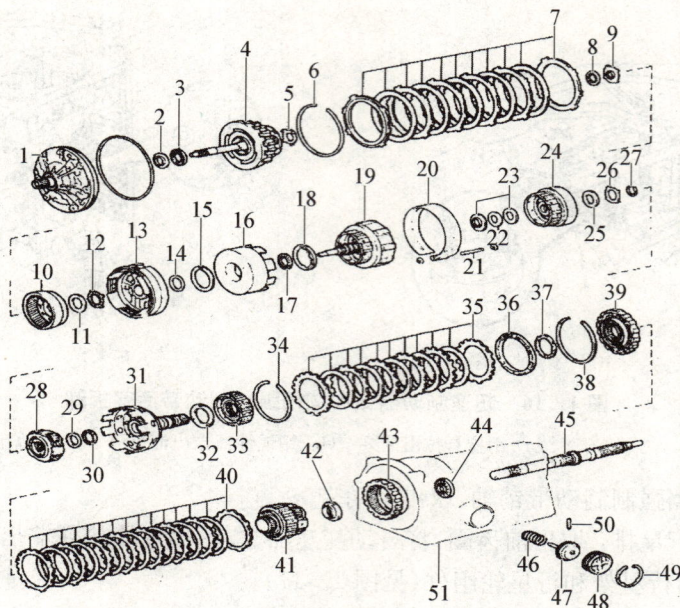

图 1-18　A341E 和 A342E 自动变速器分解

1-油泵；2、5、9、11、14、23、26、29-止推垫片；3、8、12、17、22、25、30、42、44-止推轴承；4-超速行星架和直接离合器组件；6、27、24、38、49-卡环；7-超速制动器钢片和摩擦片；10-超速齿圈；13-超速制动器鼓；15、18、32、37-尼龙止推垫圈；16-倒档及高档离合器组件；19-前进离合器组件；20-2 档强制制动带；21-制动带销轴；24-前齿田；28-前行星架；21-前后太阳轮组件；33-2 档单向超越离合器；35-2 档制动器摩擦片和钢片；36-活塞衬套；39-2 档制动器鼓；40-低档及倒档制动器摩擦片和钢片；41-后行星架和行星轮组件；43-后齿圈；45-输出轴；46-弹簧；47-2 档强制制动带活塞；48-2 档强制制动带液压缸缸盖；50-超速制动鼓进油孔油封；51-变速器壳体

4. 液压控制阀板的分解及装配

由于阀板中各个控制阀的加工精度和配合精度都极高，不正确的检修方法往往会损坏控制阀，影响其正常工作。因此在检修阀板时，应注意以下几点：

（1）拆检阀板时，切不可让阀心等重要零件掉落。不要将铁丝、起子等硬物伸入阀孔中，以免损伤阀心和阀孔的精密配合表面。

（2）阀板分解后的所有零件在清洗后，可用压缩空气吹干。不允许用棉布擦拭，以免沾上细小的纤维丝，造成控制阀卡滞。

（3）装配阀板时，应检查各控制阀阀心是否能在阀孔中活动自如。若有卡滞，应拆下，经清洗后重新安装。

（4）不要在阀板衬垫及控制阀的任何零件上使用密封胶或粘合剂。

（5）在更换隔板衬垫时，要将新旧件进行对比，确认无误后再装入，以防止因零件规格不符而影响自动变速器的正常工作。有些自动变速器的修理包中没有阀板的隔板衬垫，在维修中如果旧衬垫破损，可用清克纸（即电工用绝缘纸）自制，方法是：将旧衬垫的形状画在清克纸上，用割纸刀和圆冲照原样刻出。

（6）在分解、装配阀板时，要有详细的技术资料（如阀板分解图），以作为对照。拆下的各个控制阀零件要按顺序排放，以便重装。另外，在分开上下阀板时。要特别注意不要使阀板油道中的阀。滤网等小零件掉出。在拿起上面的阀板时，要将隔板连同阀板一同拿起，待翻转阀板使油道一面朝上后再拿开隔板;认明上下阀板油道中所有阀球等零件的位置并画在简图上,同时测量并记下不同直径的阀球的位置,然后才能取出阀球等零件,做进一步分解及阀板清洗工作。

5. 液压控制阀板的分解

(1) 按如图 1-19 所示拆下阀板上的手动阀阀心及电磁阀等零件。

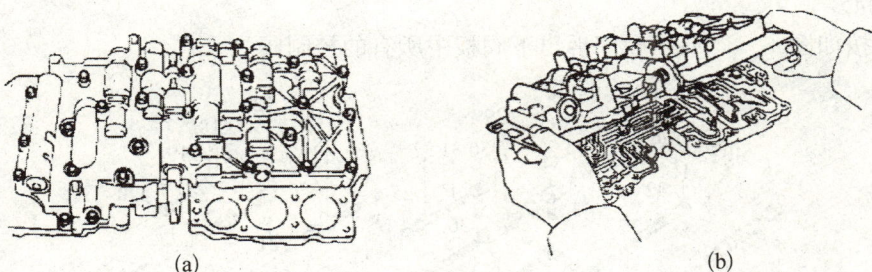

(a)　　　(b)

图 1-19　分开上下阀板

(2) 松开上千阀板之间的固定螺栓,将上下阀板分开。在拿起上阀板时,为了防止上阀板油道内的单向阀阀球掉落,应将上下阀板之间的隔板和上阀板一同拿起,并将上阀板油道一面朝上放置后再取出隔板。

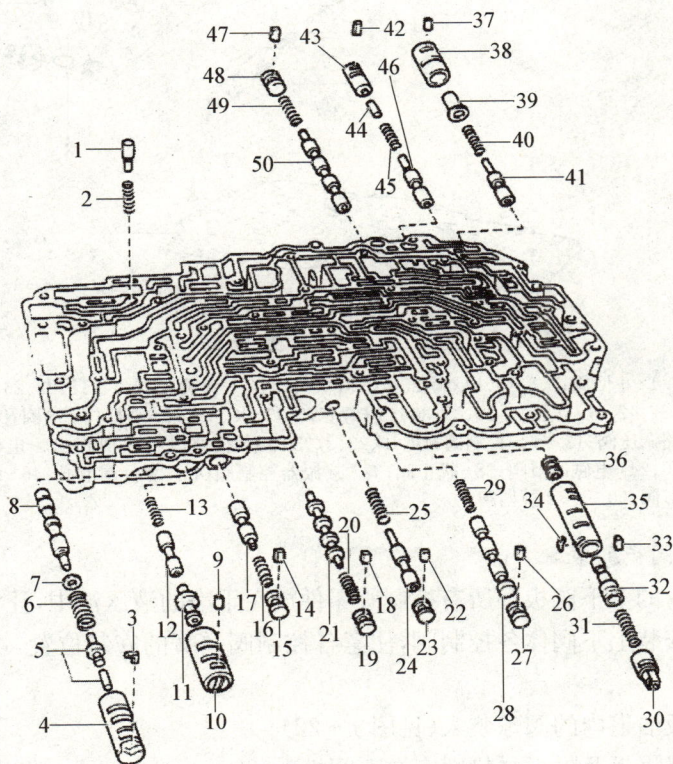

图 1-20　上阀板分解

1-隔板和衬垫;2、9、13、17、21、25、29、33、40、45-锁销;3-锁止控制阀阀套;4-锁止控制阀;5、11、16、27、31、36、39、42、47、48-弹簧;6-锁止继动阀;7-节气门阀凸轮;8-销套;10-强制降档阀;12-节气门阀;14、18、22、26、30、34、41、46-栓塞;15-3-4档换档阀;19、23-止回阀阀球;20、24-止回阀;28-倒档控制阀;32-2-3档换档阀;35-前进档减振器活塞;37-锁片;38-节气门阀调节螺钉;44-前进档减振器节流阀;47-变扭器阀

（3）从上阀板一侧取下隔板，取出上阀板油道内的所有单向阀阀球。

（4）按图所示顺序拆出上阀板中所有的控制阀。在拆出每个控制阀时，应先取出锁销和栓塞，再让阀心和弹簧从阀孔中自由落出。若阀心在阀孔中有卡滞，不能自由落出，可用木锤或橡皮锤敲击阀板，将阀心震出；不要用铁丝或钳子伸入阀孔去取阀心，以免损坏阀孔内径或阀心。

（5）按如图 1-21 所示顺序拆出下阀板中所有的控制阀。

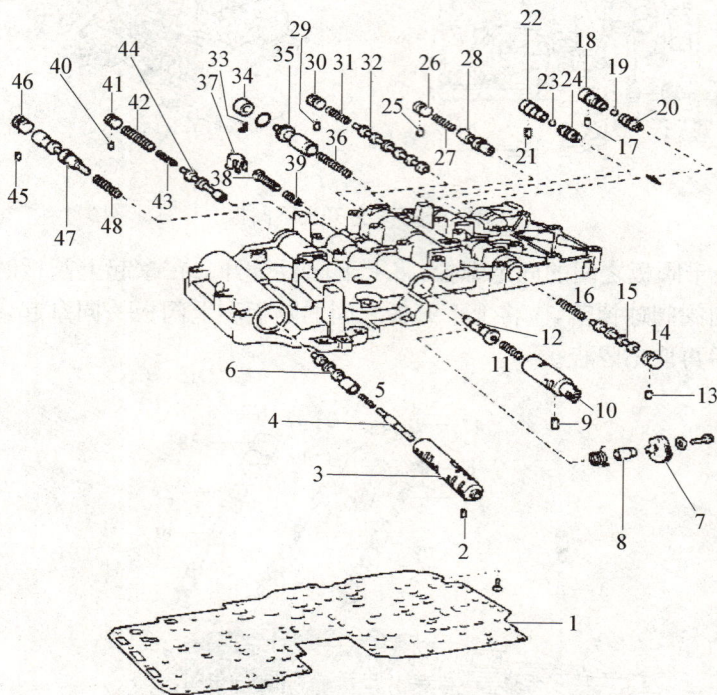

图 1-21　下阀板分解

1-止回阀；2、6、13、16、20、25、20、31、40、45、49-弹簧；3、9、14、18、22、26、33、34、37、42、47-锁销；4、10、35、38、43-阀套；5、11、36、39、44-阀杆；7-垫圈；8-主油路调压阀；12-锁止控制阀；15、19、23、27、30、48-栓塞；17-止回阀；21-电磁转换阀；24-电磁调节阀；28-截止阀；32-减振器控制阀；41-滑行调节阀；46-滑行调节阀；50-1-2 换档阀

6. 液压控制阀板的装配

（1）将清洗后的上下阀板和所有控制阀零件放在干净的液压油中，让它浸泡几分钟。

（2）按顺序安装上下阀体各控制阀，注意各控制阀弹簧的安装位置，切不可将各控制阀的弹簧装错。

（3）将上阀板油道内的阀球装入（见图 1-22）。

（4）用螺钉将隔板及隔板衬垫固定在上阀板上。

（5）将上下阀板合在一起，按如图 1-23 所示方法将 3 种不同规格的阀板螺栓安装在不同的位置上，分 2～3 次将所有螺栓拧紧。阀板螺栓的标准拧紧力矩为 6.1 N·m。

（6）安装电磁阀、手动阀等零件

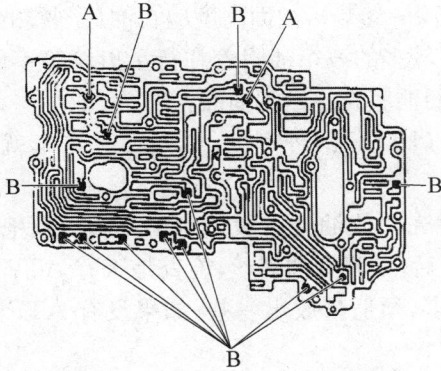

图 1-22　球阀安装位置

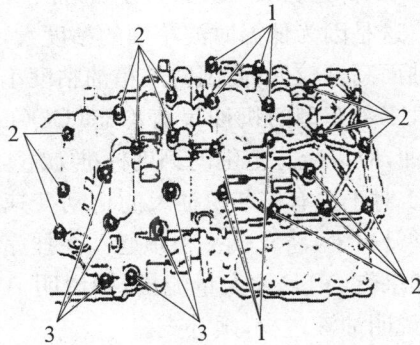

图 1-23　阀板螺栓的安装位置

五、丰田 A341E 和 A342E 自动变速器安装

在将自动变速器装上汽车之前,应先测量变扭器前端面(与飞轮的接合平面)与自动变速器前端面之间的距离(见图 1-24),标准值为 17.1 mm。若测得的距离小于标准值,说明变扭器未安装到位,其后端轴套上的缺口未插入油泵驱动齿轮中间的凸块内。对此,应取出变扭器,让变扭器后端轴套上的缺口与油泵驱动齿轮中间的凸块对准后装入,使其安装到位;否则,在装上汽车时会压坏自动变速器的油泵齿轮。

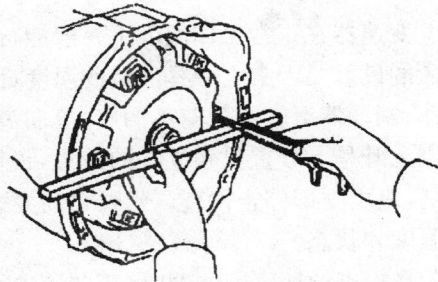

图 1-24　自动变速器前端面与变矩器前端面距离测量

自动变速器的油位不当,油质不佳、联动机构调节不当以及发动机怠速不正常,是引起自动速器产生故障的最常见原因。通常把对这些部件的检查与重新调整,叫做自动变速器的基本检查。

无论具体故障是什么,这种基本检查总是要进行,而且也是首先进行的。基本检查和调整项目包括:油面检查、油质检查、液压控制系统漏油检查、油门拉索检查和调整、换档杆位置检查和调整、空档起动开关和怠速检查。

1. 油面高度检查

(1)先将汽车停在平等的路面上或者举升机上,起动发动机,先将发动机怠速运转 1 分钟以上。

(2)拉起驻车制动器,踩住刹车,将换档杆分别挂入各个档位,在每个档位停留时间应不少于 5 秒钟,使液力变矩器和所有换档执行元件中都充满波箱油,最后挂回驻车档。注意不要熄火。

① 对于有机油尺的自动变速器,先将机油尺擦干,然后重新将机油尺插到自动变速器内,再次拔出机油尺观察机油尺上 ATF 油液面高度,应在标准范围之内。

波箱油油面高度的标准是:如果自动变速器处于冷态(即冷车刚刚起动,波箱油的温度较低,为室温或低于 25℃时),波箱油油面高度应在油尺刻线的下限附近;如果自动变速器处

笔记

于热态(如低速行驶5分钟以上,波箱油温度已达70~80℃),油面高度应在油尺刻线的上限附近。这是因为低温时波箱油的粘度大,运转时有较多的波箱油附着在行星齿轮等零件上,所以油面高度较低;高温时波箱油粘度小,容易流回油底壳。因此油面较高。

大多数车型的机油尺有冷态(COOL)和热态(HOT)两种刻度,如果没有热车就检查ATF油,应以冷态范围的刻度标准为主。

② 对于没有安装机油尺的自动变速器在油底壳的放油处一般装有溢流阀。须把车辆停在举升机上,将车辆平稳顶起。在挂完各个档位后,拧开放油螺丝,检查是否有ATF油溢出。如果有ATF油大量流出,则说明ATF油过多,须适量放出一些;如果没有ATF油溢出,则说明油液过少,须补充。

对于装有溢流阀的自动变速器必须要等到自动变速器达到正常工作温度后才可以检查。

ATF油过少将会导致离合器、制动器打滑,汽车加速性能变差,同时将导致行星齿轮润滑不良;ATF油过多可能造成控制阀排油不畅影响离合器、制动器平顺分离,造成换档迟缓。

2. 油质检查

变速器在正常工作温度下一般能行驶约60 000千米或24个月,影响油液和变速器使用寿命的最重要因素之一是油液的温度,而影响油液温度的主要因素是液力变矩器有故障、离合器、制动器滑转或分离不彻底,单向离合器滑转和油冷却器堵塞等,所以油液温度过高或急剧上升是十分重要和危险的信号,说明自动变速器内部有故障或油量不够。若发现温度过高,应当立即停止检查。延长自动变速器使用寿命的关键就在于经常检查油面、检查油液的温度和状态。

在检查油面高度的同时,还应该进行油液状况的检查。检查油液时,从油尺上嗅一嗅油液的气味,在手指上点少许油液,用手指互相摩擦看是否有渣粒,或将油尺上的波箱油滴在干净的白纸上,检查波箱油的颜色及气味。正常波箱油的颜色一般为粉红色、金黄色或绿色,有特殊气味。如波箱油呈棕色或有焦味,说明已变质,应立即换油。正自动变速变冷却油质的原因:

1) 过热破坏

如果油液变成了褐色或暗红色,说明油液已经发生了过热老化。其主要原因是:

自动变速器油使用时间过长,一般情况下油液应该定期更换(一般为两年或60 000千米),如果长时间不换,油液就会变质。

液力变矩器锁止功能失效。

自动变速器散热器堵塞或散热油管弯折,使油液不能很好散热。

2) 自动变速进器水

如果油液出现乳状,说明自动变速器进水。一般自动变速器进水的原因有两种:

发动机冷却液通过自动变速器散热器进入波箱油中,此时应更换自动变速器散热器并检查自动变速器冷却油压是否在正常范围内。

雨水或洗车水从透自动变速器气孔中进入波箱,此种情况应检查自动变速器的透气帽是否丢失,如果丢失必须补齐透气帽,否则极易造成雨水或洗车水再次进入自动变速器。

3) 油面高度误差大

油中有泡沫。此现象主要是由于油面过高或过低引起的。当油面过高时,行星齿轮和其他旋转部件部分浸在波箱油中,发生搅动油液的现象,导致油液产生气泡。如果油液过低,油泵将吸入空气,使油液与空气混合,产生气泡。若气泡进入液压控制系统,液压控制系统到压力会下降,影响正自动变速器常工作,甚至打滑。而且气泡还会引起油面上涨,导致油液自动变速器从透气孔和加油口溢出,引起错误判断。

4)摩擦片打滑

如果油液呈深黑色,与旧机油的颜色相近,并且伴有严重的焦糊味,说明离合器、制动器的摩擦元件打滑并引起波箱油变质。伴随这种现象出现的故障是自动变速器严重打滑,换档受影响或不能完成换档。此种情况出现基本可以判断必自动变速器须进行解体大修。

5)金属零件磨损

油液中含有金属杂质,拆下油底壳放油堵时,在磁铁上会发现大量金属碎末,此种现象是由于波箱内的金属异常磨损造成的。该常自动变速器见的易磨损部件有:中间抽、轴承、离合器钢片、离合器壳体等。

6)摩擦材料脱落

油中有摩擦片的剥落物,此种现象常出现在进自动变速器水后未进行解体大修,而仅是更换自动变速器油后继续使用,在继续使用过程中通常会出现摩擦片脱落的现象。

3. 漏油检查与油自动变速器的更换

1)漏油检查

制动变速器的各连接部位上都有油封和密封垫,这些部件是常发生漏油的地方。自动变速器漏油会引起油路压力下降,油位下降是换档打滑和延迟的常见原因。图1-25是自动变速器易发生漏油部位,应逐一进行检查。

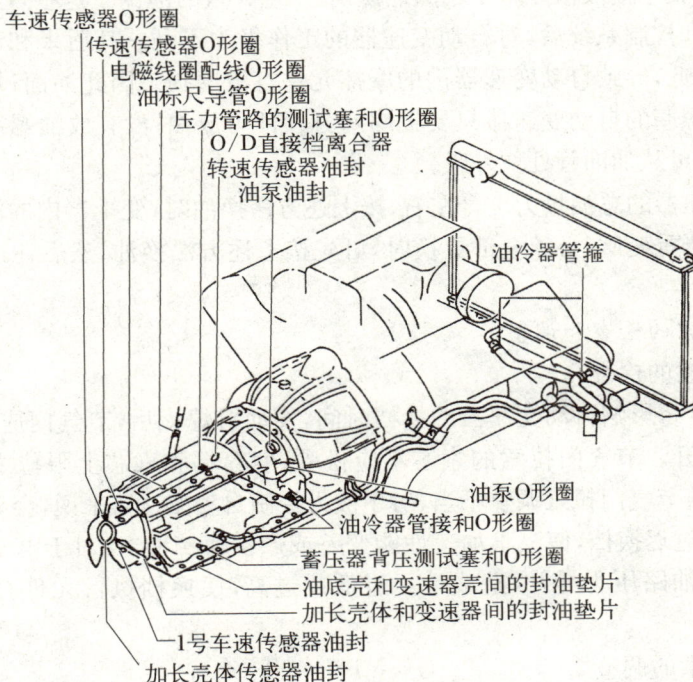

图 1-25 变速器各油封位置

2）自动变速器油的更换

自动变速器换油的具体方法可参照如下方法进行：

（1）车辆运行至自动变速器达到正常工作温度油温 70～80℃后停车熄火。

（2）拆下自动变速器自动变速器油底壳上的放油螺塞，将油底壳内的油放净。有些车型的自动变速器油底壳上没有放油螺塞，应拆下整个油底壳，然后放油。拆油底壳时应先将后半部油底壳螺钉拆下，拧松前半部油底壳螺钉，再将后半部油底壳撬离变速器壳体，放出部分波箱油，最后再将整个油底壳拆下。

（3）拆下油底壳，将油底壳清洗干净。有些自动变速器的油底壳上的放油螺塞为磁性螺塞，也有些自动变速器在油底壳内专门放置一块磁铁，以吸附换屑。清洗时必须注意将螺塞或磁铁上的铁屑清洗干净后放回。

（4）拆下自动变速器油散热器油管接头，用压缩空气将散热器的残余自动变速器油吹出，再装好油管接头。

（5）装好油底壳和放油螺塞。

（6）从自动变速器加油管中加入规定牌号的波箱油。一般自动变速器油底壳内的贮油量为 4 升左右。

（7）起动发动机，检查自动变速器油面高度。要注意由于新加入的油液温度较低，油面高度应在油尺刻线的下限附近。如油面高度太低，应继续加油至规定油面高度。

（8）让汽车行驶至发动机和自动变速器达到正常工作温度，再次检查油面高度是否在油尺线的上限附近。如过低，应继续加油，直至满足规定要求为止。

（9）如果不慎加入过多油使自动变速器油面高于规定的高度，切不可凑合使用。因为当油面过高时，行驶中油液被行星排剧烈地搅动，产生大量的泡沫。这些带有泡沫的自动变速器油进入油泵和控制系统后，对自动变速器的工作极为不利。其后果和油面高度不足一样，会造成油压过低，导致自动变速器内的摩擦元件打滑磨损。因此油面过高时，应把油放掉一些。有放油螺塞的自动变速器只要把螺塞打开即可放油；没有放油螺塞的自动变速器在做少量放油时，可从加油管处往外吸。

一般自动变速器的总油量为 7 升左右，按上述方法换油时，变矩器内的波箱油是无法放出的。若波箱油严重变质，必须全部更换时，可先按上述方法换油，然后让汽车行驶约 5 分钟后再次换油。

4. 节气门拉索的检查和调整

1）节气门拉索的检查

节气门的开度将影响自动变速器的换档时间，发动机熄火后，节气门应全闭，当油门踩死时，节气门应全开。节气门拉索的索芯不应松弛，索套端和索芯上限位之间的距离应在 0～1 mm 之间。若节气门拉索调整不当，对于液力控制自动变速器来说，会导致换档时刻不正常，造成过早或过迟换档，使汽车加速性能变差或产生换档冲击；对于电子控制自动变速器来说，会导致主油路压力异常，造成油压过低或过高，使换档执行元件打滑或产生换档冲击。

2）节气门拉索的调整

节气门拉索的调整步骤是：

（1）推动油门踏板连杆，检查油门是否全开，若油门不全开，则应调油门踏板连杆。

（2）把油门踏板踩到底。

（3）把调整螺母拧松。

（4）调整油门拉线。

（5）拧动调整螺母，使橡皮套与拉线止动器间的距离为 0～1 mm。

（6）拧紧调整螺母。

（7）重新检查调整情况。

5. 操纵手柄位置的检查和调整

操纵手柄调整不当，会使操纵手柄的位置与自动变速器阀板中手动阀的实际位置不符，造成挂不进停车档或前进低档，或操纵手柄的位置与仪表盘上档位指示灯的显示不符，甚至造成在空档或停车档时无法起动发动机。

操纵手柄的调整方法如下：

（1）拆下操纵手柄与自动变速器手动阀摇臂之间的连接杆。

（2）将操纵手柄拨至空档位置。

（3）将手动阀摇臂向后拨至极限位置（停车档位置），然后再退回 2 格，使手动阀摇臂处于空档位置。

（4）稍稍用力将操纵手柄靠向 R 位方向，然后连接并固定操纵手柄与手动阀摇臂之间的连杆。

6. 档位开关的检查和调整

将操纵手柄拨至各个档位，检查档位指示灯与操纵手柄位置是否一致、P 位和 N 位时发动机能否起动，R 位时倒档灯是否亮起。发动机应只能在空档（N 档）和驻车档（P 档）起动，其他档位不能起动，若有异常，应调节空档起动开关螺栓和开关电路。

（1）松开档位开关的固定螺钉，将操纵手柄放到 N 档位。

（2）将槽口对准空档基准线。有些自动变速器的档位开关外壳上刻有一条基准线，调整时应将基准线和手动阀摇臂轴上的槽口对齐；也有一些自动变速器的档位开关上有一个定位孔，调整时应使摇臂上的定位孔和档位开关上的定位孔对准。

（3）档位开关的位置调好后进行固定。

7. 怠速检查

发动机怠速不正常，特别是怠速过高，会使自动变速器工作不正常，出现换档冲击等故障。因此在对自动变速器作进一步的检查之前应先检查发动机的怠速是否正常。检查怠速时应将自动变速器操纵手柄置于停车档（P）或空档（N）位置。通常装有自动变速器的汽车发动机怠速为 750 r/分钟。若发动机怠速过低或过高，都应予以调整。

六、电子控制自动变速器结构

1. 什么是 ECT

ECT 是电子控制自动变速器（ELECTRONIC CONTROL TRANSMISSIOM）的简称。它是利用电子控制技术来进行控制的变速器。除了阀体，自动变速器本身实际上与全液压控制变速器是一样的，它有电子元件、传感器、电子控制元件及若干执行器组成，如图 1-26 所示。

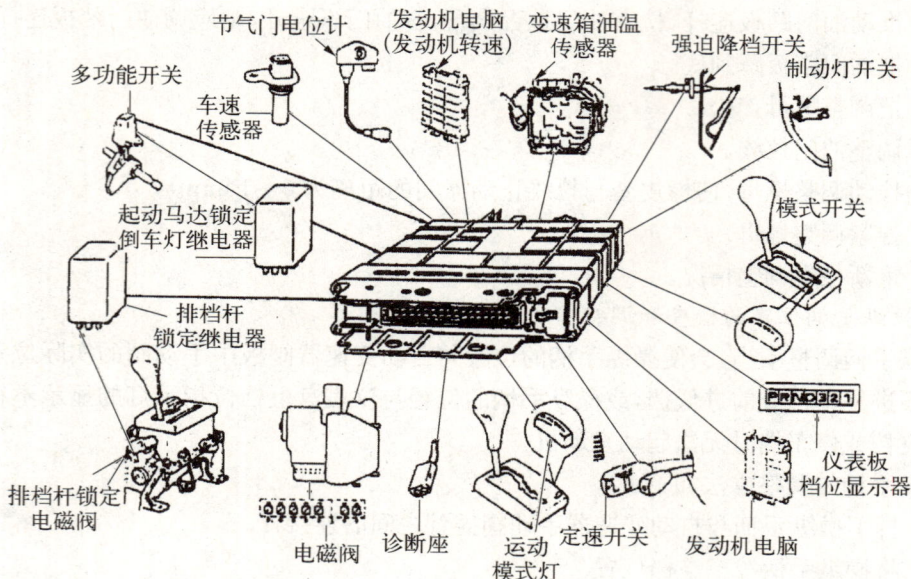

图1-26　电控系统元件

　　电子控制系统的基本组成结构如图1-26所示，ECT输入电路接受传感器和其他装置输人的信号，如节气门位置传感器、车速传感器、冷却液温度传感器、液压温度传感器、发动机转速传感器、变速器输人（输出）速度传感器、档位开关、刹车灯开关等信号进人ECT，在ECT进行计算然后输出控制信号，通过换档电磁阀、离合器电磁阀等控制换档和锁止动作。从而使得ECT精确控制电磁阀，使换档和锁止时间准确，令汽车运行更加平稳民节省燃油。

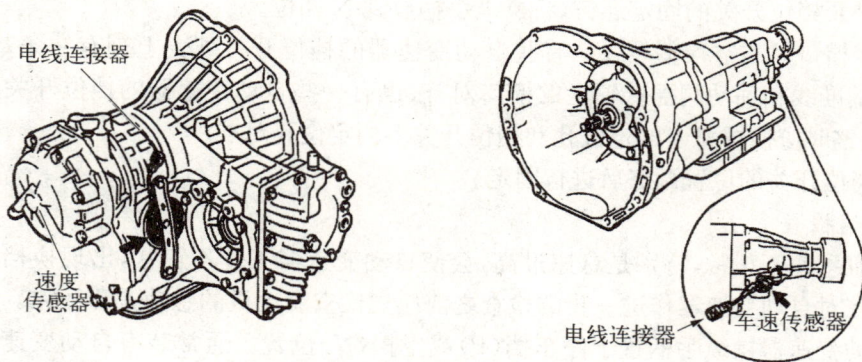

图1-27　电控变速器的识别

　　2. 如何识别ECT

　　ECT的基本形状与全液压控制变速器是一样的，所以识别它的唯一方法是判断是否有车速传感器。全液压控制自动变速器有一个速控液压阀，而ECT没有速控液压阀，却使用了一个车速传感器。

　　全液压控制变速器的工作原理是，用机械的方法将车速转变为速控液压，将节气门开度

笔记

转变为节气门液压,并且使用了这些液压控制行星齿轮机构中的离合器和制动器的工作,从而控制变速器的换档正时,这称为"液压控制方法"。

可是,在 ECT 中,传感器用电子的方法检测车速和节气门开度,并且将该信息以电信号的形式传至电子控制单元(简称 ECU)。然后 ECU 根据这些数据控制换档电磁阀的工作,从而控制换档正时。

全液压控制变速器与 ECT 的对比,有哪些优缺点?

全液压控制变速器与 ECT 的控制的比较如图 1-28 所示。

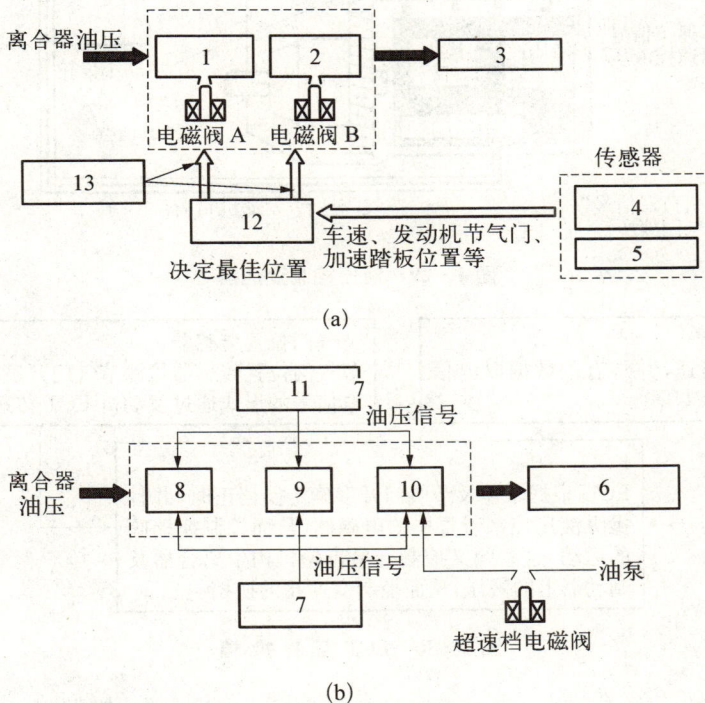

(a)

(b)

图 1-28 电控(a)与液压控制变速器(b)控制的比较

在全液压控制变速器中,换档是由液压控制装置按如下方法进行(见图 1-29):

ECT 添加了一个 ECU,根据车速和节气门开度的信号控制换档,除此之外,ECT 与全液压控制变速器基本上是一样的。ECT 控制换档方式如图 1-30 所示。

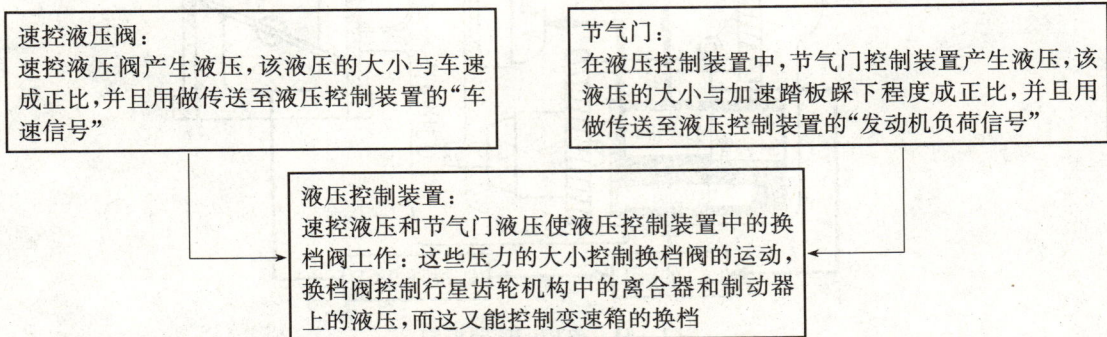

速控液压阀:
速控液压阀产生液压,该液压的大小与车速成正比,并且用做传送至液压控制装置的"车速信号"

节气门:
在液压控制装置中,节气门控制装置产生液压,该液压的大小与加速踏板踩下程度成正比,并且用做传送至液压控制装置的"发动机负荷信号"

液压控制装置:
速控液压和节气门液压使液压控制装置中的换档阀工作:这些压力的大小控制换档阀的运动,换档阀控制行星齿轮机构中的离合器和制动器上的液压,而这又能控制变速箱的换档

笔记

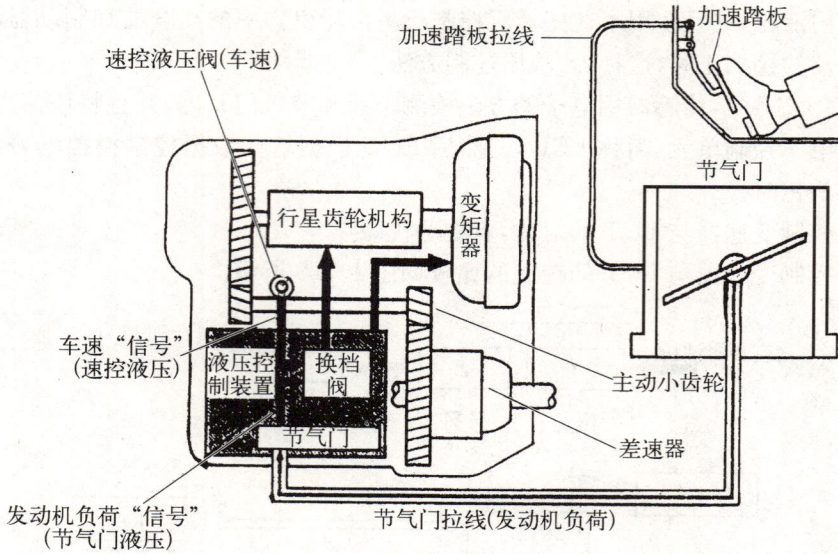

图 1-29　液压控制变速器

图 1-30　ECT 控 制 换 档

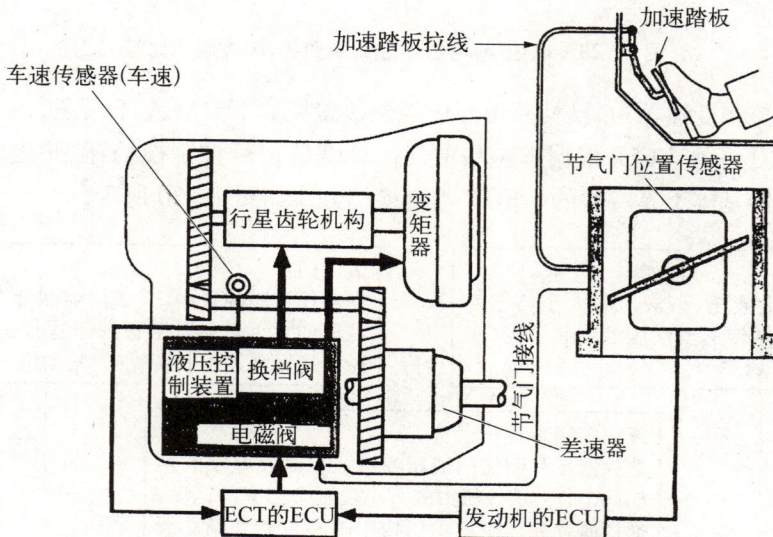

图 1-31　电控变速器控制

注意：在 ECT 中节气门拉线仅用于调节管道压力。它不控制换档正时，这一点与全液压控制变速器不同。

ECT 的电子控制系统控制 ECT 的换档正时和锁止正时，它有各种输入信号、一个控制装置及各个执行器组成（见图 1-32）。

与全液压控制变速器相比，ECT 具有如下优点：

（1）驾驶员可以选择自己喜欢的行驶模式。在全液压控制变速器中，行驶模式（即换高档及换低档的正时，以及锁止离合器及分离的正时）被设计在变速器中，不可以改变。可是，在 ECT 中，ECU 储存有几个行驶模式（称为常规模式及动力模式或经济模式），驾驶员只要按一下行驶模式选择开关，就可选择到最适合当时驾驶条件的行驶模式。

（2）减小换档冲击。因为 ECU 根据驾驶条件，精确控制换高档、换抵档及锁止离合器的正时，所以换档冲击比较小。

（3）减小油耗。因为 ECU 根据驾驶条件以最佳的方式控制换高档及换低档的正时，所以即使在低速范围，所止离合器也可以工作，从而降低了油耗。

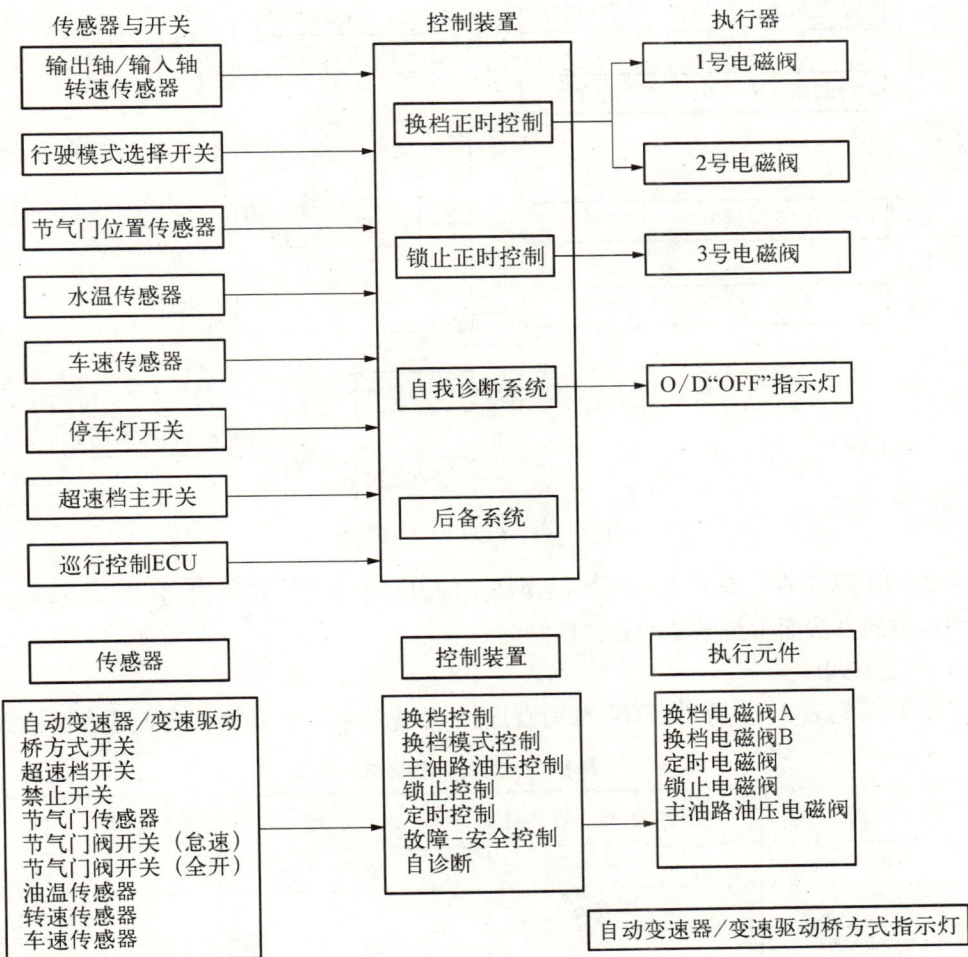

图 1-32 典型电控变速器控制回路

（4）自我诊断及存储功能。ECU 有一个内置的自我诊断系统。它将电子控制系统中可能发生的任何故障储存在存储器中,并且可以帮助技术人员进行故障分析。

（5）失效保护功能。ECU 有一个备用失效保护系统,以保证即使电子控制系统有故障时也能行驶。

七、电控系统的工作原理

1. 换档正时控制

1) 概述

ECT 的 ECU 将换档杆在各个位置（"D"、"2"或"L"档位）及每个行驶模式（常规或动力）下的最佳换档模式编程存入存储器中。

ECU 根据适当的换档模式,根据来自车速传感器的车速信号,以及来自节气门位置传感器的节气门开度信号打开或关闭换档电磁阀。这样,ECU 可操纵各电磁阀,打开或关闭通往离合器及制动器的液体通道,使变速器得以换高档或换低档（见图 1-33）。

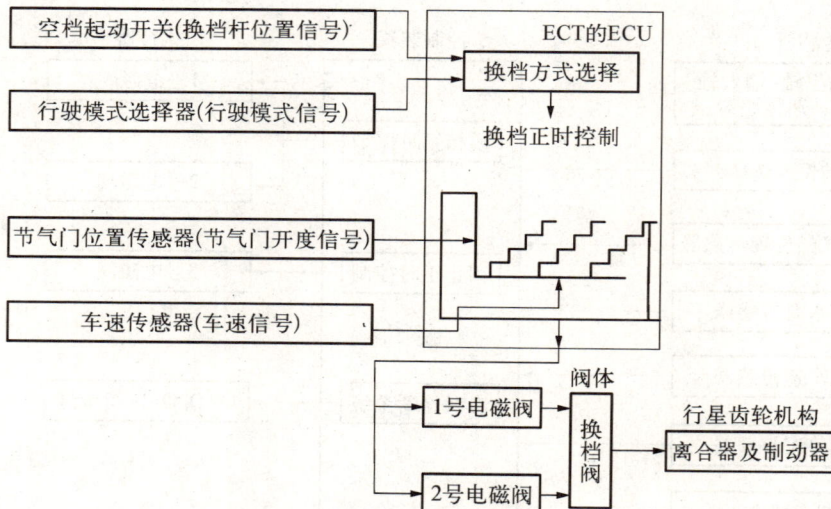

图 1-33　ECU 控 制 原 理

注意：ECU 仅在汽车前进时才提供换档正时及锁止正时,在倒档、驻车及空档中,变速器是用机械的方法而不是电子的方法控制的。

2) 换档方式

如图 1-33、表 1-4 所示,ECU 编有程序,以根据行驶模式及换档位置选择换档方式。

表 1-4　选择换档方式

换　　档	驾驶模式	常　　规	动　　力
"D"		S—1*	S—2*
"2"		S—3*	S—3*
"L"		S—4*	S—4*

* S—1、S—2、S—3、S—4 代表换档方式。

注意：每个档位的换档方式及行驶模式因车型而异，详见有关的修理说明。

换档方式 S—1：“D”档位，常规式适用于市区、郊区及公路行驶。燃油消耗及加速性能良好。

例如：在图 1-34 中，节气门打开 50%，输出轴转速在 1 500 r/分钟时使 ECU 从第 1 档换高档至第 2 档；转速在 2 500 r/分钟时，从第 2 档换高档至第 3 档；转速在 4 000 r/分钟时，从第 3 档换高档至超速档。

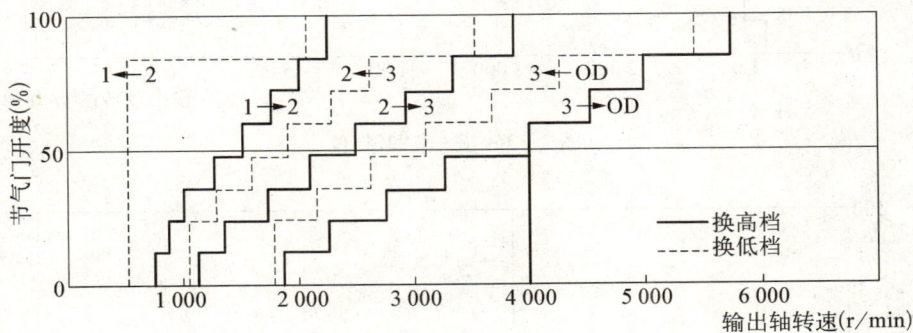

图 1-34　“D”档位常规式

换档方式 S—2：“D”档位动力方式：这是车速的最好方式。因此，变速器换高档或换低档的速度高于常规方式。例如：在图 1-33 中，节气门打开 50%，在输出轴转速为 1 800 r/分钟时，ECU 从第 1 档换高档至第 2 档；转速在 3 100 r/分钟时从第 2 档换高档至第 3 档；转速在 4 500 r/分钟时，从第 3 档换高档至超速档。

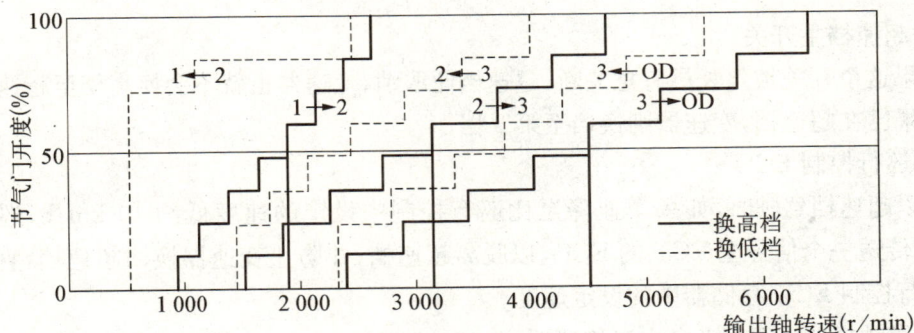

图 1-35　“D”档位动力方式

换档方式 S—3：“2”档位（与行驶方式无关）。这相当于传统自动变速器中的“2”档位。这个速度档位包括的范围很广，这个方式还有一个优点：当汽车在山路上行驶中时，可以实现发动机制动。

但是，为了防止发动机超速运转，变速器自动进入第三档，如图 1-36 所示（参见有关的修理手册）。

换档方式 S—4：“L”档位（与行驶方式无关）。

2. 超速档控制

在正常行驶中，ECT 的 ECU 按照前文件所示的换档方式换高档，但是根据以下传感器的情况，不管是否以超速档行驶，超速档均被取消。超速档控制原理如图 1-37 所示。

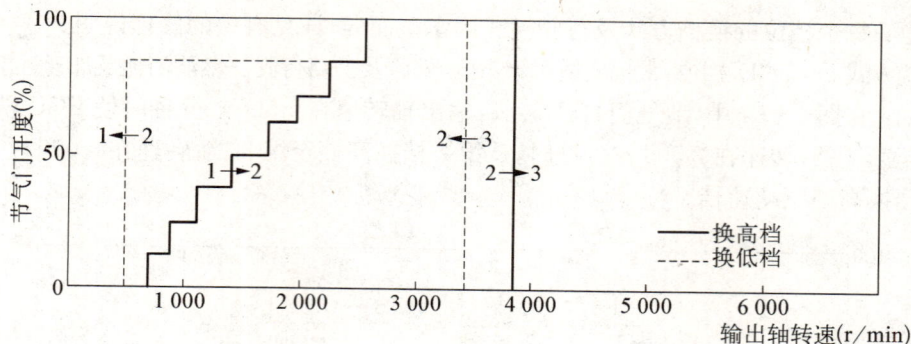

图 1-36　S—3、"2"档位

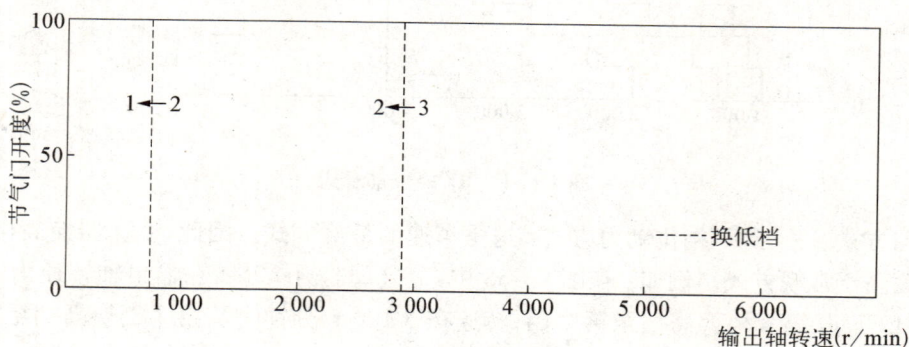

图 1-37　S—4、"L"档位

1）超速档主开关

如果这个开关被驾驶员有意关断,超速档便取消,变速器也就不会换高档至超速档。

如果已在超速档,变速器则换档至第 3 档。

2）巡行控制 ECU

在以超速档驾驶时,如果车速降至比巡行控制中设定的速度低约 10 km/h,巡行控制 ECU 便传送一个信号至 ECT 的 ECU,以脱离超速档,并防止变速器换回超速档,直至车速达到巡行控制 ECU 存储器中的设定速度。

3）发动机的 ECU(来自水温传感器)

如果在冷却液温度低的时候超速驾驶,如图 1-38 所示,发动机会开始爆震,并且不能提供足够的动力。因此,要预先在发动机 ECU 中设定超速档取消,如果冷却液温度降至设定温度以下,发动机 ECU 便向 ECT 发出一个信号(接地)。这是,ECT 的 ECU 将不会换高档至超速档。

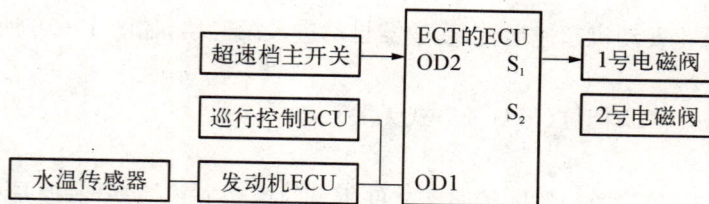

图 1-38　超速档控制原理

3. 锁止控制

1) 概述

ECT 的 ECU 将各种行驶模式(常规与动力)下锁止离合器的工作方式编程存入存储器中。根据这个锁止方式,ECU 按照车速信号及节气门开度信号打开或关闭三号电磁阀。根据三号电磁阀是打开或关闭,锁止控制阀改变作用在变矩器上的控制变矩器压力的液压通道,以接合或分离锁止离合器。

2) 锁止机构工作条件

如果下列 3 个条件同时存在,ECT 的 ECU 就会接通三号电磁阀,以操纵锁止系统(见图 1-39):

(1) 汽车以第 2 档或第 3 档或超速档("D"档位)行驶。

(2) 车速等于或高于规定速度,节气门开度等于或高于规定值。

(3) ECU 没有收到锁止系统强制取消信号。

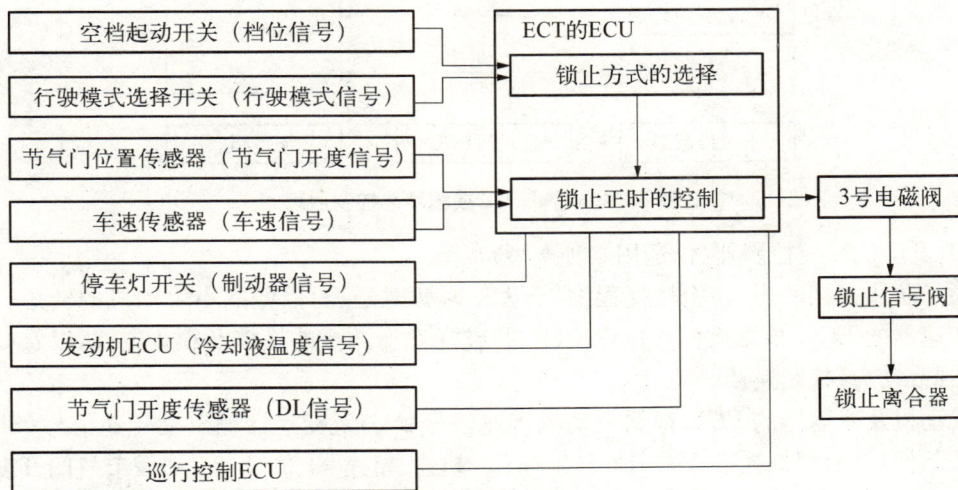

图 1-39 锁止控制原理

3) 锁止控制

ECU 控制锁止系统,其方法是在常规模式时以低于动力模式时的速度使其结合。

ECU 也控制锁止正时,以便在换档中减小冲击。如果变速器在锁止系统工作时换高档或换低档,则 ECU 便使锁止系统不工作。这有助于减小换档冲击。在换高档及换低档完成以后,ECU 使锁止系统重新工作。

注意:在第 2、3 档和"D"档位的超速档能进行锁止。但是,只有当车速达到规定速度(这取决于节气门的开度)时,锁止才开始工作。

4) 锁止的强制取消

如果下列 4 个条件同时存在,ECU 就会关断三号电磁阀,以分离锁止离合器:

(1) 停车灯开关接通(制动时)。

(2) 节气门位置传感器的 IDL 触点闭合。

(3) 冷却液温度低于 60℃。

笔记

（4）当巡行控制系统工作时，车速降至设定速度以下至少约 10 km/h。

上述（1）、（2）的目的是在后轮锁止时防止发动机熄火；（3）的目的是改善行驶的全面性能，加速变速器的预热；（4）的目的是使变矩器工作，以使转矩倍增。

4. 其他控制

1）"N"-"D"换档缓冲控制

在变速器从"N"档位换至"D"档位时，换档缓冲控制系统为防止变速器直接换入第1档，先使之换入第2档或第3档，然后再换入第1档。这样做的目的是为了减小换档冲击和车尾下坐。工作流程如图 1-40 所示。只有当下列所有条件同时存在时，换档缓冲控制才工作：汽车暂时停止；停车灯开关接通；IDL 触点接通；变速器从"N"档位换至"D"档位；冷却液预热。

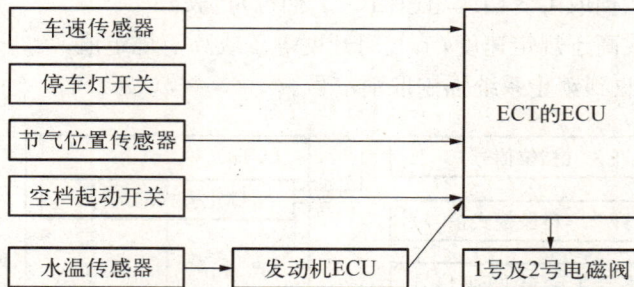

图 1-40　"N"-"D"换档缓冲控制原理

2）发动机转矩控制器（仅适用某种车型）

为了防止换档冲击，在换档过程中，点火正时暂时延迟，以便减小发动机的转矩。发动机及变速器的 ECU 根据换档杆位置（"D""2"或"L"）所选择的换档及锁止方式，以及行驶模式（常规或动力）控制换档。

发动机及变速器的 ECU 根据发动机转速信号（Ne）及变速器输出轴转速信号（SP2）判断驾驶条件，然后根据换档方式（1-2、2-3、3-超速、超速-3、3-2、2-1）及节气门开度确定点火正时延迟的最佳量。工作流程如图 1-41 所示。有关的信号：发动机转速（Ne）；车速（SP2）；节气门开度（VTA）；冷却液温度（THW）；换档方式（S1、S2）；蓄电池（+B）；超速档直

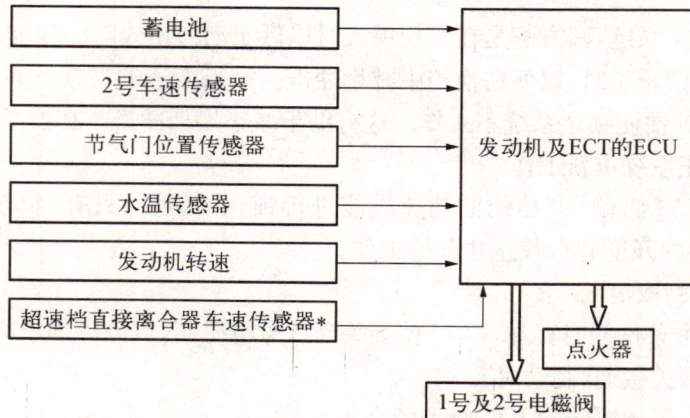

图 1-41　发动机转矩控制原理

接离合器车速传感器(NCO)(今适用于丰田 A342E)。

5. 传感器

1) 节气门位置传感器(TPS)

节气门位置传感器安装在发动机节气门体上,用于检测节气门的开度,并将其转换成电信号传送给 ECU,以控制换档正时和锁止正时。

节气门位置传感器的外形及线路连接如图 1-42 所示。节气门位置传感器内部的触点位置如图 1-43 所示,其中的活动触点臂与节气门轴联动。只有线性输出型的节气门位置传感器才能用于自动变速器的换档控制,开关型的节气门位置传感器由于只在怠速和大功率时有信号输出,不能反映节气门的其他位置,因此,不能用于换档控制。

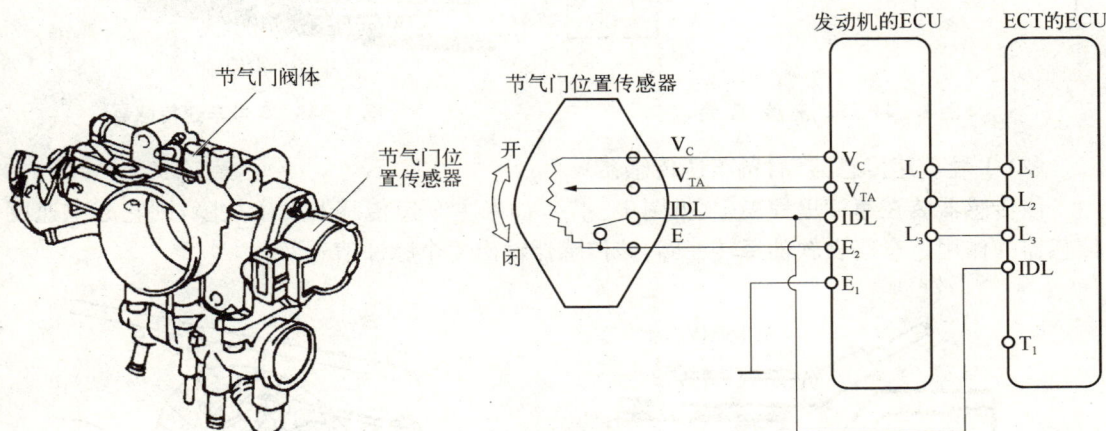

图 1-42 节气门位置传感器的外形及线路连接

2) 车速传感器(VSS)

车速传感器装在输出轴附近,用来检测输出轴的转速,电脑根据车速传感器的信号计算出车速,并根据车速信号控制换档。

在丰田车中,为了确保 ECT 的 ECU 随时获得正确的车速信息,车速信号由两个车速传感器输入。为了进一步确保信息的精确性,ECT 的 ECU 不断比较这两个信号,看它们是否相同(见图 1-44)。

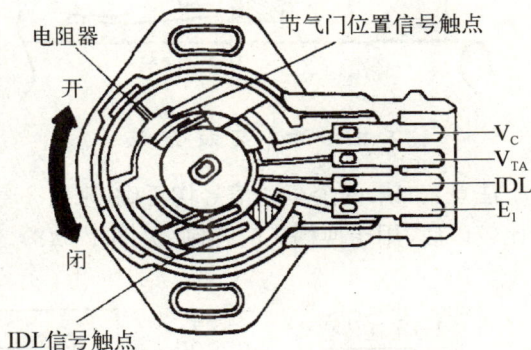

图 1-43 节气门位置传感器内部的触点位置

(1) 2 号车速传感器(主车速传感器)。

一个装有内置式磁铁的转子安装在变速器主动小齿轮或输出轴上。每当该轴(即转子)旋转一整圈时,磁铁便起动簧片开关(该开关安装在主车速传感器内)产生一个信号(见图 1-45)。该信号(相当于全液压控制变速器中的调整器液压力信号)被传送至 ECU,ECU 便用它控制换档点和锁止离合器的动作。输出轴每转一圈,该传感器输出一个脉冲。

该传感器适用于 FR 型(前置发动机后轮驱动)车辆。该传感器安装方法如图 1-46 所示。

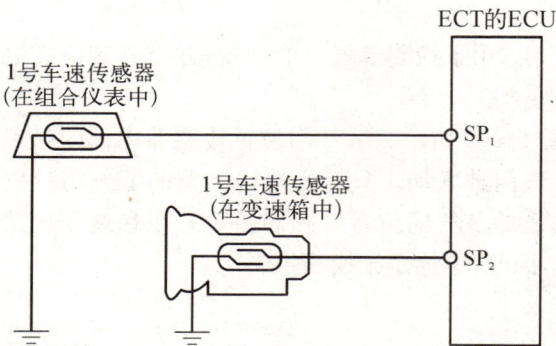

图 1-44 车 速 传 感 器

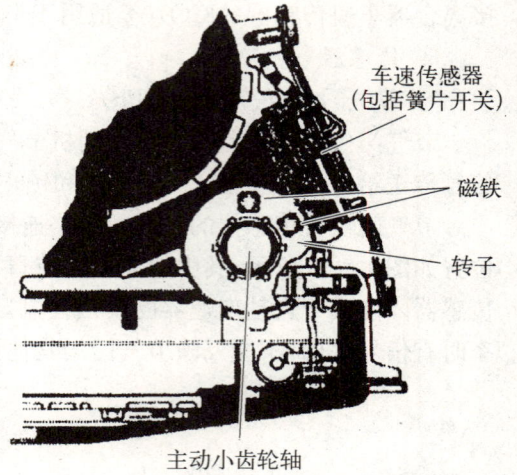

图 1-45 2号车速传感器

（2）1号车速传感器（后备车速传感器）。

该传感器装在速度里程表中（见图1-47），如果主车速传感器发生故障，则它起主速度传感器的作用。车速表软轴每转一圈，该传感器输出4个脉冲信号。

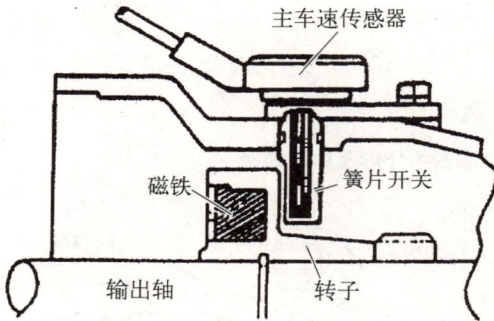

图 1-46 安 装 方 法

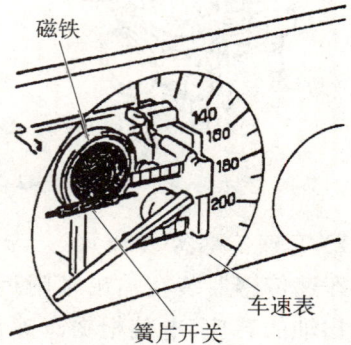

图 1-47 1号车速传感器

注意：如果两个车速信号均正确，来自2号车速传感器的信号在与1号车速传感器的输出比较以后，用于换档正时控制（见图1-48）。如果2号车速传感器的信号是错误的，ECU

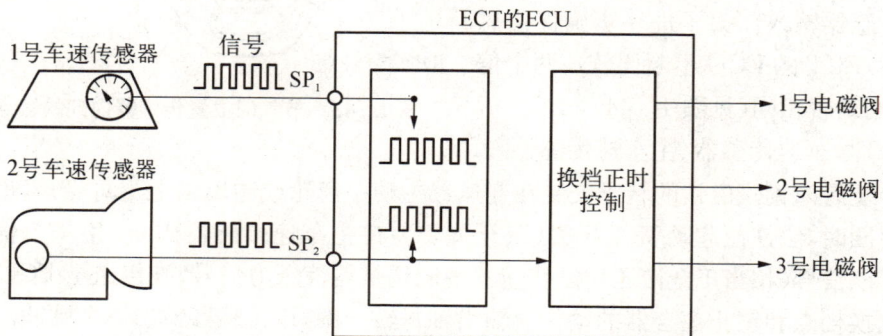

图 1-48 信号控制方式（一）

立即停止使用该信号,改变使用来自1号车速传感器的信号换档正时(见图1-49)。如果发生这种情况,它便输出第62号诊断代码。此外,如果1号车速传感器不正常,那么便显示诊断代码42。

① 当两个传感器均正常时,电路如图1-48所示。

② 如果2号车速传感器不正常时,电路如图1-49所示。

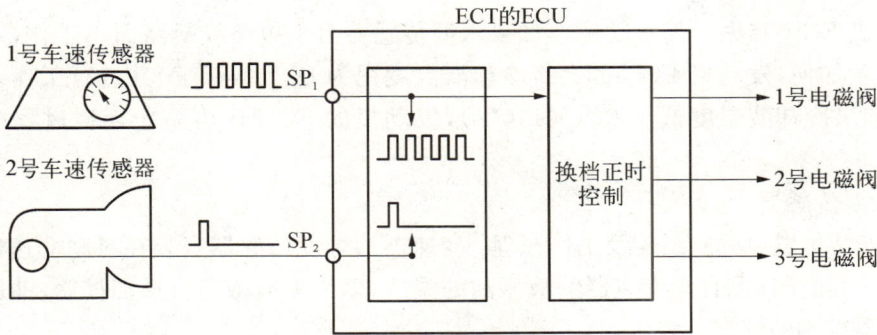

图1-49 信号控制方式(二)

3) 水温传感器

水温传感器用以检测发动机的冷却液温度。当冷却液低于预定温度时,如果变速器换入超速档,发动机性能及车辆乘车的舒适性会受到影响。为了防止这种情况,在冷却液达到预定温度以前,信号便输入ECU,以防止换入超速档(见图1-50)。

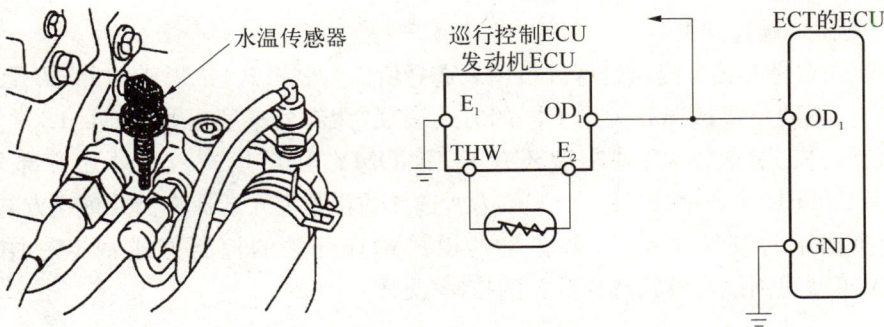

图1-50 水温传感器安装位置及原理

水温传感器利用热敏电阻监测冷却液温度,并将其转换为电信号,然后将这些信号传送至发动机的ECU。其结构如图1-51所示。

如果冷却液温度低于预定温度,发动机ECU便发送一个信号到ECT的ECU端子ODI,以防止变速器换入超速档,并防止锁止离合器运作。ODI端子电压如表1-5所示,在有些车型上,也防止变速器在这时换入第3档。

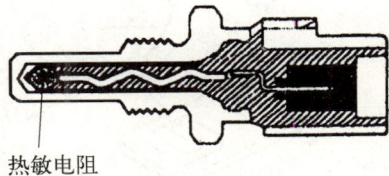

图1-51 水温传感器结构

表 1 - 5　ODI 端 子 电 压

超速档或锁止	ODI 端子电压
能够	12 V
取消	0 V

发动机 ECU 有失效保护功能。如果水温传感器由于短路或断路而不工作,不管冷却液实际温度如何,发动机 ECU 都会将冷却液温度视为 80℃(176℉)并进行工作。在某些车型上,如果冷却液温度低于 60℃(140℉),发动机的 ECU 还可防止换档过程中点火正时延迟。

4) 油温传感器

(1) 安装位置、功能、结构及工作原理:变速器油温度传感器安装在自动变速器油底壳内的阀板上,用于检测自动变速器的液压油的温度,以作为电脑进行换档控制、油压控制和锁止离合器控制的依据。

变速器油温度传感器与发动机冷却液温度传感器的结构和工作原理一样,内部是一个半导体热敏电阻,它具有负的温度电阻系数温度越高,电阻越低电脑根据其电阻的变化测出自动变速器的液压油的温度。

(2) 油温传感器不正常工作会引起的故障:① 影响自动变速器换档品质;② 影响变矩器锁止离合器的工作;③ 可能引起无超速档故障。

6. 开关信号

1) 行驶模式选择开关

行驶模式选择开关是提供给驾驶员用来选择所需行驶模式(常规或动力)的开关。在不同的车型上,行驶模式选择开关用不同的方式表现,大部分车型用 NORMAL(常规模式)、POWER(动力模式)表示,有些车型还有 ECONOMY(经济模式),另外还有部分车型用 SPORT、WINTER 等表示,ECT 的 ECU 为所选择的行驶模式选择换档及锁止方式,并且相应地改变换档正时及锁止正时,各车型的模式选择开关的控制方式基本一样,下面以 TOYOTA 车型为例说明模式选择开关的控制(见图 1 - 52)。

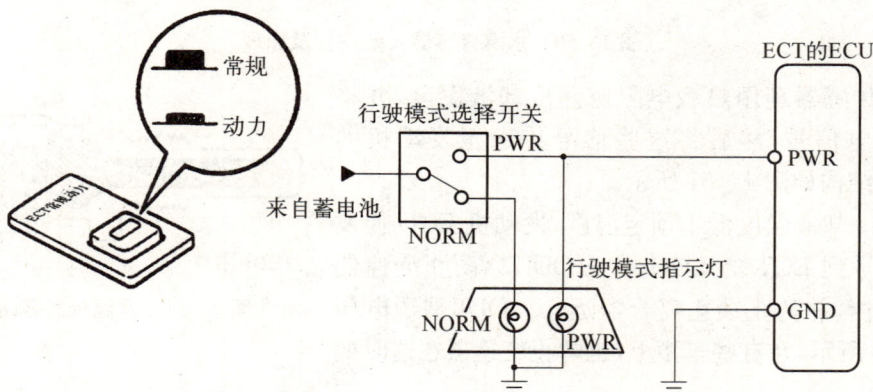

图 1 - 52　丰田车模式选择开关的控制

ECT 的 ECU 有一个"PWR"端子,但是没有"NORMAL"端子。当用行驶模式选择开关选择了"POWER"方式时,就有一个 12 V 电压施加到"PWR"端子,于是 ECT 的 ECU 判定,"POWER"被选择了。当"NORMAL"被选择时,没有电压施加于"PWR",结果,ECL 判定"NORMAL"被选择了,当"NORMAL"被选择时,没有电压施加于"PWR",结果,ECT 的 ECU 判定"NORMAL"被选择了 3。该开关的触点也用于接通行驶模式指示灯,以告知驾驶员行驶模式。

2) 空档起动开关(档位传感器)

空档起动开关用来判断排档杆所处的位置,防止发动机在动力档位时起动,保证使用安全。另外,ECL 的 ECU 从位于起动开关中的档位传感器获得变速器所在档位的信息,然后确定适当的换档方式。图 1-53 说明 TOYOTA 车的空档起动开关。

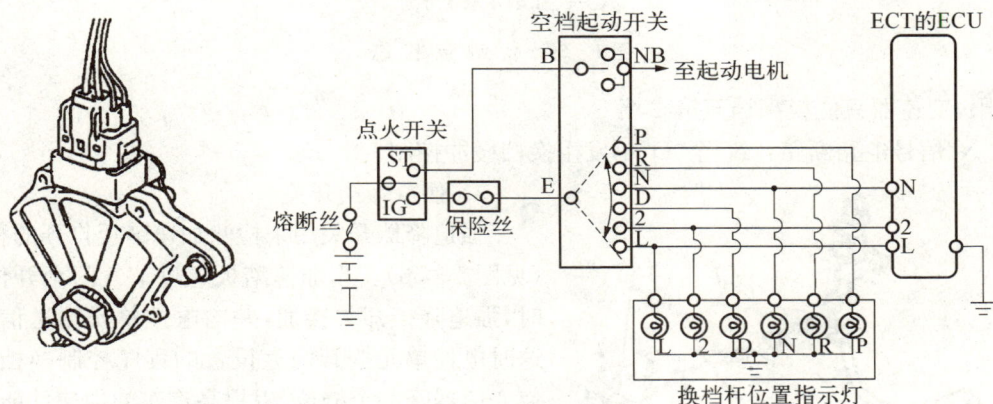

图 1-53　TOYOTA 空档起动开关

在 ECT 中空档起动开关有各档位的触点(见图 1-54)。如果 ECU 的端子 N、2 或 L 与庙子 E 导通,ECU 便分别确定变速器位于"N"、"2"或"L"档位。

如果 N、2 或 L 端子均不与端子 E 导通,那么 ECU 便确定变速器位于"D"档位。

注意:在"P","D"及"R"档位,空档起动开关不向 ECU 发送有关换档杆位置的信号(在有些型号的变速器中,空档起动开关"R"档位也发送信号)。

该开关的触点也用于接通换档位置指示灯,以告诉驾驶员换档杆当时的位置。各触点的接通(MAKE)/断开(BREAK)状态如图 1-55 所示。

注意:如果输入 ECT 的 ECU 的信号异常,ECU 的反应如下:

"2"信号电路断路:在"2"档时,ECU 选择"D"档的换档方式。但是,受液压管路的构造方式所限,变速器只能换高档至第 3 档。

"L"信号电路断路:在"L"档时,ECU 选择"D"的换档方式。但是,受液压管路的构造方

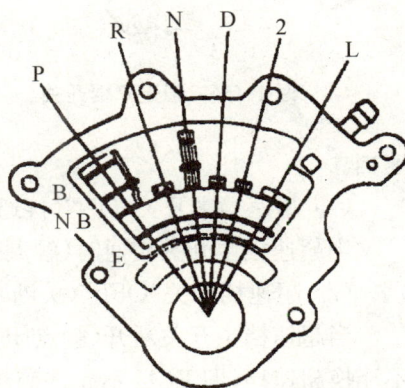

图 1-54　空档起动开关各档位切换触点

笔记

档位＼端子	用于空档起动开关		用于换档杆位置指示灯						
	B	NB	E	P	R	N	D	2	L
"P"	○─────○		○	○					
"R"			○───────────○						
"N"	○─────○		○──────────────○						
"D"			○─────────────────────○						
"2"			○────────────────────────○						
"L"			○──────────────────────────────○						

○─○：表示端子导通

图 1-55　各触点状态

式所限,变速器只能换高档至第 2 档。

"N"信号电路断路:"N"至"D"不发生换档缓冲控制。

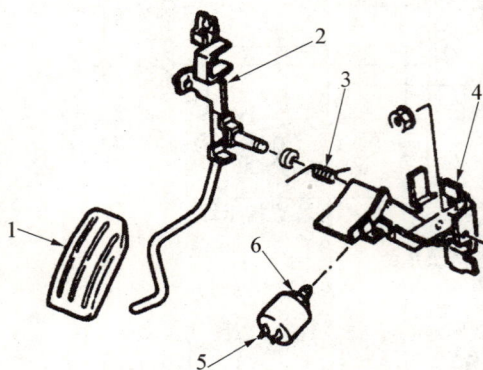

图 1-56　强迫降档开关

3) 强迫降档开关

强迫降档开关用来检测加速踏板打开的程度(见图 1-56)。当加速踏板超过节气门全开位置时,强迫降档开关接通,并向电控单元输送信号,这时电控单元按其内存设置的程序控制换档,并使变速器降一个档位,以提高汽车的加速性能。

4) 超速档主开关

该开关可以使 ECT 进入可以超速行驶或不可以超速行驶的状态。当该开关接通时,如果各种条件满足时,ECT 将换入超速档。当该开关断开时,便可以在任何情况下防止 ECT 换入超速档。

(1) 超速档主开关"ON"(接通):

当超速档主开关接通时(触点断开)电流从蓄电池流至 ECU,使变速器能换至超速档。

(2) 超速档开关"OFF"(关断):

当超速档主开关断开(触点闭合)时,电流从蓄电池流至接地,如图 1-57 所示。因此,不能换超速档,即 ECU 不允许变速器换入超速档。

同时,O/D OFF 指示灯点亮。

注意:如果电路有故障,就会出现如下症状:

12 V 电压不施加在 ECT 的 ECU 的 OD2 的端子,超速档保持取消;12 V 电压继续施加在 ECT 的 ECU 的 OD2 的端子,超速档不能取消。

5) 制动灯开关

制动灯开关用以判断制动踏板是否被踩下。当制动踏板被踩下时,制动灯开关输送

接通

断开

来自蓄电池

(12伏) OD₂

ECT的ECU

超速档主开关
"ON"

GND

来自蓄电池

O/D OFF
指示灯

(0 V) OD₂

ECT的ECU

超速档主开关
"OFF"

GND

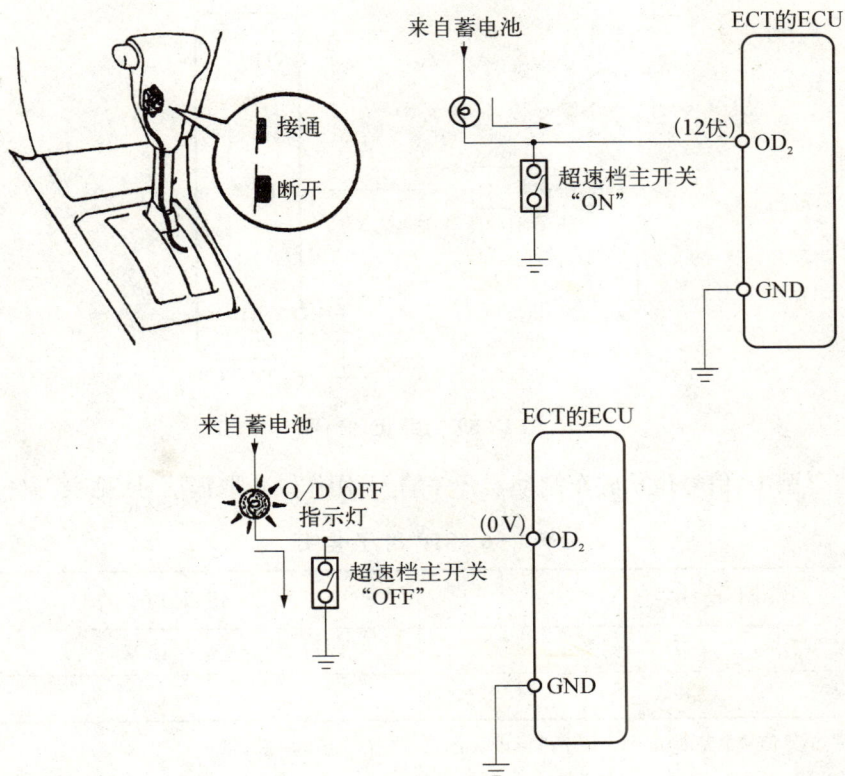

图 1-57 超速档开关打开

信号给 ECT 的 ECU,ECU 便取消锁止离合器的结合,保证车辆的稳定行使,如图 1-58
所示。

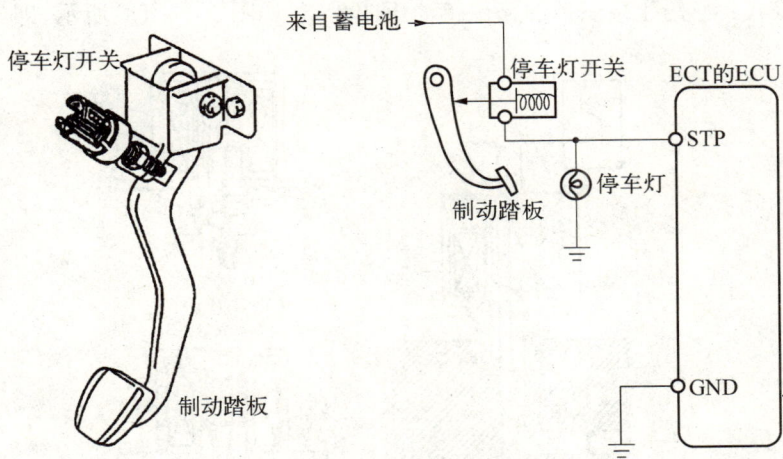

停车灯开关

来自蓄电池

停车灯开关

ECT的ECU

STP

制动踏板

停车灯

制动踏板

GND

图 1-58 制 动 灯 开 关

该开关安装在制动踏板支架上(见图 1-59)。当制动踏板踩下时,该开关传送一个信号
至 ECU,通知 ECU 制动器已经使用了。

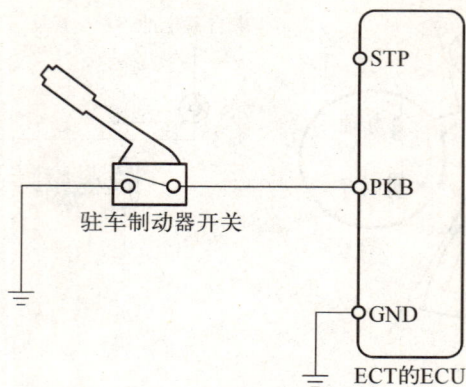

图 1-59　锁　止　信　号

在某些车型中,信号也从驻车制动器开关输入,用作锁止取消信号(见表 1-6)。

表 1-6　STP 端子电压

制 动 踏 板	STP 端子电压
踩下	12 V
松开	0 V

注意:如果 STP 信号电路断路,那么便不进行止取消。

7. 电磁阀

1) 开关式电磁阀

开关式电磁阀的作用是开启或关闭液压油路,通常用于控制换档阀及变矩器锁止控制阀的工作。开关式电磁阀由电磁线圈、衔铁、回位弹簧、阀心和阀球所组成(见图 1-60)。它有 3 种工作方式:一是让某一条油路保持油压或泄空,如图 1-60(a)所示,即当电磁线圈不

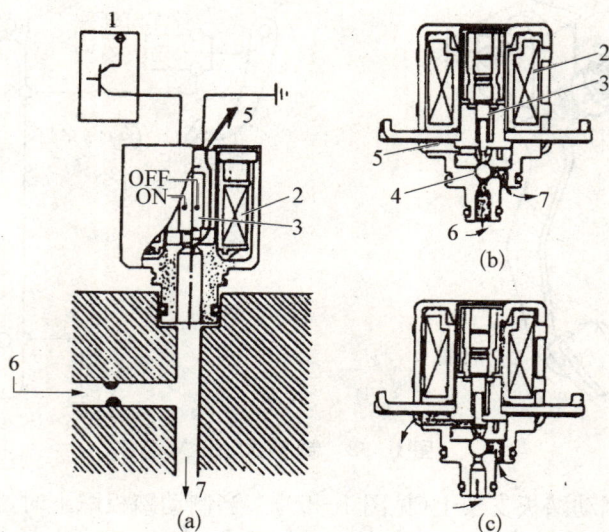

图 1-60　开关式电磁阀

通电时,阀心被油压推开,打开泄油孔,该油路的液压油经电磁阀泄空,油路压力为零;当电磁线圈通电时,电磁力使阀心下移,关闭油油孔,使油路油压上升。二是开启或关闭某一条油路,即当电磁线圈不通电时,油压将阀心推开,阀球在油压作用下关闭泄油孔,打开进油孔,使主油路压力油进入控制油道,如图 1-60(b)所示。三是当电磁线圈通电,电磁力使阀心下移,推动阀球关闭进油,打开泄油孔,控制油道内的压力油由泄油孔泄空,如图 1-60(c)所示。

2) 油路压力控制电磁阀

油路压力控制电磁阀如图 1-61 所示,根据自动变速器控制单元的信号调节控制液压阀的压力,并控制油路压力。从 EC-AT 控制单元来得信号通过降压电阻传给电磁阀。

电磁阀为负载循环式,它可以在一个周期中自由地控制接通/断开的比率(从 0~100%),用 50 HZ 的频率重复接通/断开,不断打开和关闭排油孔把控制液压阀的压力调至规定值。

工作过程(见表 1-7):

接通:EC-AT 控制单元向电磁阀输出电流,心轴向上移动,排油孔开启,泄压。

断开:EC-AT 控制单元切断电磁阀电流,心轴由弹簧力推向下以保持液压。

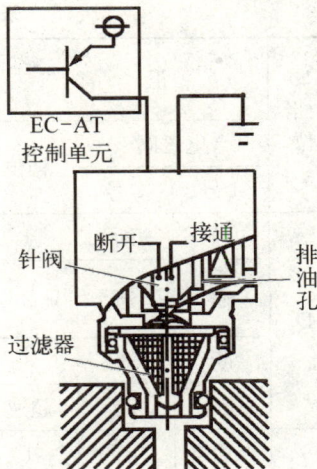

图 1-61　油压控制电磁阀

1-CPU;2-线圈;3-衔铁和阀心;4-阀球;5-泄油孔;6-主油道

表 1-7　电磁阀工作过程

油的流向	电磁阀(油路压力)
保持油压	断开
排油	接排油通

基于上述原因,当负载比(50 HZ 接通)降低时,控制压力升高,反之控制压力降低。

3) 失效保护

ECT 的 ECU 有几个失效保护功能,使汽车在行驶过程中,即使电气系统发生故障也能继续行驶。

(1) 如果 1 号或 2 号电磁阀发生故障,ECU 仍然可以通珲操纵其他电磁阀控制变速器,使变速器处于一个适当的档位,让汽车能继续行驶。

例如,如果汽车经变速器"D"档位第 1 档行驶时,1 号电磁阀发生故障,那么失效保护功能可使变速器只能换入第 3 档,而不能换入超速档(若没有失效保护功能,就能换入超速档)。

此处,如果两个电磁阀都发生故障,驾驶员仍然可以用手操作换档杆,安全地进行驾驶,手动换档时与自动换档的档位对应关系如表 1-8 所示。

(2) 后备车速传感功能。

车速传感器有两个:2 号车速传感器,位于变速器延伸壳上或传动桥壳上;1 号车速传感器,位于速度里程表内。因此,即使 2 号车速传感器由于某种原因发生故障,ECU 利用来

笔记

表 1-8　手动与自动换档的档位对应关系表

档位	正常			1号电磁阀发生故障			2号电磁阀发生故障			两个电磁阀均发生故障
	电磁阀		档位	电磁阀		档位	电磁阀		档位	手动操作换档杆时的档位
	1号	2号		1号	2号		1号	2号		
D	通	断	1	×	通(断)	3(超速)	通	×	1	超速
	通	通	2	×	通	3	断(通)	×	超速(第一)	超速
	断	通	3	×	通	3	断	×	超速	超速
	断	断	超速	×	断	超速	断	×	超速	超速
2	通	断	1	×	通(断)	3(超速)	通	×	1	3*
	通	通	2	×	通	3	断(通)	×	3*(第一)	3*
	断	通	3	×	通	3	断	×	3*	3*
L	通	断	1	×	断	1	通	×	1	1*
	通	通	2	×	通	2	通	×	1	1*

（　）：没有失效保护功能　　×：发生故障　　＊在 A540E、A540H 中为超速档。

自 1 号车速传感器的信号感知车速,使之仍可继续正常运转。

（3）手动操作功能。

如果由于某种原因,电子控制系统完全不能工作,ECT 便可使档位按换档杆位置以机械的方法切换至如图 1-62 所示位置。

如果脱开发动机室中的 ECU 连接器或 ECT 电磁阀连接器,也可以进行相同的手动换档。当计算机对一些事情判断错误时,克莱斯勒公司的 A604 变速器就会进入到跛行状态。在这种状态下,变速器只用 2 档工作,用 2 档起动,2 档倒车及手动操作方法停车。变速器进入这种跛行模式通常是因一个设备,常是输入设备提供失效或错误的信号给变速器控制计算机所致。当计算机发现一个可能会引起过度磨损或破坏变速器的故障时,系统也会转至跛行状态。局部轻微的滑动也能由计算机的输入输出传感器所感知。这种打滑会引起过早的磨损,并可能使计算机进入跛行状态。一个完全被烧坏的离合器会导致中坚行状态的工作,而且一些内部的压力的泄漏(各种泄漏若非进行压力测试很难察觉)也会引起。

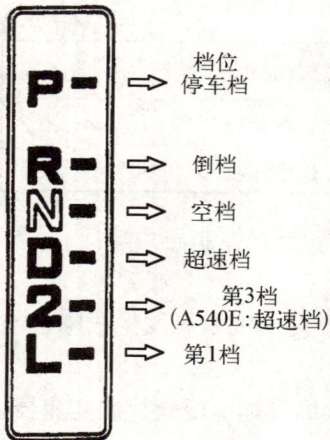

P- ⟹ 档位停车档
R- ⟹ 倒档
N- ⟹ 空档
D- ⟹ 超速档
2- ⟹ 第3档(A540E:超速档)
L- ⟹ 第1档

图 1-62　手动操作功能

8. 自诊断系统

电控变速器电控装置监视变速器的工作并且包含有一个自诊断系统,这一系统能够在变速器电控系统失灵或出现故障时储存代码。如果问题出在 1 号或 2 号电磁阀,或者车速传感器上,并且代码已经设定,电控变速器电控装置将使仪表盘"OD OFF"灯闪烁警告驾驶员。如果故障存在于锁止电磁阀,或者故障的存在伴随着制动灯开关信号或节气门位置传感器信号仪表盘上的"OD OFF"灯将不会闪烁警告驾驶员。

1)丰田汽车

(1)故障码读取方法:

① 接通点火开关,不起动发动机。压下变速杆上的超速档开关到"ON"位置。

② 在诊断接头1或诊断接头2的TE1与TE2端子间连接跨接线。

③ 记下仪表盘上"OD OFF"灯的闪烁次数。如果系统运行正常,"OD OFF"灯将每隔0.25 s闪烁一次。

④ 如果系统运行正常,并且没有故障码存在,则关闭点火开关并同时拆去跨接线。通过完成"变速器换档测试"中的"手动换档测试"来确定问题出在电路上还是机械上;通过症状来检查系统,见"故障症状检修"中相应的内容。

⑤ 如果代码存在,"OD OFF"灯将每隔0.5 s闪烁一次,闪烁次数相当于代码的第一位数字,再过大约1.5 s,显示第二位数字。

⑥ 如果不止一个代码存在,下一个代码将在2.5 s后显示,首先显示最小的数字代码,显示的代码数字逐渐增大。代码会重复显示。

⑦ 一旦获取代码,就要确定可能的原因和症状,(见表1-9)。对于故障代码的诊断和检查,见"诊断测试"。关闭点火开关并拆去跨接线。

表1-9 故障代码识别

故障代码	可能的原因(1)
42	1号车速传感器(2)
61	2号车速传感器(2)
62	1号电磁阀故障
63	2号电磁阀故障
64	锁止电磁阀故障

(2)故障码的清除方法:

一旦修理完毕,代码一定要从电控变速器电控装置内存中清除。从发动机舱靠近电池的保险丝盒中,拆去保险丝(15 A)大约10 s或更多的时间,可清除电控变速器电控装置存储内容。

注:代码也可以通过断开蓄电池负极来清除但是电子元件的存储内容也被删除。

2)日产汽车

(1)故障码的读取方法(千里马、阿尔蒂玛、寻觅车型):

① 将点火开关置于OFF位置,变速器模式开关置于AUTO位置,超速档开关置于ON位置,变速杆置于P位。把点火开关换至ON位置,但不要起动发动机,"POWER"指示灯应亮2 s左右。

② 把点火开关置于OFF位置,并将变速杆移到D位,将超速档开关置于"OFF"位置。再把点火开关换至"ON"位置,将变速杆拉至"1"位,将超速档开关置于"OFF"位置。

③ 将加速踏板踩到底,然后放开。记录"POWER"指示灯闪烁情况。

④ 如果每次故障码闪烁都是 2 s，则是蓄电池电压过低（千里马车型）。

（2）故障码的清除方法：

起动发动机两次，即可清除故障码（所有日产的自动变速器清除方法都一样）。

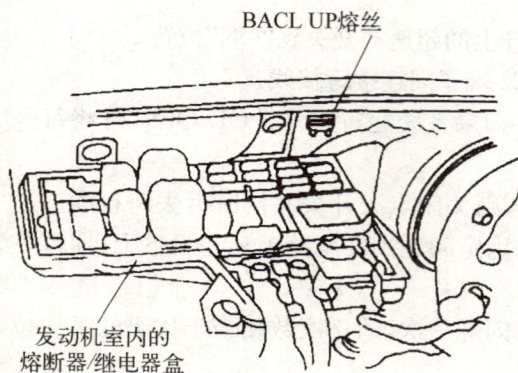

BACL UP熔丝

发动机室内的
熔断器/继电器盒

图 1－63　"BACK UP"熔丝的位置

3）本田汽车

（1）故障码的读取方法（雅阁）：

本田雅阁轿车在仪表上装有"S"故障指示灯，当变速器产生故障时，"S"故障指示灯便会亮起。除仪表板上的指示灯外，在自动变速器的电脑上装有 LED 灯，若点火开关转至 ON 位置，用跨接线跨接诊断插座，LED 灯及仪表板上的"S"故障指示灯会同时闪烁同一组故障码。

（2）故障码的清除方法：

将"BACK UP"（见图 1－63）熔丝拆下10 s 后，再将熔丝装复，故障码便可全部清除。

9．自动变速器的常见故障排除

1）微机控制自动变速器检测与诊断的总原则

微机控制自动变速器故障检测与诊断的总原则是：

（1）分清故障部位。分清故障是发动机微机控制系统还是自动变速器液压控制系统、微机控制系统引起的，抑或是机械系统（液力变矩器或行星齿轮机构）引起的。只有分清了故障部位，才能有针对性地去查找故障根源，少走弯路。

（2）坚持先易后难、逐步深入的原则。按故障的难易程度，先从最简单、最容易检查的部位入手，如开关、拉杆、自动变速器油状况等；从那些最易于接近的部位、易被忽视的部位和影响较大的因素开始；最后再深入到实质性故障。

（3）区分故障的性质。自动变速器故障是机械部分的，还是液压系统的，或微机控制系统的；是只需维护就可排除，还是需要拆卸自动变速器彻底修理才能排除的。

（4）充分利用自动变速器各检验项目（基础检验、手动换档试验、液压试验、失速试验、时滞试验、电液控制系统工作过程检验），为查找故障提供思路和线索。通过这些检验项目的检测，一般可以发现自动变速器的故障所在。

（5）充分利用微机控制自动变速器的故障自诊断功能。微机控制自动变速器的电控单元（ECU）内部有一个故障自诊断电路，它能在汽车行驶过程中不断地监测自动变速器控制系统各部分的工作情况，并能检测出控制系统中的大部分故障，将故障以代码的形式记录在 ECU 中。维修人员可以按照特定的方法将故障代码从 ECU 中读出，为自动变速器控制系统的检修和故障诊断提供依据。

（6）必须在拆检之后才能确诊的故障，应是故障诊断的最后步骤。因为微机控制自动变速器一般是不允许轻易分解的。

（7）在进行检测与诊断前，应先阅读有关故障检测指南、使用说明书和该车型的《自动变速器维修手册》，掌握必要的结构原理图、油路图、微机控制系统电路图等有关技术资料。

2）微机控制自动变速器故障检测与诊断程序

微机控制自动变速器故障检测与诊断的基本程序如图所示。

3）微机控制自动变速器故障检测与诊断前的准备工作

微机控制自动变速器故障检测与诊断前的准备工作主要包括故障征兆的确认、读取故障代码和查对故障诊断表等三项内容。

（1）微机控制自动变速器故障征兆的确认：

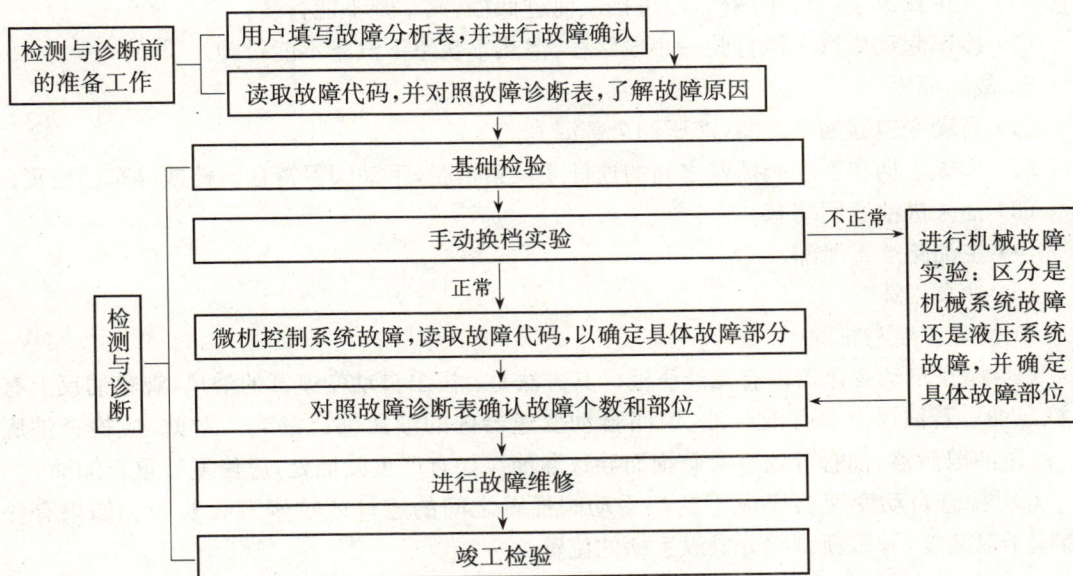

图 1-64　故障诊断流程

（2）读取故障代码。

（3）查看故障诊断表。

4）微机控制自动变速器的性能检测

微机控制自动变速器的性能检测是判断微机控制自动变速器故障的基础。微机控制自动变速器的故障往往可以通过相应的性能检测判断出故障类型和故障所在部位。

微机控制自动变速器的性能检测内容可分为基础检验、手动换档试验和机械试验（机械试验又包括液压试验、失速试验、时滞试验、道路试验和液力变矩器试验）等 3 个项目。微机控制自动变速器的性能检测的目的是发现故障的部位，以确定维修方法。

5）微机控制自动变速器的基础检验。

自动变速器的油位不当、油质不佳、联动机构调节不当及发动机怠速不正常，是引起自动变速器故障的最常见原因。通常把对这些部件的检查与重新调整，叫做自动变速器的基础检验。无论具体故障是什么，这种基础检验总是要进行，而且也是首先要进行的。微机控制自动变速器基础检验的目的是检验自动变速器是否具备正常工作的能力。基础检验中的检查和调整项目包括：油面检查、油质检查、液压控制系统漏油检查、节气门拉索检查和调整、换档操纵手柄位置检查和调整、空档起动开关检查、超速档（O/D）开关的检查和发动机怠速检查等。基础检验的前提条件是：发动机工作正常、底盘性能良好，特别是汽车制动系统正常。

汽车自动变速器在使用中,随着技术状况的下降会出现一系列故障,常见的故障会通过一定的现象特征表现出来,不同车型由于结构上有所不同,其故障原因会有所差异,但故障产生的常见原因和诊断排除方法是基本相同的。

10. 汽车不能行驶故障的诊断

1) 故障现象

(1) 无论操纵手柄位于倒档、前进档或前进低档,汽车都不能行驶。

(2) 冷车起动后汽车能行驶一小段路程,但热车状态下汽车不能行驶。

2) 故障原因

(1) 自动变速器油底渗漏,液压油全部漏光。

(2) 操纵手柄和手动阀摇臂之间的连杆或拉索松脱,手动阀保持在空档或停车档位置。

(3) 油泵进油滤网堵塞。

(4) 主油路严重泄漏。

(5) 油泵损坏。

3) 故障诊断与排除

(1) 检查自动变速器内有无液压油。其方法是:拔出自动变速器的油尺,观察油尺上有无液压油。若油尺上没有液压油,说明自动变速器内的液压油已漏光。对此,应检查油底壳,液压油散热器、油管等处有无破损而导致漏油。如有严重漏油处,应修复后重新加油。

(2) 检查自动变速器操纵手柄与手动阀摇臂之间的连杆或拉索有无松脱。如果有松脱,应予以装复,并重新调整好操纵手柄的位置。

(3) 拆下主油路测压孔上的螺塞,起动发动机,将操纵手柄拨至前进档或倒档位置,检查测压孔内有无液压油流出。

(4) 若主油路侧压孔内没有液压油流出,应打开油底壳,检查手动阀摇臂轴与摇臂间有无松脱,手动阀阀芯有无折断或脱钩。若手动阀工作正常,则说明油泵损坏。对此,应拆卸分解自动变速器,更换油泵。

(5) 若主油路测压孔内只有少量液压油流出,油压很低或基本上没有油压,应打开油底壳,检查油泵进油滤网有无堵塞。若无堵塞,说明油泵损坏或主油路严重泄漏,对此,应拆卸分解自动变速器,予以修理。

(6) 若冷车起动时主油路有一定的油压,但热车后油压即明显下降,说明油泵磨损过甚。对此,应更换油泵。

(7) 若测压孔内有大量液压油喷出,说明主油路油压正常,故障出在自动变速器中的输入轴,行星排或输出轴。对此,应拆检自动变速器。

汽车不能行驶的故障诊断与排除程序如图 1 - 65 所示。

11. 自动变速器打滑故障的诊断

1) 故障现象

(1) 起步时踩下油门踏板,发动机转速很快升高但车速升高缓慢。

(2) 行驶中踩下油门踏板加速时,发动机转速升高但车速没有很快提高。

(3) 平路行驶基本正常,但上坡无力,且发动机转速很高。

汽车不能行驶

检查液压油油面高度 → 查找漏油部位,修复并调整油面高度

油面高度正常

油泵磨损过甚,更换油泵 ← 能 ← 冷车能否行驶

冷热车均不能行驶

检查操纵手柄与手动阀摇臂的连接 → 重新连接并调整

正常

检查主油路油压 → 油压正常 → 输入轴、输出轴或行星排损坏

油压过低或为0

拆卸油底壳,检查进油滤网 → 清洗或更换

正常

检查手动阀

正常 / 松脱或折断

油泵损坏或主油路严重泄漏　　　连接或更换

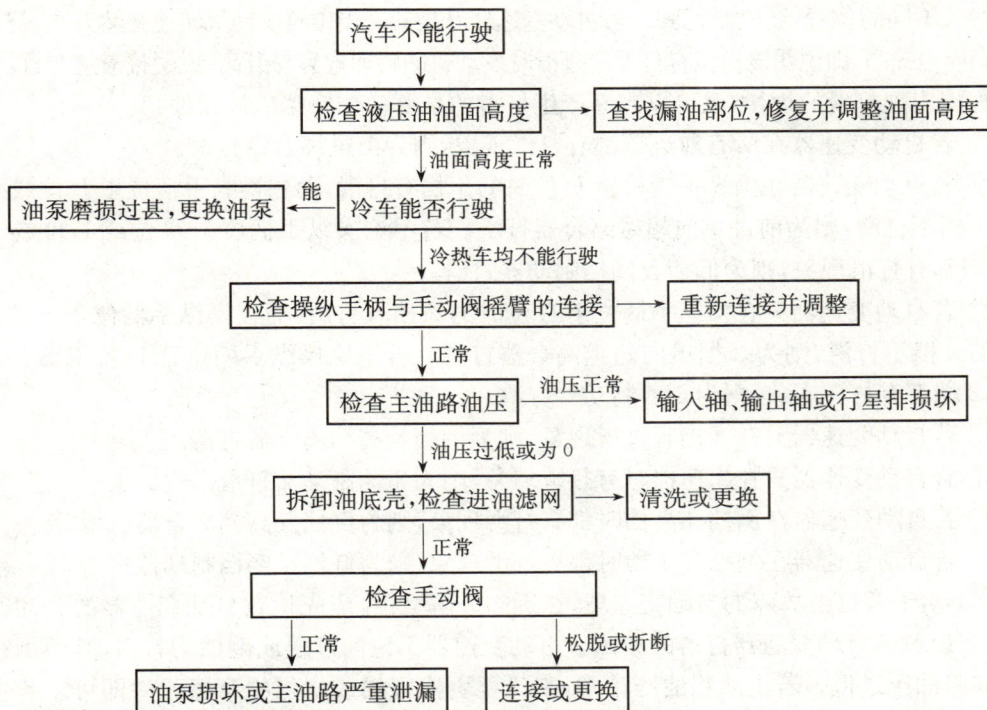

图 1-65　不能行驶故障排除流程

2) 故障原因

(1) 液压油油面太低。

(2) 液压油油面太高,运转中被行星排剧烈搅动后产生大量气泡。

(3) 离合器或制动器摩擦片、制动带磨损过甚或烧焦。

(4) 油泵磨损过甚或主油路泄漏,造成油路油压过低。

(5) 单向超越离合器打滑。

(6) 离合器或制动器活塞密封圈损坏,导致漏油。

(7) 减振器活塞密封圈损坏,导致漏油。

3) 故障诊断与排除

打滑是自动变速器中最常见的故障之一。虽然自动变速器打滑往往都伴有离合器或制动器摩擦片严重磨损甚至烧焦等现象,但如果只是简单地更换磨损的摩擦片而没有找出打滑的真正原因,则会使修后的自动变速器使用一段时间后又出现打滑现象。因此,对于出现打滑的自动变速器,不要急于拆卸分解,应先做各种检查测试,以找出造成打滑的真正原因。

(1) 对于出现打滑现象的自动变速器,应先检查其液压油的油面高度和品质。若油面过低或过高,应先调整至正常后再做检查。若油面调整正常后自动变速器不再打滑,可不必拆修自动变速器。

(2) 检查液压油的品质。若液压油呈棕黑色或有烧焦味,说明离合器或制动器的摩擦片或制动带有烧焦,应拆修自动变速器。

(3) 做路试,以确定自动变速器是否打滑,并检查出现打滑的档位和打滑的程度。将操纵

手柄拨入不同的位置,让汽车行驶。若自动变速器升至某一档位时发动机转速突然升高,但车速没有相应地提高,即说明该档位有打滑。打滑时发动机的转速愈容易升高,说明打滑愈严重。

根据出现打滑的规律,还可以判断产生打滑的是哪一个换档执行元件:

① 若自动变速器在所有前进档都有打滑现象,则为前进离合器打滑。

② 若自动变速器在操纵手柄位于 D 位时的 1 档有打滑,而在操纵手柄位于 L 位或 1 位时的 1 档不打滑,则为前进单向超越离合器打滑。若不论操纵手柄位于 D 位或 L 位或 1 位时,1 档都有打滑现象,则为低档及倒档制动器打滑。

③ 若自动变速器只在操纵手柄位于 D 位时的 2 档有打滑,而在操纵手柄位于 S 位或 2 位时的 2 档不打滑,则为 2 档单向超越离合器打滑。若不论操纵手柄位于 D 位或 S 位或 2 位时,2 档都有打滑现象,则为 2 档制动器打滑。

④ 若自动变速器只在 3 档有打滑现象,则为倒档及高档离合器打滑。

⑤ 若自动变速器只在超速档时有打滑现象,则为超速制动器打滑。

⑥ 若自动变速器在倒档和高档时都有打滑现象,则为倒档及高档离合器打滑。

⑦ 若自动变速器在倒档和 1 档时都有打滑现象,则为低档及倒档制动器打滑。

(4) 对于有打滑故障的自动变速器,在拆卸分解之前,应先检查自动变速器的主油路油压,以找出造成自动变速器打滑的原因。自动变速器不论前进档或倒档均打滑,其原因往往是主油路油压过低。若主油路油压正常,则只要更换磨损或烧焦的摩擦元件即可。若主油路油压不正常,则在拆修自动变速器的过程中,应根据主油路油压,相应地对油泵或阀根据进行检修,并更换自动变速器的所有密封圈和密封环。

自动变速器打滑故障诊断与排除程序如图 1-66 所示。

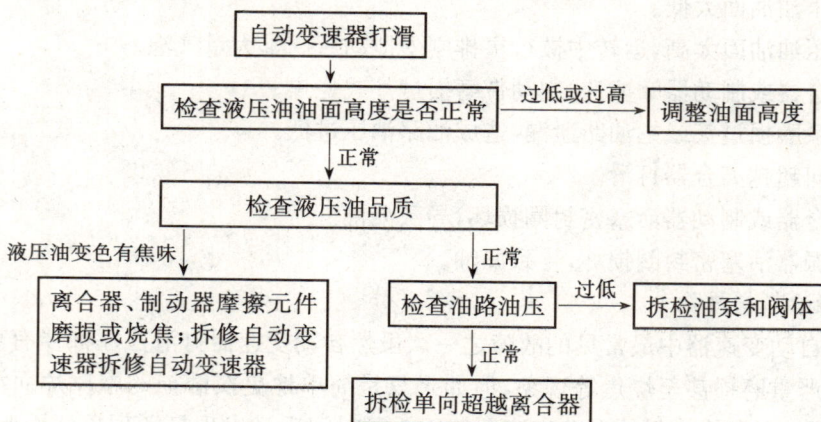

图 1-66　自动变速器打滑故障排除流程

12. 换档冲击过大故障的诊断

1) 故障现象

(1) 在起步时,由停车档或空档挂入倒档或前进档时,汽车震动较严重。

(2) 行驶中,在自动变速器升档的瞬间汽车有较明显的闯动。

2) 故障原因

导致自动变速器换档冲击大的故障原因很多,主要原因在于调整不当,机构元件性能下

降或损坏,电子控制系统有故障,具体原因有:

(1) 发动机怠速过高。

(2) 节气门拉索或节气门位置传感器调整不当,使主油路油压过高。

(3) 升档过迟。

(4) 真空式节气门阀的真空软管破裂或松脱。

(5) 主油路调压阀有故障,使主油路油压过高。

(6) 减振器活塞卡住,不能起减振作用。

(7) 单向阀钢球漏装,换档执行元件(离合器或制动器)接合过快。

(8) 换档执行元件打滑。

(9) 油压电磁阀不工作。

(10) 电脑有故障

3) 故障诊断与排除

由于引起换档冲击的原因较多,因此,在诊断故障的过程中,必须循序渐进,对自动变速器的各个部分做认真的检查。一定要在全面检测的基础上,有针对性地进行分解修理,切不可盲目地拆修。总体而言,若是由于调整不当所造成的,只要稍作调整即可排除;若是自动变速器内部控制阀、减振器或换档执行元件有故障,应分解自动变速器,予以修理;若是电子控制系统有故障,应对电子控制系统进行检测,找出具体原因,加以排除。具体检查诊断与排除步骤如下:

(1) 检查发动机怠速。装用自动变速器的汽车的发动机怠速一般为 750 r/分钟左右。若怠速过高,应按标准予以调整。

(2) 检查节气门拉索或节气门位置传感器的调整情况。若不符合标准,应重新予以调整。

(3) 检查真空式节气门阀的真空软管。若有破裂,应更换;若有松脱,应重新连接。

(4) 做道路试验。如果有升档过迟的现象,则说明换档冲击大的故障是升档过迟所致。如果在升档之前发动机转速异常升高,导致在升档的瞬间有较大的换档冲击,则说明离合器或制动器打滑,应分解自动变速器,予以修理。

(5) 检测主油路油压。如果怠速时的主油路油压高,则说明主油路调压阀或节气门阀有故障,可能是调压弹簧的预紧力过大或阀心卡滞所致;如果怠速时主油路油压正常,但起步进档时有较大的冲击,则说明前进离合器或倒档及高档离合器的进油单向阀阀球损坏或漏装。对此,应拆卸阀板,予以修理。

(6) 检测换档时的主油路油压。在正常情况下,换档时的主油路油压会有瞬时的下降。如果换档时主油路油压没有下降,则说明减振器活塞卡滞。对此,应拆检阀板和减振器。

(7) 电子控制自动变速器如果出现换档冲击过大的故障,应检查油压电磁阀的线路以及油压电磁阀工作是否正常、电脑是否在换档的瞬间向油压电磁阀发出控制信号。如果线路有故障,应予以修复;如果电磁阀损坏,应更换电磁阀;如果电脑在换档的瞬间没有向油压电磁阀发出控制信号,说明电脑有故障,对此,应更换电脑。

自动变速器换档冲击大的故障诊断与排除程序如图 1-67 所示。

笔记

```
                    换档冲击大
                        │
          ┌─────────────────────────┐ 过高
          │ 检查发动机怠速是否正常 │────→ 调整怠速
          └─────────────────────────┘
                        │ 正常
          ┌───────────────────────────────┐ 异常
          │ 检查节气门拉索或节气门位置传感器 │────→ 调整或更换
          └───────────────────────────────┘
                        │ 正常
          ┌───────────────────────────┐ 有
          │ 路试,检查换档执行元件有无打滑 │────→ 分解检修自动变速器
          └───────────────────────────┘
                        │ 正常
          ┌──────────────┐ 过高
          │ 检查升档车速 │────→ 升档过迟
          └──────────────┘
                        │ 正常
          ┌──────────────┐ 过高
          │ 检查主油路油压 │────→ 拆检阀板
          └──────────────┘
                        │ 正常
          ┌───────────────────────┐ 有较大冲击
          │ 检查起步进档时有无冲击 │────→ 阀板中的单向阀损坏或漏装
          └───────────────────────┘
                        │ 无冲击
          ┌───────────────────────────────┐ 有
          │ 检查换档瞬间的主油路压有无瞬时下降 │────→ 换档执行元件自由间隙过小
          └───────────────────────────────┘
                        │ 无
     减振器活塞卡滞、油压电磁阀损坏或线路断路、短路或电脑有故障
```

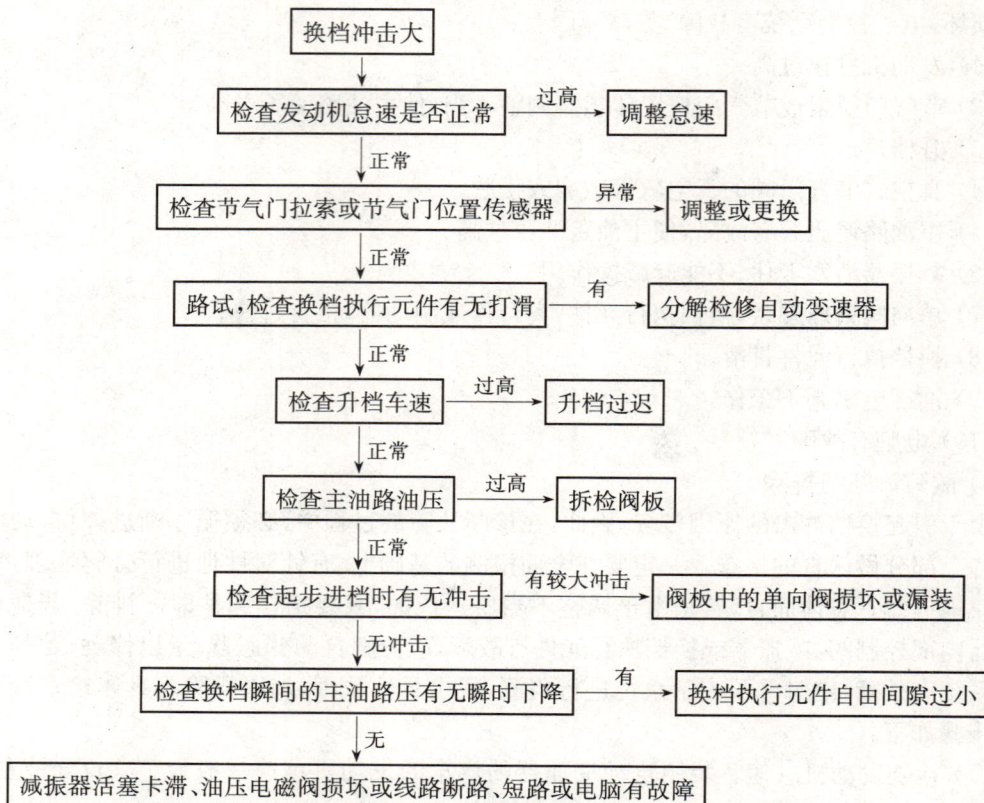

图 1-67　换档冲击大故障排除流程

13. 升档过迟故障的诊断

1) 故障现象

(1) 在汽车行驶中,升档车速明显高于标准值,升档前发动机转速偏高。

(2) 必须采用松油门提前升档的操作方法,才能使自动变速器升入高档或超速档。

2) 故障原因

(1) 节气门拉索或节气门位置传感器调整不当。

(2) 节气门位置传感器损坏。

(3) 调速器卡滞。

(4) 调速器弹簧预紧力过大。

(5) 调速器壳体螺栓松动或输出轴上的调速器进出油孔处的密封环磨损,导致调速器油路泄漏。

(6) 真空式节气门阀推杆调整不当。

(7) 真空式节气门阀的真空软管破裂或真空膜片室漏气。

(8) 主油路油压或节气门油压太高。

(9) 强制降档开关短路。

(10) 电脑或传感器有故障。

3) 故障诊断与排除

（1）对于电子控制自动变速器，应先进行故障自诊断。如有故障代码，则按所显示的故障代码查找故障原因。

（2）检查节气门拉索或节气门位置传感器的调整情况。如果不符合标准，应重新予以调整。

（3）测量节气门位置传感器的电阻。如果不符合标准，应予以更换。

（4）对于采用真空式节气门阀的自动变速器，应拔下真空式节气门阀上的真空软管，检查在发动机运转中真空软管内有无吸力。如果没有吸力，说明真空软管破裂、松脱或堵塞；对此，应予以修复。

（5）检查强制降档开关。如有短路，应予以修复或更换。

（6）测量怠速时的主油路油压，并与标准值进行比较。若油压太高，应通过节气门拉索或节气门位置传感器予以调整。采用真空式节气门阀的自动变速器，应采用减少节气门阀推杆的长度的方法，予以调整。若调整无效，应拆检主油路调压阀或节气门阀。

（7）用举升器将汽车升起，让驱动轮悬空，然后起动发动机，挂上前进档，让自动变速器运转，同时测量调速器油压。调速器油压应能随车速的升高而增大。将不同转速下测得的调速器油压与《自动变速器维修手册》上的标准进行比较。若油压值低于标准值，说明调速器有故障或调速器油路有泄漏。对此，应拆卸自动变速器，检查调速器固定螺栓有无松动、调速器油路上的各处密封圈或密封环有无磨损漏油、调整器阀心有无卡滞或磨损过甚，调速弹簧是否太硬。

（8）若调速器油压正常，则升档过迟的故障原因为换档阀工作不良。对此，应拆检或更换阀板。

自动变速器升档过迟的故障诊断与排除程序如图 1-68 所示。

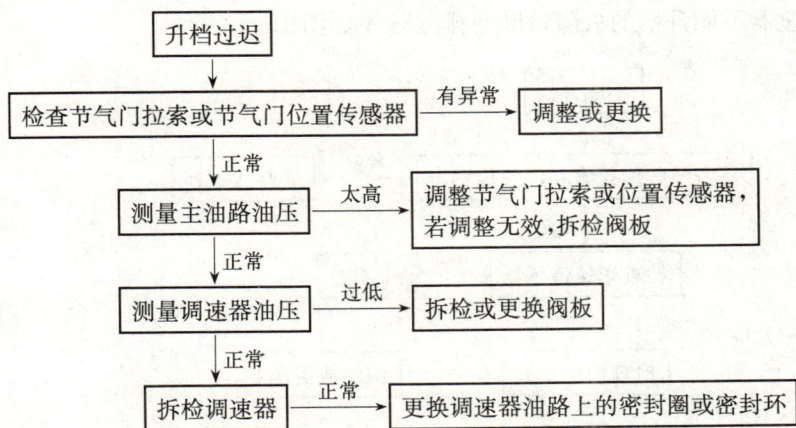

图 1-68 升档过迟故障排除流程

14. 不能升档故障的诊断

1）故障现象

（1）汽车行驶中自动变速器始终保持在 1 档，不能升入 2 档和高速档。

（2）行驶中自动变速器可以升入 2 档，但不能升入 3 档和超速档。

2）故障原因

（1）节气门拉索或节气门位置传感器调整不当。

（2）调速器有故障。

（3）调速器油路严重泄漏。

（4）车速传感器有故障。

（5）2 档制动器或高档离合器有故障。

（6）换档阀卡滞。

（7）档位开关有故障。

3）故障诊断与排除

（1）对于电子控制自动变速器，应先进行故障自诊断。影响换档控制的传感器有：节气门位置传感器、车速传感器等。按所显示的故障代码查找故障原因。

（2）按标准重新调整节气门拉索或节气门位置传感器。

（3）检查车速传感器。若有损坏，应予以更换。

（4）检查档位开关的信号。如有异常，应予以调整或更换。

（5）测量调速器油压。若车速升高后调速器油压仍为 0 或很低，说明调速器有故障或调速器油路严重泄漏。对此，应拆检调速器。调速器阀心若有卡滞，应分解清洗，并将阀心和阀孔用金相砂纸抛光。若清洗抛光后仍有卡滞，应更换调速器。

（6）用压缩空气检查调速器油路有无泄漏。若有泄漏，应更换密封圈或密封环。

（7）若调速器油压正常，应拆卸阀板，检查各个换档阀。换档阀若有卡带，可将阀心取出，用金相砂纸抛光，再清洗后装入。若不能修复，应更换阀板。

（8）若控制系统无故障，应分解自动变速器，检查各个换档执行元件有无打滑现象，用压缩空气检查各个离合器、制动器油路或活塞有无泄漏。

自动变速器不能升档的故障诊断与排除程序如图 1-69 所示。

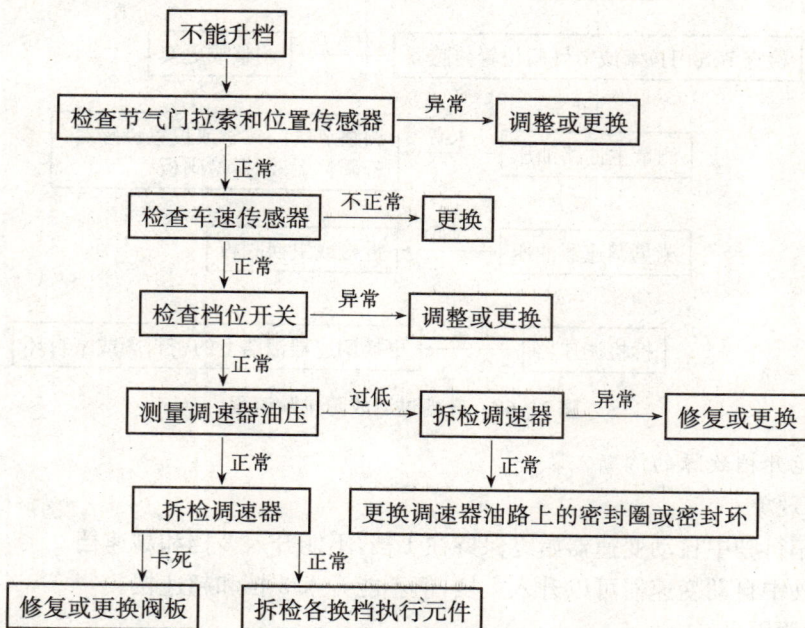

图 1-69　不能升档故障排除流程

15. 无超速档故障的诊断

1) 故障现象

(1) 在汽车行驶中,车速已升高至超速档工作范围,但自动变速器不能从3档换入超速档。

(2) 在车速已达到超速档工作范围后,采用提前升档(即松开油门踏板几秒后再踩下)的方法也不能使自动变速器升入超速档。

2) 故障原因

(1) 超速档开关有故障。

(2) 超速电磁阀故障。

(3) 超速制动器打滑。

(4) 超速行星排上的直接离合器或直接单向超越离合器卡死。

(5) 档位开关有故障。

(6) 液压油温度传感器有故障。

(7) 节气门位置传感器有故障。

(8) 3~4换档阀卡滞。

3) 故障诊断与排除

(1) 对于电子控制自动变速器。应先进行故障自诊断,检查有无故障代码。液压油温度传感器、节气门位置传感器、超速电磁阀等部件的故障都会影响超速档的换档控制。按显示的故障代码查找故障原因。

(2) 检查液压油温度传感器在不同温度下的电阻值。并与标准值进行比较。若有异常,应更换液压油温度传感器。

(3) 检查档位开关和节气门位置传感器的信号。档位开关的信号应和操纵手柄的位置相符。节气门位置传感器的电阻或输出电压应能随节气门的开大而上升,并与标准相符。若有异常,应予以调整。若调整无效,应更换档位开关或节气位置传感器。

(4) 检查超速档开关。在 ON 位置时,超速档开关的解点应断开,闭合超速指示灯不亮;在 OFF 位置时,超速档开关触点应闭合,超速指示灯亮起(见图1-70)。若有异常,应检查电路或更换超速档开关。

(5) 检查超速电磁阀的工作情况。打开点火开关,但不要起动发动机,在按下超速档开关时,检查超速电磁阀有无工作的声音。如果超速电磁阀不工作,应检查控制线路或更换超速电磁阀。

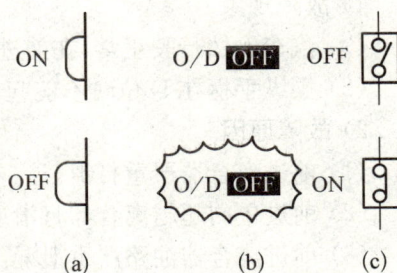

图1-70 超速档开关的检查

(6) 用举升器将汽车升起,让驱动轮悬空。运转发动机,让自动变速器以前进档工作,检查在空载状态下自动变速器的升档情况。如果在空载状态下自动变速器能升入超速档,且升档车速正常,说明控制系统工作正常,不能升档的故障原因为超速制动器打滑,在有负荷的状态下不能实现超速档。如果能升入超速档,但升档后车速不能提高,发动机转速下降,说明超速行星排中的直接离合器或直接单向超越离合器卡死,使超速行星排在超速档状态下出现运动干涉,加大了发动机运转阻力。如果在无负荷状态下仍不能升入超速档,说明控制系统有故障。对此,应拆卸阀板,检查 3～4 换档阀。若有卡滞,可将阀心拆下,予以清洗并抛光。如不能修复,应更换阀板总成。

自动变速器无超速档的故障诊断与排除程序如图 1-71 所示。

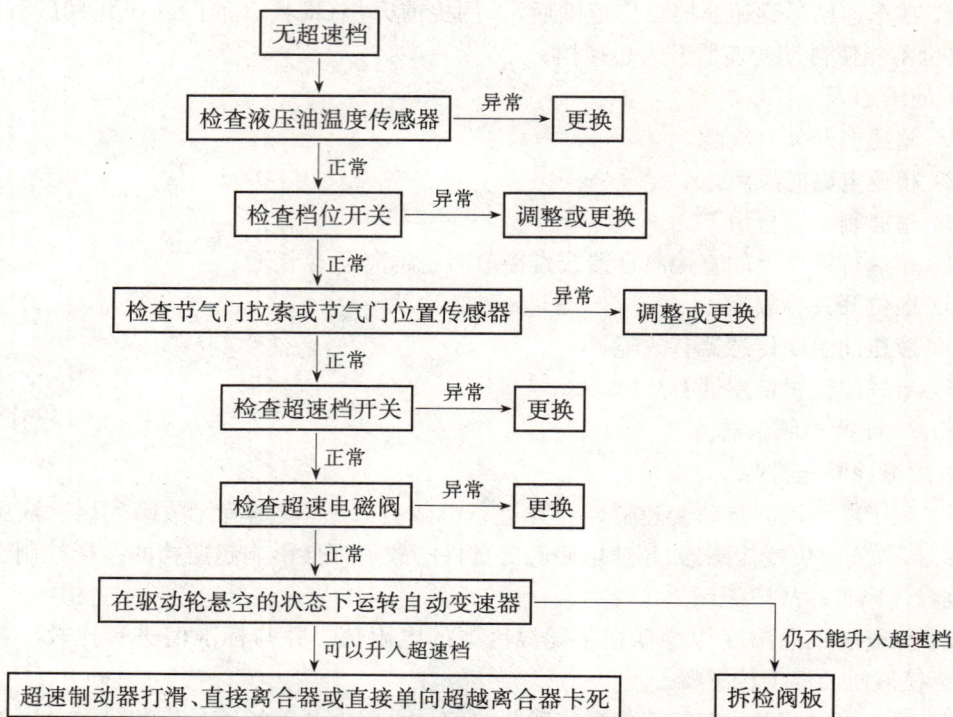

图 1-71　无超速档故障排除流程

16. 无前进档故障的诊断

1) 故障现象

(1) 汽车倒档行驶正常,在前进档时不能行驶。

(2) 操纵手柄在 D 位时不能起步,在 S 位、L 位(或 2 拉、1 拉)时可以起步。

2) 故障原因

(1) 前进离合器严重打滑。

(2) 前进单向超越离合器打滑或装反。

(3) 前进离合器油路严重泄漏。

(4) 操纵手柄调整不当。

3) 故障诊断与排除

(1) 检查操纵手柄的调整情况。如果异常,应按规定程序重新调整。

(2) 测量前进档主油路油压。若油压过低,说明主油路严重泄漏,应拆检自动变速器,更换前进档油路上各处的密封圈和密封环。

(3) 若前进档的主油路油压正常,应拆检前进离合器。若摩擦片表面粉末冶金有烧焦或磨损过甚,应更换摩擦片。

(4) 若主油路油压和前进离合器均正常,则应拆检前进单向超越离合器,按照《自动变速器维修手册》所述方法检查前进单向超越离合器的安装方向是否正确以及有无打滑。如果装反,应重新安装;若有打滑,应更换新件。

自动变速器无前进档的故障诊断与排除程序如图 1 - 72 所示。

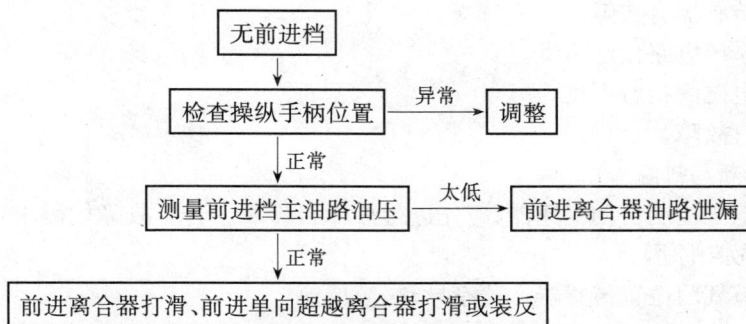

```
          ┌──────────┐
          │  无前进档  │
          └──────────┘
               │
               ▼
        ┌────────────┐  异常  ┌──────┐
        │ 检查操纵手柄位置 ├─────→│ 调整 │
        └────────────┘       └──────┘
               │正常
               ▼
      ┌──────────────┐  太低  ┌────────────────┐
      │ 测量前进档主油路油压 ├─────→│ 前进离合器油路泄漏 │
      └──────────────┘       └────────────────┘
               │正常
               ▼
  ┌──────────────────────────────────┐
  │ 前进离合器打滑、前进单向超越离合器打滑或装反 │
  └──────────────────────────────────┘
```

图 1 - 72　无前进档故障排除流程

17. 无倒档故障的诊断

1) 故障现象

汽车在前进档能正常行驶,但在倒档时不能行驶。

2) 故障原因

(1) 操纵手柄调整不当。

(2) 倒档油路泄漏。

(3) 倒档及高档离合器或低档及倒档制动器打滑。

3) 故障诊断与排除

(1) 检查操纵手柄的位置。若有异常,应按规定程序重新调整。

(2) 检查倒档油路油压。若油压过低,则说明倒档油路泄漏。对此,应拆检自动变速器,予以修复。

(3) 若倒档油路油压正常,应拆检自动变速器,更换损坏的离合器片或制动器片(制动带)。

自动变速器无倒档的故障诊断与排除程序如图 1 - 73 所示。

```
          ┌──────────┐
          │   无倒档  │
          └──────────┘
               │
               ▼
        ┌────────────┐  异常  ┌──────┐
        │ 检查操纵手柄位置 ├─────→│ 调整 │
        └────────────┘       └──────┘
               │正常
               ▼
      ┌──────────────┐  太低  ┌────────────────┐
      │ 检查倒档主油路油压 ├─────→│ 前进离合器油路泄漏 │
      └──────────────┘       └────────────────┘
               │正常
               ▼
  ┌──────────────────────────────────┐
  │ 倒档及高档离合器或低档及倒档制动器打滑  │
  └──────────────────────────────────┘
```

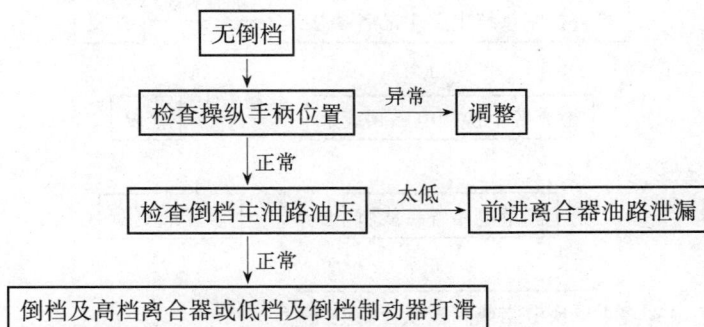

图 1 - 73　无倒档故障排除流程

18. 跳档故障的诊断

1) 故障现象

汽车以前进档行驶时,即使油门踏板保持不动,自动变速器仍会经常出现突然降档现象;降档后发动机转速异常升高,并产生换档冲击。

2) 故障原因

(1) 节气门位置传感器有故障。

(2) 车速传感器有故障。

(3) 控制系统电路接地不良。

(4) 换档电磁阀接触不良。

(5) 电脑有故障。

3) 故障诊断与排除

(1) 对于电子控制自动变速器,应先进行故障自诊断。若有故障代码出现,按所显示的故障代码查找故障原因。

(2) 测量节气门位置传感器。若有异常,应更换。

(3) 测量车速传感器。若有异常,应更换。

(4) 检查控制系统电路各条接地线的接地状态。若有接地不良现象,应予以修复。

(5) 拆下自动变速器油底壳,检查各个换档电磁阀线束接头的连接情况。若有松动,应予以修复。

(6) 检查控制系统电脑各接线脚的工作电压。若有异常,应予以修复或更换。

(7) 换一个新的阀板或电脑试一下。如果故障消失,说明原阀板或电脑损坏,应更换。

(8) 更换控制系统所有线束。

自动变速器频繁跳档的故障诊断与排除程序如图 1-74 所示。

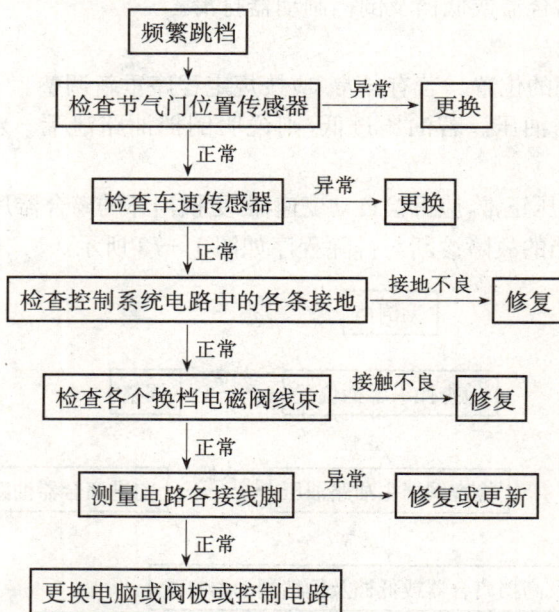

图 1-74 频繁跳档故障排除流程

19. 挂档后发动机怠速易熄火故障的诊断

1) 故障现象

(1) 发动机怠速运转时将操纵手柄由 P 位或 N 位换入 R 位、D 位、S 位、L 位(或 2 位、1

位)时发动机熄火。

（2）在前进档或倒档行驶中，踩下制动踏板停车时发动机熄火。

2）故障原因

（1）发动机怠速过低。

（2）阀板中的锁止控制阀卡滞。

（3）档位开关有故障。

（4）输入轴转速传感器有故障。

3）故障诊断与排除

（1）在空档或停车档时，检查发动机怠速。正常的发动机怠速应为 750 r/分钟。若怠速过低，应重新调整。

（2）对于电子控制自动变速器的信号，应先进行故障自诊断，按所显示的故障代码查找故障原因。

（3）检查档位开关的信号，应与操纵手柄的位置相一致，否则应予以调整或更换。

（4）检查输入轴转速传感器。若有损坏应更换。

（5）拆卸阀板，检查锁止控制阀。若有卡滞应清洗抛光后装复。若仍不能排除故障，应更换阀板。若油底壳内有大量的摩擦粉末，应彻底分解自动变速器，予以检修。

自动变速器挂档后发动机怠速易熄火的故障诊断与排除程序如图 1-75 所示。

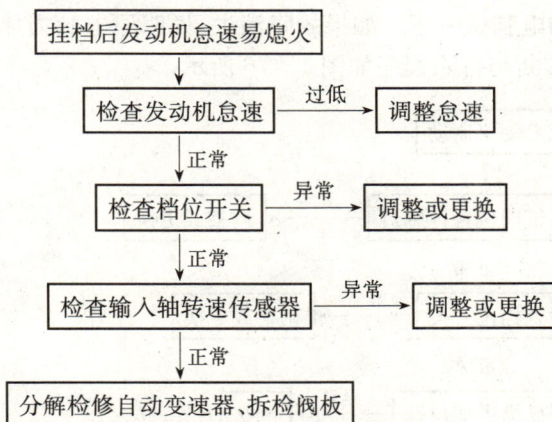

图 1-75 挂档后发动机怠速易熄火故障排除流程

20．无发动机制动故障的诊断

1）故障现象

（1）在行驶中，当操纵手柄位于前进低档（S、L 或 2、1）位置时，松开油门踏板，发动机转速降至怠速，但汽车没有明显减速。

（2）下坡时，操纵手柄位于前进低档，但不能产生发动机制动作用。

2）故障原因

（1）档位开关调整不当。

（2）操纵手柄调整不当。

（3）2 档强制制动器打滑或低档及倒档制动器打滑。

（4）控制发动机制动的电磁阀有故障。

（5）阀板有故障。

（6）自动变速器打滑。

（7）电脑有故障。

3）故障诊断与排除

（1）对于电子控制自动变速器，应先进行故障自诊断，按所显示的故障代码查找故障原因。

（2）做道路试验，检查加速时自动变速器有无打滑现象。若有打滑，应拆修自动变速器。

（3）如果操纵手柄位于 S 位时没有发动机制动作用，但操纵手柄位于 L 位时有发动机制动作用，则说明 2 档强制制动器打滑，应拆修自动变速器。

（4）如果操纵手柄位于 L 位时没有发动机制动作用，但操纵手柄位于 S 位时有发动机制动作用，则说明低档及倒档制动器打滑，应拆修自动变速器。

（5）检查控制发动机制动的电脑阀线路有无短路或断路；电磁阀线圈电阻是否正常；通电后有无工作声音。若有异常，应修复或更换。

（6）拆卸阀板总成，清洗所有控制阀。阀心若有卡滞可抛光后装复。若抛光后仍有卡滞，应更换阀板。

（7）检测电脑各接脚电压。要特别注意与节气位置传感器、档位开关连接的各接脚的电压。若有异常，应做进一步的检查。

（8）更换一个新的电脑试一下。如果故障消失，说明原电脑损坏，应更换。自动变速器无发动机制动的故障诊断与排除程序如图 1-76 所示。

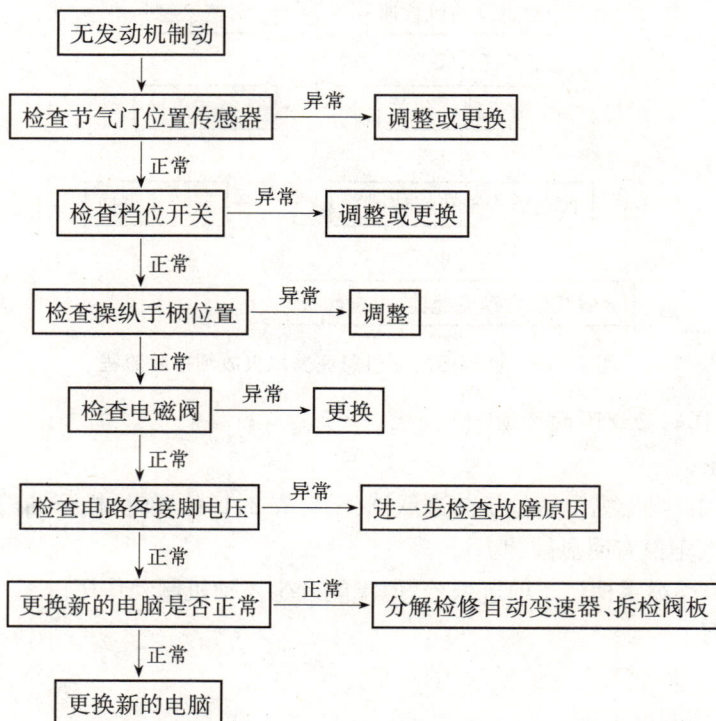

图 1-76　无发动机制动故障排除流程

21. 不能强制降档故障的诊断

1) 故障现象

当汽车以 3 档或超速档行驶时,突然将油门踏板踩到底,自动变速器不能立即降低一个档位,致使汽车加速无力。

2) 故障原因

(1) 节气门拉索或节气门位置传感器调整不当。

(2) 强制降档开关损坏或安装不当。

(3) 强制降档电磁阀损坏或线路短路、断路。

(4) 阀板中的强制降档控制阀卡滞。

3) 故障诊断与排除

(1) 检查节气门拉索或节气门位置传感器的安装情况。若有异常,应按标准重新调整。

(2) 检查强制降档开关。在油门踏板踩到底时,强制降档开关的触点应闭合;松开油门踏板时,强制降档开关的触点应断开。如果油门踏板踩到底时强制降档开关触点没有闭合,可用手直接按动强制降档开关。如果按下开关后触点闭合,说明开关安装不当,应重新调整;如果按下开关后触点仍不闭合,说明开关损坏,应予以更换。

(3) 对照电路图,在自动变速器线束插头处测量强制降档电磁阀。若有异常,则故障原因是线路短路、断路或电磁阀损坏。对此,应检查线路或更换电磁阀。

(4) 打开自动变速器油底壳。拆下强制降档电磁阀,检查电磁阀的工作情况。若有异常,应予以更换。

(5) 拆卸阀板总成,分解、清洗、检查强制降档控制阀。阀心若有卡滞,可进行抛光。若无法修复,则应更换阀板总成。

自动变速器不能强制降档的故障诊断与排除程序如图 1-77 所示。

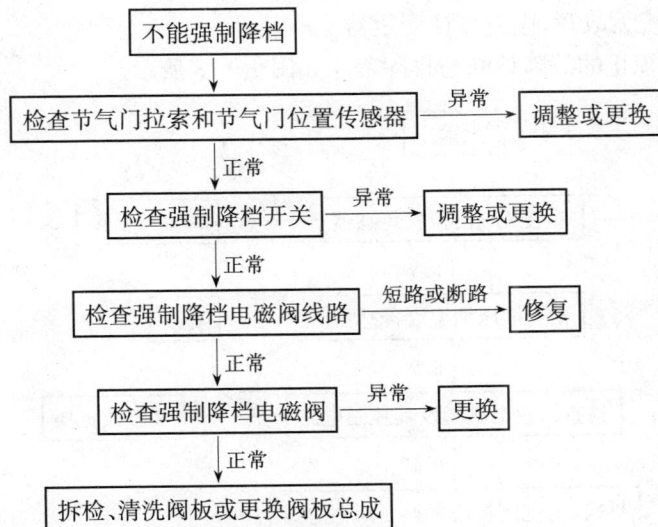

图 1-77　不能强制降档故障排除流程

22. 无锁止故障的诊断

1）故障现象

（1）汽车行驶中，车速、档位已满足锁止离合器起作用的条件，但锁止离合器仍没有产生锁止作用。

（2）汽车油耗较大。

2）故障原因

（1）液压油温度传感器有故障。

（2）节气门位置传感器有故障。

（3）锁止电磁阀有故障或线路短路、断路。

（4）锁止控制阀有故障。

（5）变矩器中的锁止离合器损坏。

3）故障诊断与排除

（1）对于电子控制自动变速器，应先进行故障自诊断，检查有无故障代码。若有故障代码，则可按显示的故障代码查找相应的故障原因。与锁止控制有关的部件包括液压油温度传感器、节气门位置传感器、锁止电磁阀等。

（2）检查节气门位置传感器。如果在一定节气门开度下的节气门位置传感器输出电压过高或电位计电阻过大，应予以调整。若调整无效，应更换节气门位置传感器。

（3）打开油底壳，拆下液压油温度传感器。检测液压油温度传感器。若不符合标准，应更换液压油温度传感器。

（4）测量锁止电磁阀。若有短路或断路，应检查电路。若电路正常，则应更换电磁阀。

（5）拆下锁止电磁阀，进行检查。若有异常，应予以更换。

（6）拆下阀板。分解并清洗锁止控制阀。若有卡滞，应抛光装复。若不能修复，应更换阀板。

（7）若控制系统无故障，则应更换变矩器。

自动变速器无锁止的故障诊断与排除程序如图1-78所示。

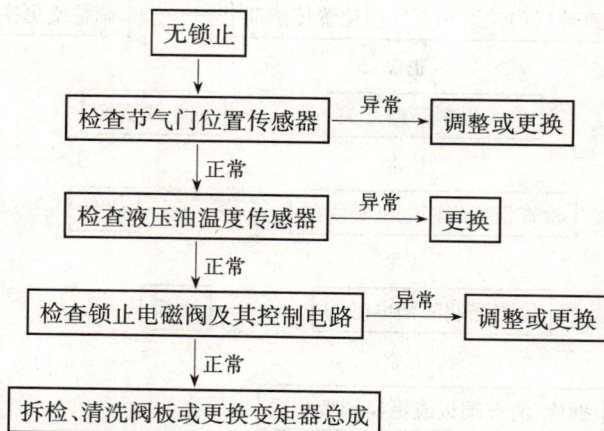

图 1-78　无锁止故障诊断排除流程

23. 液压油易变质故障的诊断

1) 故障现象

(1) 更换后的新液压油使用不久即变质。

(2) 自动变速器温度太高,从加油口处向外冒烟。

2) 故障原因

(1) 汽车使用不当,经常超负荷行驶,若经常用于拖车,或经常急速、超速行驶等。

(2) 液压油散热器管路堵塞。

(3) 通往液压油散热器的限压阀卡滞。

(4) 离合器或制动器自由间隙太小。

(5) 主油路油压太低,离合器或制动器在工作中打滑。

3) 故障诊断与排除

(1) 让汽车以中低速行驶5~10分钟,待自动变速器达到正常工作温度后,在发动机运转过程中检查自动变速器液压油散热器的温度。在正常情况下,液压油散热器的温度可达60℃左右。若液压油散热器的温度低,说明油管堵塞,或通往液压油散热器的限压阀卡滞。这样,液压油得不到及时的冷却,油温过高,导致变质。

(2) 若液压油散热器的温度太高,说明离合器或制动器自由间隙太小。对此,应拆卸自动变速器,予以调整。

(3) 若液压油温度正常,应测量主油路油压。若油压太低,应检查节气门拉索或节气门位置传感器的调整情况。若节气门拉索或节气门位置传感器安装正常,应拆卸自动变速器,检查油泵是否磨损过甚、阀板内的主油路调压阀和节气门阀有无卡滞、主油路有无漏油处。

(4) 若上述检查均正常,则故障可能是汽车经常超负荷行驶所致,或未按规定使用合适牌号的液压油所致。对此,可将液压油全部放出,加入规定牌号和数量的液压油。

自动变速器液压油易变质的故障诊断与排除程序如图1-79所示。

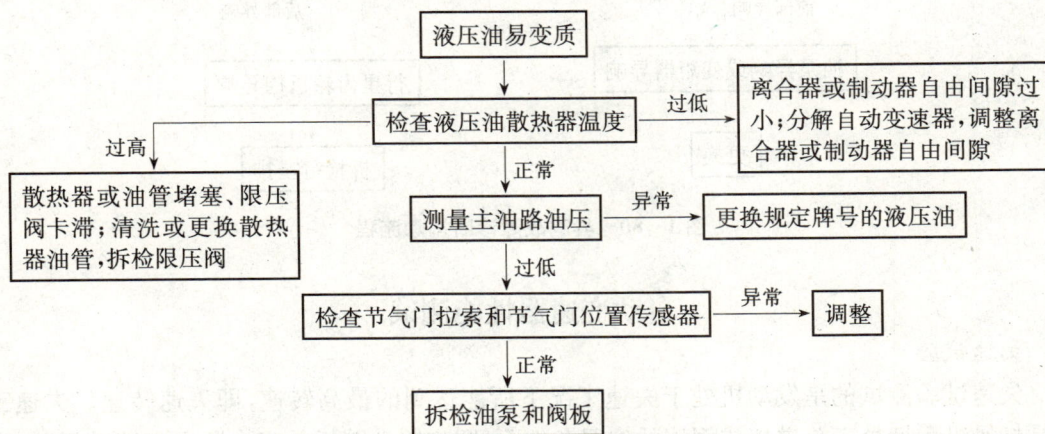

图1-79 液压油易变质故障排除流程

24. 自动变速器异响故障的诊断

1) 故障现象

(1) 在汽车运转过程中,自动变速器内始终有一异常响声。

笔记

（2）汽车行驶中自动变速器有异响,停车挂空档后异响消失。

2）故障原因

（1）油泵因磨损过甚或液压油油面高度过低、过高而产生异响。

（2）变矩器因锁止离合器、导轮单向超越离合器等损坏而产生异响。

（3）行星齿轮机构异响。

（4）换档执行元件异响。

3）故障诊断与排除

（1）检查自动变速器液压油油面高度。若太高或太低,应调整至正常高度。

（2）用举升器将汽车升起,起动发动机,在空档、前进档、倒档等状态下检查自动变速器产生异响的部位和时刻。

（3）若在任何档位下自动变速器中始终有一连续的异响,通常为油泵或变矩器异响。对此,应拆检自动变速器,检查油泵有无磨损、变矩器内有无大量摩擦粉末。若有异常,应更换油泵或变矩器。

（4）若自动变速器只在行驶中才有异响,空档时无异响,则为行星齿轮机构异响。对此,应分解自动变速器,检查行星排各个零件有无磨损痕迹,齿轮有无断裂,单向超越离合器有无磨损、卡滞,轴承或止推垫片有无损坏。如有异常,应予以更换。

自动变速器异响的故障诊断与排除程序如图1-80所示。

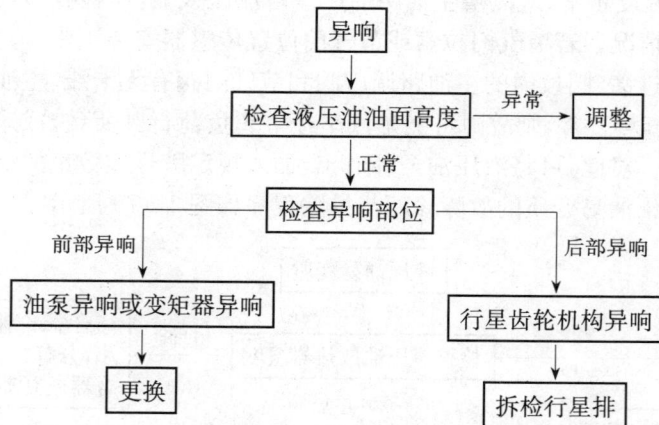

图1-80   异响故障诊断排除流程

自动变速器性能测试

失速试验

失速试验测试的是发动机处于失速工况下所能达到的最高转速,即失速转速。失速工况是指操纵手柄处于前进档或倒档的位置条件下,踩住制动踏板并完全踩下加速踏板时,发动机运转所处的工况。很显然,在失速工况下,自动变速器的输出轴转速为零,变速器壳体和泵轮随发动机飞轮一起转动,因此,发动机就处于最大转矩工况。

1）试验目的

根据失速试验来诊断发动机的整体性能和自动变速器的综合性能。主要是检查发动机的输出功率、变矩器性能、自动变速器的离合器及制动器是否打滑等。

2) 试验方法

(1) 失速试验时的注意事项：

① 对于已经知道有故障的汽车不能做失速试验。

② 在做失速试验时汽车，应选择在空旷的地方做，并且在做试验时，汽车前后方都不得有人。

③ 检查汽车的脚制动和手制动，确认其性能良好。

④ 发动机及自动变速器应预热至正常工作温度。

⑤ 自动变速器的油面高度应符合标准。

⑥ 在升高发动机转速时不要换档。

⑦ 从发动机加速踏板踩下到松开的整个时间不得超过 5 s，否则自动变速器油会因温度升高而变质，变速器的密封件会因油压过高而损坏。

⑧ 对于转速表故障的车辆，可使用汽车诊断仪读取发动机转速。

⑨ 如果在试验中发现驱动轮因制动力不足而转动或者车辆向前或向后移动，应立即松开油门踏板，停止试验。

⑩ 在一个档位试验完成后，不要立即进入下一个档位的试验，要等油温下降以后再进行。试验结束后不要立即熄火，让发动机怠速运转几分钟，以使自动变速器油温度正常。

(2) 失速试验的步骤如下：

① 用三角木抵紧车轮。

② 拉紧手制动器，并用左脚用力将制动踏板踩到底。

③ 起动发动机，将操纵手柄置于前进档（D 档）。

④ 在左脚踩紧制动踏板的同时，用右脚将油门踏板踩到底（时间控制在 5 s 以内），并迅速记下发动机的最高转速，该转速即为失速转速。

⑤ 读取发动机转速后，立即放松油门踏板和制动踏板，将操纵手柄置于 N 档或 P 档，使发动机怠速运转 1 分钟以上，以防止制动变速器油因温度过高而变质。

⑥ 将操纵手柄置于倒档（R 档），重复上述试验，并记下其失速转速。

自动变速器失速试验过程如图 1-81 所示。

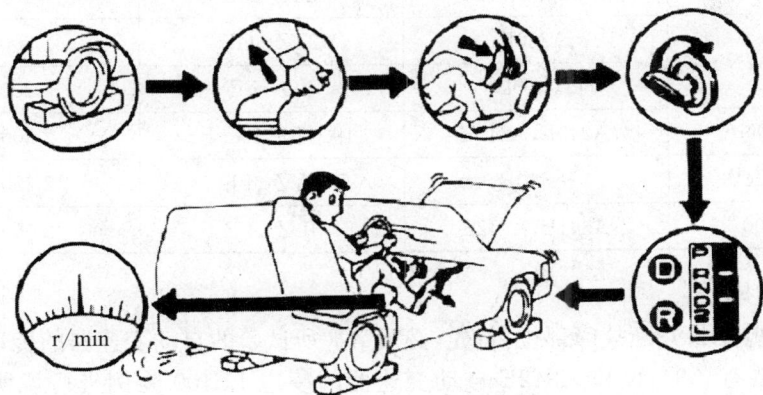

图 1-81 失速试验操作流程

试验分析

1. 失速转速

不同车型的自动变速器都有其失速转速标准,表1-10列出了部分车型自动变速器的失速转速。

表1-10　部分车型自动变速器的失速转速

车　型	自动变速器型号	发动机型号或排量	失 速 转 速
宝马	ZF4HP 22/EH	325,528	1 900~2 050
		524td	2 280~2 120
		EH 系列	1 980~2 140
日产		VG30E,VW30S	2 300~2 600
		LD28	1 700~2 000
马自达 929	R4N-EL	JE	1 950~2 250
马自达 626	F3A		2 200~2 450
克莱斯勒	A-415	1.6 L	2 250~2 450
	A-413	2.2 L	2 200~2 400
		2.2EFI	2 280~2 480
		2.2EFI 增压	3 020~3 200
	A-470	2.6 L	2 400~2 600
	AW-4		1 700~2 000
丰田 HIACE	A45DL	2 L	1 950~2 250
		3 L,1 RZ,2 RZ	2 100~2 400
		2RZ-E	2 150~2 450
丰田 PREVIA	A46DE,A46DF	2TZ-FE	2 450~2 750
丰田 CROWN	A340E	2TZ-GE	2 300~2 600
	A42DL	1G-FE	2 200~2 500
丰田 CORONA	A240E,A241E	4A-FE,3S-FE	2 200~2 500
丰田 CAMRY	A540E	3VZ-FE	2 250~2 550
凌志 LS400	A341E,A342E	IUZ-FE	2 050~2 350

2. 失速分析

要根据试验结果判断故障部位,首先,必须掌握所试验的自动变速器的传动系统结构和原理,下面以装有 A341E 和 A342E 自动变速器的凌志 LS400 为例进行说明。A341E 和 A342E 自动变速箱在各个档位结合的换档执行元件如表1-11所示。

表 1-11

执行机构档位	C0	F0	B0	C1	C2	B1	B2	B3	F1	F2
R	○	○			○			●		
D1	○	○		○						○
D2	○	○		○				●	○	
D3	○	○		○			●		●	
D4	○	○	○	○			●		●	
2(1)	○	○		○		●				○
2(2)	○	○		○			●	○	●	
L(1)	○	○		○				○		

注：○表示执行机构作用；●表示执行机构作用但不影响该档位。

由表可知当换档操纵手柄在 D 位置时的 1 档时离合器 C0,C1,单向离合器 F0,F2 动作；当换档操纵手柄在 R 档时,离合器 C0,C2,单向离合器 F0,制动器 B3 动作。

（1）失速转速与标准值相符,说明自动变速器的油泵、主油路油压及各个换档执行元件的工作基本正常。

（2）若 D 档位和 R 档位的失速转速相同,均低于规定值,则有可能是发动机功率不足、变矩器导轮单向离合器工作不良或不工作。

（3）若 D 档位和 R 档位的失速转速值都超过规定值,应该是导致变速操纵杆位置在 D 位置时的 1 档和在 R 档时的共同因素造成的。

就 A341E 和 A342E 自动变速器而言,可能是主油路压力过低造成超速档离合器 C0 打滑,而导致油压过低的原因可能是油泵、主油路调压阀有故障,也可能是系统泄漏、油量不足等原因造成;油质差造成超速档离合器 C0 打滑;超速档离合器有故障等。

（4）若只是 D 档的失速转速高于规定值,其故障原因只能是操作手柄位置在 D 位置时的 1 档所特有的动作部件。就 A341E 和 A342E 自动变速器而言,就只有离合器 C1、单向离合器 F2 打滑。

（5）若只是 R 档的失速转速高于规定值,其故障原因只能是操作手柄位置在 D 位置时所特有的动作部件。就 A341E 和 A342E 自动变速器而言,就只有离合器 C2、制动器 B3 打滑。

同样,如果是在行车中,某个档位性能不良,也可以用同样的方法分析。

时滞试验

（1）时滞试验时的注意事项：

① 对于已经知道有故障的汽车不能做时滞试验。

② 在做道路试验时汽车,应选择在空旷的地方做,并且在做试验时,汽车前后方都不得有人。

③ 检查汽车的脚制动和手制动,确认其性能良好。

④ 发动机及自动变速器应预热至正常工作温度(50～80℃)。

⑤ 自动变速器的油面高度应符合标准。

⑥ 在升高发动机转速时不要换档。

⑦ 从发动机加速踏板踩下到松开的整个时间不得超过 5 s,否则自动变速器油会因温度升高而变质,变速器的密封件会因油压过高而损坏。

⑧ 对于转速表故障的车辆,可使用汽车诊断仪读取发动机转速。

⑨ 如果在试验中发现驱动轮因制动力不足而转动或者车辆向前或向后移动,应立即松开油门踏板,停止试验。

⑩ 在一个档位试验完成后,不要立即进入下一个档位的试验,要等油温下降以后再进行。试验结束后不要立即熄火,让发动机怠速运转几分钟,以使自动变速器油温度正常。

(2) 时滞试验步骤(见图 1 - 82):

① 让汽车行驶,使发动机和自动变速器达到正常工作温度。

② 将汽车停放在水平地面上,拉紧手制动。

③ 检查发动机怠速。若不正常,应按标准予以调整。

④ 将自动变速器纵手柄从空档"N"位置拨至前进档"D"位置,用秒表测量从拨动操纵手柄开始到感觉汽车震动为止所需的时间,该时间称为 N - D 延时时间。

⑤ 将操纵手柄拨至 N 位置,让发动机怠速运转 1 分钟后,再做一次同样的试验。

⑥ 做 3 次试验,并取平均值。

⑦ 按上述方法,将操纵手柄由 N 位置拨至 R 位置,测量 N - R 延时时间,如表 1 - 12 所示。

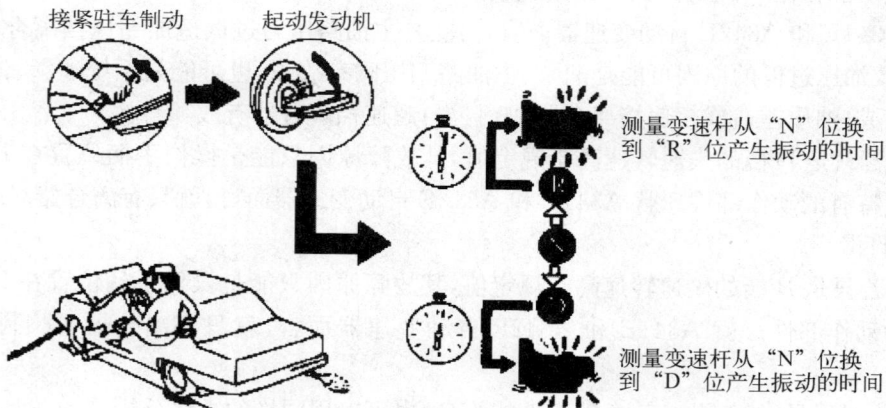

图 1 - 82 时滞试验流程

表 1 - 12 时滞试验数值

执行机构档位	C0	F0	B0	C1	C2	B1	B2	B3	F1	F2
R	○	○			○			○		
D1	○	○		○						○

注:C-离合器,B-制动器,F-单向离合器。

汽车时滞试验数值分析

要根据试验结果判断故障部位,首先,必须掌握所试验的自动变速器的传动系统结构和原理,下面以装有 A341E 和 A342E 自动变速器的凌志 LS400 为例进行说明。A341E 和 A342E 自动变速箱在 D/R 档位结合的换档执行元件如表 1-12 所示:

对于大部分自动变速器:

N-D 延时时间小于 1.0~1.2 秒,

N-R 延时时间小于 1.2~1.5 秒。

若 N-D 延时时间过长,说明主油路油压过低,前进离合器摩擦片磨损过甚或前进单向超越离合器工作不良;

若 N-R 延时时间过长,说明倒档主油路油压过低,倒档离合器或倒档制动器磨损过甚或工作不良。

道路试验目的:

(1) 道路试验是诊断、分析自动变速器故障的最有效的手段之一。此外,自动变速器在修复之后,也应进行道路试验,以检查其工作性能,检验修理质量。自动变速器的道路试验内容主要有:检查换档车速、换档质量以及检查换档执行元件有无打滑等。

(2) 对于电子控制自动变速器而言,为了确定故障存在的部位,区分故障是由机械系统、液压系统引起,还是由电子控制系统引起的,可进行手动换档试验。所谓手动换档试验就是将电子控制自动变速器所有换档电磁阀的线束插头全部脱开,此时电脑不能通过换档电磁阀来控制换档,自动变速器的换档取决于操纵手柄的位置。

1. 道路试验

在道路试验之前,应先让汽车以中低速行驶(5~10 分钟),让发动机和自动变速器都达到正常工作温度。在试验中,若有特殊需要,通常应将超速档开关置于 ON 位置(即超速指示灯熄灭),并将模式开关置于普通模式或经济模式的位置。

1) 升档检查

将操纵手柄拨至前进档"D"位置,踩下油门踏板,使节气门保持在 1/2 开度左右,让汽车起步加速,检查自动变速器的升档情况。自动变速器在升档时发动机会有瞬时的转速下降,同时车身有轻微的闯动感。正常情况下,汽车起步后随着车速的升高,试车者应能感觉到自动变速器能顺利地由 1 档升入 2 档,随后再由 2 档升入 3 档,最后升入超速档。若自动变速器不能升入高档(3 档或超速档),说明控制系统或换档执行元件有故障。

2) 升档车速的检查

将操纵手柄拨至前进档"D"位置,踩下油门踏板,并使节气门保持在某一固定开度,让汽车起步并加速。当察觉到自动变速器升档时,记下升档车速。

一般 4 档自动变速器在节气门开度保持在 1/2 时由 1 档升至 2 档的升档车速为 25~35 km/h,由 2 档升至 3 档的升档车速为 55~70 km/h,由 3 档升至 4 档(超速档)的升档车速为 90~120 km/h。由于升档车速和节气门开度有很大的关系,即节气门开度不同时,升档车速也不同,而且不同车型的自动变速器各档位传动比的大小都不相同,其升档车速也不完全一样,因此,只要升档车速基本保持在上述范围内,而且汽车行驶中加速良好,无明显的换档冲击,都可认为其升档车速基本正常。若汽车行驶中加速无力,升档车速明显低于上述范围,说明升档车速过低(即过早升档);若汽车行驶中有明显的换档冲击,升档车速明显示高于上述范围,说明升档车速过高(即太迟升档)。

3)升档时发动机转速的检查

在正常情况下,若自动变速器处于经济模式或普通模式,节气门保持在低于 1/2 开度范围内,则汽车在由起步加速直至升入高速档的整个行驶过程中,发动机转速都将低于 3 000 r/分钟。通常发动机在加速至即将要升档时的转速可达到 2 500~3 000 r/分钟,在刚刚升档后的短时间内发动机转速将下降至 2 000 r/分钟,说明升档时间过早或发动机动力不足;如果在行驶过程中发动机转速始终偏高,升档前后的转速在 2 500~3 500 r/分钟之间,且换档冲击明显,说明升档时间过迟;如果在行驶中发动机转速过高,常高于 3 000 r/分钟,在加速时达到 4 000~5 000 r/分钟,甚至更高,则说明自动变速器的换档执行元件(离合器或制动器)打滑,应拆修自动变速器。

4)换档质量的检查

换档质量的检查内容主要是检查有无换档冲击。正常的自动变速器只能有不太明显的换档冲击,特别是电子控制自动变速器的换档冲击应十分微弱。若换档冲击太大,说明自动变速器的控制系统或换档执行元件有故障,其原因可能是油路油压高或换档执行元件打滑,应做进行一步的检查。

5)锁止离合器工作状况的检查

可以采用道路试验的方法进行检查。让汽车加速至超速档,以高于 80 km/h 的车速行驶,并让节气门开度保持在低于 1/2 的位置,使变矩器进入锁止状态。此时,快速将油门踏板踩下至 2/3 开度,同时检查发动机转速的变化情况。若发动机转速没有太大的变化,说明锁止离合器处于结合状态;反之,若发动机转速升高很多,则表明锁止离合器没有结合,其原因通常是锁止控制系统有故障。

6)发动机制动作用的检查

检查自动变速器有无发动机制动作用时,应将操纵从手柄拨至前进低档(S、L 或 2、1)位置,在汽车以 2 档或 1 档行驶时,突然松开油门踏板,检查是否有发动机制动作用。若松开油门踏板后车速立即随之下降,说明有发动机制动作用;否则说明控制系统或前进强制离合器有故障。

7)强制降档功能的检查

检查自动变速器强制降档功能时,应将操纵手柄拨至前进档"D"位置,保持节气门开度为 1/3 左右,在以 2 档、3 档或超速档行驶时突然将油门踏板完全踩到底,检查自动变速器是否被强制降低一个档位。在强制降档时,发动机转速会突然上升至 4 000 r/分钟左右,并随着加速升档,转速逐渐下降。若踩下油门踏板后没有出现强制降档,说明强制降档功能失效。若在强制降档时发动机转速升高反常。达 5 000~6 000 r/分钟,并在升档时出现换档冲击,则说明换档执行元件打滑,应拆修自动变速器。

图 1-83 和 1-84 为丰田 A43D 和 A43DE 两种自动变速器的换档。图中实线为升档曲线,虚线为降档曲线。通常液力控制自动变速器的升档车速和节气门开度的变化关系图呈曲线状(a),而微机控制自动变速器的升档车速和节气门开度的变化曲线呈阶梯状折线(b)。

2. 手动换档试验

1)手动换档试验步骤

(1)脱开电子控制自动变速器的所有换档电磁阀线束插头见图 1-85。

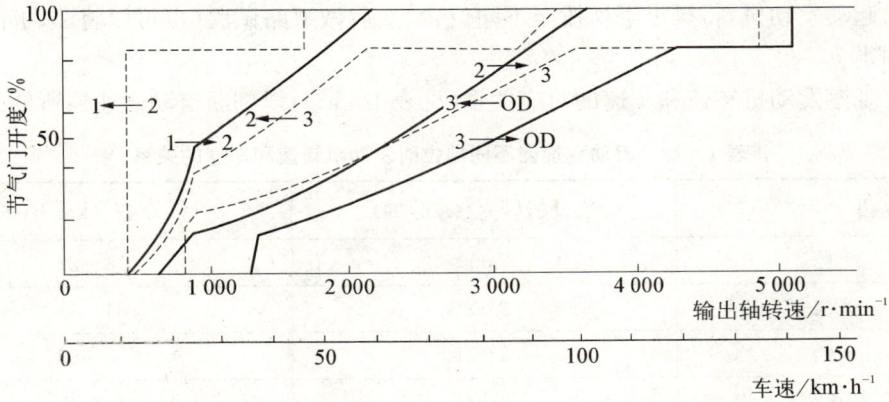

图 1 - 83 丰田 A43D 型液力自动变速器换档

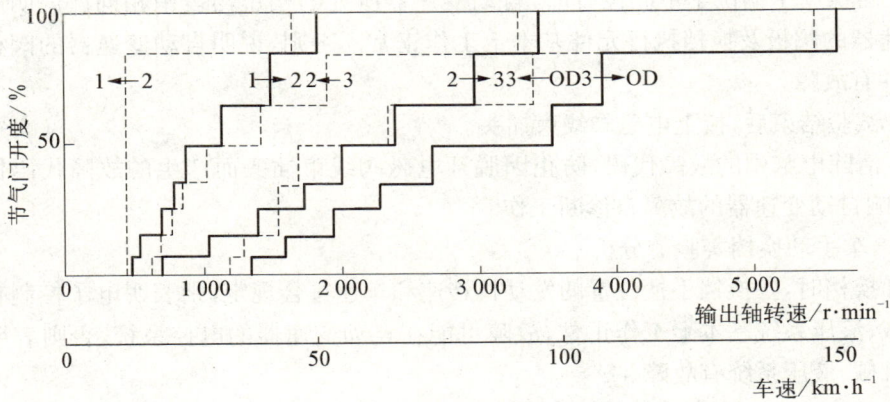

图 1 - 84 A43DE 型微机控制自动变速器经济模式换档

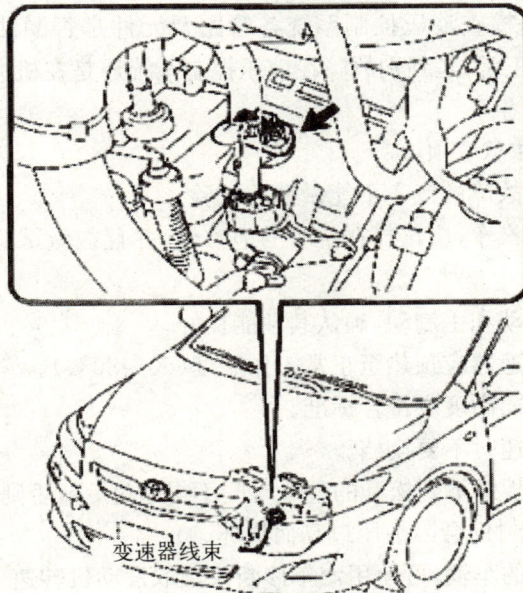

图 1 - 85 卡罗拉轿车换档电磁阀线束插接器位置

（2）起动发动机，将操纵手柄拨至不同位置，然后做道路试验（也可以将驱动轮悬空，进行台架试验）。

（3）观察发动机转速和车速的对应关系（见表1-13），以判断自动变速器所处的档位。

表1-13　自动变速器不同档位时发动机转速和车速的关系

档　　位	发动机转速/(r/分钟)	车速/(km/h)
1 档	2 000	18～22
2 档	2 000	34～38
3 档	2 000	50～55
超速档	2 000	70～75

（4）若操纵手柄位于不同位置时，自动变速器所处的档位与表中相同。说明电子控制自动变速器的阀板及换档执行元件基本上工作正常。否则，说明自动变速器的阀板或换档执行元件有故障。

（5）试验结束后，接上电磁阀线束插头。

（6）清除电脑中的故障代码，防止因脱开电磁阀线束插头而产生的故障代码保存在电脑中，影响自动变速器的故障自诊断工作。

2）汽车手动换档实验的分析

手动换档时，各换档手柄位置的发动机转速和车速符合规定，则表明电子控制自动变速器的机械、液压系统基本上工作正常，故障可能在自动变速器的电控系统，否则表明自动变速器的机械、液压系统有故障。

油压试验目的：

液压试验是在自动变速器工作时，通过测量液压控制系统各回路的压力来判断各元件的功能是否正常，目的是检查液压控制系统各管路及元件是否漏油及各元件（如液力变矩器、蓄压器等）是否工作正常，是判别故障在液压控制系统还是在机械系统的主要依据。

1. 油压试验前的准备

（1）油压试验时的注意事项：

① 对于已经知道有故障的汽车不能做油压试验。

② 在做油压试验时汽车，应选择在空旷的地方做，并且在做试验时，汽车前后方都不得有人。

③ 检查汽车的脚制动和手制动，确认其性能良好。

④ 发动机及自动变速器应预热至正常工作温度（50～80℃）。

⑤ 自动变速器的油面高度应符合标准。

⑥ 在升高发动机转速时不要换档。

⑦ 从发动机加速踏板踩下到松开的整个时间不得超过5 s，否则自动变速器油会因温度升高而变质，变速器的密封件会因油压过高而损坏。

⑧ 对于转速表故障的车辆，可使用汽车诊断仪读取发动机转速。

⑨ 如果在试验中发现驱动轮因制动力不足而转动或者车辆向前或向后移动，应立即松

开油门踏板,停止试验。

⑩ 在一个档位试验完成后,不要立即进入下一个档位的试验,要等油温下降以后再进行。试验结束后不要立即熄火,让发动机怠速运转几分钟,以使自动变速器油温度正常。

(2) 准备一个量程为 2 MPad 的油压表。

2. 判断自动变速器各个油路测压的位置

(1) 通常测压孔在自动变速器外壳上用几个方头螺塞住,在《自动变速器维修手册》上以图示的方法标有自动变速器测压孔的位置(见图1-86)。

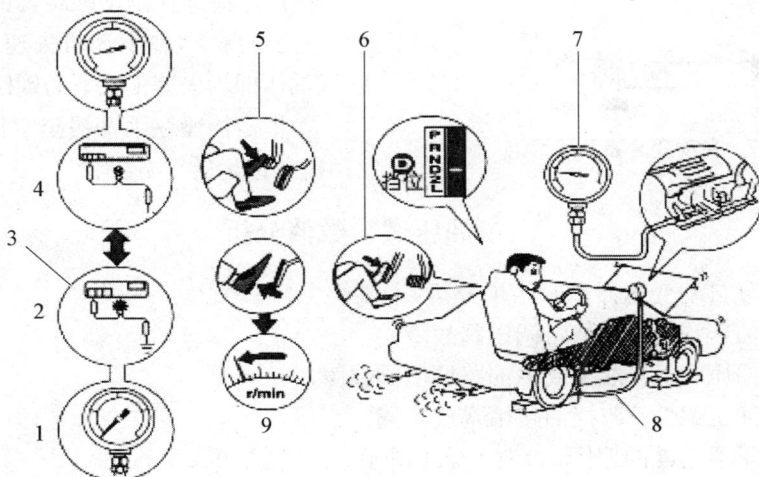

图 1-86 自动变速器测压孔的位置

(2) 如果没有资料确定各油路的测压孔时,可用举升器将汽车升起,在发动机怠速运转时分别将各个测压孔螺塞松开少许,观察各测压孔在变速杆位于不同位置时是否有压力油流出,以此区分和确定各油路测压孔的位置。

① 变速杆位于 D 或 R 位置时都有压力油流出,为主油路测压孔。

② 变速杆位于 D 位置时才有压力油流出,为前进档油路测压孔。

③ 变速杆位于 R 位置时才有压力油流出,为倒档油路测压孔。

④ 变速杆位于 D 位置,并且在驱动轮转动后才有压力油流出,为速控阀油路测压孔。

3. 测试主油路油压时,应分别测出前进档和倒档的主油路油压

(1) 前进档主油路油压测试方法:

① 拆下自动变速器壳体上的主油路测压孔或前进档油路测压孔螺塞,接上油压表。

② 起动发动机,将换档操纵手柄拨至前进档(D)位置。

③ 读出发动机怠速运转时的油压,该油压即为怠速工况下的前进档主油路油压。

④ 用左脚踩紧制动踏板,同时用右脚将加速踏板完全踩下,在失速工况下读取油压,该油压即为失速工况下的前进档主油路油压。

⑤ 将换档操纵手柄拨至空档(N)或停车档(P)位置,让发动机怠速运转1分钟以上。

⑥ 将换档操纵手柄拨至各个前进低档(S、L 或 2、1)位置,重复上述 c~e 的步骤,读出各个前进低档在怠速工况和失速工况下的主油路油压。

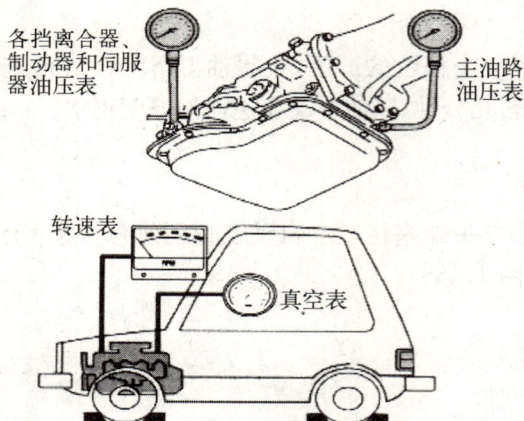

图 1-87 自动变速器测压示范

（2）倒档主油路油压测试方法：

① 拆下自动变速器壳体上的主油路测压孔或倒档油路测压孔螺塞，接上油压表。

② 起动发动机，将换档操纵手柄拨至倒档（R）位置。

③ 在发动机怠速运转工况下读取油压，该油压即为怠速工况下的倒档主油路油压。

④ 用左脚踩住制动踏板，同时用右脚将加速踏板完全踩下，在发动机失速工况下读取油压，该油压即为失速工况下的倒档主油路油压。

⑤ 将换档操纵手柄拨至空档（N）位置，让发动机怠速运转 1 分钟。

汽车油压试验数值分析

对于大部分自动变速器试验结果分析：

所有档位油压均高：主油路调压阀故障。

所有档位油压均低：油泵或主油路调压阀故障。

某一档位油压偏低：该档油路堵塞或泄漏。

主油路油压不正常的原因，如表 1-14 所示。

表 1-14　主油路油压不正常的原因

试验项目	试 验 结 果	故 障 原 因
怠速主油压	所有档位的主油压均低于标准值	① 油泵故障 ② 主油路调压阀卡死 ③ 主油路调压阀弹簧过软 ④ 主油路电磁阀故障 ⑤ 节气门位置传感器或节气门拉索调整不当 ⑥ 节气门阀卡滞 ⑦ 主油路泄漏 ⑧ ATF 滤清器堵塞
	前进档和前进低档的主油路油压均过低	① 前进档离合器活塞漏油 ② 前进档油路泄漏
	前进档的主油路油压正常，前进低档的主油路油压过低	① 1 档离合器或 2 档离合器活塞泄漏 ② 前进低档制动器油路泄漏
	D 位主油路油压正常 R 位主油路油压过低	① 倒档离合器活塞泄漏 ② 低档、倒档制动器油路泄漏
	D 位和 R 位的主油路油压均过高	① 节气门拉索调得过紧或节气门位置传感器调整不当 ② 主油路调压阀卡滞 ③ 节气门拉索卡滞在节气门开启较大的位置 ④ ATF 油液温度传感器损坏（信号超限） ⑤ 主油压电磁阀卡滞或内部短路

（续表）

试验项目	试验结果	故障原因
失速主油压	D位和R位失速油压均低	① ATF油液滤清器堵塞 ② ATF油液冷却器堵塞
	个别档位失速油压较低	与失速油压低的档位相关的离合器、制动器油路内部泄漏

项目二　DSG双离合变速器检修

项目概述

DSG(Direct Shift Gearbox)译为"直接换档变速器"（见图2-1），DSG有别于一般的半自动变速箱系统，它是基于手动变速箱而不是自动变速箱，因此，它也是AMT（机械式自动变速器）的一员。

原理同DCT双离合器变速器（Dual Clutch Transmission）。DSG变速器是目前世界上很先进的变速器系统，DSG变速箱最大的特点在于它采用了双离合器。DSG变速器与一般的变速系统不同，它是基于手动变速箱，而不是自动。

而DSG变速器内有两台自动控制的离合，在某一档位时，离合器1结合，一组齿轮咬合输出动力，在接近换档时，下一组的齿轮已被预选，而与之相联的离合器2仍处于分离状态；在换入下一档位时，处于工作状态的离合器1分离，将使用中的齿轮脱离动力，同时离合器2咬合已被预选的齿轮，进入下一档。在整个换档期间两组离合轮流工作，确保最少有一组齿轮在输出动力，令动力没有出现间断的状况。

图2-1　DSG

本项目主要学习任务：

1　DSG双离合变速器检查与维护

2　DSG挂档不走故障诊断与排除

工作任务 1　DSG 双离合变速器检查与维护

任务描述

接车员接到一辆大众轿车,据车主反映该车在前进档起步时时,1 档换 2 档能听到从变速器传来"咯咯"响声,并伴随起步时有明显顿挫感。经过初步检查:该车使用的是 7 速干式双离合变速器,仪表板并没有出现变速器故障灯的报警,基本判断是变速器的机械故障。为了确诊故障原因,先对车辆进行路面试车,再根据故障现象使用故障诊断仪对变速器内部读取数据流。现在需要进一步诊断和排除故障。

学习目标

1. 知识目标
(1) DSG 双离合变速器控制系统的组成、结构与功用。
(2) 掌握整车上 DSG 双离合变速器控制系统组成、各部件的位置及作用。
2. 技能目标
能够初步进行 DSG 双离合变速器控制系统的检查维护。
3. 素养目标
(1) 具备信息查询和手册使用的基本能力。
(2) 能够按照企业 6S 要求和安全生产规范进行操作。
(3) 能与同学密切合作,规范安全的完成学习活动。
(4) 养成自主学习、操作规范的工作作风及环保意识。
建议学时:6 学时

资料查询

1. 查阅"学习参考书"、维修手册和相关维修资料,整理出该任务的知识点和技能点

知识点	(1)	
	(2)	
	(3)	
	(4)	
	(5)	
技能点	(1)	
	(2)	

(续 表)

	(3)	
技能点	(4)	
	(5)	

2. 查阅资料,完成下列测试

(1) DSG 双离合变速器的作用?

(2) DSG 双离合变速器和自动变速器的区别?

(3) DSG 双离合变速器如何实现换档?

请结合资料读懂 DSG 双离合变速器的主要结构组成,并填写下表。

序号	部 件 名 称	序号	部 件 名 称
1		6	
2		7	
3		8	
4		9	
5			

计划决策

请根据任务要求,确定汽车 DSG 双离合变速器检查所需要的资料及用具。

1. 需要的资料及用具

(1) 场地设施:_____

(2) 设备器材:_____

(3) 备件耗材:_____

(4) 防护用品:_____

2. 小组成员分工

人 员 分 工		工具、量具准备	主 要 职 责
组号			
组长			
组员			

3. DSG 双离合变速器、检查流程工作任务

工作步骤	工 作 内 容
步骤 1	
步骤 2	
步骤 3	

（续　表）

工作步骤	工作内容
步骤 4	
步骤 5	
步骤 6	

任务实施

1　拆开 DSG 双离合变速器,并在实物上找出各个零件的位置,并填入图 2-2 中。

2. 拆装 DSG 双离合变速器

■ 概述

如果双离合器有故障,会导致以下现象:

- 动力下降
- 挂档不走
- 换档顿挫
- 产生异响

■ 技能操作

（1）拆下 K1 离合器固定卡簧,取出 K1 离合器从动盘

（2）使用拉抓拉出双离合器总体

（3）拆下双离合器操作臂

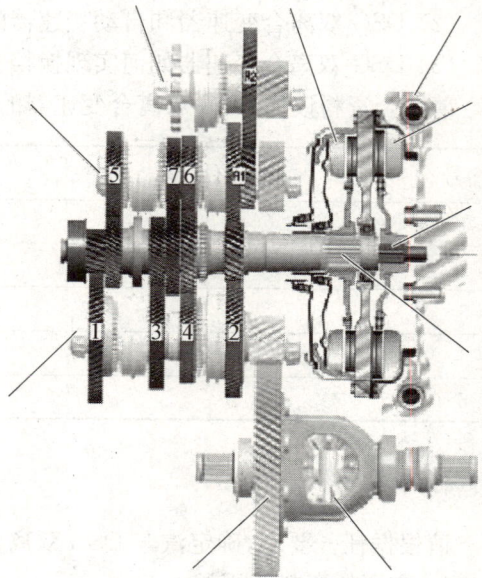

图 2-2　DSG 零件组合

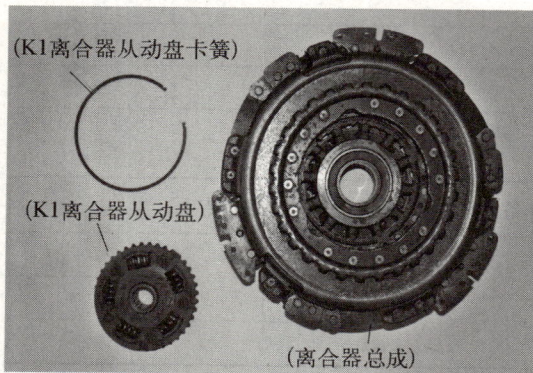

图 2-3　离　合　器

图 2-4　拆下双离合器操作臂

考核评价

1. 知识评价

现场问答题:

（1）叙述 DSG 双离合变速器与手动变速器的特点。

（2）描述 DSG 双离合变速器对双离合器的检查和维护方法。

2．技能及素养评价

综 合 考 评		自我评价	小组互评	教师评价	第三方评价
素质考评 30 分	劳动态度 6				
	遵守纪律 6				
	安全操作 6				
	学习态度 6				
	出勤情况 6				
技能考评 70 分	工具使用 10				
	任务方案 10				
	实施过程 30				
	完成结果 10				
	任务工单 10				
（总分 100 分） 本次得分：					
最终得分：					

工作任务 2　DSG 挂档不走故障诊断与排除

任务描述

一天，接车员小明接到一辆大众轿车，车主反映该车的故障现象是车辆挂前进档不走，并且有故障灯显示。用解码器检查，显示变速器有故障码。

学习目标

1．知识目标

掌握各类型 DSG 双离合变速器结构、工作原理及检测方法、流程。

2．技能目标

（1）能够解释 DSG 双离合变速器传感器采样数据。

（2）能够正确使用故障诊断仪，通过查看所选参数，监测 DSG 双离合变速器传感器。

（3）能够解释所选故障码的故障排除程序。

3．素养目标

（1）具备信息查询和手册使用的基本能力。

（2）能够按照企业 6S 要求和安全生产规范进行操作。

（3）能与同学密切合作，规范安全的完成学习活动。

（4）养成自主学习、操作规范的工作作风及环保意识。

建议学时：4 学时

资料查询

1. 查阅"学习参考书"、维修手册和相关维修资料，整理出该任务的知识点和技能点

知识点	（1）	
	（2）	
	（3）	
	（4）	
	（5）	
技能点	（1）	
	（2）	
	（3）	
	（4）	
	（5）	

2. 查阅资料，完成下列测试

（1）液压泵电机是＿＿＿＿刷＿＿＿＿电机。电子控制单元根据＿＿＿＿＿起动液压泵电机。它通过插塞连接驱动液压泵。

（2）液压泵根据齿轮泵的工作原理工作。它吸入液压油，并以大约＿＿＿＿bar 的压力将液压油泵入回路中。

计划决策

请根据任务要求，确定 DSG 双离合变速器的机电模块所检查与维护所需要的资料及用具。

1. 需要的资料及用具

（1）场地设施：＿＿＿＿＿＿＿＿＿＿＿＿＿＿＿＿＿＿＿＿＿＿＿＿＿＿＿＿＿＿＿＿

（2）设备器材：＿＿＿＿＿＿＿＿＿＿＿＿＿＿＿＿＿＿＿＿＿＿＿＿＿＿＿＿＿＿＿＿

（3）备件耗材：＿＿＿＿＿＿＿＿＿＿＿＿＿＿＿＿＿＿＿＿＿＿＿＿＿＿＿＿＿＿＿＿

（4）防护用品：＿＿＿＿＿＿＿＿＿＿＿＿＿＿＿＿＿＿＿＿＿＿＿＿＿＿＿＿＿＿＿＿

2. 小组成员分工

人 员 分 工		工具、量具准备	主 要 职 责
	组号		
	组长		
	组员		

3. 汽车 DSG 双离合变速器的认知、检查与维护流程工作任务

工作步骤	工 作 内 容
步骤 1	正确识别和解释 DSG 机电模块如何控制电磁阀
步骤 2	利用故障诊断仪检验电磁阀的控制情况
步骤 3	解释机电模块内油路的走向
步骤 4	
步骤 5	
步骤 6	

任务实施

DSG 挂档不走故障诊断与排除流程

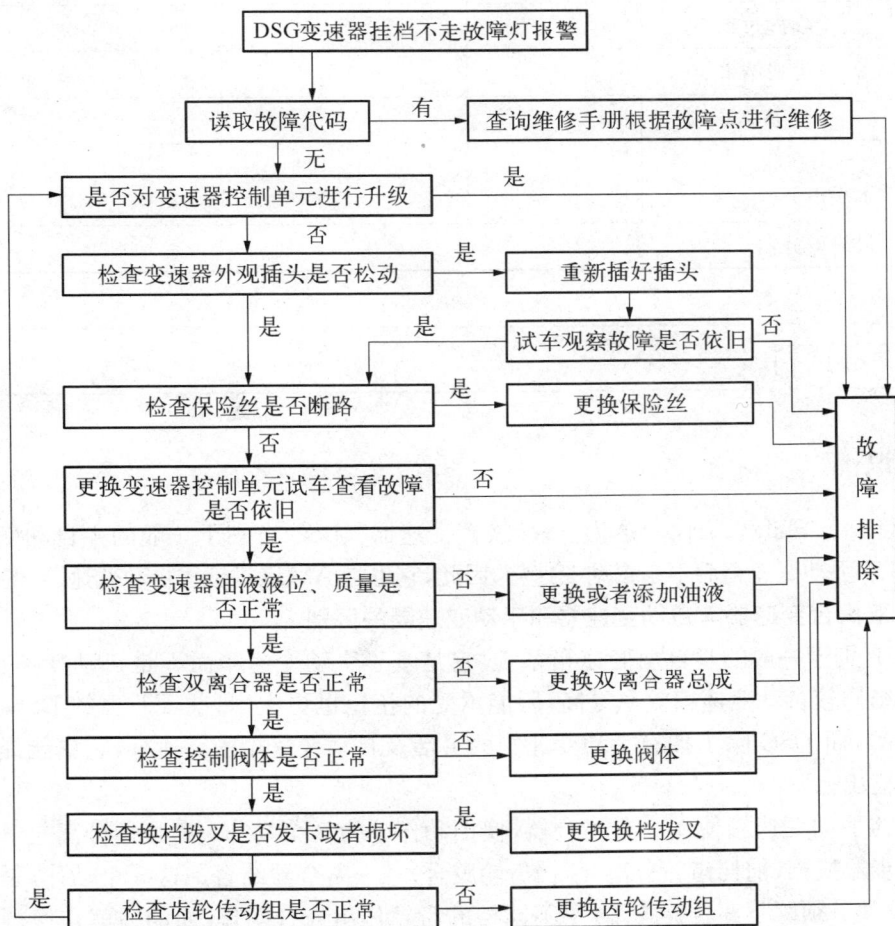

图 2-5 DSG 挂档不走故障诊断与排除流程

笔记

考核评价

1. 知识评价

描述 DSG 机电模块出现故障时，该如何进行检查。

2. 技能及素养评价

综 合 考 评		自我评价	小组互评	教师评价	备注说明
素质考评 30 分	劳动态度 6				
	遵守纪律 6				
	安全操作 6				
	学习态度 6				
	出勤情况 6				
技能考评 70 分	工具使用 10				
	任务方案 10				
	实施过程 30				
	完成结果 10				
	任务工单 10				
（总分 100 分） 本次得分：					
最终得分：					

参考资料

理论知识

　　DSG(Direct Shift Gearbox)意为"直接换档变速器"，DSG 有别于一般的半自动变速箱系统，它是基于手动变速箱而不是自动变速箱，因此，它也是 AMT(机械式自动变速器)的一员。

DSG 双离合变速器与自动变速器和手动变速器的区别

　　DSG 有别于一般的半自动变速箱系统，它是基于手动变速箱而不是自动变速箱，手动变速箱的结构较自动变速箱效率更高，所能承受的扭矩也更大（目前 TT 上的 DSG 可以承受 350 Nm），而 DSG 除了拥有手动变速箱的灵活及自动变速箱的舒适外，它更能提供无间断的动力输出。

　　传统的手动变速箱使用一台离合器，换档动作分为 3 个动作：离合器分离——变速拨叉拨动同步器换档（前档齿轮分离/新档齿轮胶合）——离合器结合。这 3 个动作，是分先后进行的，驾驶员须踩下离合器脚踏，令不同档的齿轮作出齿合动作，而动力就在换档其间出现间断，令输出表现有所断续。

笔记

　　传统的自动变速箱没有控制与发动机输出轴通断的离合器，而是靠液力变矩器配合行星齿轮组进行换档。它与手动变速器除了在自动控制上的差异，机械方面最大的差异就是行星齿轮组的齿轮处于常胶合状态，通过给某些齿轮的离合—制动，产生不同的传动比。

　　DSG 可以想象为将两台手动变速箱的功能合二为一，并建立在单一的系统内，它没有液力变矩器也没有行星齿轮组。从齿轮部分乍一看很像一台手动变速器，因为它有同步器，但不同的是它用"双"离合器控制与发动机动力的通断，这两台自动控制的离合器，由电子控制及液压推动，能同时控制两组离合器的运作。当变速箱运作时，一组齿轮被齿合，而接近换档之时，下一组档段的齿轮已被预选，但离合器仍处于分离状态；当换档时一具离合器将使用中的齿轮分离，同时另一具离合器齿合已被预选的齿轮，这四个动作都是在电控单元的控制和作用下同时进行的，因此变速反应极快，在整个换档期间能确保最少有一组齿轮在输出动力，令动力没有出现间断的状况。要配合以上运作，DSG 的传动轴被分为两条：一条是放于内里实心的传动轴，而另一条则是外面空心的传动轴；内里实心的传动轴连接了 1、3、5 及后档，而外面空心的传动轴则连接 2、4 及 6 档，两具离合器各自负责一条传动轴的齿合动作，引擎动力便会由其中一条传动轴作出无间断的传送。从布局上看，这套变速器长度很短（相当于传统 6 速变速器的一半长度），所以可以用于前置前驱的车型上。

　　至于控制系统方面，电子及液压的控制系统位于变速箱顶部，连接 12 组 DSG 的独立感应器，加上车辆行车状态的资讯，从而推动各活门及其他组件的运作，而两具离合器的液压压力由专门的电控活门应因不同行车状况而调节。电子控制系统也负责计算出将被预选的合适档段及管理其他控制杆，也会由 6 组压力调节阀及 5 组开关阀监控油压冷却系统。

　　要操控 DSG，驾驶者可以利用排档杆或驾驶盘上的换档片进行序列式的手动换档，换档过程离合器的操作完全交由 DSG 电脑控制。不论在行驶中使用手动模式，还是 D 或 S 的自动换档模式，只要轻拍驾驶盘上的换档片，DSG 立即切换至手动模式及进行换档程序，没有传统自动变速器急加速时的滞后感。但由于没有液力便距器的缓冲，换档加速不如传统变速器柔和，因此适用于注重加速和操控的跑车，而不适用于注重舒适性的豪华房车。

　　与传统的手动档相比，使用更方便，因为说到底，它还是一个自动变速器，只是使用了 DSG 的新技术，使得手动变速箱具备自动性能，同时大大改善了汽车的燃油经济性，DSG 比手动档换档更快速、顺畅，动力输出不间断。

　　与传统的自动档相比，DSG 自动变速器有着明显的区别，DSG 没有采用扭矩变换器，自动转换更灵活，而且也不是在传统概念的自动变速器基础上开发出来的，设计 DSG 的工程师们开创了全新技术。

　　大众汽车新研制的双离合自动档变速器亮相不久，即引来了各方热情的关注。这是一种 DSG 的自动变速器的新技术，让车提速快而省油。而这种绿色技术将率先应用于上海大众的部分车型身上。第一款采用 DSG 变速箱技术的车型，很有可能是在本届车展引发轰动效应的 Crosspolo，作为年底即将上市的新车型，在原有 Polo 劲情的基础上，增加了很强的运动色彩，加上 DSG 变速箱，真可谓如虎添翼。之后上海大众旗下的 PASSAT 领驭、途安等车型也将陆续推出 DSG 版本，以增加上海大众技术竞争力。

　　另外，世界著名的汽车零部件厂商博格华纳正在和上汽集团的荣威品牌进行技术合作，首款 DSG 双离合器变速系统将可能装备在内部代号为 W261 车型上，作为年底即将上市的荣威 5 系列首款车型,配合 1.8 升涡轮增压发动机,将为这款全新平台下的中级车更添一份运动元素。

对于上汽集团来说,无论是合资品牌上海大众,还是全新的自主品牌上汽荣威,面对日益激烈的市场竞争,提升车型技术竞争力是非常重要的应对措施之一。近期即将推出技术先进的 DSG 双离合器变速器,将成为上汽角逐中高级车市的有力砝码。

DSG 双离合变速器的结构与组成

一、DSG 双离合变速器主要组成部分

如图 2-6 所示,DSG 双离合变速器主要组成部分如下:

(1) 齿轮箱部分。

(2) 双离合器模块。

(3) 机电控制模块。

二、齿轮变速箱

双离合器变速箱基本上由两个相

图 2-6 DSG 双离合变速器主要组成部分

互独立的分变速器组成。离合器 K1、分变速器 1 以及输出轴 1 控制 1 档、3 档、5 档和 7 档的换档。每个分变速器的运作方式与手动变速器相似。每个分变速器都配有一个离合器。而离合器 K2、分变速器 2 以及输出轴 2 和 3 控制 2 档、4 档、6 档和倒车档的换档。两个离合器都是干式离合器。它们由机电控制模块根据所要切换的档位调节、接合和分离。始终有一个分变速器在传输动力。而另一个分变速器已经为换到下一档做好准备,因为控制下一档的离合器还处于分离状态。和手动变速箱一样,每个档位都配有常规的同步器和换档单元。

1. 输入轴

输入轴在变速箱壳体内(见图 2-8)。两个输入轴都通过输入轴花键与离合器相连。它们根据切换的档位将发动机的扭矩继续传递至输出轴上。输入轴 2 是中空的。输入轴 1 穿过中空的输入轴 2。每根轴上都有滚珠轴承,它们将输入轴固定在变速箱壳体中。

图 2-7 输 入 轴

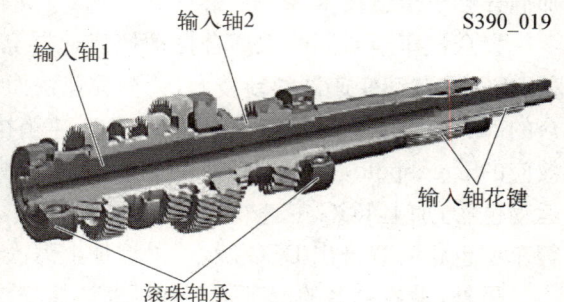

图 2-8 输 入 轴

因为输入轴 2 的位置关系,这里,在介绍输入轴 1 之前,先介绍输入轴 2。

输入轴 2 是中空的。它通过输入轴花键与离合器 K2 相连。2 档、4 档、6 档和 R 档通过输入轴 2 来切换。

为获得变速箱输入转速,在该轴上有变速箱输入转速传感器 2 G612。

输入轴 1 通过输入轴花键与离合器 K1 相连(见图 2-9)。它控制 1 档、3 档、5 档和 7 档的换档切换。为获得变速箱输入转速,在该轴上装有变速箱输入转速传感器 1 G632 的脉冲轮。

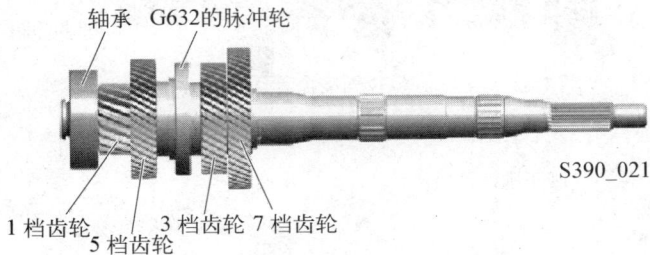

图 2-9 输 入 轴 1

2. 输出轴

在变速箱壳体内有 3 根输出轴。根据所切换的档位的不同,发动机扭矩从输入轴传递至不同的输出轴上。在每根输出轴上都有输出轴齿轮。扭矩通过输出轴齿轮作用在差速器主减速器的齿轮上。

在输出轴 1 上有:

- 1 档、2 档、3 档的换档齿轮;这三档是三倍同步啮合

- 4 档的换档齿轮;4 档是两倍同步啮合

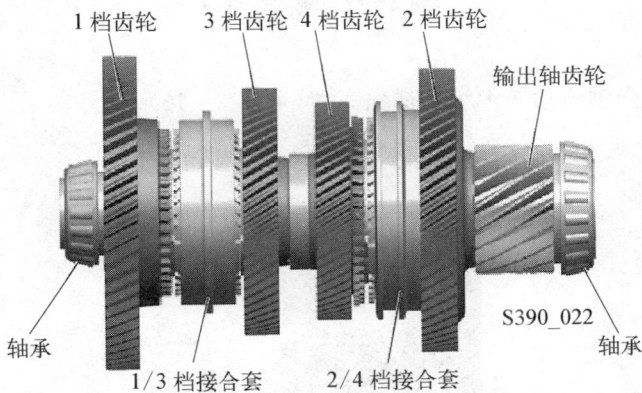

图 2-10 输 入 轴 1

在输出轴 2 上有(见图 2-11):

- 两倍同步啮合的 5 档、6 档和 7 档的切换齿轮

- 用于倒车档的中间齿轮 R 档齿轮 1 和 R 档齿轮 2。

在输出轴 3 上有(见图 2-12):

- R 档的一倍同步啮合换档齿轮

- 驻车锁齿轮

笔 记

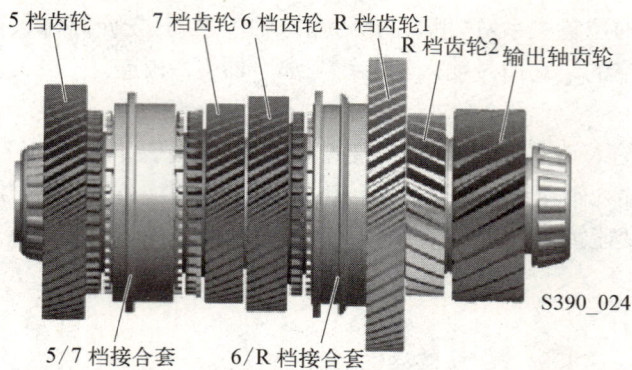

5 档齿轮   7 档齿轮 6 档齿轮 R 档齿轮1

R 档齿轮2 输出轴齿轮

S390_024

5/7 档接合套   6/R 档接合套

图 2 - 11   输 入 轴 2

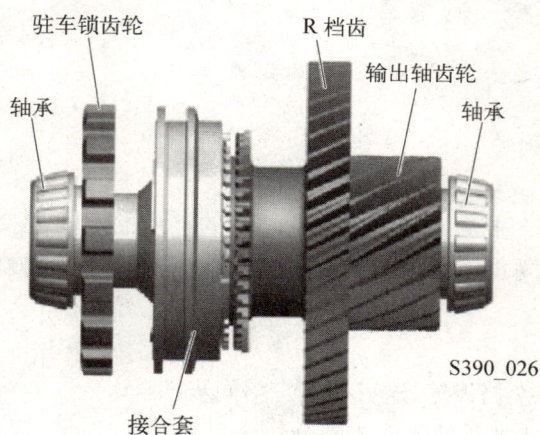

驻车锁齿轮   R 档齿

轴承   输出轴齿轮   轴承

接合套

S390_026

图 2 - 12   输 入 轴 3

3. 差速器

差速器通过万向轴将扭矩继续传递给车轮(见图 2 - 13)。

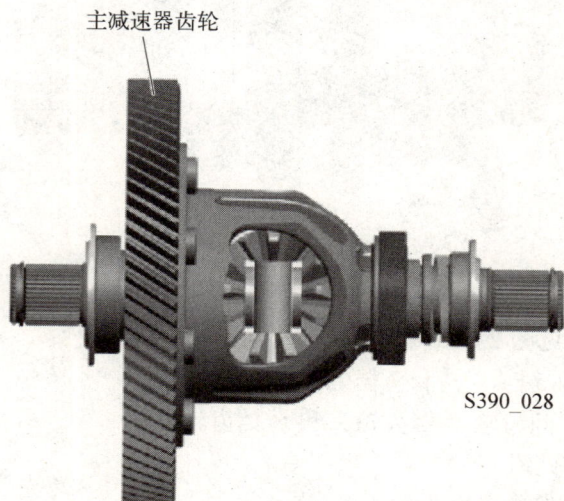

主减速器齿轮

S390_028

图 2 - 13   差 速 器

档位控制如图 2-14~图 2-21 所示。

档位控制
1 档工作时(K1 离合器接合)
2 档齿轮也啮合

图 2-14 档 位 控 制

档位控制
2 档工作时(K2 离合器接合)
3 档齿轮也啮合

图 2-15 档 位 控 制

档位控制
3 档工作时(K1 离合器接合)
4 档齿轮也啮合

图 2-16 档 位 控 制

档位控制
4 档工作时(K2 离合器接合)
5 档齿轮也啮合

图 2-17 档 位 控 制

档位控制

5 档工作时(K1 离合器接合)

6 档齿轮也啮合

档位控制

6 档工作时(K2 离合器接合)

7 档齿轮也啮合

图 2-18 档 位 控 制

图 2-19 档 位 控 制

档位控制

7 档工作时(K1 离合器接合)

档位控制

R 档工作时(K2 离合器接合)

图 2-20 档 位 控 制

图 2-21 档 位 控 制

三、P 档锁止机构的组成

如图 2-22 所示,P 档锁止机构的主要组成如下:

(1) 锁止齿轮。

（2）锁销回位弹簧。

（3）锁销。

（4）连接球销。

（5）下压装置。

（6）棘爪弹簧。

（7）工作销。

（8）工作销预紧弹簧。

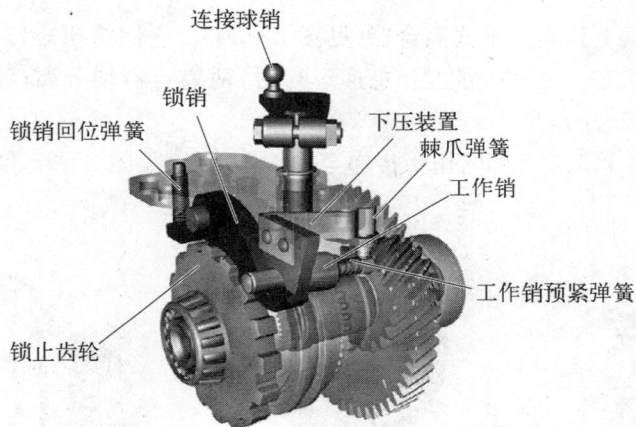

图 2-22 P 档锁止机构主要组成

换档杆在 P 档时点火开关处于关闭状态。如果换档杆在 P 档，"换档杆 P 档锁止开关"
F319 打开。

P 档锁止机构如图 2-23 所示。

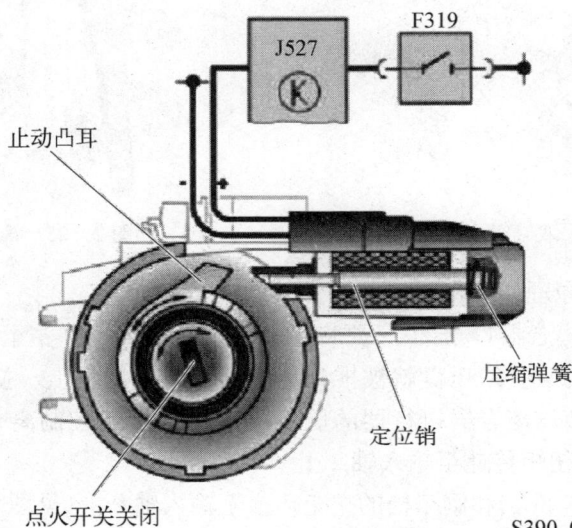

S390_013

图 2-23 P 档锁止机构

　　换档杆在前进档时,点火开关处于打开状态。定位销位于锁止位置时可以防止点火钥匙向回转动和被拔出。换档杆此时,"换档杆 P 档锁止开关"F319 闭合。接着,转向柱电子装置控制单元为点火钥匙防拔锁的电磁铁 N376 供电。在电磁铁的作用下,定位销克服压缩弹簧的弹力被推入锁止位置。只有当换档杆被拨入 P 档后,"换档杆 P 档锁止开关"才会断开,控制单元才会切断电磁铁的电流。接着,压缩弹簧将定位销推压回到原来位置。这样,点火钥匙就能继续转动并被拔出。

四、双离合器机构

　　双离合器内是两个独立的干式离合器(见图 2-24)。它们将扭矩传入其中一个分变速器。离合器有两种状态:发动机静止和怠速运行时,两离合器均分离;汽车行驶时,两离合器中始终有一个是接合的。

　　离合器 K1 将给 1、3、5、7 档的扭矩传递至输入轴 1 上(见图 2-25 和图 2-26)。

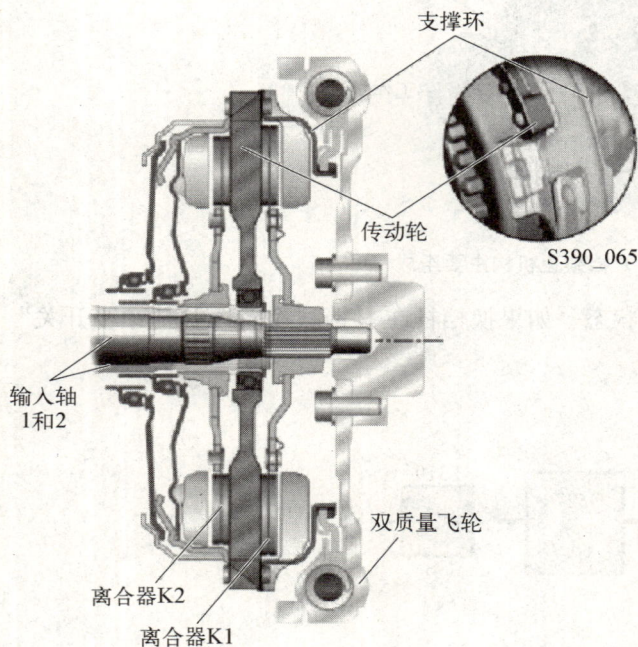

图 2-24　双 离 合 器

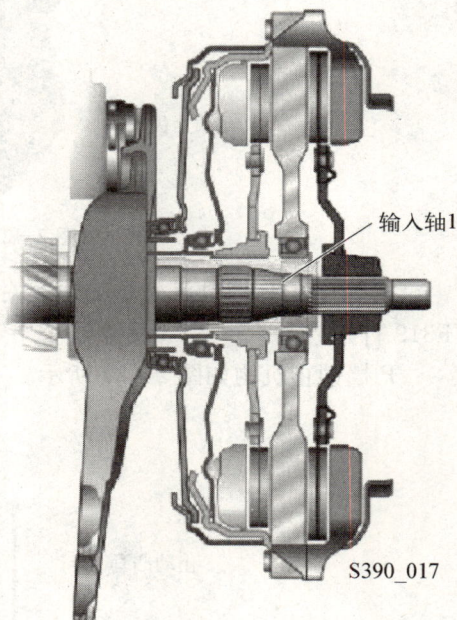

图 2-25　离合器 K1(未接合)

　　离合器 K1 的工作原理如下:

　　离合器 K1 为接合离合器,离合器叉要将压力轴承压到碟形弹簧上。经许多转换点,按压运动转换为拉伸运动。这样,压盘就被推到离合器盘和主动轮上。扭矩也就传递至变速器输入轴上了。K1 的液压离合器执行器的压力调节阀 1N215 控制离合器叉离合器 K2 将给 2、4、6 档和倒车档的扭矩传递至输入轴 2 上。

　　离合器 K2 将给 2、4、6 档和倒车档的扭矩传递至输入轴 2 上(见图 2-27 和图 2-28)。

　　离合器 K2 的工作原理如下:

　　离合器 K2 推动离合器叉后,压力轴承沿与碟形弹簧作用力相反的方向按压压盘。

笔记

压盘　碟形弹簧

压力轴承

S390_066

碟形弹簧

主动轮

离合器盘

离合器叉

S390_087

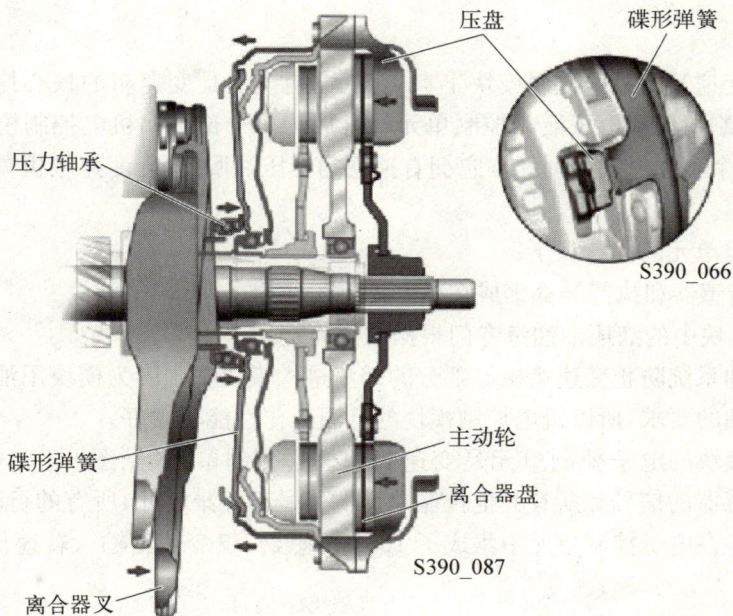

图 2-26　离合器 K1(接合)

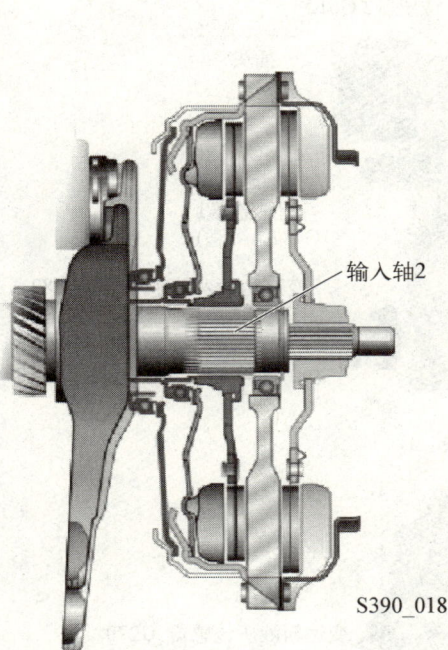

输入轴2

S390_018

图 2-27　离合器 K2(未接合)

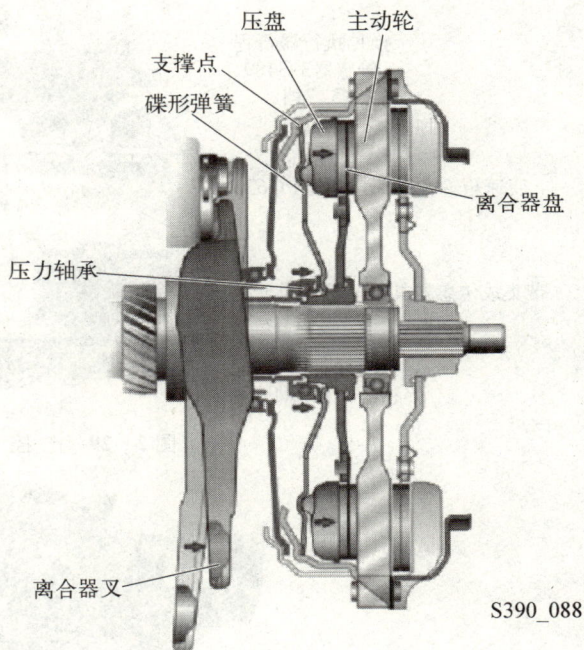

压盘　主动轮

支撑点

碟形弹簧

离合器盘

压力轴承

离合器叉

S390_088

图 2-28　离合器 K2(接合)

因为碟形弹簧支撑在离合器壳体上,所以压盘会压向主动轮,扭矩便传递至输入轴 2 上。

K2 的液压离合器执行器的压力调节阀 N216 控制离合器叉。

五、电控模块

双离合器变速箱的机电控制模块 J743 机电控制模块是变速箱的核心控制单元。在该模块中,电子控制单元和电子液压控制单元整合成为一个部件。机电控制模块连接在变速箱上,并且是一个独立封闭的单元。它拥有独立的液压油回路,与变速箱机械部分的变速箱油回路完全隔离。

紧凑式封闭单元的优点在于:

(1) 所有传感器和执行器都集成在机电控制模块内。

(2) 机电模块中的液压油油量专门根据需要而定。

独立的供油系统防止变速箱机械部分的碎渣进入模块中。因为模块用油的黏度无须符合变速箱对用油的要求,所以机电控制模块的低温工作性能非常好。

机电控制模块的电子控制单元是变速箱的核心控制单元[见图 2-29(a)和图 2-30(b)]。所有传感器的信号和所有其他控制单元的信号都汇集于此,所有的行动从这里开始,并受它的监控。在电子控制单元中集成了 10 个传感器,仅变速箱输入转速传感器 G182 安

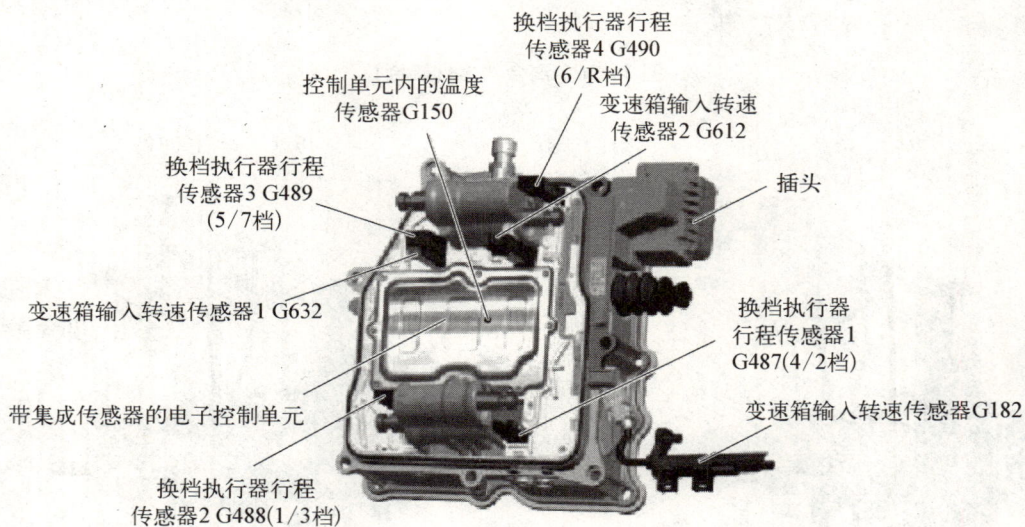

图 2-29 电控模块 (a)

图 2-30 电控模块 (b)

装在控制单元外。电子控制单元通过液压控制和调节八个电磁阀,这些电磁阀用于换档和控制离合器。电子控制单元匹配离合器的位置、匹配挂入档位时换档执行器的位置,并在今后的运行中注意这些部件的匹配。

电子液压控制单元集成在机电模块中(见图 2-31 和图 2-32)。由它产生换档所需的和控制离合器所需的液压。

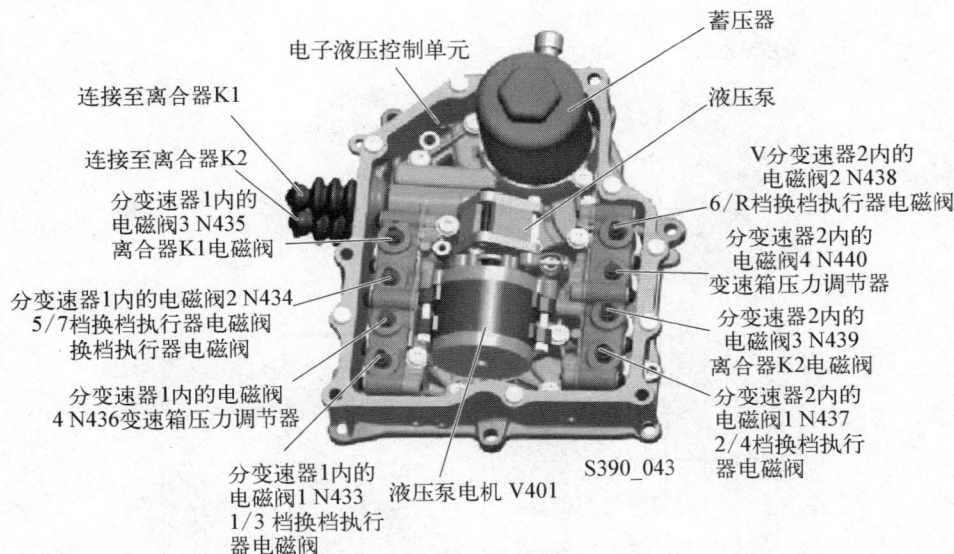

图 2-31 电子液压控制单元

图 2-32 电子液压控制单元

液压的产生和控制液压由液压泵电机和与之相连的液压泵产生。蓄压器保证电磁阀上一直有足够的液压可用。

双离合器变速箱内有两套相互独立的油液回路,各回路中使用的油液不同。

(1)变速箱机械部分的油液回路。

(2)机电控制模块的油液回路。

各回路根据需要使用专门的油液。

在变速箱机械部分中,轴和齿轮的供油与一般手动变速箱的类似。这里就不再赘述了。变速箱机械部分用油 1.7 升。

机电控制模块的供油与变速箱机械部分的相隔离。液压泵以一定压力输送液压油,使液压机电元件实现各自的功能。机电控制模块的用油为 1.1 升。

液压油回路如图 2-33 所示。

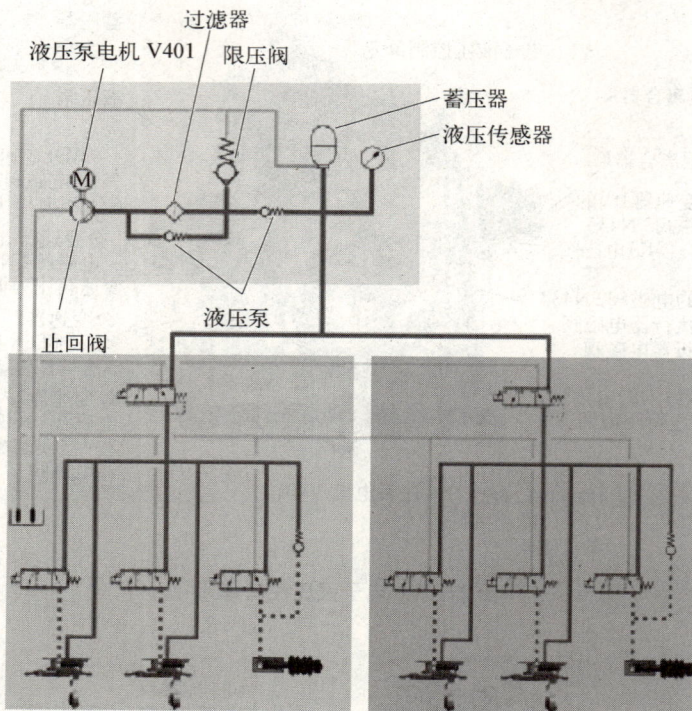

图 2-33 油 液 回 路

液压泵单元在机电控制模块内。它由一个液压泵和一个电子控制电机组成(见图 2-34)。

液压泵电机是无刷直流电机。电子控制单元根据压力起动液压泵电机。它通过插塞连接驱动液压泵。

液压泵根据齿轮泵的工作原理工作(见图 2-35)。它吸入液压油,并以大约 70 bar 的压力将液压油泵入回路中。泵壳体四壁和齿轮槽之间的液压油从吸入侧被输送至输出侧。

如图 2-36 和图 2-37 所示,液压泵电机 V401 构造如下:

该无刷直流电机如同一般小型直流电机一样由定子和转子组成。一般小型直流电机的定子由永磁体组成,转子由电磁体组成,而无刷直流电机的情况却与之相反。它的转子由 6 对永磁体组成,定子由 6 对电磁体组成。

一般直流电机内的"换向"(改变电枢线圈的电流方向)要通过摩擦接触实现。无刷直流电机的换向由机电控制模块的电子控制单元实现,所以无接触。在定子电枢线圈上产生的磁场随着转子位置的变化而不断循环变化,也就实现了转子的转动通过无触点换向,直流电机上无轴承磨损,完全无摩擦。

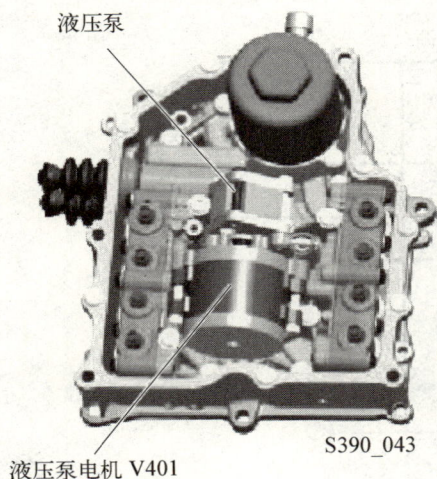

笔 记

液压泵

吸入侧

壳体

输出侧 传动齿轮

液压泵电机 V401

S390_043

S390_071

图 2-34 液 压 泵

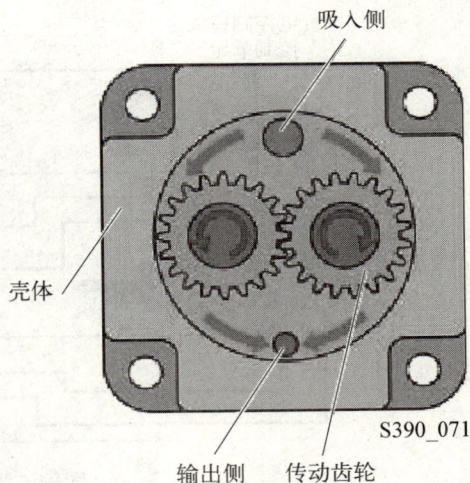

图 2-35 液压泵工作原理

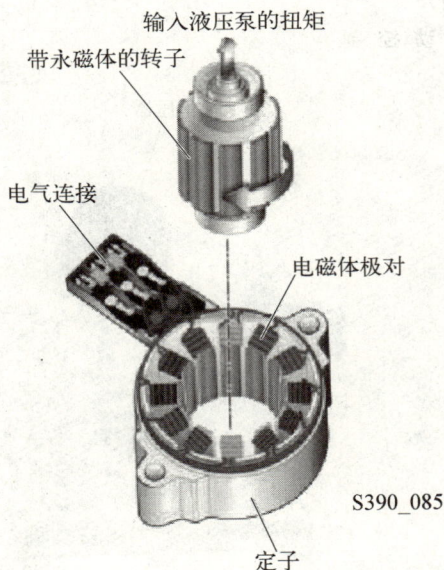

输入液压泵的扭矩

带永磁体的转子

电气连接

电磁体极对

定子

转子

定子

S390_085

图 2-36 液压泵电机 V401 构造(a)

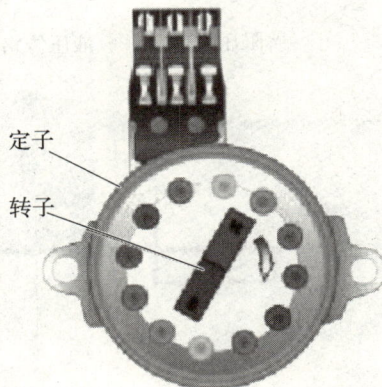

图 2-37 液压泵电机 V401 构造(b)

机电控制模块的控制单元在可能的相位之间及时地转换各个极对的电流方向,以实现转动(见图 2-38)。磁场方向随着电流方向改变而改变。这就迫使转子不断地重新校正方向,从而实现了转动。

液压传感器 G270 和限压阀液压泵使液压油流过过滤器,朝限压阀、蓄压器和液压传感器方向流动(见图 2-39)。当限压阀处和液压传感器附近的液压到达大约 70 Bar 后,控制单元关闭电机,从而关闭液压泵。当过滤器通道被堵塞时,旁路可以保证系统正常工作。

蓄压器是气体蓄压器(见图 2-40)。当液压泵被关闭时,蓄压器为液压系统提供压力。它的蓄压容积为 0.2 升。

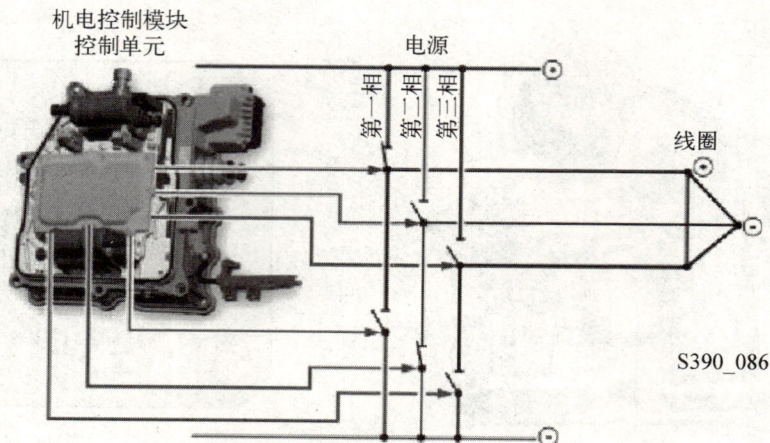

图例说明
第一相—接通正极
第二相—接通负极
第三相—断开

图 2-38 电 动 控 制

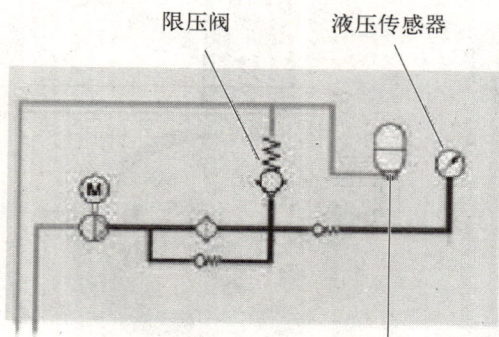

S390_100

图 2-39 液 压 油 回 路

S390_096

图 2-40 蓄 压 器

液压油回路如图 2-41 所示。

如图 2-42 所示,液压油回路中电磁阀的作用与功能如下:

分变速器压力调节电磁阀分变速器.压力调节电磁阀负责调节分变速器 1 和 2 的油压。如果在其中一个分变速器内发现故障,压力调节电磁阀可以使相应的分变速器停止运行。

换档电磁阀负责调节向换档执行器输送的液压油油量(见图 2-43)。通过任何一个换档执行器可以切换两个档位。如果未挂入任何档位,换档执行器在油压的作用下停留在空档。当换档杆在 P 档,且点火开关已关闭时,变速箱位于 1 档和倒车档。

离合器电磁阀负责调节输送至离合器执行器的液压油油量(见图 2-44)。离合器执行器控制离合器 K1 和 K2 的接合和分离。不通电时,电磁阀和离合器都处于分离状态。

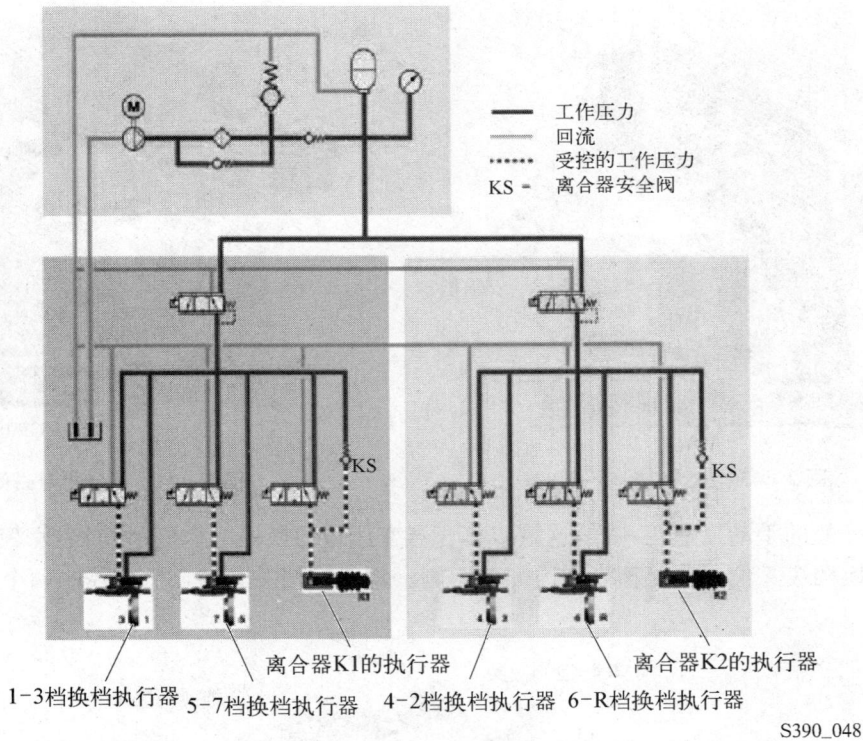

图例说明

N433	分变速器1内的电磁阀1	N437	分变速器2内的电磁阀1
N434	分变速器1内的电磁阀2	N438	分变速器2内的电磁阀2
N435	分变速器1内的电磁阀3	N439	分变速器2内的电磁阀3
N436	分变速器1内的电磁阀4	N440	分变速器2内的电磁阀4

在发生故障时,离合器安全阀可以排放液压油,从而使离合器分离。

图2-41 液压油回路

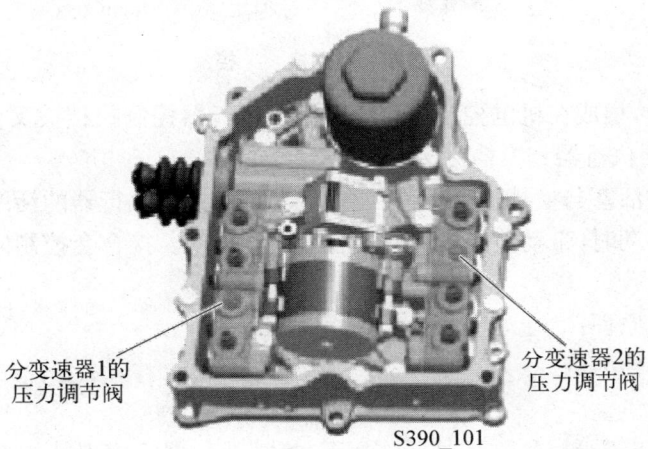

图2-42 液压油回路中电磁阀

图 2-43 换 档 电 磁 阀

图 2-44 离合器电磁阀

如同一般的手动变速箱一样,这款双离合器变速箱的换档同样通过换档拨叉完成(见图2-45)。换档拨叉位于变速箱壳体内部的两侧。每个换档拨叉各自负责控制两个档位。

图 2-45 换   档

在换档过程中,集成在机电控制模块内的换档执行器控制换档拨叉的移动(见图2-46和图2-47)。换档执行器和换档拨叉

换档执行器的活塞与换档拨叉相连。在换档时,向换档执行器的活塞施加油压,从而使活塞移动。活塞移动时,带动换档拨叉和接合套一同移动。接合套控制同步器,这样便挂入了档位。

换档过程工作原理:

此处以挂入1档为例

起始位置

在1/3档换档电磁阀N433的油压作用下,换档执行器活塞保持在N档(见图2-48)。未挂入任何档位。分变速器1中的4号电磁阀N436负责调节分变速器1中的油压。

笔记

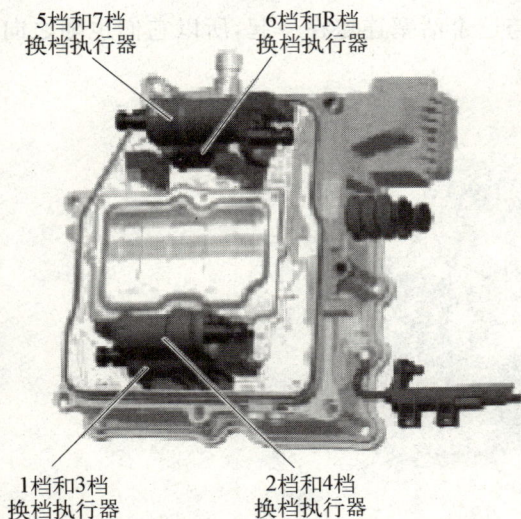

图 2-46　机电控制模块

图中标注：
- 5档和7档换档执行器
- 6档和R档换档执行器
- 1档和3档换档执行器
- 2档和4档换档执行器

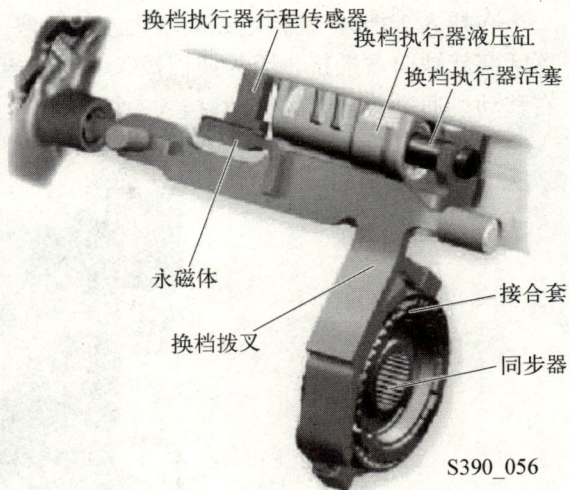

图 2-47　传感器位置

图中标注：
- 换档执行器行程传感器
- 换档执行器液压缸
- 换档执行器活塞
- 永磁体
- 换档拨叉
- 接合套
- 同步器

S390_056

通过永磁体和换档执行器行程传感器，机电控制模块识别换档拨叉的新位置。

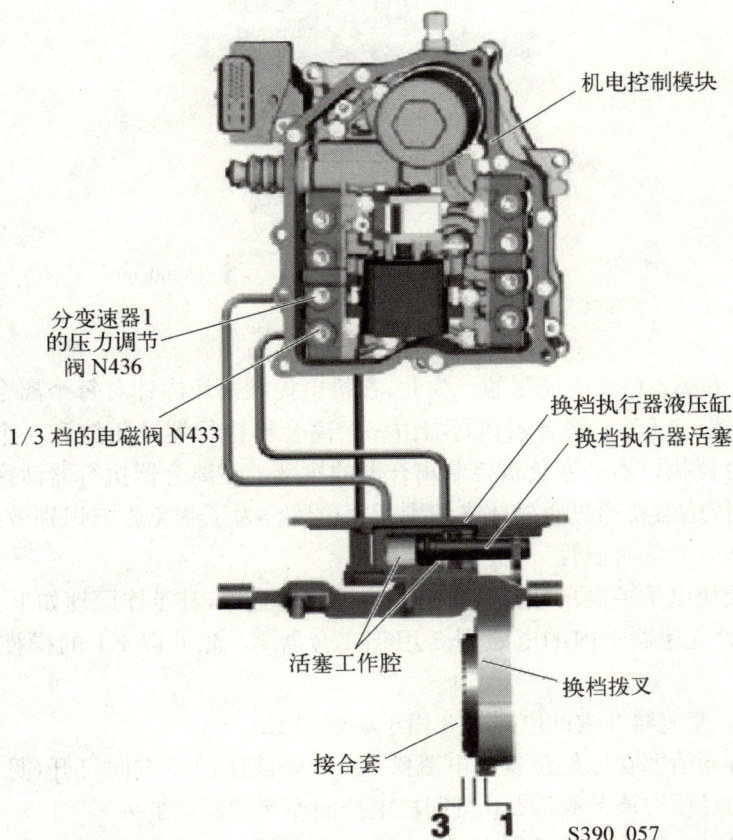

图 2-48　起 始 位 置

图中标注：
- 机电控制模块
- 分变速器1的压力调节阀 N436
- 1/3 档的电磁阀 N433
- 换档执行器液压缸
- 换档执行器活塞
- 活塞工作腔
- 换档拨叉
- 接合套

3 1

S390_057

在挂入1档时,换档电磁阀增大左侧活塞工作腔的油压(见图2-49)。这样,换档执行器活塞就被向右推挤。因为换档拨叉和接合套与这个活塞连接在一起,所以它们也随之向右移动。通过接合套的移动,挂入1档。

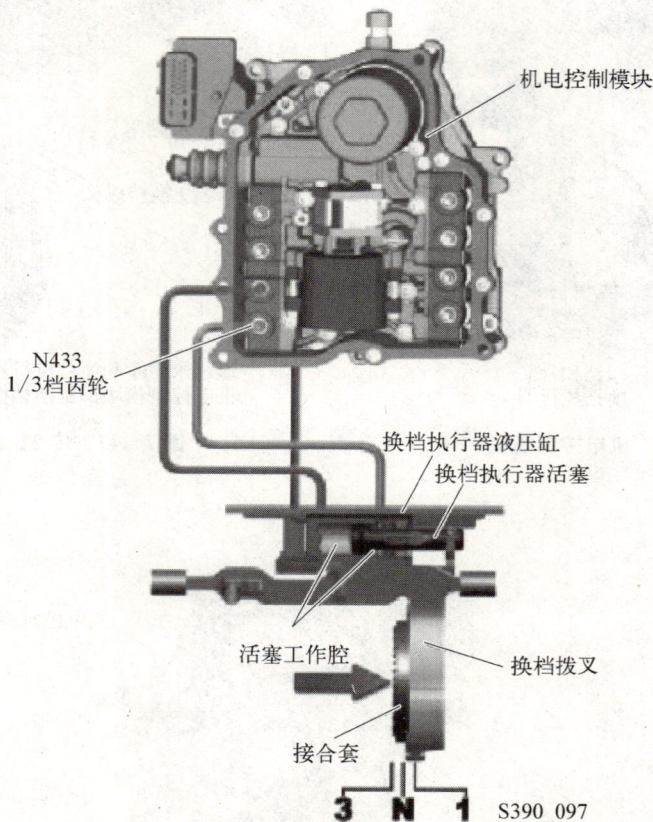

机电控制模块

N433
1/3档齿轮

换档执行器液压缸
换档执行器活塞

活塞工作腔

换档拨叉

接合套

3 N 1   S390_097

图 2-49 挂入 1 档

离合器 K1 和 K2 是液压控制的。为此,在机电控制模块内针对每个离合器都有一个离合器执行器(见图2-50)。离合器执行器由一个离合器执行器液压缸和一个离合器执行器活塞组成。离合器执行器活塞负责控制离合器的拨叉。在离合器执行器活塞上有一个永磁体,离合器行程传感器要通过永磁体来识别活塞位置。为了避免影响识别效果,离合器执行器液压缸和活塞不允许有磁性。

机电控制模块电子控制单元控制电磁阀为操控离合器,其工作原理如下:

(1) N435 分变速器 1 内的电磁阀 3 用于离合器 K1 此处以 K1 的操控为例离合器未接合。

(2) N439 分变速器 2 内的电磁阀 3 用于离合器 K2。

离合器执行器活塞在原始位置。电磁阀 N435 朝液压回流方向打开(见图2-51)。变速箱内的液压油经压力调节阀 N436 流回机电控制模块的储液缸内

电子控制单元起动控制电磁阀 N435 来操控离合器 K1。起动后,电磁阀打开连接至离合器执行器的液压油通道,并在离合器执行器活塞后方形成液压。离合器执行器活塞向前

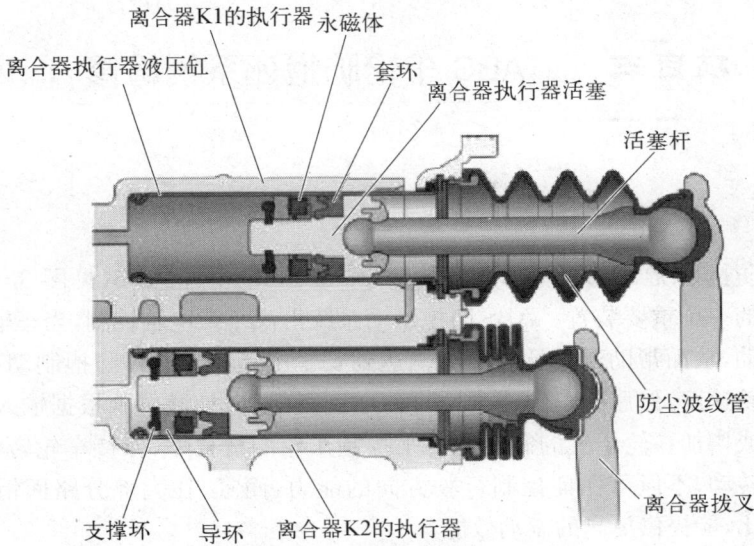

图 2-50 离合器执行器

移动,并由此操控 K1 的离合器叉。离合器 K1 接合。控制单元通过离合器行程传感器 1 G167 获得精确的离合器位置信号。电磁阀 N435 调节离合器执行器和回流内的液压会导致离合器打滑,即变速箱输入转速和输入轴的转速差(见图 2-52)。

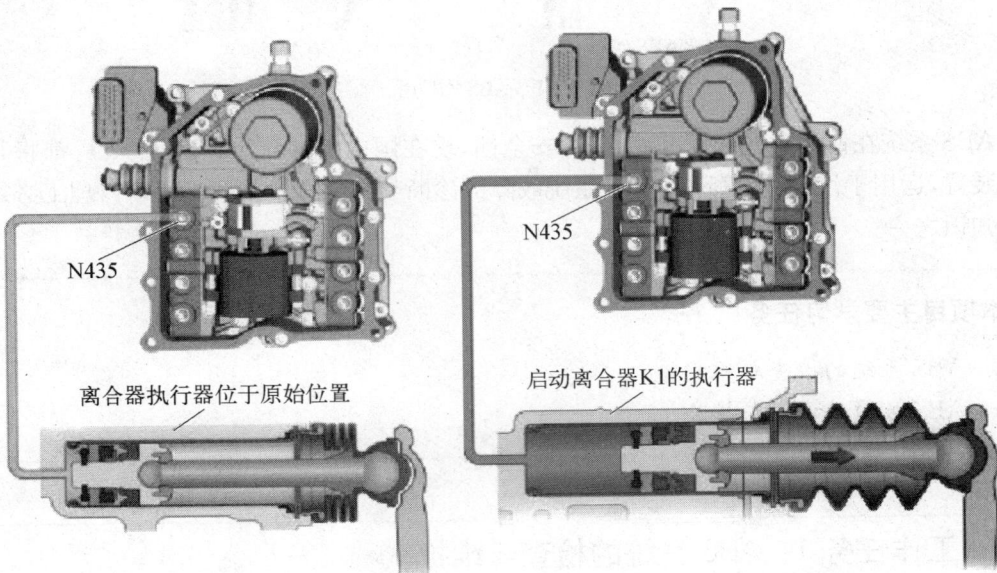

图 2-51 离合器执行器

图 2-52 离合器执行器

项目三　　ABS 车轮防抱死系统检修

项目概述

　　汽车制动防抱系统 ABS，全称 Anti-lock Brake System，即 ABS（见图 3-1），是提高汽车被动安全性的一个重要装置。ABS 防抱制动系统由汽车微电脑控制，当车辆制动时，它能使车轮保持转动，从而帮助驾驶员控制车辆达到安全的停车。这种防抱制动系统是用速度传感器检测车轮速度，然后把车轮速度信号传送到微电脑里，微电脑根据输入车轮速度，通过重复地减少或增加在轮子上的制动压力来控制车轮的滑移率，保持车轮转动。在制动过程中保持车轮转动，不但可保证控制行驶方向的能力，而且，在大部分路面情况下，与抱死〔锁死〕车轮相比，能提供更高的制动效能。

无ABS　　　　　　　有ABS

图 3-1　ABS 作 用

　　ABS 系统在使用中体现了其稳定性、安全性，现在国内外的轿车、客车生产厂都将其为标准装置，运用于汽车上。所以，ABS 系统故障的诊断与排除技术是我们汽车修理工必须掌握的知识之一。

本项目主要学习任务：

1　ABS 系统的检查与维护
2　ABS 故障的诊断与排除

工作任务 1　ABS 系统的检查与维护

任务描述

　　一天，接车员张杰接到一辆 2014 款长安汽车行驶了 3.5 万千米。车主反映该车的故障现象是 ABS 故障灯经常点亮，在行驶过程中又会自动熄灭。用 X-431 检测仪读取故障码为 C1021,显示为右前传感器偶发性故障,现在需要进一步诊断和排除故障。

学习目标

1. 知识目标
(1) 汽车 ABS 系统的作用、组成、结构、工作原理。
(2) 汽车 ABS 轮速传感器、电控单元、压力调节器的作用、类型及工作原理。
2. 技能目标
(1) 能够初步进行汽车 ABS 系统的检查维护。
(2) 会运用所学知识和经验,为客户提供汽车 ABS 系统日常维护的建议。
3. 素养目标
(1) 具备信息查询和手册使用的基本能力。
(2) 能够按照企业 5S 要求和安全生产规范进行操作。
(3) 能与同学密切合作,规范安全的完成学习活动。
(4) 养成自主学习、操作规范的工作作风及环保意识。
建议学时: 18 学时

资料查询

1. 查阅"学习参考书"、维修手册和相关维修资料,整理出该任务的知识点和技能点

知识点	(1)	
	(2)	
	(3)	
	(4)	
	(5)	
技能点	(1)	
	(2)	
	(3)	
	(4)	
	(5)	

笔记

　2. 查阅资料,完成下列测试

　(1) 汽车 ABS 系统的工作过程循序是(　　)

　　A. ＿＿常规制动-制动保压过程-制动减压过程-和制动增压过程等阶段场化

　　B. ＿＿常规制动-制动减压过程-制动保压过程-和制动增压过程等阶段场化

　　C. ＿＿制动减压过程-制动保压过程-常规制动-制动保压过程-和制动增压过程等
阶段

　　D. ＿＿制动增压过程-制动保压过程-制动减压过程-和常规制动等阶段场化

　(2) 汽车在紧急制动时,在水泥地上有拖印时,ABS 系统要(　　)

　　A. ＿＿增压　　　　　　　　　　B. ＿＿减压

　　C. ＿＿保压　　　　　　　　　　D. ＿＿无压

　(3) 目前常用的轮速传感器主要有哪两种(　　)

　　A. ＿＿电磁式车轮转速传感器　　B. ＿＿霍尔式车轮转速传感器

　　C. ＿＿电流式车轮转速传感器

　(4) 汽车 ABS 轮速传感器与齿圈的间隙应为(　　)

　　A. ＿＿0.3～1.1 mm　　　　　　B. ＿＿3～11 mm

　　C. ＿＿1.1～3 mm　　　　　　　D. ＿＿11～13 mm

　(5) 可获得最佳制动效果的滑移率范围是(　　)

　　A. 10%～20　　　　　　　　　　B. 15%～20%

　　C. 20%～30　　　　　　　　　　D. 30%～35%

　(6) 检查 ABS 制动系统时,(　　)情况是属于不正常的现象。

　　A. 制动踏板有脉动感　　　　　　B. 有明显制动印痕

　　C. ABS 警示灯熄灭　　　　　　　D. 车轮仍有转动

　(7) 制动防抱死装置一般由车轮传感器、(　　)和电控单元等三大部分组成。

　　A. 液压调节系统　　　　　　　　B. 自诊断系统

　　C. ABS 系　　　　　　　　　　　D. 压力开关

　(8) 华晨中华轿车 ABS 系统采用(　　)

　　A. 二传感器三通道式　　　　　　B. 三传感器三通道式

　　C. 四传感器四通道式　　　　　　D. 以上说法都不对

　(9) 汽车制动甩尾的原因是(　　)

　　A. 后轮地面附着力较大　　　　　B. 前轮地面附着力较大

　　C. 后轮制动器制动力不足　　　　D. 后轮制动时抱死侧滑

　(10) 目前汽车防抱死系统的最低工作车速为(　　)。

　　A. 15 km/h　　　　　　　　　　B. 20 km/h

　　C. 25 km/h　　　　　　　　　　D. 以上都不是。

　(11) 正常使用的汽车在车速小于 5～8 km/h 时,ABS 的故障灯亮表明(　　)

　　A. 汽车 ABS 故障　　　　　　　　B. 汽车恢复常规制动

　　C. 制动系统出现故障　　　　　　D. 汽车制动无法抱死

　(12) 正常情况下,当点火开关置于"ON"位置起动发动机时,两个灯均应亮,而起动完

毕,制动指示灯应立即熄灭,而 ABS 故障指示灯应点亮(　　)左右后熄灭

A. 3 s 左右后熄灭 　　　　　　　　 B. 6 s 熄灭

C. 9 s 左右后熄灭 　　　　　　　　 D. 不用熄灭

3. 查阅资料,识别汽车制动系统主部件,并指出各部件在车上的安装位置

请结合图 3-2 读懂汽车制动系统的主要结构组成,并填写下表。

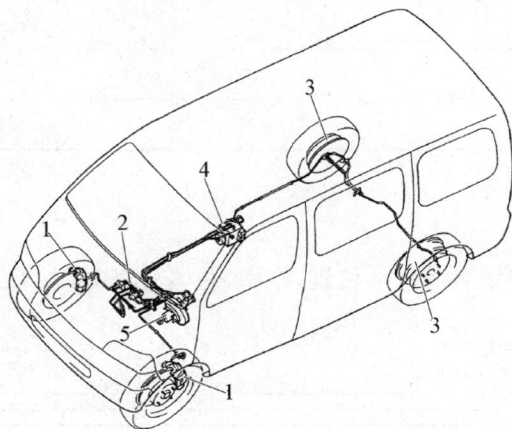

图 3-2

序号	部 件 名 称	序号	部 件 名 称
1		4	
2		5	
3			

计划决策

请根据任务要求,确定汽车 ABS 系检查与维护所需要的资料及用具。

1. 需要的资料及用具

(1) 场地设施:＿＿＿＿＿＿＿＿＿＿＿＿＿＿＿＿＿＿＿＿＿＿＿

(2) 设备器材:＿＿＿＿＿＿＿＿＿＿＿＿＿＿＿＿＿＿＿＿＿＿＿

(3) 备件耗材:＿＿＿＿＿＿＿＿＿＿＿＿＿＿＿＿＿＿＿＿＿＿＿

(4) 防护用品:＿＿＿＿＿＿＿＿＿＿＿＿＿＿＿＿＿＿＿＿＿＿＿

2. 小组成员分工

人 员 分 工		工具、量具准备	主 要 职 责
	组号		
	组长		
	组员		

3. 汽车 ABS 系统认知、检查与维护流程工作任务

工作步骤	工 作 内 容
步骤 1	
步骤 2	
步骤 3	
步骤 4	
步骤 5	

任务实施

1. 认识实车上 ABS 统各零件的位置,作用,并填写表中

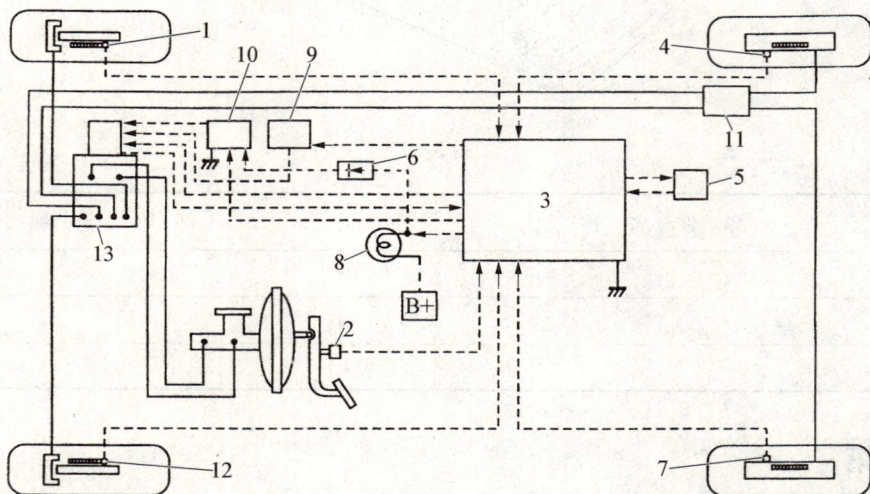

图 3-3　ABS 系统安装位置

零 件 名 称	作 用	零 件 名 称	作 用

2. 更换轮速传感器

1) 概述

如果汽车 ABS 传感器短路或短路,将会降低汽车制动效率,导致产生以下故障:

　　·制动时的方向_____　　·制动时的转向_____　　·制动时轮胎的磨损　·增加驾驶员的疲劳强度

　　汽车 ABS 传感器如果存在故障将给以更换。当汽车 ABS 传感器不起作用时,必须更换新的 ABS 传感器。(ABS 传感器头与齿圈之间应留有_____的空隙,并且安装必须牢固,以保证汽车在制动过程中的振动不会干扰或影响传感信号)同时查阅资料,确定汽车 ABS 传感器更换步骤。

　　2) 前轮转速传感器的拆装步骤

　　(1) 松开车轮螺栓,举升起汽车。拆下车轮。

　　(2) 如图 3-4 所示,从车轮罩上松开套,拔下转速传感器导线插头。从定位夹(箭头)上拆下转速传感器导线。

　　(3) 前轮转速传感器安装按拆卸的相反顺序进行,从车轮轴承壳体上拔下 ABS 转速传感器。

　　① 2 个卡夹要更换,卡夹安装要用 G000 650 润滑车轮轴承壳体内的孔。

　　② 装上传动轴后,再装转速传感器。插入转速传感器前先装上密封件。

　　③ 先装上转速传感器导线,再将车轮罩套装到定位夹内。

　　④ 安装完毕后,将方向盘转至左、右止点,检查转速传感器导线是否干涉

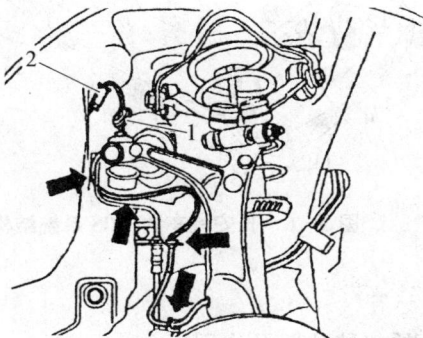

图 3-4　拆卸转速传感器导线

1-车轮罩套;2-转速传感器导线插头

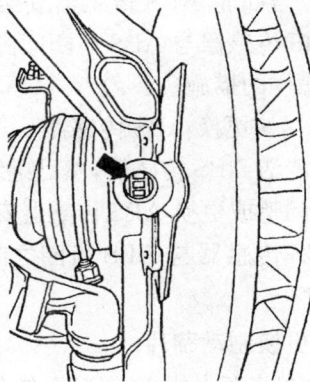

图 3-5　轮速传感器位置

3. 轮速传感器转子的检查

　　松开车轮螺栓,举升起汽车,从车轮轴承壳体中拉出转速传感器。检查转子是否脏污和损坏,如图 3-5 所示。

　　如果转子损坏或脏污,须拆下传动轴,同时更换外等速万向节和转子。外等速万向节与转子是一同作为备件供应的。

　　综合以上分析,有经常发生故障可能:① 右前轮 ABS 传感器安装支架的尺寸出现偏差或变形;② 右前轮 ABS 传感器安装不到位,导致 ABS 传感器与 ABS 齿圈间隙_____;③ 右前轮 ABS 传感器安装支架装配不到位,导致 ABS 传感器与 ABS 齿圈间

笔记

隙不正常；④ ABS 齿圈、前轮 ABS 传感器头部有油污、铁屑。使 ABS 传感器采集_____信号，从而导致 ABS ECU 发出错误指令使 ABS 电机不正常工作所致。传感头与齿圈之间应留有约 0.8 mm 的空隙，并且安装必须牢固，以保证汽车在制动过程中的振动不会干扰或影响传感信号。

检查排除故障：

发现右前轮 ABS 传感器安装支架变形。将右前轮 ABS 传感器安装支架拆下，更换新支架，并对右前轮 ABS 齿圈，以及 ABS 传感器在转向节上的安装孔进行清洗。零件全部装好试车，在 20 km/h 以下时 ABS 不工作，超过 20 km/h 时 ABS 工作正常，故障灯_____。

考核评价

1. 知识评价

现场问答题：

(1) 叙述 ABS 系统的功用。

(2) 图 3-6 是长安汽车的 ABS 系统结构，查阅相关资料，对系统的各部分组成进行标注（写出名称）。

(3) 当前轮 ABS 传感器安装支架变形，导致 ABS 传感器与 ABS 齿圈间隙不正常时，应采取怎样的措施（   ）？

A. 尽快更换 ABS 传感器

B. 清洁 ABS 传感器，然后继续使用

C. 调整或更换 ABS 传感器安装支架，并检查 ABS 传感器与 ABS 齿圈之间的间隙是否正常

D. 更换制动蹄片

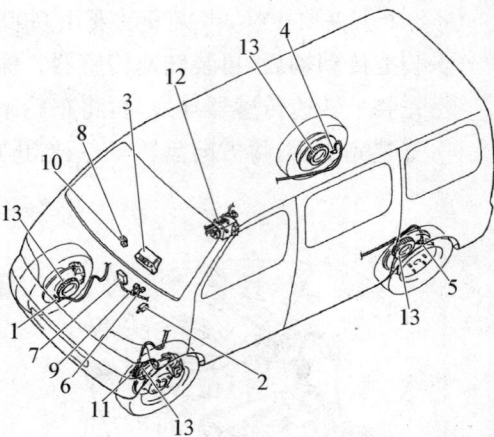

图 3-6   长安汽车的 ABS 系统结构

(4) 在实车上指出 ABS 系统的组成、各零件的安装位置及作用。

(5) 描述 ABS 系统进行基本检查和维护方法。

2. 技能及素养评价

综 合 考 评		自我评价	小组互评	教师评价	第三方评价
素质考评 30 分	劳动态度 6				
	遵守纪律 6				
	安全操作 6				
	学习态度 6				
	出勤情况 6				

（续　表）

综 合 考 评		自我评价	小组互评	教师评价	第三方评价
技能考评 70分	工具使用 10				
	任务方案 10				
	实施过程 30				
	完成结果 10				
	任务工单 10				
（总分100分） 本次得分：					
最终得分：					

工作任务 2　ABS 故障的诊断与排除

任务描述

　　一辆 2011 款华晨中华轿车，行驶了 13 万千米。车主反映该车 ABS 故障灯点亮，紧急制动时在路面上留下明显拖印，维修技师小李先连接故障诊断仪 X-431 读取故障码，发现故障码为 C0121 为 ABS 继电器断路，故障码无法被清除。

学习目标

　　1. 知识目标

掌握 ABS 系统检测方法、流程。

　　2. 技能目标

（1）能够正确使用万用表检测 ABS 系统。

（2）能够正确使用 X-431 故障诊断仪，通过查看所选参数。

（3）能够解释所选故障码的故障排除程序。

（4）亲身体验 ABS 系统各种常见故障的诊断与排除。

　　3. 素养目标

（1）具备信息查询和手册使用的基本能力。

（2）能够按照企业 5S 要求和安全生产规范进行操作。

（3）能与同学密切合作，规范安全的完成学习活动。

（4）养成自主学习、操作规范的工作作风及环保意识。

建议学时：18 学时

资料查询

1. 查阅"学习参考书"、维修手册和相关维修资料,整理出该任务的知识点和技能点

知识点	(1)	
	(2)	
	(3)	
	(4)	
	(5)	
技能点	(1)	
	(2)	
	(3)	
	(4)	
	(5)	

2. 查阅资料,完成下列测试

(1) 写出滑移率计算方法?

_____

当汽车制动过程中轮胎的运动要经历_____、边滚边滑、_____ 3 个阶段。

(2) 当 $Sb=15\%\sim25\%$ 时,有最大的纵向附着系数和横向附着系数。这样的话车轮即能获得最大的制动力,又具有较强的抗侧能力,可获得最佳的_____效果。

(3) 用万用表检测各轮速传感器电阻值,数值如表所示。

各传感器的电阻值

传感器	左前轮	右前轮	左后轮	右后轮	标准值
电阻值(kΩ)					

3. 查阅资料,画出实车上 ABS ECU 的电路图,分析工作原理,并将插座上的各线路用胶布进行名称标示

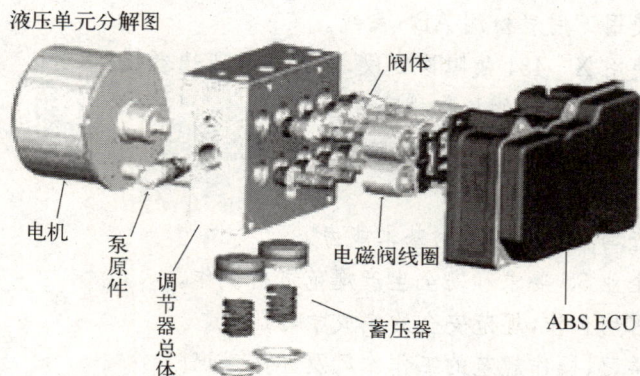

图 3-7 ABS 泵零件图

计划决策

请根据任务要求,确定汽车转向系检查与维护所需要的资料及用具。

1. 需要的资料及用具

(1) 场地设施: _____

(2) 设备器材: _____

(3) 备件耗材: _____

(4) 防护用品: _____

2. 小组成员分工

人 员 分 工		工具、量具准备	主 要 职 责
组号			
组长			
组员			

3. 汽车 ABS 系统认知、检查与维护流程工作任务

工作步骤	工 作 内 容
步骤 1	正确识别和解释轮速传感器扫描器数据
步骤 2	利用 OBD 状态菜单检验轮速传感器的运行
步骤 3	解释所选 DTC 故障排除的程序
步骤 4	
步骤 5	
步骤 6	

任务实施

1. 后轮转速传感器的检修

(1) 后轮转速传感器的安装位置如图 3-8 所示。

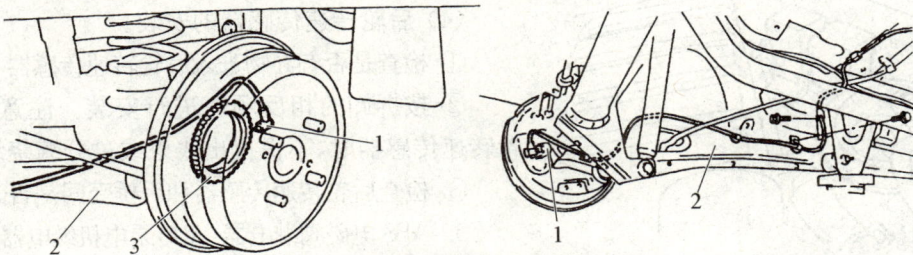

图 3-8 后轮转速传感器的安装位置

1-左后轮传感器;2-前置定位臂;3-传感器环

笔记

（2）后轮转速传感器输出电压的检查。

① 断开点火开关；

② 顶起汽车；

③ 断开车轮转速传感器接头；

④ 万用表针靠在接件插针上；

⑤ 以约每秒3转速度转动车轮，检查后轮转速传感器电压，输出交流电压（38～49 Hz）应为_____mV 或以上。如果测得电压不对，则应检查传感器、转子和它们的安装条件是否正常。

⑥ 当用示波器作检查时，检查高低峰间值电压是否符合规定，是否完好。峰值电压在1～11/3r/s（38 Hz）时应为_____mV 或以上。

（3）后轮转速传感器的拆卸。

① 从电池上拆下负极电缆；

② 顶起汽车；

③ 如图3-9所示，断开后轮转速传感器插接件；

④ 从悬架处脱开 ABS 车轮传感器线束；

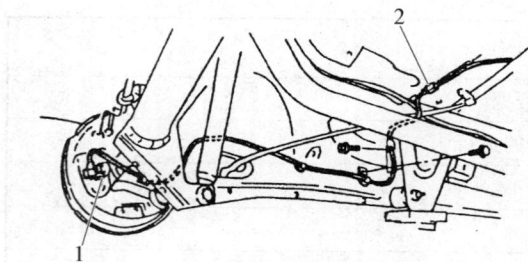

图3-9　断开后轮转速传感器插接件

1-左后轮传感器；2-左后轮传感器插接器

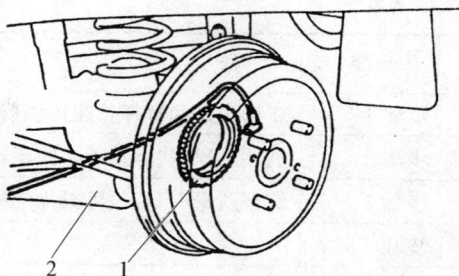

图3-10　拆卸转速传感器

1-左后轮传感器；2-前置定位臂

⑤ 如图3-10所示，从后桥壳处拆下后轮转速传感器。注意拆卸后轮转速传感器时，不得拉出线束。不得损伤后轮转速传感器表面并不得让灰尘进入安装孔；

⑥ 检查后轮转速传感器损伤情况。检查后轮转速传感器电阻，接线柱电阻在20℃时应为_____kΩ，接线柱和传感器壳之间电阻应为_____MΩ 或以上。如果情况异常，则更换。

（4）后轮转速传感器的安装。

① 检查是否有异物进入后轮转速传感器和齿环；

② 按拆卸的相反顺序进行安装。注意安装后轮转速传感器时，不得拉出线束或过分缠绕线束；

③ 检查后轮转速传感器和后桥壳间是否无间隙。

2. ABS 电磁阀继电器/ABS 泵电机继电器的检查

（1）从电池上断开负极电线。

（2）如图3-11所示，从支架上拆下 ABS 电磁

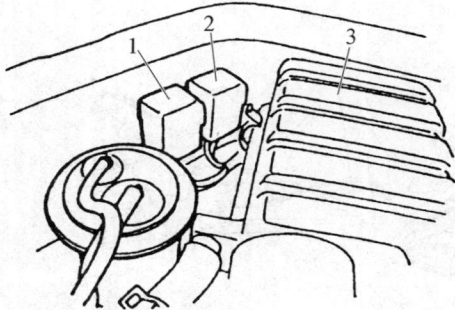

**图3-11　拆卸 ABS 电磁阀继电器和
ABS 泵电机继电器**

阀继电器或 ABS 泵电机继电器。

（3）如图3-12所示,检查两接线柱之间电阻。接线柱1和3之间的电阻在20℃时应为_____Ω;接线柱2和5之间应_____;接线柱4和5之间应_____。

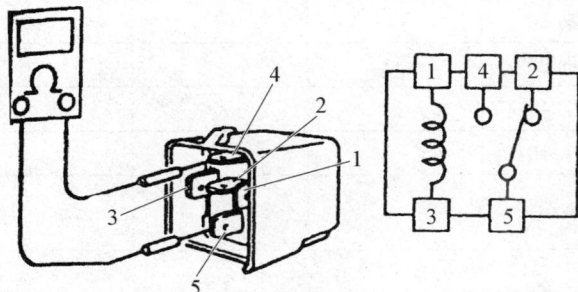

图3-12　检查 ABS 电磁阀继电器和 ABS 泵电机继电器电阻

1-ABS泵电机继电器;2-ABS电磁阀继电器;3-空气滤清器

（4）如图3-13所示,将电池连到接线柱1和3上然后检查接线柱2和5间应开路;接线柱4和5间应_____。

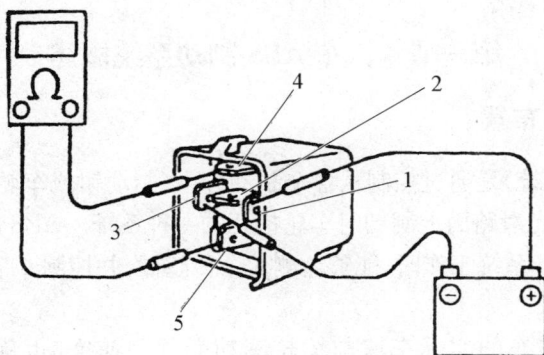

图3-13　连接蓄电池后检查电阻

（5）如果步骤(3)或(4)的检查出现故障,则更换继电器。

考核评价

技能及素养评价

综 合 考 评		自我评价	小组互评	教师评价	备注说明
素质考评 30分	劳动态度6				
	遵守纪律6				
	安全操作6				
	学习态度6				
	出勤情况6				

（续 表）

综 合 考 评		自我评价	小组互评	教师评价	备注说明
技能考评 70分	工具使用 10				
	任务方案 10				
	实施过程 30				
	完成结果 10				
	任务工单 10				
（总分 100 分）本次得分：					
最终得分：					

参考资料

理论知识

第一节　汽车 ABS 制动系统概述

一、ABS 系统组成与布置

　　ABS(防抱死制动系统)是通过控制从各个制动分泵(制动钳或车轮压分泵)到总泵的液压来防止紧急制动时或在光滑路面上制动时车轮抱死的一种系统。ABS 制动系统在汽车上是作为选装件的,汽车的 ABS 系统工作时,能够监测 4 个传感器,并控制 4 个车轮(滑移率)。

　　滑移率

　　汽车匀速行驶时,汽车的实际车速与车轮滚动的圆周速度(也称车轮速度)是相同的。在驾驶员踩制动踏板使车轮的轮速降低时,车轮滚动的圆周速度(轮胎胎面在路面上移动的速度)也随之降低,但由于汽车自身的惯性,汽车的实际车速与车轮的速度不再相等,使车速与轮速之间产生一个速度差。此时,轮胎与路面之间产生相对滑移现象,其滑移程度用滑移率表示。

　　1. 滑移率计算

　　普通制动装置工作时:紧急制动时都会看到在水泥地上有拖印,一般用滑移率(Sb)来表示制动过程中的滑移动成分有多少。滑移率的计算公式为

$$Sb = (V - r\omega)/V$$

式中,V—车速;

　　　　ω—车轮的转速;

　　　　r—车轮的半径。

　　基本上包括 3 个过程:

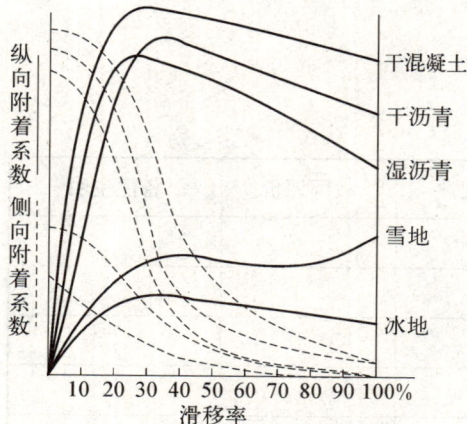

图 3-14　路面对滑移率的影响

笔记

(1) 车轮作单纯的滚动 $V=r\omega$ $Sb=0$。

(2) 车轮边滚边滑 $r\omega<V$ $0<Sb<100\%$。

(3) 车轮制动器抱死在路面拖滑 $\omega=0$ $Sb=100\%$。

2. 制动时车轮的运动状态

汽车制动过程中轮胎的运动要经历纯滚动、边滚边滑、抱死拖滑 3 个阶段。

3. 实践证明

(1) 在干燥硬实路面 $Sb=15\%\sim30\%$,轮胎与地面的纵向附着系数最大。

(2) 在冰雪等湿滑路面上时:$Sb=25\%\sim50\%$,轮胎与地面的纵向附着系数最大。

(3) 当 $Sb=100\%$ 时纵向附着系数比其他滑移率情况下降低 $20\%\sim30\%$。且横向附着系数几乎为 0,丧失了抵抗外界的横向。

(4) 当 $Sb=15\%\sim25\%$ 时,有最大的纵向附着系数和横向附着系数。这样的话车轮即能获得最大的制动力,又具有较强的抗侧能力,可获得最佳的制动效果。

除一般的制动系统外,本 ABS 系统零部件及功能如下:

(1) 车轮转速传感器感知每个车轮的转速并将信号送达 ABS 控制模块。

(2) ABS 控制模块根据每个车轮转速传感器信号将操作信号送到 ABS 液压装置,并对每个车轮制动分泵进行液压控制,从而防止车轮抱死。

(3) ABS 液压装置根据 ABS 控制模块的指令进行操作,并控制每一车轮分泵的液压。

(4) 在 ABS 液压装置中,电磁阀继电器向电磁阀提供动力。

(5) 在 ABS 液压装置中,泵电机继电器向泵电机提供动力。

(6) 当系统运行错误时,ABS 报警灯闪亮。

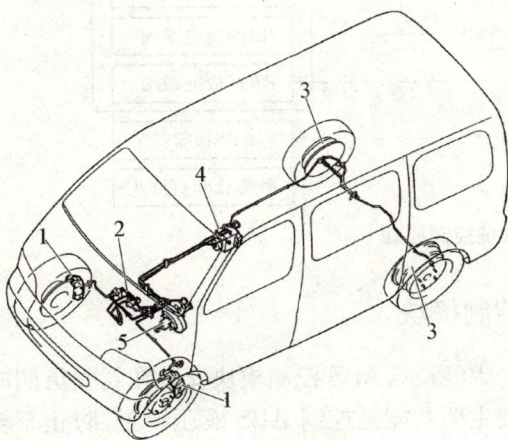

图 3-15 ABS 布置

1-前轮盘式制动器;2-比例阀;3-后轮鼓式制动器;4-ABS 液压装置;5-制动总泵

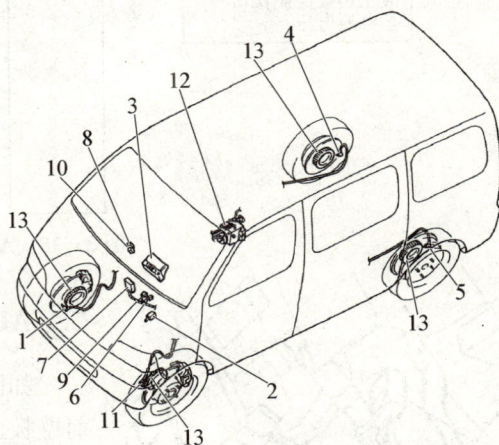

图 3-16 ABS 制动系统部件位置

1-车轮转速传感器(右/前);2-停车灯开关;3-ABS 警报灯(组合仪表上);4-车轮转速传感器;5-车轮转速传感器(左/后);6-二极管;7-ABS 控制模块;8-ABS 电磁阀继电器;9-监控联接器;10-ABS 泵电机继电器;11-车轮转速传感器(左/前);12-ABS 液压装置;13-车轮转速传感器转子(齿圈)

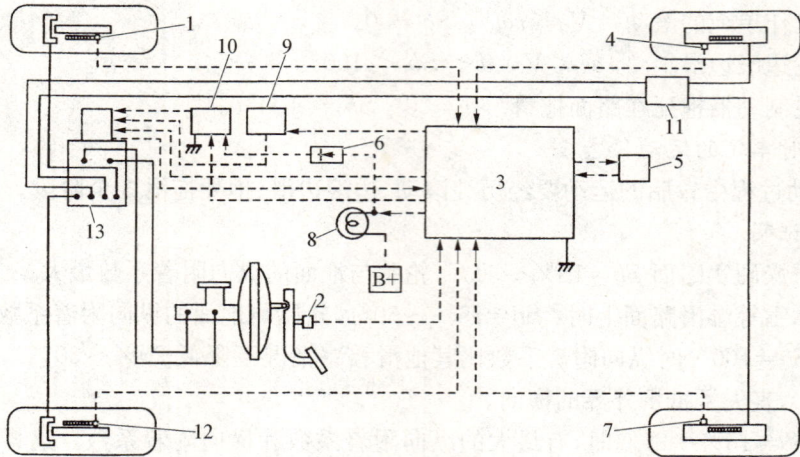

图 3 - 17　ABS 系 统 工 作

1-车轮转速传感器(右/前);2-停车灯开关;3-ABS 控制模块;4-车轮转速传感器(右/后);5-监控联接器;6-二极管;7-车轮转速传感器(左/后);8-ABS 报警灯;9-ABS 泵电机继电器;10-ABS 电磁阀继电器;11-比例阀;12-车轮转速传感器(左/前);13-ABS 液压装置

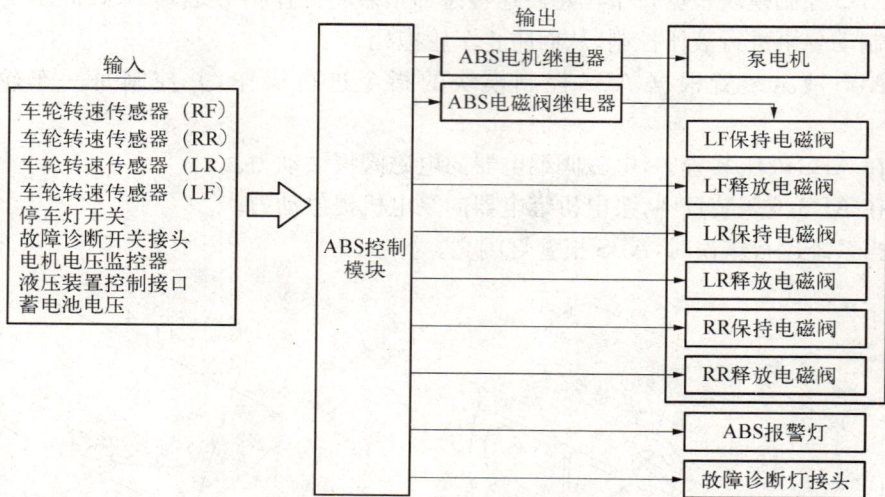

图 3 - 18　ABS 系统控制原理

二、ABS 控制模块

如图 3 - 19 所示,ABS 控制模块安装在驾驶员侧的前壁板上,其主要功能是控制 ABS 液压装置,防止车轮在制动过程中趋于抱死状态,另两个功能是自我诊断和失效保护功能。

三、液压装置控制器(车轮转速控制)

ABS 控制模块监测每个车轮的转速,通过车轮转速传感器输出的信号来监测每个车轮的减速度和汽车减

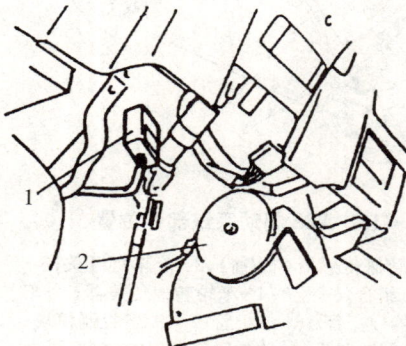

图 3 - 19　ABS 控制模块的安装位置

1-ABS 控制模块;2-液压装置

速度并向液压装置的每个电磁阀输出控制信号,从而防止车轮抱死。在防抱死控制功能起作用时,它还能一直操作泵电机。

四、控制布置分布及控制通道

ABS 系统中,能够独立进行制动压力调节的制动管路称为控制通道。

如果对某车轮的制动压力可以进行单独调节,称这种控制方式为独立控制;如果对两个(或两以上)车轮的制动压力一同进行调节,则称这种控制方式为一同控制。在两个车轮的制动压力进行一同控制时,如果以保证附着力较大的车轮不发生制动抱死为原则进行制动压力调节,称这种控制方式为按高选原则一同控制;如果以保证附着力较小的车轮不发生制动抱死为原则进行制动压力调节,则称这种控制方式为按低选原则一同控制。

按照控制通道数目的不同,ABS 系统分为四通道、三通道、双通道和单通道四种形式,而其布置形式却多种多样

四通道

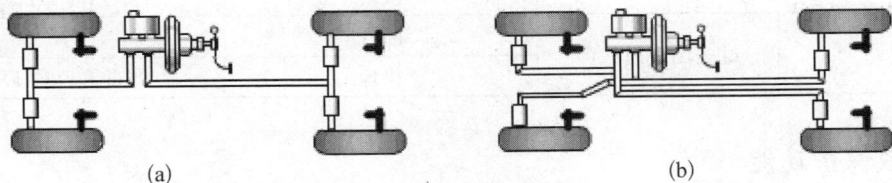

(a)   (b)

图 3‑20　制布置分布及控制通道

为了对四个车轮的制动压力进行独立控制,在每个车轮上各安装一个转速传感器,并在通往各制动轮缸的制动管路中各设置一个制动压力调节分通道。

五、自我诊断功能

ABS 控制模块一直诊断系统零部件的工作情况是否出现故障并通过 ABS 警报灯(见图 3‑21)显示结果(故障及 DTC)报警。显示的结果如表 3‑1 所示。ABS 警报灯电路如图 3‑22 所示。

图 3‑21　ABS 警报灯

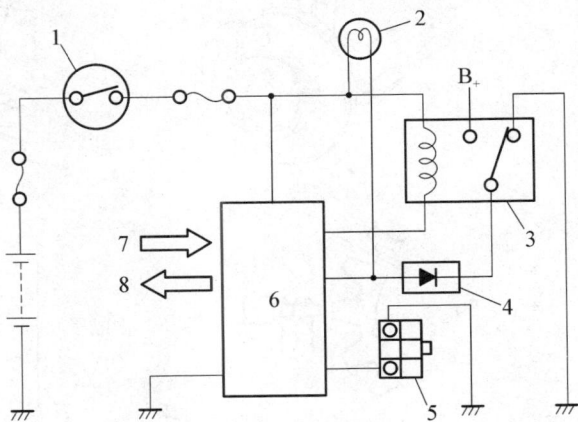

图 3‑22　ABS 警报灯电路

1-点火开关;2-ABS 警报灯;3-电磁阀继电器;4-二极管;5-监控联接器;6-ABS 控制组件;7-传感信息;8-输出

（1）当点火开关打开时，ABS警报灯点亮三秒，检查其灯泡和电路是否正常。

（2）当未发现故障时（系统状态良好），ABS报警灯两秒钟后熄灭。

（3）当发现到系统中有故障时，ABS警报灯点亮，发生故障的区域被存储到ABS控制模块中。

（4）当监控联接器的故障诊断开关接头接地，拆去ABS二极管，故障区域以DTC输出。

表 3 - 1　自诊断 ABS 警报灯显示结果

系　统　条　件		诊断开关接头	ABS报警灯
目前状态良好	过去无故障	断开	关
		接地	DTC12
	过去出现过故障	断开	关
		接地	已往 DTC
目前存在故障情况	过去无故障	断开	开
		接地	当前 DTC
	过去出现过故障	断开	开
		接地	当前和已往 DTC

六、失效保护功能

产生故障时（探测到故障的DTC），ABS控制模块断开向ABS液压装置提供电源的电磁阀继电器，因此，当ABS系统不能工作时，制动功能就与无ABS系统的汽车制动系统没有差别。

七、车轮转速传感器和齿圈

如图3-23所示，包含一个磁铁和一个线圈的车轮转速传感器被安装到车轮的每个转向节处，传感器齿圈（激励齿圈）安装到每个左右驱动轴的外接头处（后制动鼓左右）。传感

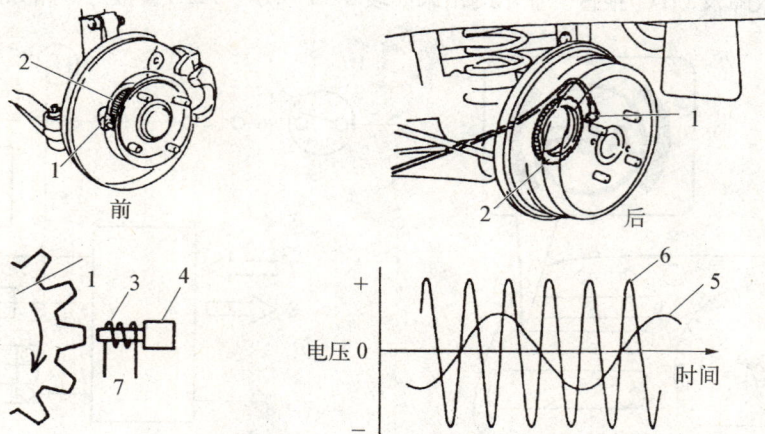

图 3 - 23　车轮转速传感器及其特性曲线

1-车轮转速传感器；2-传感器齿圈（激励齿圈）；3-线圈；4-磁头；5-低速时情况；6-高速时情况；7-至ABS控制模块

器和齿圈间的安装间隙必须符合规定的数值。当带有细齿的圈转动时,速度传感器磁铁产生的磁通量发生变化,从而在线圈中产生交流电压。当这种交流电压的频率与车轮转速成正比时,每个车轮的转速就能由此测到。

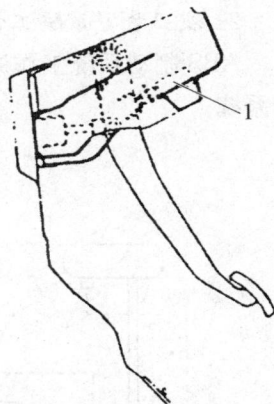

图 3-24 停 车 灯 开 关
1-停车灯开关

八、停车灯开关

如图 3-24 所示,踩下制动踏板时,开关打开,ABS 控制模块使用该信号作为检查 ABS 液压装置运行情况的信号之一。

九、ABS 液压装置

1. ABS 液压装置结构

ABS 液压装置包含电磁阀,储液器、泵、泵电机等部件,根据 ABS 控制模块的信号,它可以控制提供给各车轮制动分泵的液压。ABS 液压装置如图 3-25 所示。由于紧急制动时,ABS 泵将低压蓄能器中的制动液送到总泵,制动踏板会有"反冲"现象,因此在液压装置中设有阻尼腔,其作用就是减少紧急制动时减压期间的"反冲"现象。

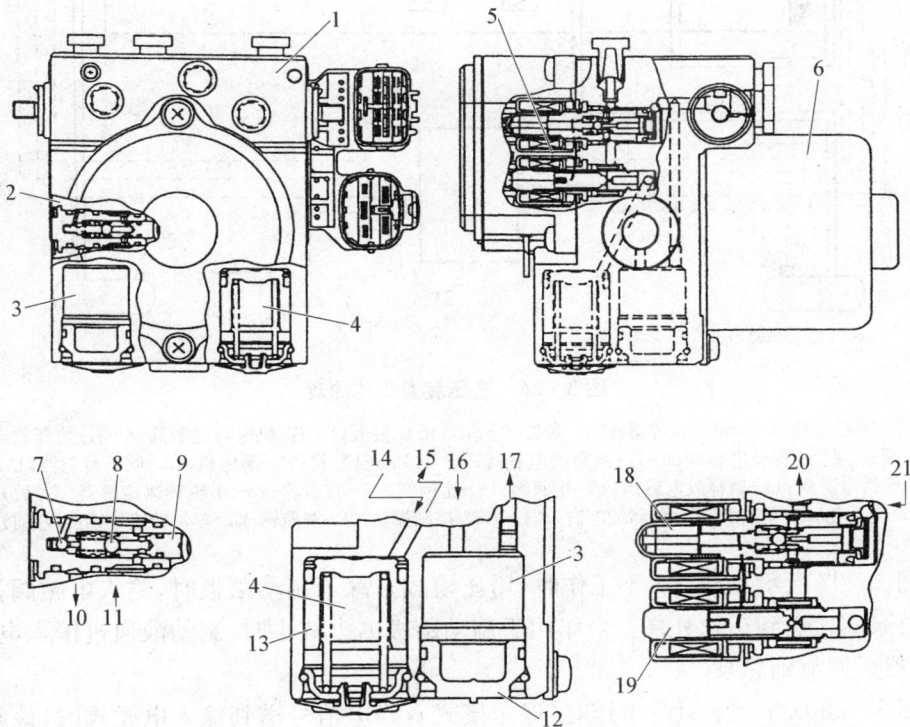

图 3-25 ABS 液 压 装 置

1-ABS 液压装置;2-泵;3-阻尼腔;4-低压蓄能器;5-保持及释放电磁阀;6-ABS 电机;7-释放阀;8-保持阀;9-活塞;10-至阻尼腔;11-来自低压蓄能器;12-堵盖;13-低压蓄能器活塞;14-来自释放电磁阀;15-至泵;16-来自泵;17-至总泵;18-保持电磁阀;19-释放电磁阀;20-至车轮分泵(或制动钳);21-来自总泵

2. 液压装置系统工作原理

ABS 制动系统工作原理如图 3-26 所示。ABS 独立控制右前轮、左前轮和两个后轮 3 个系统。

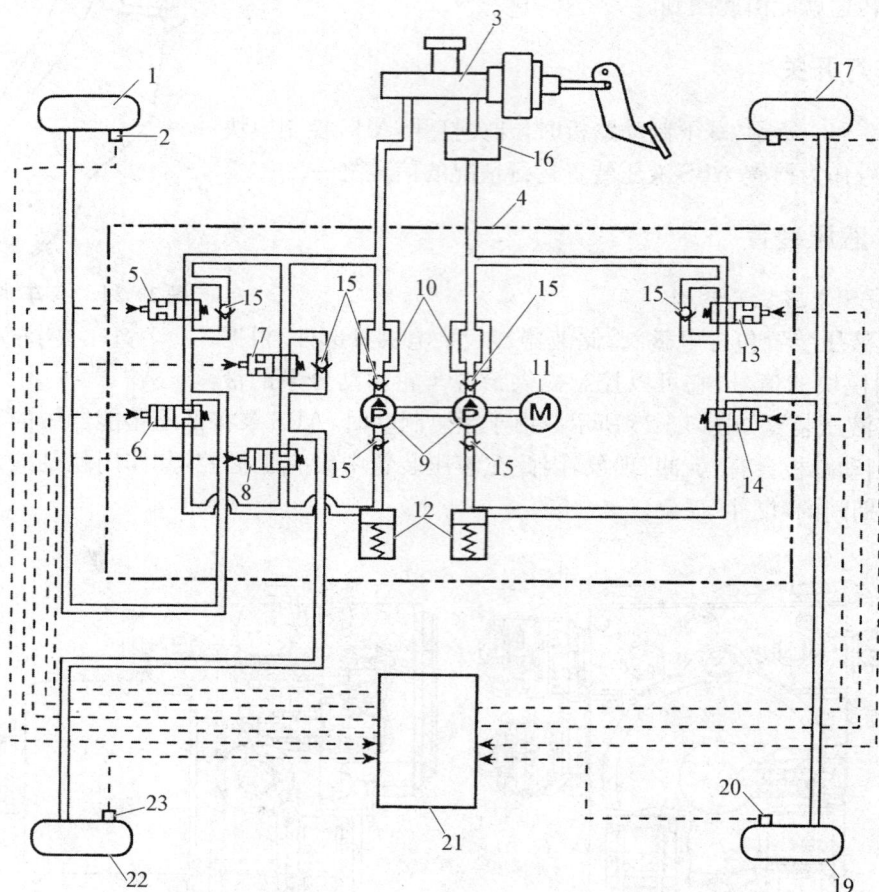

图 3-26　液压装置工作原理

1-右前轮;2-车轮转速传感器;3-总泵;4-ABS 液压装置;5-右/前保持电磁阀;6-右/前释放电磁阀;7-左/前保持电磁阀;8-左/前释放电磁阀;9-泵;10-阻尼腔;11-泵电机;12-低压蓄能器;13-后保持电磁阀;14-后释放电磁阀;15-止回阀;16-比例阀;17-右后轮;18-车轮转速传感器(右/后);19-左后轮;20-车轮转速感传感器(左/右);21-ABS 控制模块;22-左前轮;23-车轮转速传感器(左前)

如图 3-27 所示,当 ABS 不工作时(增压模式),踩下制动踏板时,输入电磁阀打开,制动液由总泵直接送到车轮分泵。当作用于制动踏板的力减小时,制动液通过输入电磁阀和止逆阀,然后回流到总泵。

如图 3-28 所示,当 ABS 工作时(保压模式),当电信号送到输入电磁阀时,该阀动作,并关闭制动液至总泵的通路。车轮制动分泵上的压力保持平衡。

如图 3-29 所示,当 ABS 系统工作时(减压模式),当电信号送达输出电磁阀时,阀打开,分泵制动液送到低压蓄能器且分泵内压力减小(制动力减弱)。由泵泵出低压蓄能器中的制动液并将高压制动液送到总泵。

笔记

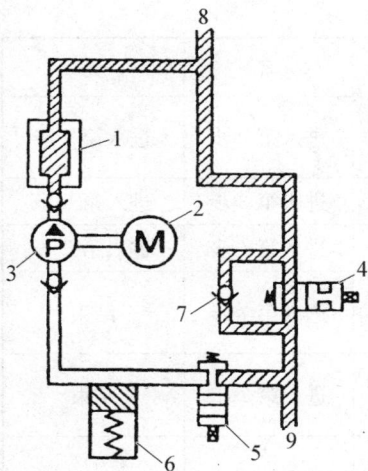

图 3-27　增压模式

1-阻尼腔；2-ABS电机；3-ABS泵；4-输入电磁阀；5-输出电磁阀；6-低压蓄能器；7-止回阀；8-到总泵；9-到分泵

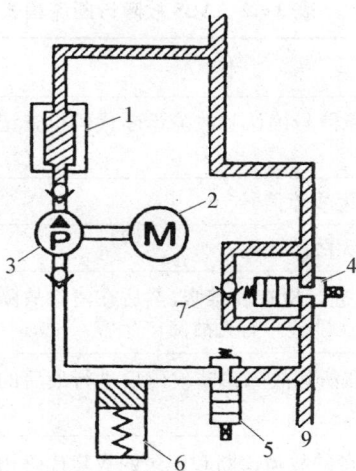

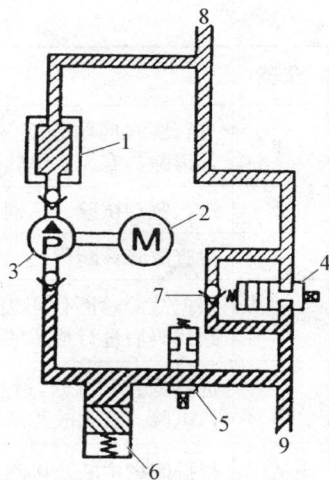

图 3-28　保压模式

1-阻尼腔；2-ABS电机；3-ABS泵；4-输入电磁阀；5-输出电磁阀；6-低压蓄能器；7-止回阀；8-到总泵；9-到分泵

图 3-29　减压模式

1-阻尼腔；2-ABS电机；3-ABS泵；4-输入电磁阀；5-输出电磁阀；6-低压蓄能器；7-止回阀；8-到总泵；9-到分泵

第二节　汽车 ABS 系统故障诊断

一、故障诊断注意事项

(1) 当汽车按下列方式操作时，ABS报警灯会暂时点亮，但这并不表示ABS系统有任何故障。

① 驻车制动器拉紧时，驱动汽车；

② 制动器咬死时，驱动汽车；

③ 汽车陷入泥浆，沙土之中时；

④ 驱动时，车轮打滑；

⑤ 汽车被顶起时，车轮旋转；

(2) 检查时，必须遵守电路电器维修的有关要求。

(3) 必须按故障诊断流程表所述方法进行故障诊断，否则将导致故障诊断错误（其他的故障代码检查时可能会被错误地存储在ABS控制模块中）。

(4) 将电阻表或电压表的一个测头接到ABS控制模块接线柱的每一个插接针时，必须从接线柱线束侧开始连接，如图3-30所示。

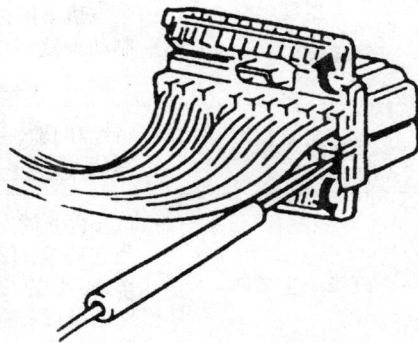

图 3-30　检查导线方法

二、ABS 故障诊断流程

为了确保故障诊断能精确顺利地进行，请遵守故障诊断注意事项，并严格遵守ABS故障诊断流程。ABS故障诊断流程如表3-2所示。

表 3-2　ABS 故障诊断流程表

步骤	操　作	有	无
1	进行客户问题分析,故障信号确认和故障诊断代码检查记录及清除。有无故障代码?	进入第 2 步	进入第 5 步
2	进行驱动试验。判别有无故障信号?	进入第 3 步	进入第 6 步
3	检查故障诊断代码。有无故障代码?	进入第 4 步	进入第 5 步
4	根据故障诊断代码表来进行检查和维修,然后在清除故障诊断代码后进行最后的确认试验。有无故障产生?	进入第 7 步	结束
5	进行检查和维修,然后在清除故障诊断代码后进行最后的确认试验。有无故障产生?	进入第 7 步	结束
6	根据间歇中断及接触不良的故障诊断和记录的故障代码相关电路来检查间歇中断,然后在清洗故障诊断代码后进行最后的确认试验。有无故障产生?	进入第 7 步	结束
7	进行故障诊断代码检查和清除。有无故障代码?	进入第 4 步	进入第 5 步

1. 客户问题分析

详细记录客户所述的故障及故障产生的过程。要做到这一点,必须采用表 3-3 中的格式,才能收集到进行分析和故障诊断的信息要点。

表 3-3　客户问题分析

客 户 名 字	车　　型	车 辆 出 厂 号	
发 生 日 期	登 记 日 期	故障产生日期	里　　程
故障	• ABS 报警灯故障:开关故障/闪烁 • 汽车运行时,从马达、阀处闪烁产生异常噪声。其他 • 制动时车轮锁死 • 泵电机不停机(持续工作) • 制动失效 • 其他_____		
发生频率	• 持续/间歇(一天,或一月次数) • 其他_____		
故障产生条件	• 汽车停止时/点火开关开着时: • 当起动时:仅在初次起动时/每次起动时 • 车速:加速/减速/停车/转弯/恒速运行 • 路面条件:铺面路/粗糙路/积雪路 • 链条装置:		
环境条件	• 气候:晴/多云/雨/雪 • 温度:_____℃		
故障诊断代码	• 首次检查:正常代码/故障代码(　　　　) • 驱动试验后第二次检查:正常代码/故障代码(　　　　)		

2. 故障确认

检查客户提出的故障在汽车中是否确实存在,如存在,就要确定是否它能被判定为故障(如可能这一步应与客户一起进行)。当 ABS 报警灯不能正常工作时,按 ABS 报警灯故障进行诊断。

3. 故障诊断代码(DTC)检查、记录和清除

执行故障诊断代码检查记录下来,然后清除。

当点火开关打开时,曾经显示然后又清除的 DTC 不能再被显示,那么根据记录的 DTC 来诊断该故障可能会产生错误或使诊断更困难。因此应检查 ABS 控制模块的自我诊断功能是否正常。

如果在点火开关打开时,曾经显示后又清除的 DTC 能被显示,则进行第 5 步的操作。

4. 驱动试验

以 40 km/h 的速度驱动汽车一分钟,检查是否有故障(如 ABS 警报灯异常点亮)。如果在点火开关打开时,DTC 已确认,那么不必进行上述驱动试验。进行第 5 步的操作。

5. 故障诊断代码检查

重新检查故障诊断代码。

6. 故障诊断代码流程表

故障诊断代码流程表用来确定故障诊断代码产生的原因,也就是说检查传感器,开关、线束、接头、怠速提升器、ABS 控制模块或其他部件有无故障,如有,则维修或更换发生故障的部件。

7. 故障诊断

检查零件或系统可能存产生故障的原因,并根据出现在车上的迹象来维修或更换发生故障的零件。

8. 检查间歇故障

根据间歇故障及记录的故障诊断代码相关电路来检查容易产生间歇故障的零部件(如线束、接头等)。

9. 最终确认试验

确认故障现象已被消除,ABS 系统无故障。如果与 DTC 相关的部件被维修,应清除 DTC 并进行驱动试验,确认显示的是正常代码。

三、故障代码的读取与清除

1. 故障诊断代码(DTC)的读取

(1) 以 40 km/h 的速度驱动汽车一分多钟。

(2) 停下汽车,在点火开关打开时,用维修专用线把监控联接器的故障诊断(ABS 控制模块左侧)开关插孔接地然后拆

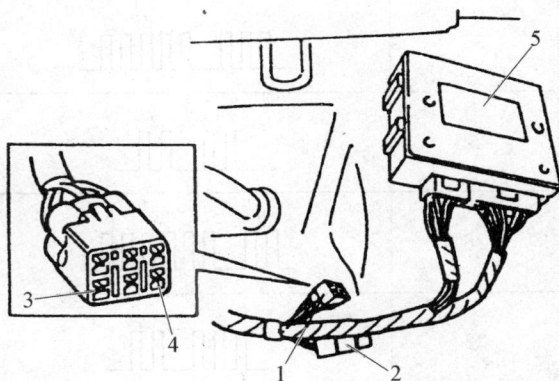

图 3-31　读取故障代码

1-监控联接器;2-ABS 二极管;3-接地接线柱;4-故障诊断开关插孔;5-ABS 控制模块

笔记

下 ABS 二极管,如图 3-31 所示。

(3) 观查 ABS 报警灯的闪烁情况并将它们记录下来,如图 3-32 所示。

当右/前车轮转速传感器电路断开时(DTC21)

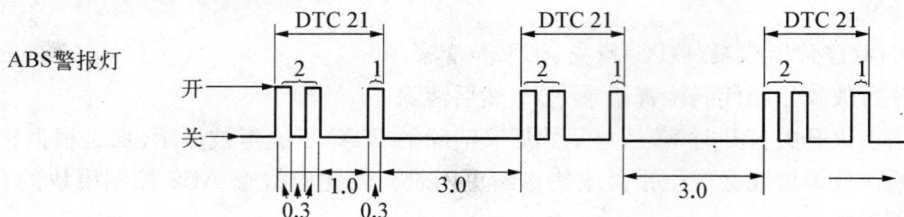

图 3-32　故障代码"21"示例

当故障代码超过二组时,代码将按由小至大的顺序依次显示,各显示 3 次(见表 3-4)。

表 3-4　诊断故障代码(DTC)

DTC	ABS 报警灯闪烁方式	诊 断 项 目	
12		正常	
16		停车灯开关电路	
21		RF	
25		LF	
31		RR	
35		LR	车轮转速传感器电路或传感器齿圈
22		RF	
26		LF	
32		RR	
36		LR	

(续 表)

DTC	ABS报警灯闪烁方式		诊断项目
41		RF	ABS电磁阀电路
42			
45		LF	
46			
55		R	
56			
57		电源	
61		ABS泵电机/电机继电器电路	
63		ABS电磁阀电路	
71		ABS控制模块	

(4) 检查完毕后,关掉点火开关,拆去维修专用线,装回 ABS 二极管。

2. 故障诊断代码(DTC)的清除

进行驱动试验时,必须选择既无任何车辆又不易发生事故的地方,试验时也要十分小心避免发生事故。维修和更换故障件后,按下列方法清除所有 DTC,如图 3-33 所示。

(1) 关闭点火开关。

(2) 用维修专用导线将故障诊断接头的故障诊断开关插孔连接到接地接线柱上。

(3) 保持上述第 2 步的连接状态,打开点火开关。

(4) 在 10 s 内接地接线柱的维修专用线上

图 3-33 清除故障代码

1-ABS 控制模块;2-监控联接器;3-接地接线柱;4-故障诊断开关插孔

至少重复5次接通/断开操作。注意维修专用线接通时间必须在0.1s以上。

(5) 关上点火开关并拆下维修专用线

(6) 进行"驱动试验"和DTC检查,确认显示的是正常DTC(DTC12),而不是故障DTC。

四、系统电路

ABS系统电路如图3-34所示,ABS控制模块各插脚的功能如表3-6所示。

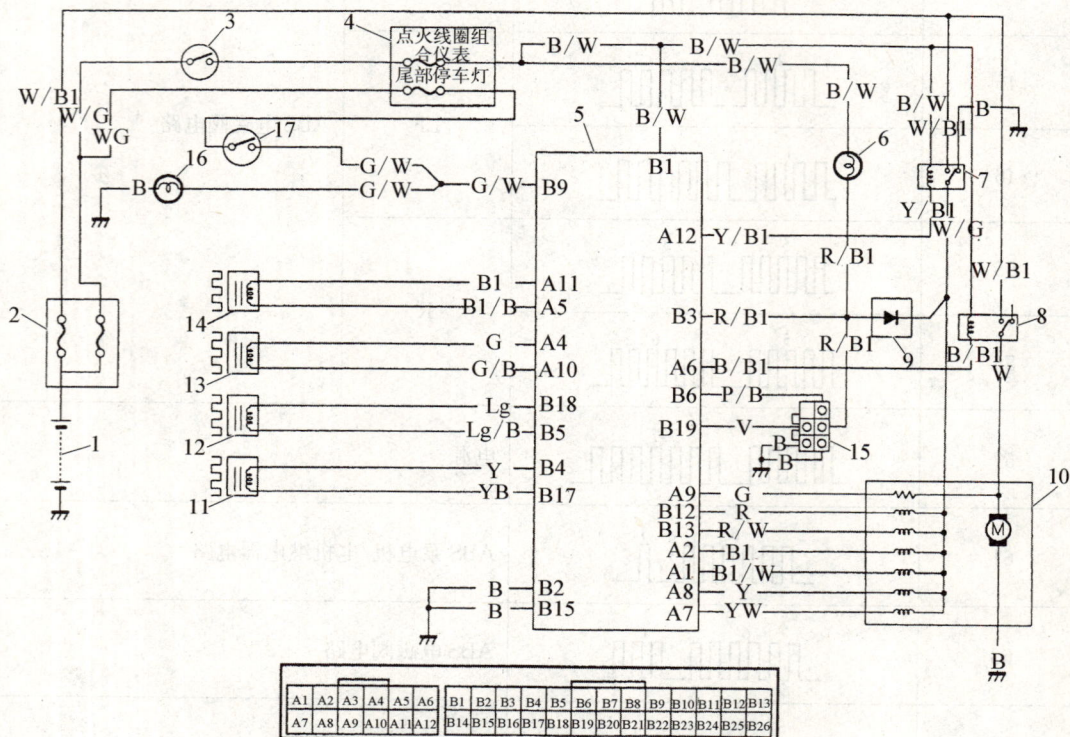

图3-34　ABS系统电路

1-蓄电池;2-保险丝;3-点火开关;4-电路保险丝;5-ABS控制模块;6-ABS警报灯;7-ABS电磁阀继电器;8-ABS泵电机继电器;9-二极管;10-ABS液压装置(1. 泵电机;2. 电磁阀);11-右/后轮速度传感器;12-左/后轮速度传感器;13-右/前轮速度传感器;14-左/前轮速度传感器;15-监控联接器;16-停车灯;17-停车灯开关

表3-5　电线颜色

B:黑色	B/B1:黑/蓝	R1/W:红/白	V:紫色	Lg/B:淡绿/黑
B/W:黑/白	B/1:蓝色	W:白色	W/B1:白/蓝	P/B:淡红/黑
B1/B:蓝/黑	B1/W:蓝/白	W/G:白/绿	Y:黄色	R/B1:红/蓝
G:绿	G/B:绿/黑	Y/B:黄/黑	Y/W:黄/白	R:红色
G/W:绿/白	Lg:淡绿色			

五、ABS报警灯故障诊断

ABS报警灯电路如图3-35所示。

表 3－6　ABS 控制模块插孔功能

插孔	功　能	插孔	功　能	插孔	功　能
A1	释放电磁阀(左/前)	A10	车轮转速传感器(一)(右前)	B6	故障诊断开关
A2	保持电磁阀(左/前)	A11	车轮转速传感器(＋)(左前)	B9	停车灯开关
A4	车轮转速传感器(＋)(右前)	A12	电磁阀继电器	B12	保持电磁阀(右前)
A5	车轮转速传感器(一)(左前)	B1	点火开关	B13	释放电磁阀(右前)
A6	ABS 泵电机继电器	B2	接地 1	B15	接地 2
A7	释放电磁阀(后)	B3	ABS 警报灯	B17	车轮转速传感器(一)(右后)
A8	保持电磁阀(后)	B4	车轮转速传感器(＋)(右后)	B18	车轮转速传感器(＋)(左后)
A9	泵电机电压监视器	B5	车轮转速传感器(一)(左后)	B19	检查控制插孔

注：A3、B7、B8、B10、B11、B14、B16、B20～B26 空

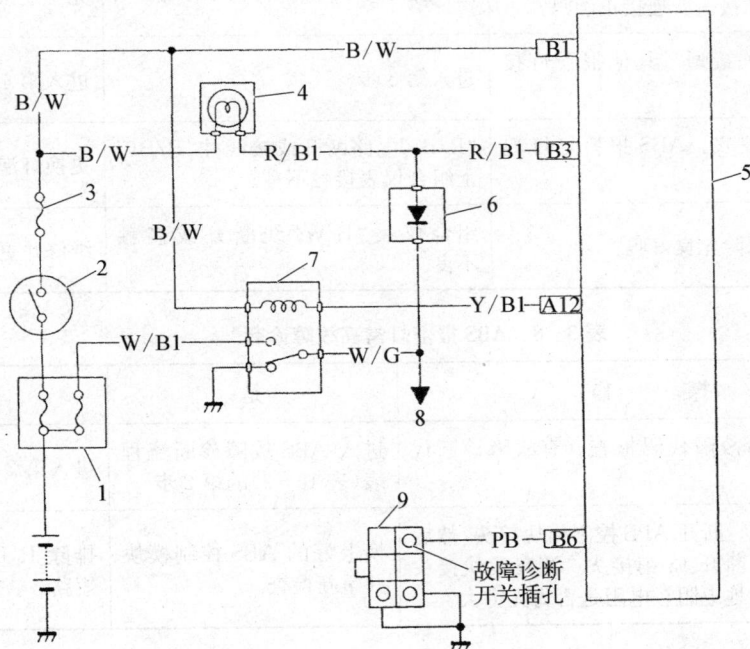

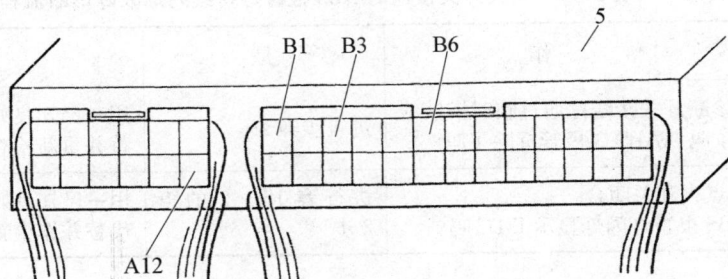

图 3－35　ABS 报警灯电路

1-保险丝；2-点火开关；3-点火电路保险丝；4-组合仪表上的 ABS 报警灯；5-ABS 控制模块；6-ABS 二极管；7-ABS 电磁阀继电器；8-至电磁阀(ABS 液压装置)；9-监控联接器

ABS报警灯的动作(开/关)由ABS控制模块和ABS电磁阀继电器控制。当点火开关接通时,ABS控制模块将ABS电磁阀继电器触点从灯电路侧(继电器关闭)转换到液压装置电路侧(继电器接通)。如果防抱死制动系统状态良好,在点火开关接通时,ABS控制模块将ABS报警灯点亮,保持仅2 s(在2 s内进行初始检查)后又熄灭。如果发现系统故障,则ABS控制模块和ABS电磁阀继电器将灯点亮。当ABS控制模块接头断开时。可通过ABS电磁阀继电器将报警灯点亮。

ABS报警灯常见的故障有3种:即点火开关打开时,ABS报警灯不亮、常亮和持续闪烁。3种故障的诊断与排除分别如表3-7、表3-8和表3-9所示。

表3-7 点火开关打开时,ABS报警灯不亮故障诊断流程

步骤	操作	是	否
1	检查ABS二极管接头和ABS控制模块线束插接头。连接正确吗?	进入第2步	完全连接好
2	将点火开关接通。其他报警灯接通吗?	进入第3步	进入第4步
3	拆卸组合仪表。ABS报警灯灯泡良好吗?	"R/B1"电路断开或接线柱"R/B1"上组合仪表接触不良。	更换灯泡
4	点火开关保险丝良好吗?	组合仪表"B/W"线断开或接触不良。	维修并更换

表3-8 ABS报警灯常亮故障诊断

步骤	操作	是	否
1	根据故障进行故障代码检查。有故障诊断代码吗?	进入ABS故障诊断流程表(表15-2)的第2步	进入第2步
2	关闭点火开关。断开ABS控制模块接头,然后从组合仪表处断开13销接头。测量模块接头插孔"B3"的对地电阻。电阻是否为无穷大?	换上好的ABS控制模块并重新检查。	排除R/B1线接地短路

表3-9 点火开关接通时ABS报警灯持续闪烁故障诊断流程

步骤	操作	是	否
1	故障诊断开关接线柱通过临时搭铁线接地了吗?ABS二极管拆除了吗?	进入步骤2	用一已知良好ABS控制模块来代替并重新检查
2	1) 将点火开关闭合 2) ABS报警灯闪烁显示DTC吗?	进行表15-2的第2步	用一已知良好的ABS控制模块来代替并作重新检查

ABS报警灯电路如图3-36所示,当点火开关闭合且拆去ABS二极管时,如故障诊断开关接线柱短路或接地,此时,诊断故障代码(DTC)通过ABS报警灯闪烁的方式显示下列情况:

- 如果 ABS 中未探测到故障 DTC,则正常 TDC(12)被显示。
- 通过灯的闪烁来显示过去或现在的故障 DTC。

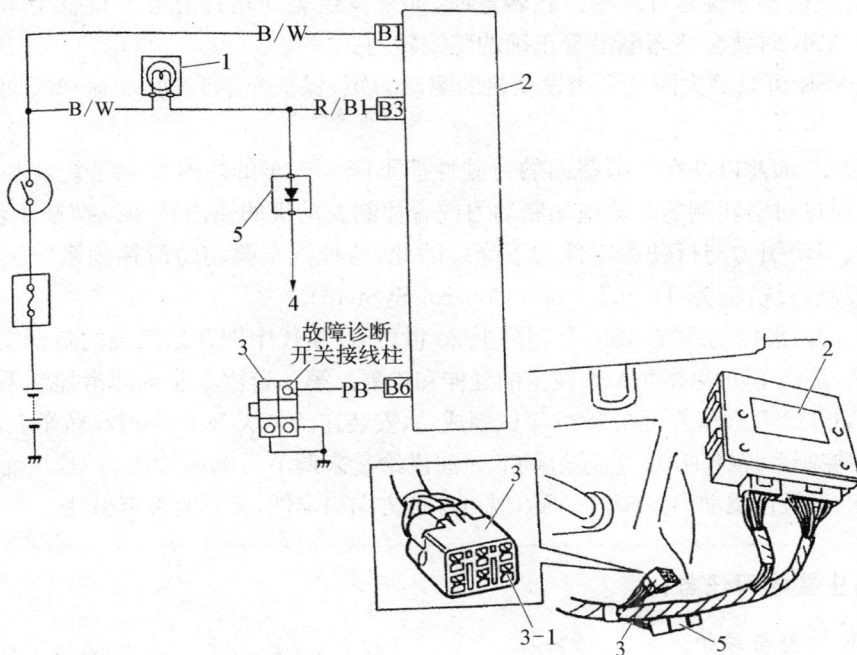

图 3-36　ABS 报警灯电路

1-组合仪表上的 ABS 报警灯;2-ABS 控制模块;3-监控器插接件(故障诊断开关接线柱);4-接 ABS 电磁阀继电器;5-ABS 二极管

项目四　ASR 驱动防滑系统检修

项目概述

ASR(Acceleration Slip Regulation)即牵引力控制系统或驱动防滑系统,其目的就是要防止车辆尤其是大马力车子,在起步、加速时驱动轮打滑现象,以维持车辆行驶方向的稳定性。

ASR 可以通过减少节气门开度来降低发动机功率或者由制动器控制车轮打滑来达到对汽车牵引力的控制。装有 ASR 的车上,从油门踏板到汽油机节气门(柴油机喷油泵操纵杆)之间的机械连接被电控油门装置所代替,当传感器将油门踏板的位置及轮速信号传送至控制单元时,控制单元就会产生控制电压信号,伺服电机依此信号重新调整节气门的位置(或者柴油机操纵杆的位置),然后将该位置信号反馈至控制单元,以便及时调整制动器。

笔记

当汽车行驶在易滑的路面上时，没有 ASR 的汽车加速时驱动轮容易打滑，如果是后驱动轮打滑，车辆容易甩尾，如果是前驱动打滑，车辆方向容易失控。有 ASR 时，汽车在加速时就不会有或能够减轻这种现象。在转弯时，如果发生驱动轮打滑会导致整个车辆向一侧偏移，当有 ASR 时就会使车辆沿着正确的路线转向。

总之，ASR 可以最大限度利用发动机的驱动力矩，保证车辆起动、加速和转向过程中的稳定性。

汽车起步、加速以及在平滑路面的行驶性能下降。汽车的防滑控制系统就是当车轮出现滑转时，通过对滑转侧的车轮施加制动力或者控制发动机的输出转矩以抑制车轮的滑转，从而避免汽车牵引力与行驶稳定性的下降。因此，这种汽车驱动防滑控制系统又被称为汽车牵引力控制系统，记为 TCS(Taction Control SyStem)

汽车驱动防滑控制系统 ASR，是国际上 20 世纪 80 年代中期开始发展的新型实用汽车主动安全技术，是汽车防抱制动 ABS 技术的延伸和扩展。第一台汽车驱动防滑控制系统由瑞典的沃尔沃(VOLOV)汽车公司在 1985 年试制成功，安装在沃尔沃 760 - Turbo 轿车上，当时称为电子牵引力控制系统(ETO)。它通过调节燃油供给量来调节发动机输出转矩，从而控制驱动轮滑转率，产生最佳驱动力。ABS/ASR，既可保证方向稳定性，又可改善牵引性。

本项目主要学习任务：

1　ASR 检查与维护
2　ASR 故障诊断与排除

工作任务 1　ASR 检查与维护

任务描述

一天，接车员小黄接到一辆大众轿车，车主要求做汽车保养。经过询问车主和检查车辆，该车的行驶里程为 40 000 千米，现在为该车进行全车保养。检测该车的整车油、水、电路和整车机械。

学习目标

1. 知识目标
(1) ASR 控制系统的组成、结构与功用。
(2) 掌握整车上 ASR 控制系统组成、各部件的位置及作用。
2. 技能目标
(1) 能够初步进行 ASR 控制系统的检查维护。

（2）会运用所学知识和经验，为客户提供汽车进气系统日常维护的建议。

3. 素养目标

（1）具备信息查询和手册使用的基本能力。

（2）能够按照企业 6S 要求和安全生产规范进行操作。

（3）能与同学密切合作，规范安全的完成学习活动。

（4）养成自主学习、操作规范的工作作风及环保意识。

建议学时：6 学时

资料查询

1. 查阅"学习参考书"、维修手册和相关维修资料，整理出该任务的知识点和技能点

知识点	（1）	
	（2）	
	（3）	
	（4）	
	（5）	
技能点	（1）	
	（2）	
	（3）	
	（4）	
	（5）	

2. 查阅资料，完成下列测试

（1）ASR 的作用？

（2）ASR 和 ABS 的区别？

（3）ASR 如何实现驱动防滑？

3. 查阅资料，识别 ASR 主部件，并指出各部件在车上的安装位置

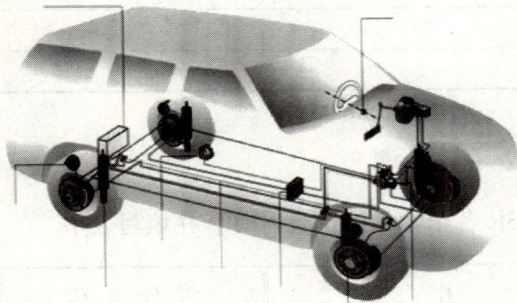

图 4 - 1　ASR 部件分布图

请结合图 1 - 1 读懂液压动力转向系统的主要结构组成，并填写下表。

序号	部　件　名　称	序号	部　件　名　称
1		6	
2		7	
3		8	
4		9	
5			

计划决策

请根据任务要求,确定汽车 ASR 检查与维护所需要的资料及用具。

1. 需要的资料及用具

(1) 场地设施: _____

(2) 设备器材: _____

(3) 备件耗材: _____

(4) 防护用品: _____

2. 小组成员分工

人　员　分　工		工具、量具准备	主　要　职　责
组号			
组长			
组员			

3. 汽车 ASR 认知、检查与维护流程工作任务

工作步骤	工　作　内　容
步骤 1	
步骤 2	
步骤 3	
步骤 4	
步骤 5	
步骤 6	

任务实施

1. 在实车上找出 ASR 各个零件的位置,作用,并填写表中

零件名称	作　用	零件名称	作　用

（续 表）

零件名称	作 用	零件名称	作 用

2. 检查更换制动液

■ 概述

如果制动液变质,将会降低制动性能下降和产生的 ASR 故障:

如果制动液变质后继续使用,将会导致制动性能下降和 ASR 出现故障。查阅资料,确定制动液更换里程:_____。

■ 技能操作

(1) 打开制动液壶盖。

(2) 拧松放油螺栓,排出制动液。

(3) 加入新的制动液,并且排出管路中的空气。

3. 检查管路连接,泄露,各个传感器的连接

考核评价

1. 知识评价

现场问答题:

(1) 叙述 ASR 的功用。

(2) 图 4-2 是典型的 ASR,查阅相关资料,对系统的各部分组成进行标注,并且在实车上找出零件。

(3) 描述 ASR 进行基本检查和维护方法。

图 4-2 ASR 的基本组成

2. 技能及素养评价

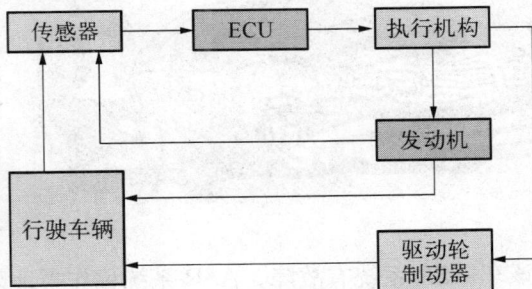

综合考评		自我评价	小组互评	教师评价	第三方评价
素质考评 30分	劳动态度6				
	遵守纪律6				
	安全操作6				
	学习态度6				
	出勤情况6				
技能考评 70分	工具使用10				
	任务方案10				

（续　表）

综合考评		自我评价	小组互评	教师评价	第三方评价
技能考评 70分	实施过程 30				
	完成结果 10				
	任务工单 10				
（总分 100 分） 本次得分：					
最终得分：					

工作任务 2　ASR 故障诊断与排除

任务描述

听声音能判断汽车故障吗？

一天，接车员李小姐接到一辆大众轿车，车主反映该车的故障现象是车辆在起步的时候驱动轮会打滑，并且有故障灯显示。奔驰 600SEL 轿车，仪表板上 ASR 故障灯常亮。通过了解，故障刚出现时，在行驶一段时间后 ASR 故障灯才会亮；关掉车子再重新起动，仪表板上的 ASR 故障灯又会熄灭；但再行驶一段路程，ASR 故障灯又会重新点亮。

检修：仪表板上的 ASR 故障灯常亮，说明该车 ASR 系统有故障。ASR 系统称作雪地防滑控制系统，也称为驱动防滑控制系统，一般与 ABS 系统互为一体，统称为防滑控制系统

先对 ASR 系统利用随车故障自诊断功能从故障检测插座上调取 ASR 系统故障代码，故障代码显示：ASR 电脑与 EGAS 电脑信号传输有问题。对 EGAS 系统进行故障自诊断，调取故障代码，但读不出任何信息。因此怀疑其线路存在故障。经仔细检查 EGAS 电脑的线路系统，没有发现任何异常现象。打开 EGAS 电脑，发现 EGAS 电脑里面有个集成块已经烧毁。需要更换，更换 EGAS 电脑后试车，ASR 故障灯不再点亮，但路试一段距离后，ASR 故障灯又点亮了。再利用随车故障自诊断系统提取 ASR 系统的故障代码，故障代码显示：怠速触点线路不良。

现在需要进一步的检测。

学习目标

1. 知识目标
掌握各类型 ASR 结构、工作原理及检测方法、流程。

<<<<

2．技能目标

（1）能够解释 ASR 传感器采样数据。

（2）能够正确使用故障诊断仪，通过查看所选参数，监测 ASR 传感器。

（3）能够解释所选故障码的故障排除程序。

3．素养目标

（1）具备信息查询和手册使用的基本能力。

（2）能够按照企业 6S 要求和安全生产规范进行操作。

（3）能与同学密切合作，规范安全的完成学习活动。

（4）养成自主学习、操作规范的工作作风及环保意识。

建议学时：4 学时

资料查询

1．查阅"学习参考书"、维修手册和相关维修资料，整理出该任务的知识点和技能点

知识点	（1）	
	（2）	
	（3）	
	（4）	
	（5）	
技能点	（1）	
	（2）	
	（3）	
	（4）	
	（5）	

2．查阅资料，完成下列测试

（1）轮速传感器的电阻是多少?

_____

（2）制动压力调节器的电阻是多少?

_____

3．查阅资料，画出实车上轮速传感器电路图，分析工作原理，并将插座上的各线路用胶布进行名称标注

计划决策

请根据任务要求，确定汽车 ASR 检查与维护所需要的资料及用具。

1．需要的资料及用具

（1）场地设施：_____

（2）设备器材：_____

（3）备件耗材：_____

（4）防护用品：_____

2. 小组成员分工

人 员 分 工	工具、量具准备	主 要 职 责
组号		
组长		
组员		

3. 汽车 ASR 认知、检查与维护流程工作任务

工作步骤	工 作 内 容
步骤 1	正确识别和解释 ASR 轮速传感器数据
步骤 2	利用 OBD 状态菜单检验轮速传感器的运行
步骤 3	解释所选 DTC 故障排除的程序
步骤 4	
步骤 5	
步骤 6	

任务实施

1. 检测轮速传感器

（1）将诊断仪连接到诊断座，点火开关置于 ON 位置（不起动发动机），打开诊断仪。

（2）进入诊断系统。

（3）等待 30 秒钟，读取诊断仪上的检测值，记录检测值并与下表进行比对：

（4）使用万用表对轮速传感器的电阻进行测量。

检测项目	类 型	规定状态	实测数据
轮速传感器	电磁式	约 1 KΩ	

2. 检测轮速传感器信号电压

（1）举升车辆，使个车轮悬空，断开车轮转速传感器的插接器。

（2）转动车轮，用万用表交流电压档位测量传感器的输出电压。

（3）读取万用表的检测值，记录检测值并与下表进行比对：

检测内容	检测条件	规定状态	实测数据
轮速传感器	点火开关打开	随车轮转动变化	

3. 检测制动压力调节器电阻

（1）将诊断仪连接到诊断座，点火开关置于 ON 位置（不起动发动机），打开诊断仪。

（2）进入诊断系统。

（3）等待 30 秒钟，读取诊断仪上的检测值，记录检测值并与下表进行比对：

（4）使用万用表对制动压力调节器电阻进行测量。

检测内容	检测条件	规定状态	实测数据
制动压力调节器		$30\sim40\ \Omega$	

考核评价

1. 知识评价

描述轮速传感器的作用，并且叙述检测方法。

2. 技能及素养评价

综 合 考 评		自我评价	小组互评	教师评价	备注说明
素质考评 30 分	劳动态度 6				
	遵守纪律 6				
	安全操作 6				
	学习态度 6				
	出勤情况 6				
技能考评 70 分	工具使用 10				
	任务方案 10				
	实施过程 30				
	完成结果 10				
	任务工单 10				
（总分 100 分）本次得分：					
最终得分：					

参考资料

理论知识

汽车驱动防滑系统检修

ASR（Acceleration Slip Regulation）即牵引力控制系统或驱动防滑系统，其目的就是要防止车辆尤其是大马力车子,在起步、加速时驱动轮打滑现象,以维持车辆行驶方向的稳定性。

ASR可以通过减少节气门开度来降低发动机功率或者由制动器控制车轮打滑来达到对汽车牵引力的控制。装有ASR的车上,从油门踏板到汽油机节气门(柴油机喷油泵操纵杆)之间的机械连接被电控油门装置所代替,当传感器将油门踏板的位置及轮速信号传送至控制单元时,控制单元就会产生控制电压信号,伺服电机依此信号重新调整节气门的位置(或者柴油机操纵杆的位置),然后将该位置信号反馈至控制单元,以便及时调整制动器。

当汽车行驶在易滑的路面上时,没有ASR的汽车加速时驱动轮容易打滑,如果是后驱动轮打滑,车辆容易甩尾,如果是前驱动打滑,车辆方向容易失控。有ASR时,汽车在加速时就不会有或能够减轻这种现象。在转弯时,如果发生驱动轮打滑会导致整个车辆向一侧偏移,当有ASR时就会使车辆沿着正确的路线转向。

总之,ASR可以最大限度利用发动机的驱动力矩,保证车辆起动、加速和转向过程中的稳定性。

ASR与ABS的区别在于,ABS是防止车轮在制动时被抱死而产生侧滑,而ASR则是防止汽车在加速时因驱动轮打滑而产生的侧滑,ASR是在ABS的基础上的扩充,两者相辅相成。

ASR只安装在一些高档车上面,但是因为ASR与ABS包含着性能及技术上的贯通,所以有望近几年ASR变得与ABS一样普及。

在被雨淋湿的柏油路上、泥泞的土路上或是在积雪道路上紧急制动时,无论新老驾驶员都会产生不同程度的畏惧感。因为汽车很容易发生侧滑,严重时整车会掉头转向。而且,如果在有车辙的雪路上行驶,左右轮分别行驶在雪地上和露出的地面上,产生剧烈转向的危险性更大。如果紧急制动,汽车的方向就会失去控制。如果是弯道,汽车则可能沿切线从路边滑出或闯入对面的车道。

汽车行驶时的车轮滑动,实际指两种情况,一种是汽车在制动时车轮抱死而产生的车轮滑移情况;另一种是车身不动,车轮转动;或者是汽车的速度低于转动车轮的轮缘速度,称为滑转。ABS控制前一种情况,对于后一种情况,则是通过汽车驱动防滑控制系统ASR实现对汽车的制动控制。

汽车起步、加速以及在平滑路面的行驶性能下降。汽车的防滑控制系统就是当车轮出现滑转时,通过对滑转侧的车轮施加制动力或者控制发动机的输出转矩以抑制车轮的滑转,从而避免汽车牵引力与行驶稳定性的下降。因此,这种汽车驱动防滑控制系统又被称为汽车牵引力控制系统,记为TCS(Taction Control System)

汽车驱动防滑控制系统ASR,是国际上20世纪80年代中期开始发展的新型实用汽车主动安全技术,是汽车防抱制动ABS技术的延伸和扩展。第一台汽车驱动防滑控制系统由瑞典的沃尔沃(VOLOV)汽车公司在1985年试制成功,安装在沃尔沃760-Turbo轿车上,当时称为电子牵引力控制系统(ETO)。它通过调节燃油供给量来调节发动机输出转矩,从而控制驱动轮滑转率,产生最佳驱动力。ABS/ASR,既可保证方向稳定性,又可改善牵引性。

驱动防滑系统的作用

牵引力控制系统,又称循迹控制系统。汽车在光滑路面制动时,车轮会打滑,甚至使方向失控。同样,汽车在起步或急加速时,驱动轮也有可能打滑,在冰雪等光滑路面上还会使方向失控而出危险。牵引力控制系统就是针对此问题而设计的。

牵引力控制系统依靠电子传感器探测到从动轮速度低于驱动轮时(这是打滑的特征),就会发出一个信号,调节点火时间、减小气门开度、减小油门、降档或制动车轮,从而使车轮不再打滑。

牵引力控制系统不但可以提高汽车行驶稳定性,而且能够提高加速性,提高爬坡能力。原采只是豪华轿车上才安装牵引力控制系统,2008—2013许多普通轿车上也有。

牵引力控制系统如果和ABS相互配合使用,将进一步增强汽车的安全性能。牵引力控制系统和ABS可共用车轴上的轮速传感器,并与行车电脑连接,不断监视各轮转速,当在低速发现打滑时,牵引力控制系统会立刻通知ABS动作来减低此车轮的打滑。若在高速发现打滑时,牵引力控制系统立即向行车电脑发出指令,指挥发动机降速或变速器降档,使打滑车轮不再打滑,防止车辆失控甩尾。

牵引力控制系统利用计算机检测4个车轮的速度和转向盘转向角,当汽车加速时,如果检测到驱动轮和非驱动轮转速差过大,计算机立即判断驱动力过大,发出指令信号减少发动机的供油量,降低驱动力,从而减小驱动轮轮胎的滑转率。计算机通过转向盘转角传感器掌握司机的转向意图,然后利用左右车轮速度传感器检测左右车轮速度差;从而判断汽车转向程度是否和司机的转向意图一样。如果检测出汽车转向不足(或过度转向),计算机立即判断驱动轮的驱动力过大,发出指令降低驱动力,以便实现司机的转向意图。

各个厂家的牵引力控制系统功能都一样,只不过叫法不同而已。例如:奔驰叫ASR,丰田叫TRC,宝马叫DTC,凯迪拉克叫TCS等。

ABS和ASR的比较

ABS系统在汽车制动时调节控制制动压力,以获得尽可能高的减速度,使制动力接近但不超过轮胎与路面间的最大附着力,从而提高制动减速度并缩短制动距离。它能有效地提高制动时汽车的方向操纵性和行驶稳定性。

ASR在汽车驱动加速时发挥效用,以获得尽可能高的加速度,使驱动轮的驱动力不超过轮胎与路面间的附着力,以防止车轮滑转,从而改善汽车的操纵稳定性及加速性能,提高车的行驶平顺性。

ABS及ASR均以改善汽车行驶稳定性为前题,以控制车轮运动状态为目标。ABS是不使车轮转动角速度为零,防止车轮抱死滑移,一般在车速很低时不起作用。ASR是不使车轮中心平移速度即车速为零,防止车轮滑转,一般在车速很高时(大于$80\sim120$ km/h)不起作用。ABS与ASR均是以车轮的运动学参数或动力学参数为控制参数的,因此两者可以密切配合。ABS的发展已历经了漫长的时期,而ASR继ABS之后迅速发展。当代先进的ABS系统,均配有ASR功能,这就是常见的ABS/ASR系统。宝马、LS、布加迪等。

汽车防滑电子控制系统常用控制方式

1. 发动机输出功率控制

在汽车起步、加速时,ASR控制器输出控制信号,控制发动机输出功率,以抑制驱动轮滑转。常用方法有:辅助节气门控制、燃油喷射量控制和延迟点火控制。

2. 驱动轮制动控制

直接对发生空转的驱动轮加以制动,反映时间最短。普遍采用 ASR 与 ABS 组合的液压控制系统,在 ABS 系统中增加电磁阀和调节器,从而增加了驱动控制功能。

3. 同时控制发动机输出功率和驱动轮制动力

控制信号同时起动 ASR 制动压力调节器和辅助节气门调节器,在对驱动车轮施加制动力的同时减小发动机的输出功率,以达到理想的控制效果。

4. 防滑差速锁(LSD:Limited-Slip-Differential)控制

LSD 能对差速器锁止装置进行控制,使锁止范围从 0%~100%。当驱动轮单边滑转时,控制器输出控制信号,使差速锁和制动压力调节器动作,控制车轮的滑移率。这时非滑转车轮还有正常的驱动力,从而提高汽车在滑溜路面的起步、加速能力及行驶方向的稳定性。

在差速器向驱动轮输出驱动力的输出端,设置一个离合器,通过调节作用在离合器片上的液压压力,便可调节差速器的锁止程度。

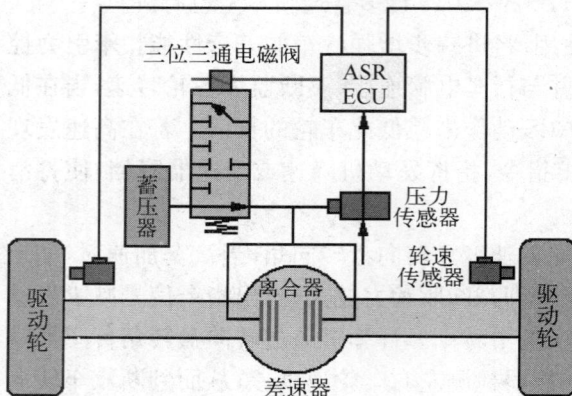

图 4-3 ASR 系统组成

5. 差速锁与发动机输出功率综合控制

差速锁制动控制与发动机输出功率综合控制相结合的控制系统可根据发动机的状况和车轮滑转的实际情况采取相应的控制达到最理想的控制效果。

ASR 系统的结构与工作原理

1. ASR 的基本组成与工作原理

1) ASR 的基本组成

ECU:ASR 电控单元。

执行器:制动压力调节器;
节气门驱动装置。

传感器:车轮轮速传感器;
节气门开度传感器。

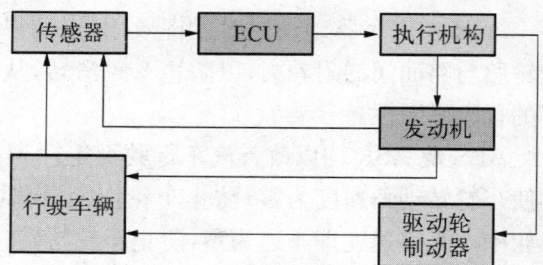

图 4-4 ASR 的基本组成

2) ASR 的工作原理

车速传感器将行驶汽车驱动车轮转速及非驱动车轮转速转变为电信号,输送给电控单元 ECU。ECU 根据车速传感器的信号计算驱动车轮的滑移率,若滑移率超限,控制器再综合考虑节气门开度信号、发动机转速信号、转向信号等因素确定控制方式,输出控制信号,使相应的执行器动作,使驱动车轮的滑移率控制在目标范围之内。

2. ASR 的传感器

(1) 车轮轮速传感器:与 ABS 系统共享。

（2）气门开度传感器：与发动机电控系统共享。

（3）选择开关：ASR专用的信号输入装置。ASR选择开关关闭时ASR不起作用。

3. ASR的电子控制单元(ECU)

（1）ASR的ECU也是以微处理器为核心，配以输入输出电路及电源等组成。

（2）ASR与ABS的一些信号输入和处理是相同的，为减少电子器件的应用数量，ASR控制器与ABS电控单元常组合在一起。

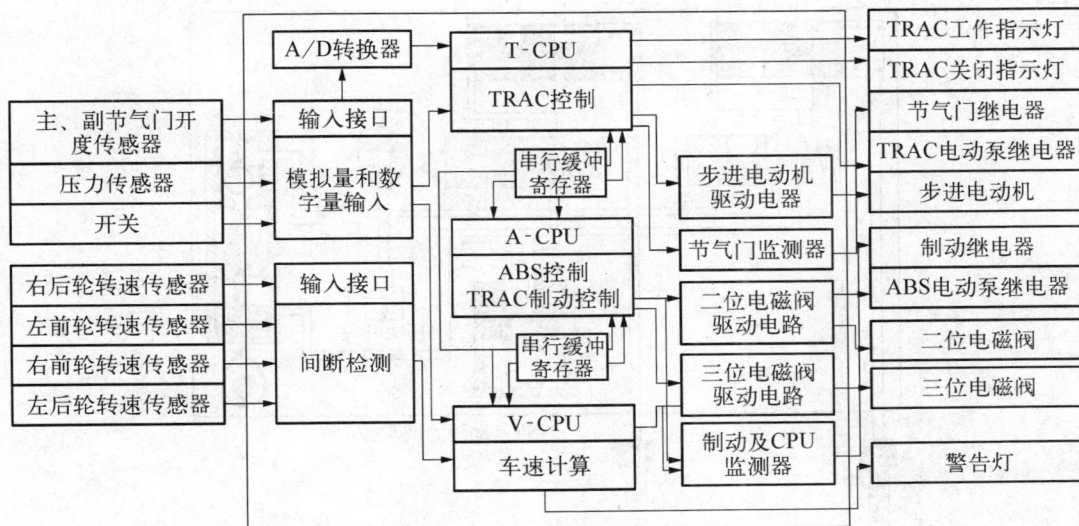

图4-5 ASR控制单元系统组成

4. ASR的执行机构

1）制动压力调节器

（1）单独方式的ASR制动压力调节器。

① 单独方式的ASR制动压力调节器——与ABS制动压力调节器在结构上各自分开；

② ASR ECU通过电磁阀的控制实现对驱动轮制动力的控制；

③ 正常制动时ASR不起作用，电磁阀不通电，阀在左位，调压缸的活塞被回位弹簧推至右边极限位置。

④ 起步或加速时若驱动轮出现滑转需要实施制动时，ASR使电磁阀通电，阀至右位，蓄压器中的制动液推活塞左移。

⑤ 压力保持过程：此时电磁阀半通电，阀在中位，调压缸与储液室和蓄压器都隔断，于是活塞保持原位不动，制动压力保持不变。

⑥ 压力降低过程：此时电磁阀断电，阀回左位，使调压腔右腔与蓄压器隔断而与储液室接通，于是调压缸右腔压力下降，制动压力下降。

（2）组合方式的ASR制动压力调节器。

ABS/ASR组合压力调节器：

① ASR不起作用时，电磁阀Ⅰ不通电，ABS起制动作用并通过电磁阀Ⅱ和电磁阀Ⅲ来调节制动压力。

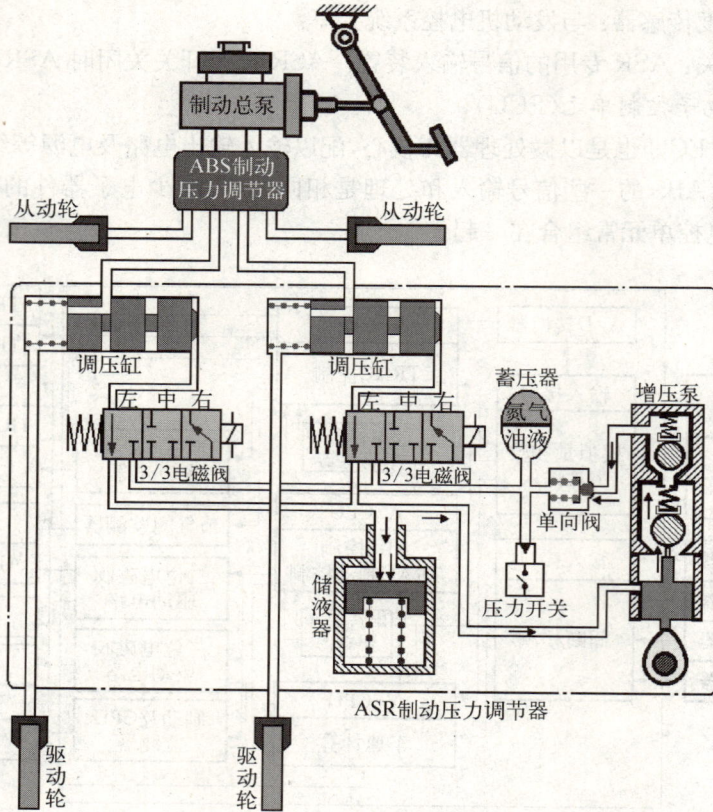

图 4-6　控制过程

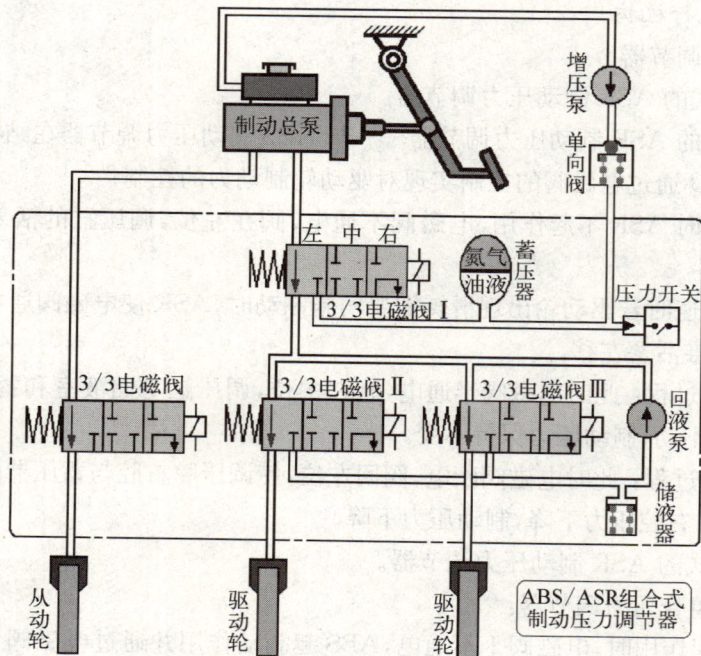

图 4-7　控制过程

② 驱动轮滑转时，ASR控制器使电磁阀Ⅰ通电，阀移至右位，电磁阀Ⅱ和电磁阀Ⅲ不通电，阀仍在左位，于是，蓄压器的压力油通入驱动轮制动泵，制动压力增大。

③ 需要保持驱动轮制动压力时，ASR控制器使电磁阀Ⅰ半通电，阀至中位，隔断蓄压器及制动总泵的通路，驱动轮制动分泵压力保持不变。

④ 需要减小驱动轮制动压力时，ASR控制器使电磁阀Ⅱ和电磁阀Ⅲ通电，阀移至右位，接通驱动车轮制动分泵与储液室的通道，制动压力下降。

2) 节气门驱动装置

① ASR控制系统通过改变发动机辅助节气门的开度来控制发动机的输出功率。

② 节气门驱动装置由步进电机和传动机构组成。步进电机根据ASR控制器输出的控制

ASR不起作用时，辅助节气门处于全开位置，当需要减少发动机驱动力来控制车轮滑转时，ASR控制器输出信号使辅助节气门驱动机构工作，改变辅助节气门开度

5. ASR采用的控制方式

1) 发动机输出转矩控制

发动机输出转矩控制是最早应用的驱动防滑控制方式，图4-8所示。在附着系数较小的路面上或车辆行驶速度较高情况下，驱动轮发生过度打滑现象，只要适当减小发动机的输出转矩，就可以把传递到驱动轮上的转矩控制在一定值，以便控制驱动轮打滑的程度，有效降低滑移率。

发动机对输出转矩控制有3种方式：节气门开度调节、点火参数调节和燃油供给量调节。

(1) 节气门开度调节。节气门开度调节是指在原节气门管路上再串联一个副节气门，通过传动机构来控制其开度的大小，从而改变进气量，调节输出转矩。这种控制方式操纵稳定性较差，牵引性很差，但舒适性很好。

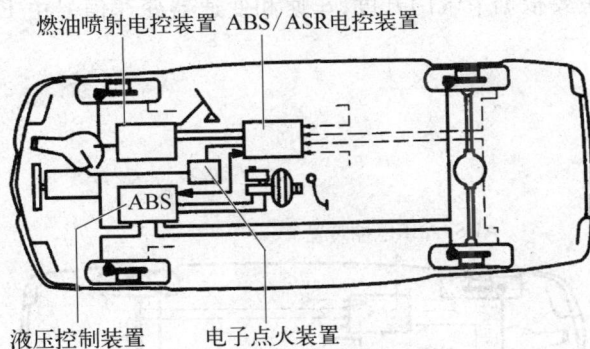

燃油喷射电控装置　ABS/ASR电控装置
液压控制装置　电子点火装置

图4-8　ASR位置

汽油机输出转矩的调节是通过副节气门来实现的。副节气门的执行器安装在节气门体上，ASR的电子控制单元传送信号来控制副节气门的开启角度，从而控制进入发动机的空气量，达到控制发动机输出转矩的目的。

副节气1门的执行器一般由步进电动机和传动机构组成，步进电动机根据ASR控制单

笔 记

元输出的脉冲信号转动规定的转角,通过传动机构带动副节气门转动。传动机构主要通过装在壳体上的旋转轴、主动齿轮、齿扇等实现对副节气门开度的控制。

副节气门执行器不动作时,副节气门全开,如图4-9(a)所示,此时发动机输出达到最大;当需要适当减小输出转矩时,副节气门执行器使副节气门阀打开一半如图4-9(b)所示);若需要大大降低输出转矩时,副节气门执行器使副节气门全闭如图4-9(c)所示。

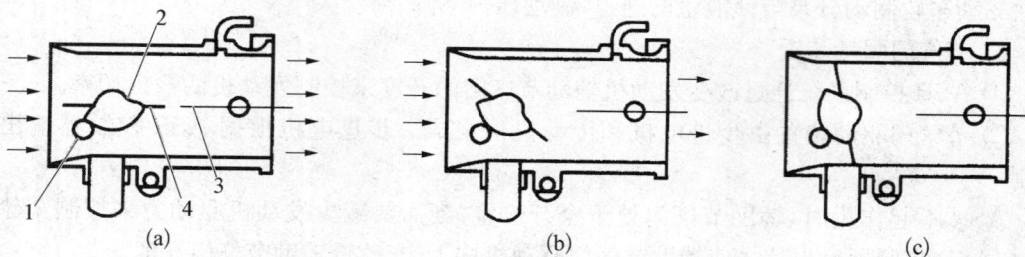

图4-9 副节气门执行动作

(2)点火参数调节。点火参数调节是对点火提前角进行控制或对是否点火进行控制。减小点火提前角,可以适度减小输出转矩。若减小点火提前角后驱动轮打滑仍然持续加剧,则可暂时停止点火和供油。点火参数调节控制快捷、反应迅速(反应时间为30~100 mS),操纵稳定性较好,但舒适性较差,影响汽车寿命,还使排放恶化。

(3)燃油供给量调节。减少供油和暂停供油,可以减小转矩,这是现代驱动防滑控制系统中比较容易的控制方式。这种控制方式通常和燃油电子控制结合在一起使用。

2)差速器锁止控制

(1)防滑差速器——防止车轮打滑的差速器,可自动控制汽车驱动轮打滑。

(2)作用——汽车在好路上行驶时具有正常的差速作用。但在坏路上行驶时,差速作用被锁止,充分利用不滑转车轮同地面间的附着力,产生足够的牵引力。

(3)控制特性:主要根据节气门开度、车速和变速器变速信号由ECU控制并改变差动限制离合器的压紧力。

① 起步控制。

② 打滑控制。

③ 通常控制。

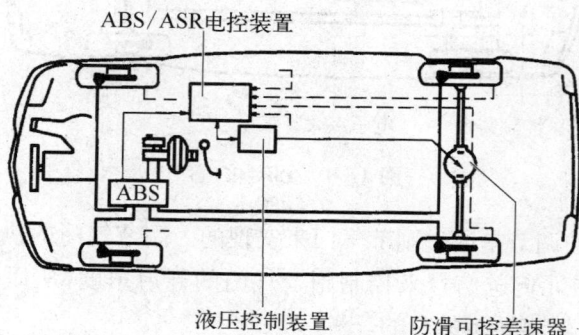

图4-10 汽车一侧车轮滑转时,利用差速锁使差速器不起作用

笔记

3）驱动轮制动力矩控制

驱动轮制动力矩控制就是当一侧驱动轮轮速超过滑移率门限控制值时,对打滑的驱动轮施加一制动力矩,从而降低其速度,使滑移率控制在一定范围内,如图 4 - 11 所示。驱动轮制动力矩控制的牵引性很好,但舒适性和操纵稳定性较差。

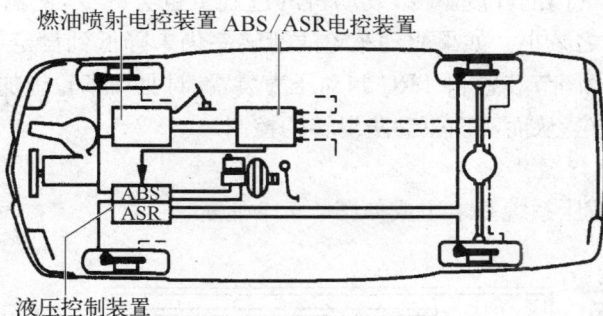

图 4 - 11　ASR 装置的控制

典型 ASR 系统

丰田车系防抱死制动与驱动防滑(ABS/TRC),丰田公司把 ASR 称为牵引力或驱动力控制系统,常用 TRC—Traction Control System 表示。

ASR(TRC)系统组成:

(1) 电子控制器 ECU：与 ABS 共用。

(2) 车轮轮速传感器：与 ABS 共用。

(3) ASR 制动压力调节器：控制驱动轮制动管路。

(4) 副节气门：步进电机控制。

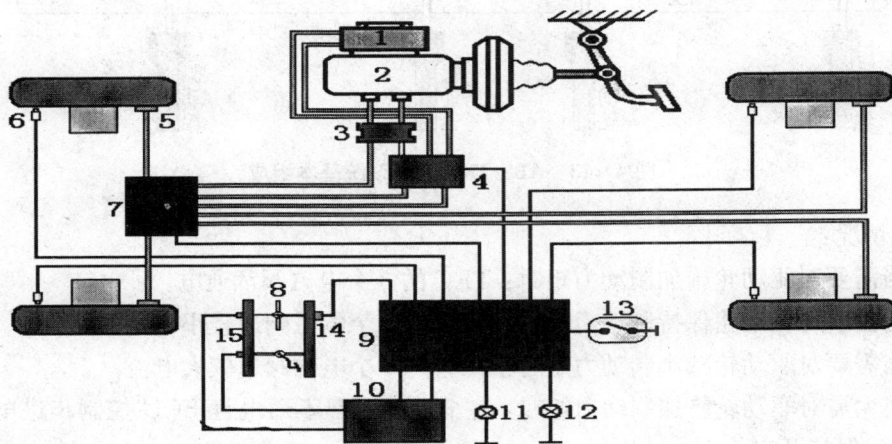

图 4 - 12

1-储液罐;2-制动总泵;3-比例阀;4- ASR 制动压力调节器;5-制动分泵;6-轮速传感器;7-ABS 制动压力调节器;8-主、副节气门;9- ABS/TRC ECU;10-发动机 ECU;11- ASR 工作指示灯;12- ASR 关闭指示灯;13- ASR 控制开关;14-步近电机;15-节气门位置传感器

（5）节气门开度传感器：主、副节气门各一个。

ASR(TRC)系统工作过程：

ECU 根据各轮速传感器的信号，确定驱动轮的滑转率和汽车的参考速度。当 ECU 判定驱动轮的滑转率超过设定的门限值时，就使驱动副节气门的步进电机转动，减小节气门的开度，此时，即使主节气门的开度不变，发动机的进气量也会减少，使输出功率减小，驱动轮上的驱动力矩就会随之减小。如果驱动车轮的滑转率仍未降低到设定的控制范围，ECU 又会控制 TRC 制动压力调节装置和 TRC 制动压力装置，对驱动车轮施加一定的制动压力，使制动力矩作用于驱动轮，从而实现驱动防滑转的控制。

1. 液压系统与执行器

（1）ABS/TRC 液压系统基本组成如图 4-13 所示。

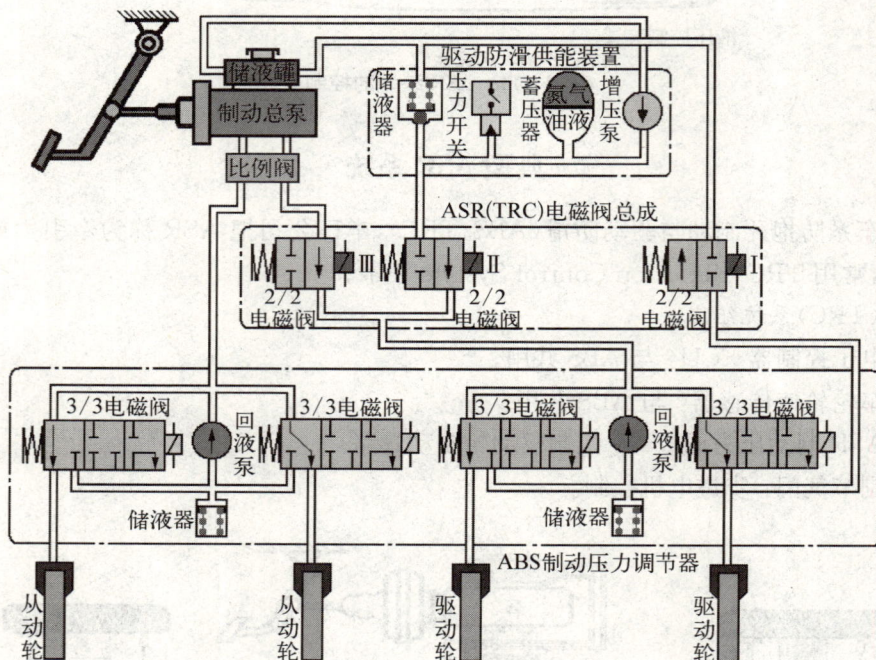

图 4-13　ABS/TRC 液压系统基本组成

工作情况：

① 当需要对驱动轮施加制动力矩时：TRC 的 3 个电磁阀都通电。

② 当需要对驱动轮保持制动力矩时：ABS 的 2 个电磁阀通较小电流。

③ 当需要对驱动轮减小制动力矩时：ABS 的 2 个电磁阀通较大电流。

④ 当无需对驱动轮施加制动力矩时：各个电磁阀都不通电且 ECU 控制步进电机转动使副节气门保持开启。

（2）TRC 液压制动执行器基本组成如图 4-14 所示。

2. 副节气门及其驱动机构

副节气门及其驱动机构——副节气门执行器依据 ECU 的信号控制副节气门的开闭角

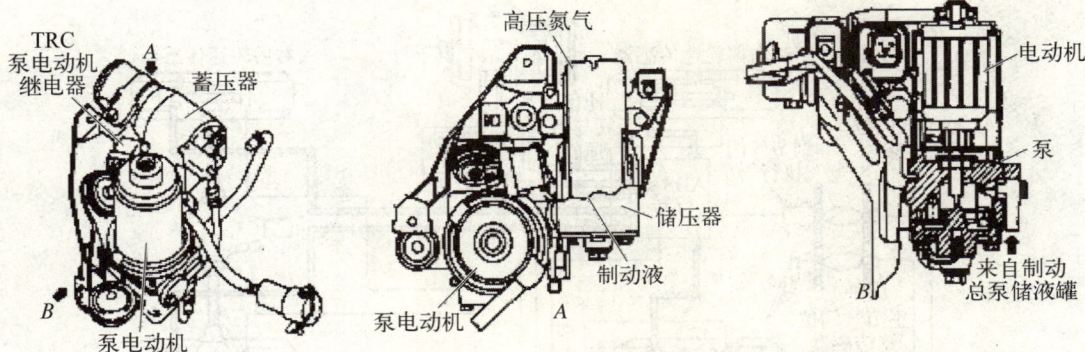

图 4-14 TRC 液压制动执行器基本组成

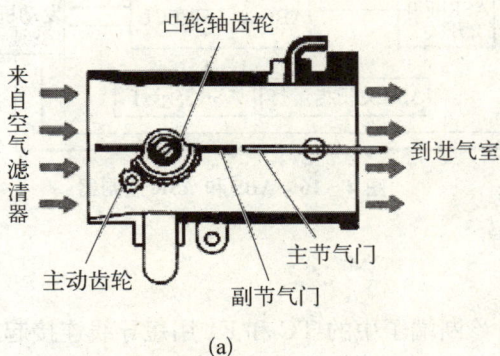

(a)

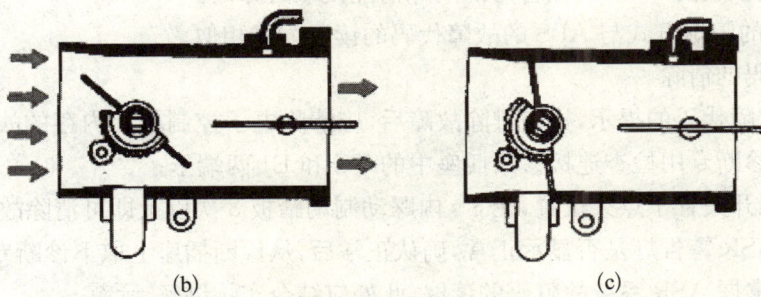

(b)　　　　　　　　(c)

图 4-15 TRC 系统工作时副节气门运转状况

(a) 不运转,副节气门全开　(b) 半运转,副节气门打开 50%　(c) 全运转,副节气门全闭

度,从而控制进入发动机空气量,达到控制发动机输出功率的目的。

驱动防滑系统的维护

以丰田凌志轿车为例介绍 ASR 系统的故障诊断及检查步骤。

凌志 LS400 汽车同时具有 ABS 和 ASR 系统功能,ABS 和 ASR 控制器组合为一个整体,如图 4-16 所示。

1. ASR 系统的故障自诊断

(1) 系统的自检　当点火开关接通时,仪表板上的 ASR 报警灯会亮起,3 s 后 ASR 报警灯熄灭。如果点火开关接通时,ASR 报警灯不亮或 3 s 后不熄灭,应为不正常,需进行检查。

笔记

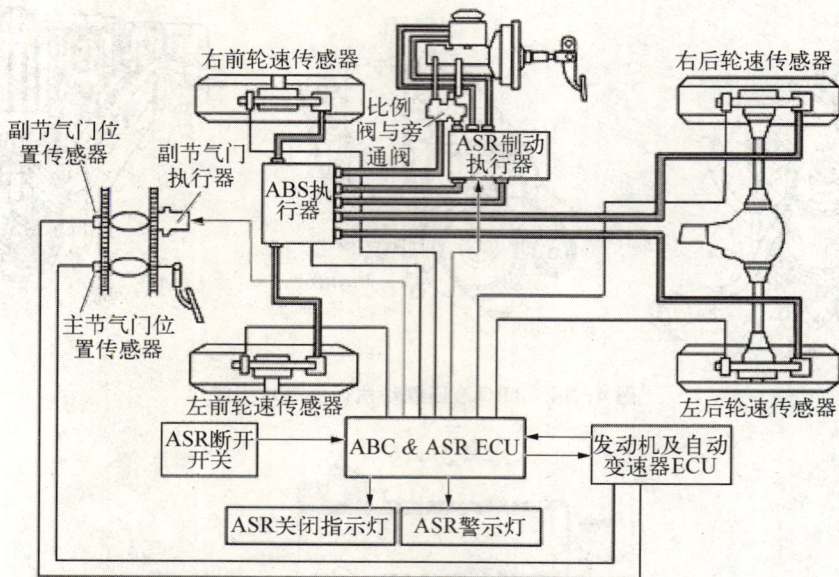

图 4-16 ABS 和 ASR 控制器

（2）故障代码的读取

① 接通点火开关。

② 将 ASR 或 ABS 诊断端子中的 TC 和 E1 用短导线连接起来。

③ 在仪表板上的 ASR 的报警灯的闪烁情况读取故障码。

故障代码的闪烁方式与 ABS 的故障代码的读取方式相似。

（3）故障码的清除

① 按照故障代码的提示，检查排除故障后，应清除电子控制单元内存的故障代码，其方法是：用故障诊断专用检查连接诊断插座中的 TC 和 E1 两端子；

② 将点火开关置于点火位置，在 3 s 内踩动制动踏板 8 次以上即可清除故障代码；

③ 检查 ASR 警告灯是否显示正常，确认正常后，从诊断插座上取下诊断专用检查线。

提示：为掌握 ASR 系统故障码的读取，此处应结合实物讲解、示范。

2. ASR 系统的检测　ASR/ABS 电子控制单元插接器各接线端子与地之间电压

（1）电源电压　在点火开关关断和接通时，BAT 端子上的电压均应为 $10\sim14$ V；在点火开关断开时 IG 端子上的电压应为 0 V，点火开关接通时，该端子电压应为 $10\sim14$ V。

（2）空档起动开关两端子 PL、NL 上的电压　PL、NL 两端子上的电压在点火开关关断时，均为 0 V；当点火开关接通、变速操纵杆在 P 或 N 时均为 $10\sim14$ V，其他位置时为 0 V。

（3）制动开关 STP 端子上的电压　在制动灯开关接通时，STP 端子上的电压应为 $10\sim14$ V；制动灯开关断开时应 0 V。

（4）制动液液面高度警告开关 LBL1 端子上的电压　在点火开关接通和制动液液面高度开关断开时，LBL1 端子上的电压值应为 $10\sim14$ V；液位开关接通时，应小于 1 V。

（5）ASR 切断开关 CSW 端子上的电压　在点火开关接通时，按下 ASR 切断开关，其端子电压为 0 V；放开 ASR 切断开关，则应约为 5 V。

（6）ASR 制动主继电器 TSR 端子上的电压　点火开关接通时，TSR 端子上的电压应为 10～14 V。

（7）ASR 节气门继电器 BTH 和 TTR 两端子上的电压　在点火开关接通时，BTH、TTR 两端子上的电压均应为 10～14 V；点火开关断开时均为 0 V。

（8）ASR 制动压力调节器各端子上的电压　在点火开关接通时，SMC、SAC、SRC 三端子上的电压值均应为 10～14 V；PR、VC 两端子上的电压值均应约为 5 V。

（9）与发动机和自动变速器电子控制单元相关的端子电压。

① IDL1 和 IDL2 两端子上的电压：在点火开关接通时，节气门关闭，电压应为 0 V；节气门开启，电压应为 5 V。

② VTH 和 VSH 两端子上的电压：在点火开关接通、节气门关闭，电压约为 0.6 V；节气门开启，电压约为 3.8 V。

③ TR2 端子上的电压：在点火开关接通时约为 5 V。

④ TR5 端子上的电压：在点火开关接通和发动机检查灯打开时，约为 1.2 V；若发动机运转且发动机检查灯关闭时，约为 10～14 V。

⑤ NEO 端子上的电压：在点火开关接通且发动机停熄时，其电压约为 5 V；怠速时约为 2.5 V。

（10）ASR 关闭指示灯 WT 端子上的电压：在点火开关接通时，若指示灯断开，电压应为 10～14 V；若指示接通，电压应为 0 V。

（11）故障诊断插座 TC、TS 和 D/G 端子上的电压。

① TC 端子上的电压：在点火开关接通时，其电压应为 10～14 V。

② TS 端子上的电压：在点火开关接通时，其电压应为 10 V。

③ D/G 端子上的电压：在点火开关接通时，其电压应为 10～14 V。

项目五　ESP 车身电子稳定系统检修

项目概述

现代汽车技术发展的一个主要方向就是提高主动安全性以避免事故的发生，并充分发挥车辆的动力性能。为提高汽车行驶的安全性能，在原有 ABS 的基础上，又增加了电子稳定系统 ESP 见图 5-1。ESP 是英语 Electronic Stability Program 缩写，意为电子稳定程序，它是一个主动安全系统，是建立在其他牵引控制系统之上的一个非独立的系统。通过有选择性的分缸制动及发动机管理系统干预，防止车辆滑移如图 5-1 所示。

本项目主要学习任务：

ESP 维护、保养与诊断、排除

笔记

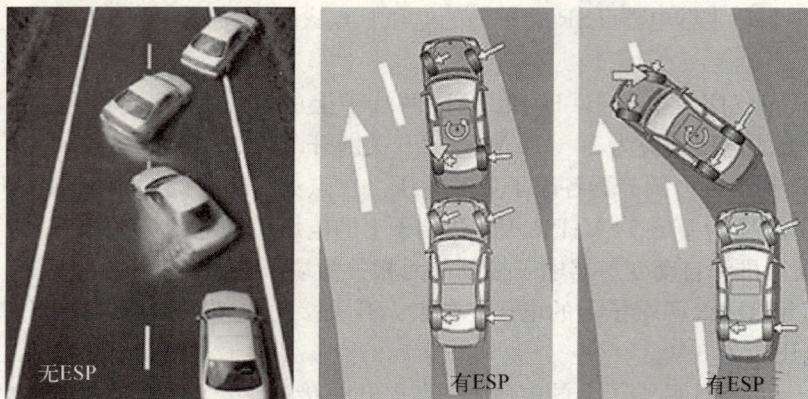

图 5-1   汽车在有无 ESP 系统的对比

工作任务 1   ESP 维护、保养与诊断、排除

任务描述

一天,接车员陈华接到一辆奔驰轿车,车辆行驶了 16 万千米,最近冷车起动时故障灯常亮,正常行驶 5 分钟左右,出现"请检修电子稳定控制",然后是"发动机动力降低"。此时,油门踩到底,转速也不到 2 000,怠速不稳定,车子突然降速。慢慢悠时速还能到 50 千米。车主并且经常跑长途,这样很危险! 车主把车开到 4S 店维修技师用检测仪检测故障为 C1402 现在需要进一步诊断和排除故障。

学习目标

1. 知识目标
(1) 认识电子稳定系统的组成、结构与功用。
(2) 掌握整车上各系统组成、各部件的位置及作用。
2. 技能目标
(1) 能够初步进行电子系统的检查维护。
(2) 会运用所学知识和经验,为客户提供汽车进气系统日常维护的建议。
3. 素养目标
(1) 具备信息查询和手册使用的基本能力。
(2) 能够按照企业 5S 要求和安全生产规范进行操作。
(3) 能与同学密切合作,规范安全的完成学习活动。
(4) 养成自主学习、操作规范的工作作风及环保意识。

建议学时：6 学时

资料查询

1. 查阅"学习参考书"、维修手册和相关维修资料,整理出该任务的知识点和技能点

知识点	(1)	
	(2)	
	(3)	
	(4)	
	(5)	
技能点	(1)	
	(2)	
	(3)	
	(4)	
	(5)	

2. 查阅资料,完成下列测试

(1) 电子稳定系统一般主要由传感器(轮速传感器、_____、横摆率传感器、_____、制动液压传感器、_____、电子控制单元、执行器及_____等组成。

(2) 轮速传感器是一个电磁式传感器,装在每个车轮的相应位置上,用于检测车轮旋转的_____。前轮速度传感器是前轮轮毂总成的一部分。左前和右前轮轮毂各装有一个车轮速度传感器和一个_____齿的磁脉冲信号环。后轮速度传感器位于主减速器后盖的支架上,左、右各有一个。

(3) 横摆率传感器一般装在汽车行李箱前部,与汽车垂直轴线平行,用于检测汽车_____(汽车绕垂直轴旋转的速度)。

(4) 液压控制装置,正常情况下执行_____;当车轮在加速或减速过程中出现滑移时,执行 TRC 和 ABC 功能;当汽车出现侧滑时,把受到控制的_____加到每个车轮上。

(5) 电子控制单元将传感器采集到的数据进行计算,算出车身状态然后跟存储器中预先设定的数据进行_____。当电脑计算数据超出存储器预存的数值,即车身临近失控或者已经失控的时候则命令执行器工作,以保证车身行驶状态能够尽量满足驾驶员的意图。

3. 查阅资料,识别电子稳定系统主部件,并指出各部件在车上的安装位置

计划决策

请根据任务要求,确定汽车转向系检查与维护所需的资料及用具。

1. 需要的资料及用具

(1) 场地设施：＿＿＿＿＿＿＿＿＿＿＿＿＿＿＿＿＿＿＿＿＿＿＿＿＿

(2) 设备器材：＿＿＿＿＿＿＿＿＿＿＿＿＿＿＿＿＿＿＿＿＿＿＿＿＿＿

(3) 备件耗材：＿＿＿＿＿＿＿＿＿＿＿＿＿＿＿＿＿＿＿＿＿＿＿＿＿＿

(4) 防护用品：＿＿＿＿＿＿＿＿＿＿＿＿＿＿＿＿＿＿＿＿＿＿＿＿＿＿

2. 小组成员分工

人 员 分 工	工具、量具准备	主 要 职 责
组号		
组长		
组员		

3. 汽车进气系统认知、检查与维护流程工作任务

工作步骤	工 作 内 容
步骤 1	
步骤 2	
步骤 3	
步骤 4	
步骤 5	

任务实施

1. 认识实车电子稳定系统 ESP 开关的位置，作用，并写出检测方法

ESP 开关的端子视图及检查方法，可使用数字万用表测量 ESP 开关端子间的电阻，以判断其好坏。

ESP 开关处于常态位置时，端子 3～4 间应＿＿＿＿＿＿，端子 3～5 间开路。按下 ESP 开关时，端子 3～4 间＿＿＿＿＿＿，端子 3～5 间导通。端子 2～6 之间是照明灯电阻。如果测量结果不在规格范围内，则更换＿＿＿＿＿＿。

2. 轮速传感器的检查

1) 概述

如果轮速传感器出现故障，将会导致 ESP 系统产生以下故障：

• 轮速传感器是与 ABS、TCS、EBD 和 ESP 等系统都有关的重要部件，由于它的工作环境恶劣，故障率较高。目前维修站遇到的关于 ABS、TCS 的抱怨，绝大多数是由于轮速传感器及其相关线路故障引起的，所以掌握轮速传感器故障的诊断方法，在汽车维修的实际工作中将掌握的技能。

2) 技能操作

传感器气隙间隙在＿＿＿＿＿＿毫米之间，用塞尺测量。检查轮速传感器时，可用万用表测

量传感器阻值,也可用示波器测量传感器的输出波形。温度在 20℃时,传感器的电阻正常值为_____。再拔下 ABS 控制单元插头,此插头有 25 个针脚,1 号、17 号是右后轮转速传感器信号线,测量电阻在_____1 左右,符合标准值,说明传感器线路_____。

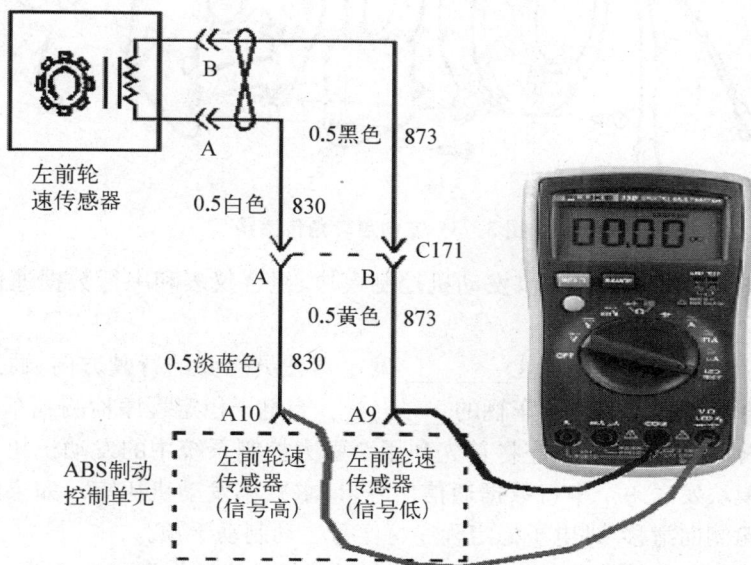

图 5-2 轮速传感器检测

3. 方向盘角度传感器进行校零和控制单元进行编码

电子控制单元监测并判断方向盘转角传感器的输出信号,当车辆沿直线行驶了_____或以上时,电子控制单元会将该行驶方向设定为正前方向。如果电子控制单元检测到方向盘转角传感器角向偏离正前方向,如果偏离度等于或小于_____,则电子控制单元自动执行方向盘转角传感器校准。如果偏离度大于_____°,则设置 C0460"方向盘转角传感器故障"。方向盘转角传感器可使用 Tech2 重新校准,具体操作步骤如下:

(1) 路试车辆并记录车辆笔直向前行驶时的方向盘位置。

(2) 将 Tech2 连接到车辆上,并执行"Tech2 方向盘转角传感器校准程序"中的指示。

(3) 检查 ABS-TCS/ESP 系统的操作。

考核评价

1. 知识评价

现场问答题:

(1) 叙述电子稳定系统的功用。

(2) 奔驰车型的电子稳定系统,方向盘转角传感器结构如图 5-3 所示。查阅相关资料,对系统的各部分组成进行标注。

(3) 奔驰车型的电子控制单元与液压控制装置集成在一起组成一个总成。电子控制单元持续监测并判断的输入信号有:蓄电池电压、_____、方向盘转角、_____横向偏摆率以及点火开关接通_____、串行数据通信电路等信号。根据所接收的输入信号,

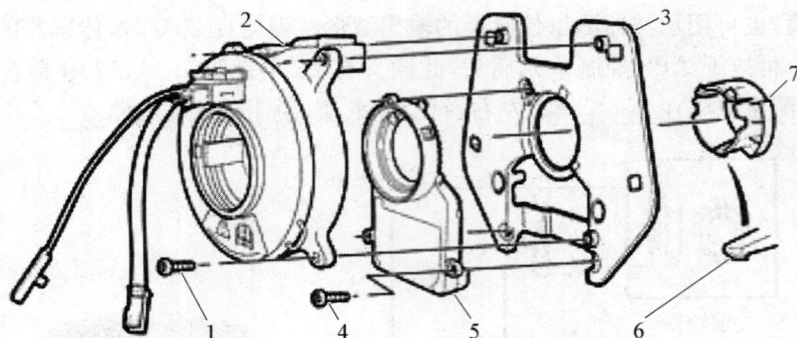

图5-3　方向盘转角传感器

电子控制单元将向液压控制装置、发动机控制模块、组合仪表和串行数据通信电路等发送控制信号。

（4）电子控制单元通过方向盘＿＿＿＿＿＿确定驾驶员想要的行驶方向；通过车轮速度传感器和横向偏摆率传感器来计算车辆的＿＿＿＿＿。当电子稳定程序检测到车辆行驶轨迹与驾驶员要求不符时，电子稳定程序将首先利用牵引力控制系统中的发动机扭矩减小功能并向发动机控制模块发送一个串行数据通信信号，请求减小发动机扭矩。如果电子稳定程序仍然检测到车轮侧向滑移，则电子稳定程序将实行主动制动干预。

（5）在实车上指出电子稳定系统的组成、各零件的位置及作用。

（6）描述进气系统进行基本检查和维护方法。

2. 技能及素养评价

综 合 考 评		自我评价	小组互评	教师评价	第三方评价
素质考评 30分	劳动态度6				
	遵守纪律6				
	安全操作6				
	学习态度6				
	出勤情况6				
技能考评 70分	工具使用10				
	任务方案10				
	实施过程30				
	完成结果10				
	任务工单10				
（总分100分） 本次得分：					
最终得分：					

参考资料

理论知识

汽车车身稳定系统概述

一、ESP 系统的结构与组成

　　ESP 是在原有电子制动防抱死制动系统（ABS）、电子制动力分配（EBD）和牵引力控制（TCS）的基础上发展起来的，奔驰轿车的制动系统具有上述所有功能。该电子制动系统由电子控制单元（ECU）、液压调节器总成、车轮速度传感器、方向盘转角传感器、横向偏摆率传感器、车轮速度传感器脉冲环以及 ESP 控制开关等部件组成，其中电子控制单元与液压调节器是一体的。其系统组成如图 5-4 所示，电路如图 5-5 所示。

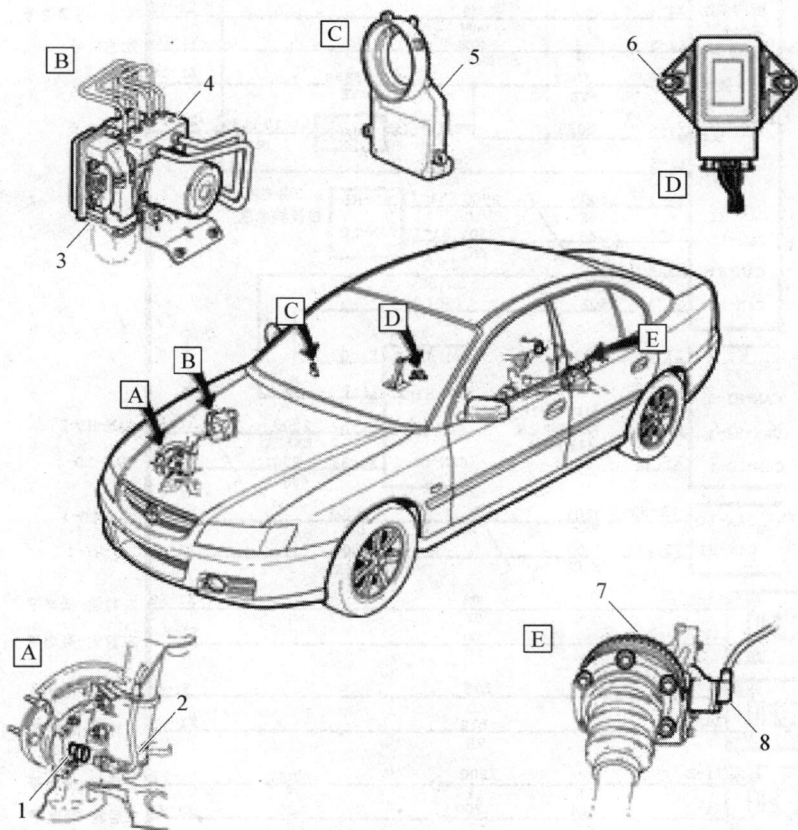

图 5-4　奔驰轿车电子制动系统的组成

1-前轮速度传感器；2-前轮速度传感器引线；3-电子控制单元（ECU）；4-液压调节器
总成；5-方向盘转角传感器；6-横向偏摆率传感器；7-后轮速度传感器脉冲环；8-后轮速度
传感器（字母 A、B、C、D、E 为上述该传感器或总成在汽车中的具体位置）

笔记

A116电子制动器和牵引力控制模块

电源　接地

X86-B　　F105　342　F10　1640　X1-1
1　RD　RD　PD\WH

X1A
正极　G1 蓄电池总成
负极
X2A

X40 串行
数据线路
X119
P-GP3

350 X1-1
BK\OG

X1-12 799 X1-11　ABS诊断启用

S149
点火开关和
起动机总成

342 RD

1 RD

X1-E　X86-D
X1-A

342 RD

X1 300 OG　3
X35-85

160 160 X1-4 接地
BK　BK

150
X3-B8: BK
X157-GP2

RT1 BK
X119-G4GP3

50

829 X1-28 点火
342 X35-30　X35-B7 3 PK F27 RD
RD R21
点火电压控制继电器

F103　1　542　X1-2 蓄电池+1
RD　RD
F104　642　F36　1440 X1-3 蓄电池+2
1 RD　RD　RD\YE
F102　442　F5　640 X1-A　X1-30 倒车灯
1 RD　RD　DG\BU　BU\RD
停车灯开关A

RT1 9K
X119-GP4

B85横向偏摆
率传感器总成

参考电压 X1-1　1337　X1-18 参考电压
GY\BK
自检 X1-2　1338　X1-37 自检
L-GN\BKYE
点火 X1-3　RD
横向偏摆 X1-4　716　X1-16 横向偏摆率信号
率信号 D-BU
加速信号 X1-5　2086　X1-20 加速信号
BN\WH
接地 X1-6　5353　5353 X1-15 接地
YE　YE

接地 X1-6　5353　P3组合仪表 制动器 X1-15 1134 X1-17 制动器
YE　BN\OG
点火 X1-5　B39
RD

B161方向
盘转角传感
器

CAN-HI X1-4　2500　2500 X1-1　CAN-HI A15通信接
BN\BK　BN\BK -1 口模块总成
CAN-LO X1-2　2500　2501 X1-19 CAN-LO
BN -2
CAN-HI X1-3　2500　2500
BN\BK　BN\BK
CAN-LO X1-1　2501　2501
BN　BN

A112(TBB)变速
器控制模块总
成(5速自动)

CAN-LO-2 X1-21
CAN-HI-2 X1-20
CAN-HI-1 X1-32
CAN-LO-1 X1-33

A112 (T42)变速器
控制模块总成
(4速自动)

CAN-LO-2 X1-6
CAN-HI-2 X1-7
55
CAN-HI-1 X1-37　2500　X1-45 CAN-HI-2
BN\BK
CAN-LO-1 X1-38　2501　X1-25 CAN-LO-2
BN

A43发动机控
制模块总成

CAN-LO X2-55　2501　2501 X1-14 CAN-LO-1
BN　BN
CAN-HI X2-23　2500　2500 X1-35 CAN-HI-1
BN\BK　BN\BK

B52 L左前轮速
度传感器总成

绕图 X1-B　873 X1-26 左前轮-低电平
GY
信号 X1-A　830 X1-5 左前轮-高电平
8N

B52 R右前轮速
度传感器总成

绕图 X1-B　B33 X1-9 右前轮-低电平
AD
信号 X1-A　B72 X1-10 右前轮-高电平
WH

B76 L左后轮速
度传感器总成

绕图 X1-B　B85 X200 B85 X1-27 左后轮-低电平
YE　11 YE
信号 X1-A　884 X200 884 X1-7 左后轮-高电平
PU　12 PU

B76 R右后轮速
度传感器总成

绕图 X1-B　B33 X200 B33 X1-8 右后轮-低电平
BU　13 BU
信号 X1-A　B32 X200 B32 X1-29 右后轮-高电平
BK　BK

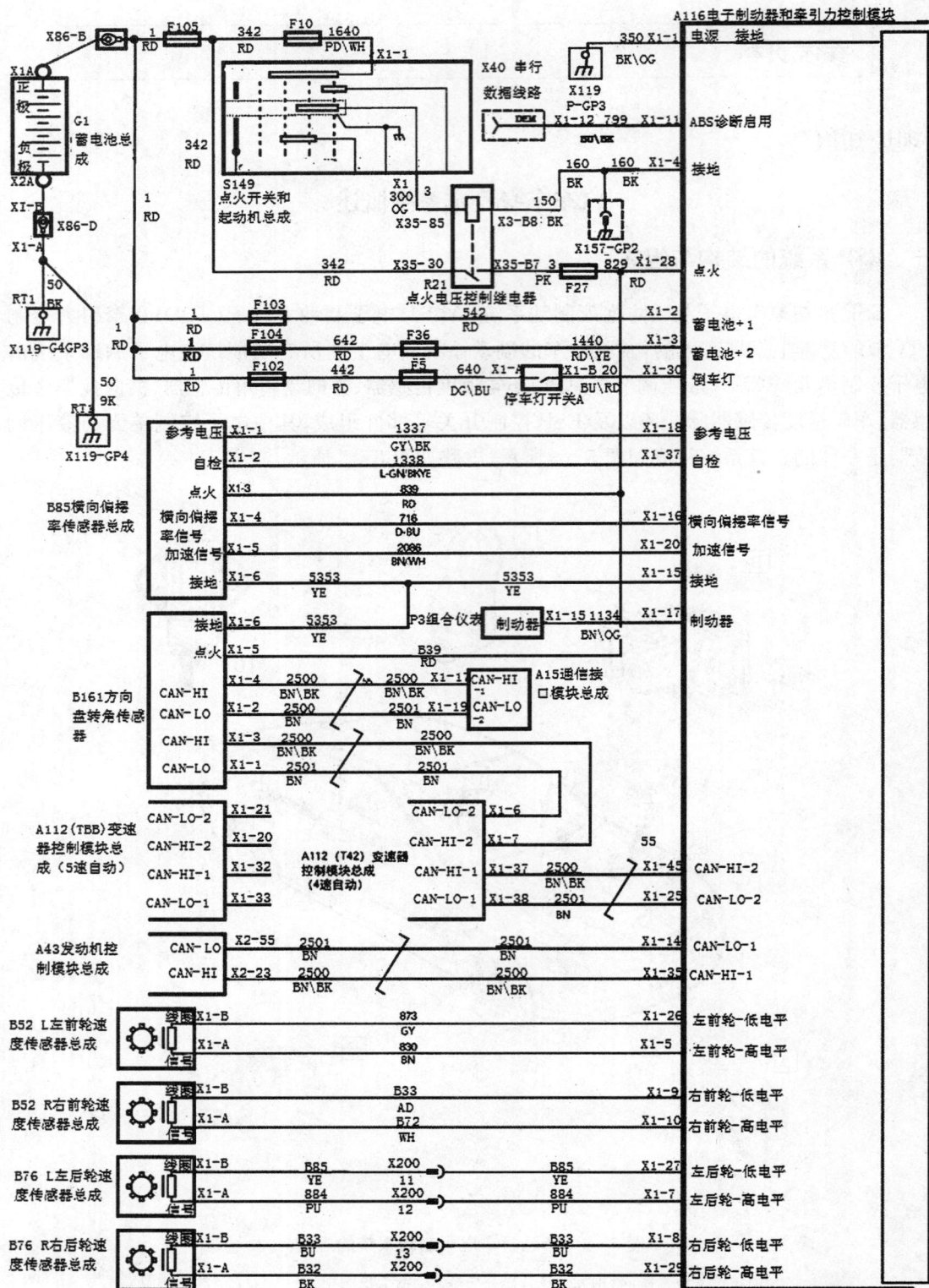

图 5-5　电子制动系统电路

笔记

1. 电子控制单元(ECU)

电子控制单元是 ABS - TCS/ESP 系统的控制中心,它与液压调节器集成在一起组成一个总成。电子控制单元持续监测并判断的输入信号有:蓄电池电压、车轮速度、方向盘转角、横向偏摆率以及点火开关接通、停车灯开关、串行数据通信电路等信号。根据所接收的输入信号,电子控制单元将向液压调节器、发动机控制模块、组合仪表和串行数据通信电路等发送输出控制信号。

当点火开关接通时,电子控制单元会不断进行自检,以检测并查明 ABS - TCS/ESP 系统的故障。此外,电子控制单元还在每个点火循环都执行自检初始化程序。当车速达到约 15 km/h 时,初始化程序即起动。在执行初始化程序时,可能会听到或感觉到程序正在运行,这属于系统的正常操作。在执行初始化程序的过程中,电子控制单元将向液压调节器发送一个控制信号,循环操作各个电磁阀并运行泵电机,以检查各部件是否正常工作。如果泵或任何电磁阀不能正常工作,电子控制单元会设置一个故障诊断码。当车速超过 15 km/h 时,电子控制单元会将输入和输出逻辑序列信号与电子控制单元中所存储的正常工作参数进行比较,以此来不断监测 ABS - TCS/ESP 系统。

2. 液压调节器总成

液压调节器总成内部液压回路如图 5 - 6 所示。为了能独立控制各车轮的制动回路,本系统采用了前/后分离的 4 通道回路结构,每个车轮的液压制动回路都是隔离的,这样当某

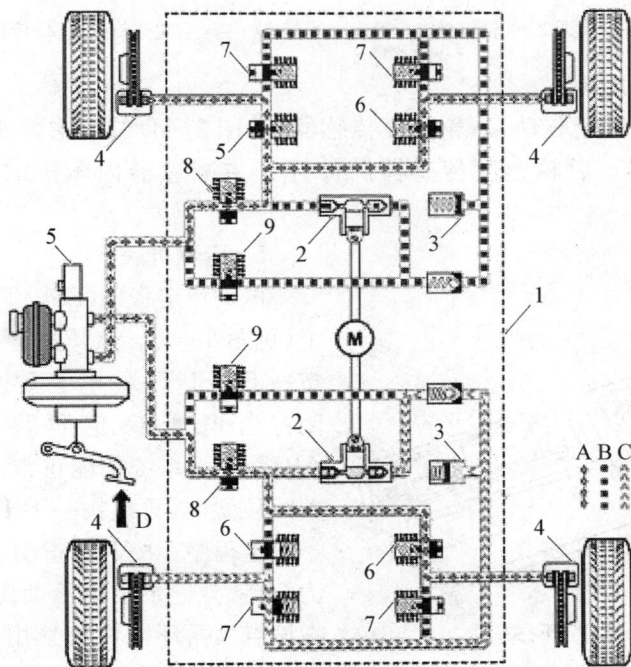

图 5 - 6 液压调节器总成内部液压回路

1-液压调节器总成;2-回程泵;3-储能器;4-制动轮缸;5-制动总
泵;6-进口阀;7-出口阀;8-隔离电动踏板踩下;M-电机

笔 记

个制动回路出现泄漏时仍能继续制动。液压调节器总成根据电子控制单元(ECU)发送的控制信号调节制动液压力。液压调节器总成包括回程泵、电机、储能器、进口阀、出口阀、隔离阀和后起动阀等部件。

3. 前轮速度传感器

前轮速度传感器是一个电磁式传感器(见图5-7),是前轮轮毂总成的一部分,前轮轮毂总成是一个永久性的密封装置。左前和右前轮轮毂装有车轮速度传感器和一个48齿的磁脉冲环。

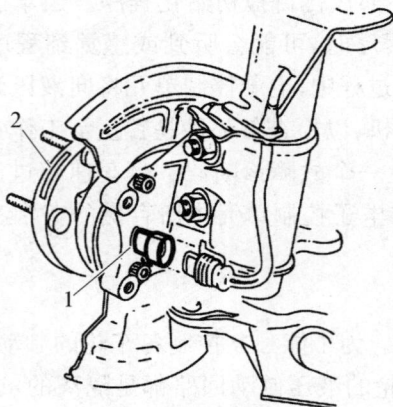

图 5-7 前轮速度传感器

1-前轮速传感器;2-前轮毂总成

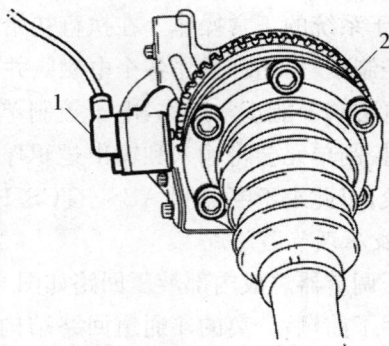

图 5-8 后轮速度传感器

1-后轮速传感器;2-传感器脉冲环

4. 后轮速度传感器

别克荣御采用后轮驱动,后轮速度传感器(见图5-8)位于主减速器后盖的支架上,也是电磁式传感器。后轮速度传感器脉冲环是主减速器内车桥的一部分,不能单独维修。

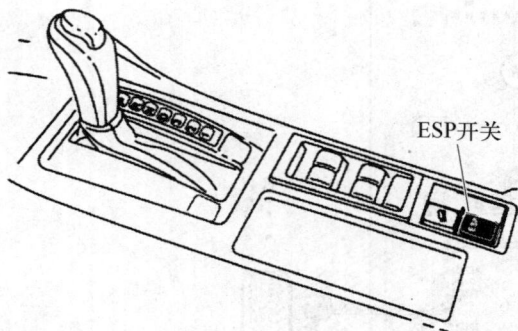

图 5-9 ESP 开关

1-后轮速传感器;2-传感器脉冲环

5. ESP 开关

电子稳定程序(ESP)开关位于地板控制台上(见图5-9)。该开关是一个瞬间接触开关,按一下ESP开关,电子稳定程序从接通转至关闭。当电子稳定程序(ESP)关闭时,ABS-TCS系统仍能正常工作。当ESP处于关闭位置时,再次按一下ESP开关,将接通电子稳定程序。按下ESP开关超过60 s将被视为短路,会记录故障诊断码,且电子稳定程序在该点火循环内将被禁用。如果没有记录牵引力控制系统当前故障诊断码,电子稳定程序将在下一个点火循环复位到接通状态。

6. 方向盘转角传感器

方向盘转角传感器位于方向盘下面(见图5-10)。方向盘转角传感器提供表示方向盘旋转角度的输出信号。由于2只测量齿轮的齿数不同,故产生不同相位的两个转角信号,即能产生一个可表示±760°方向盘旋转角度的输出信号,电子控制单元利用这个信息计算出驾驶员所要求的方向。控制单元通过方向盘转角传感器与横向偏摆率传感器信号的比较,确定车辆实际行驶轨迹与驾驶要求是否一致,从而确定控制目标。

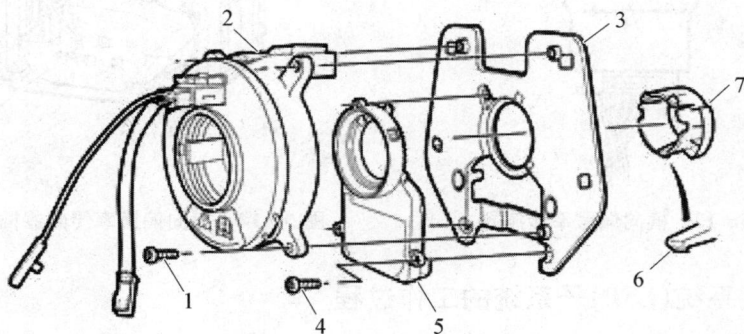

图5-10 方向盘转角传感器的位置

1-螺钉;2-螺旋电缆;3-转接板;4-螺钉;5-方向盘转角传感器;6-固定凸舌;7-转向信号解除凸轮

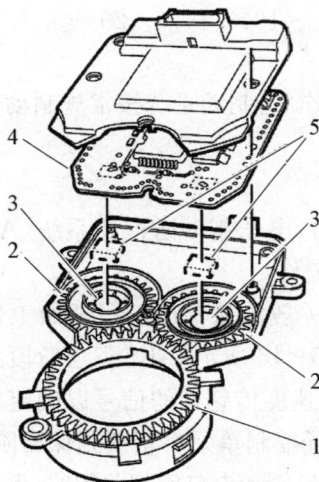

图5-11 方向盘转角传感器的构造

1-齿轮;2-测量齿轮;3-磁铁;4-判断电路;5-各向异性磁阻(AMR)集成电路

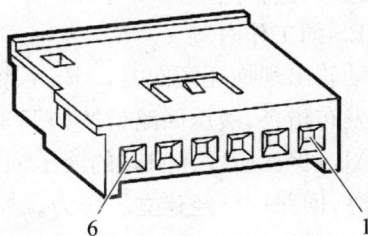

图5-12 方向盘转角传感器端子

横向偏摆率传感器位于仪表板中央控制台下部。横向偏摆率传感器总成包括两个部件,一个是横向偏摆率传感器,另一个是横向加速度传感器。横向偏摆率传感器根据车辆绕其纵轴的旋转角度产生对应的输出信号电压;横向加速度传感器根据车轮侧向滑移量产生对应的输出信号电压。ESP控制单元利用横向偏摆率传感器和横向加速度传感器输出的这两个传感器信号,计算出车辆的实际行驶状态,再结合车轮速度传感器的输出信号和方向盘转角传感器的串行数据输出信号,确定控制目标。

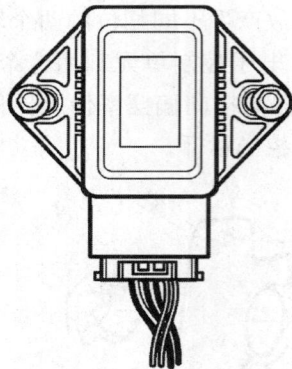

图 5－13　横向偏摆率传感器

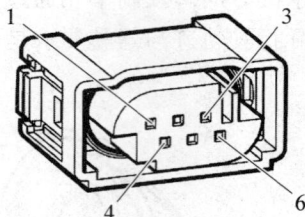

图 5－14　横向偏摆率传感器插头端子

二、电子稳定系统(ESP)子系统的工作过程

1. 防抱死制动系统(ABS)的工作过程

ABS 防抱死系统,能避免在紧急刹车时方向失控及车轮侧滑,使车轮在刹车时不被锁死,不让轮胎在一个点上与地面摩擦,从而加大磨擦力,使刹车效率达到 90% 以上,同时还能减少刹车消耗,延长刹车轮鼓、碟片和轮胎两倍的使用寿命。装有 ABS 的车辆在干柏油路、雨天、雪天等路面防滑性能分别达到 80%～90%、30%～10%、15%～20%。

1) 常规制动

当驱动轮还没有出现抱死倾向时,ABS 系统不起作用,制动系统按常规制动方式进行制动,它的液压回路如图 5－15 所示。

2) ABS 的工作时刻

当驱动轮出现抱死倾向时,ABS 系统起作用,此时,电子制动防抱死系统(ABS)就向其液压回路发布指令,液压回路就按如下 3 个阶段进行工作:

(1) ABS 保压阶段:ABS 的液压回路在工作时,一般均从保压阶段开始工作。因为在常规制动时,回路中已经建立了压力。控制油路如图 5－16 所示,ABS 保压阶段的压力曲线如图 5－17 所示。电子控制单元监测并比较每个车轮速度传感器的信号以确定车轮是否滑移,如果在制动过程中检测到车轮滑移(如左后轮),电子控制单元将切换到保压阶段,并向液压调节器发送控制信号,以关闭左后进口阀。当左后进口阀和出口阀都关闭时,无论制动踏板所施加的制动液压力为多少,左后制动回路都将被隔离,从而使左后轮制动液压力保持恒定。

(2) ABS 减压阶段:控制油路如图 5－18 所示,ABS 减压阶段的压力曲线如图 5－19 所示。如果当防抱死制动系统处于保压阶段时仍然检测到左后车轮处于滑移状态,则电子控制单元将切换到 ABS 减压阶段,电子控制单元向液压调节器发送控制信号,关闭左后进口阀;打开左后出口阀,左后轮制动液先被导入储能器,以保证制动液压力立即下降,储能器储存过量的左后轮制动液;运行液压调节器泵,泵出左后轮制动液回流压力,从而使左后轮制动钳释放出来的制动液能够抵消制动踏板压力,返回到制动总泵。此时左后轮的抱死趋势将开始消除,随着左后制动轮缸制动压力的减小,左后轮会在汽车惯性力的作用下逐渐加速。

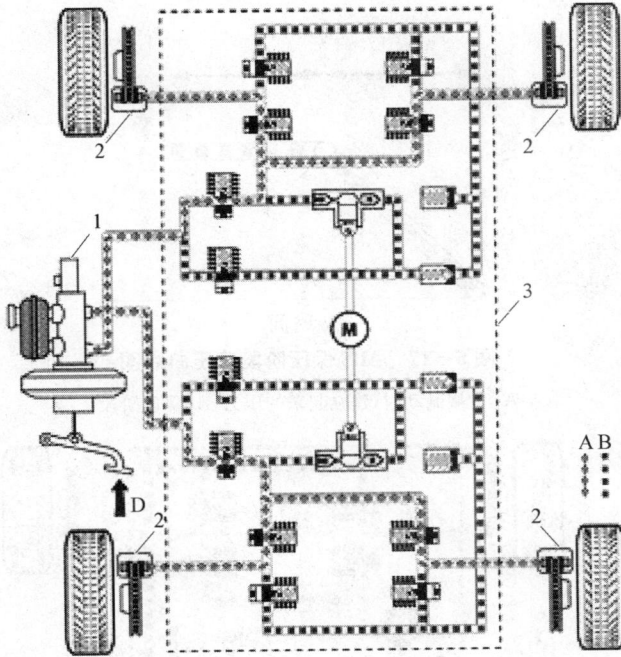

图 5-15　常规制动控制油路

1-制动总泵；2-制动轮缸；3-液压调节器总成；A-常规的制动液压力；B-停止的制动液压力流（电磁阀闭合）；D-制动踏板踩下

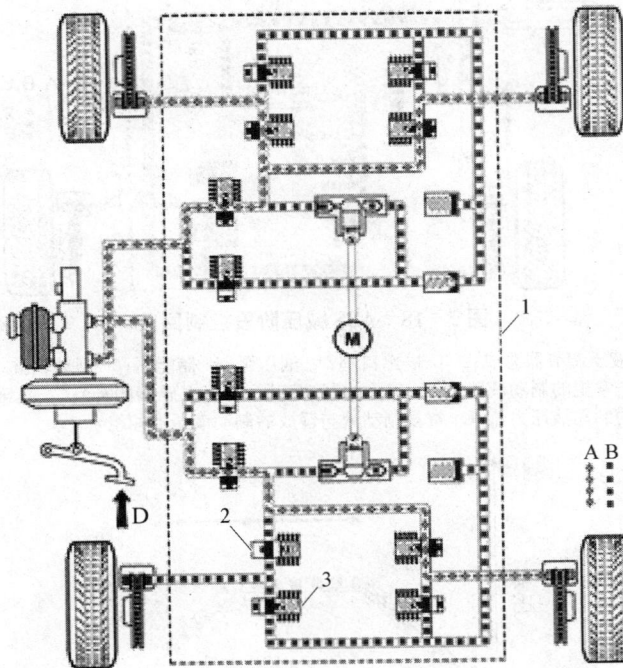

图 5-16　ABS 保压阶段控制油路

1-液压调节器；2-进口阀；3-出口阀；A-常规的制动液压力；B-停止的制动液压力流（电磁阀闭合）；D-制动踏板踩下

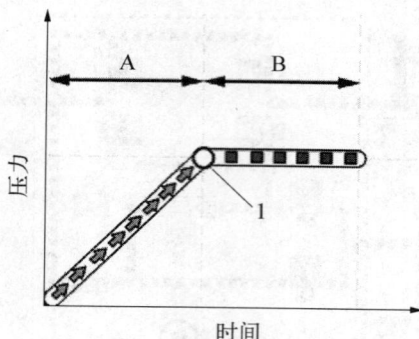

图 5 - 17　ABS 保压阶段液压曲线图

A-常规制动时，建立起来的压力；B-保压阶段

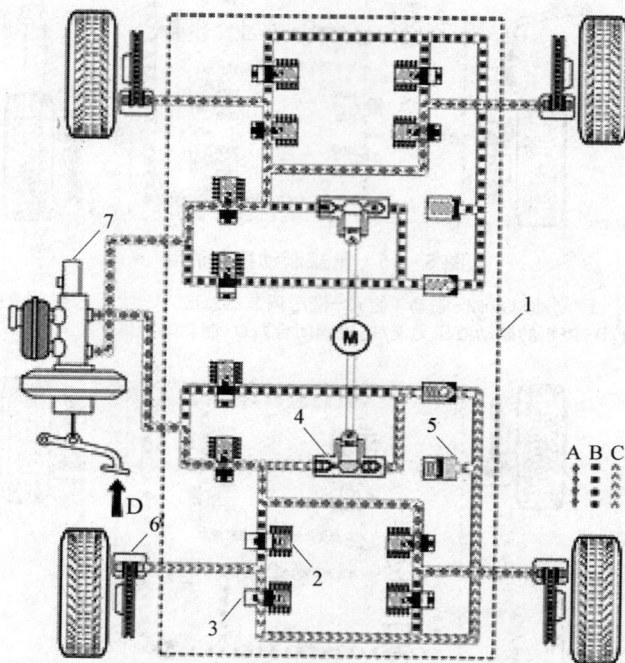

图 5 - 18　ABS 减压阶段控制回路

1-液压调节器总成；2,3-进出口阀；4-液压泵；5-储能器；6-制动轮缸；7-制动总泵；A-常规的制动液压力；B-停止的制动液压力流（电磁阀闭合）；C-液压调节器泵产生的制动液压力流；D-常规制动液与释放的制动液压力相组合

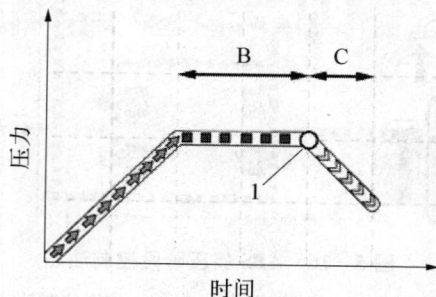

图 5 - 19　ABS 减压阶段曲线

笔记

（3）ABS建压阶段：控制油路如图5-20所示，ABS建压阶段的压力曲线如图5-21所示。如果电子控制单元检测到由于ABS减压阶段所施加的制动力减小而导致左后轮速度大于其他3个车轮的速度，则电子控制单元将切换到增压阶段，电子控制单元向液压调节器发送控制信号，关闭左后出口阀；打开左后进口阀；继续运行液压调节器泵。此时，总泵的制动液像常规制动操作那样被再次引入左后轮制动轮缸。先前减小的制动液压力现在增加了，从而减小了左后轮的速度。

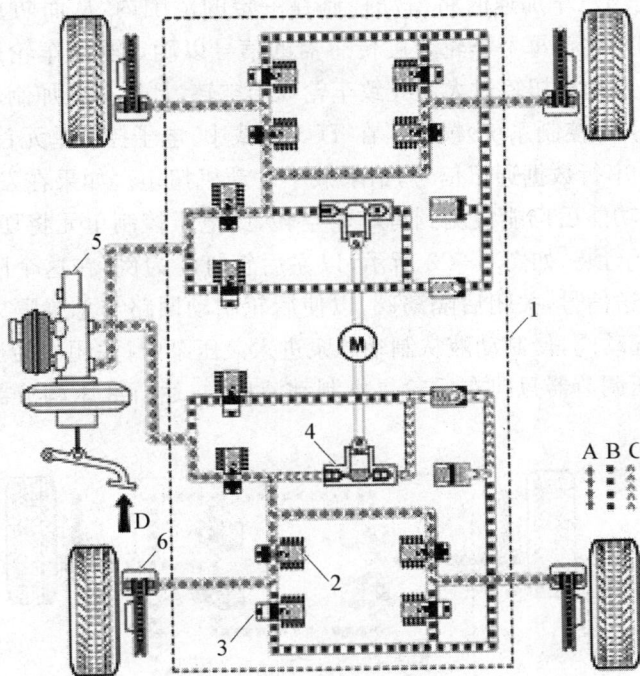

图5-20 ABS建压阶段控制回路

1-液压调节器总成；2-进口阀；3-出口阀；4-液压泵总成；5-制动总泵；6-制动轮缸；A-常规的制动液压力；B-停止的制动液压力流（电磁阀闭合）；C-液压调节器泵产生的制动液压力流；D-制动踏板踩下

这种ABS保压、减压、建压……阶段不断重复，直到消除了抱死倾向为止。根据路面情况，每秒钟大约有4～6个控制循环。

2. 电子制动力分配（EBD）工作过程

EBD能够根据由于汽车制动时产生轴荷转移的不同，而自动调节前、后轴的制动力分配比例，提高制动效能，并配合ABS提高制动稳定性。汽车在制动时，四只轮胎附着的地面条件往往不一样。例如，有时左前轮和右后轮附着在干燥的水泥地面上，而右前轮和左后轮却附着在水中或泥水中，这种情况

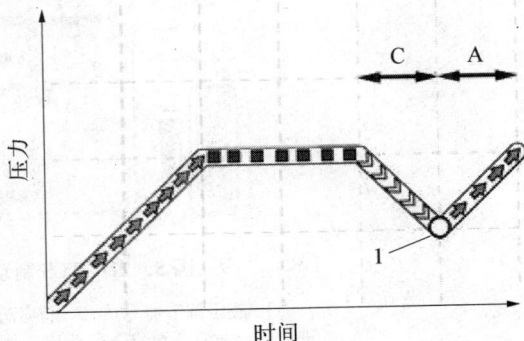

图5-21 ABS建压阶段曲线

会导致在汽车制动时四只轮子与地面的摩擦力不一样,制动时容易造成打滑、倾斜和车辆侧翻事故。EBD用高速计算机在汽车制动的瞬间,分别对四只轮胎附着的不同地面进行感应、计算,得出不同的摩擦力数值,使四只轮胎的制动装置根据不同的情况用不同的方式和力量制动,并在运动中不断高速调整,从而保证车辆的平稳、安全。其工作循环同 ABS 工作循环相同。

3. 牵引力控制系统(TCS)工作过程

TCS 的作用是当汽车加速时将滑动控制在一定的范围内,从而防止驱动轮快速滑动。电子控制单元监测并比较每个车轮速度传感器的信号以确定驱动车轮是否滑移,如果确定是由于路面湿滑或发动机扭矩过大而导致车轮纵向空转,且没有施加制动,则电子控制单元将切换到 TCS(牵引力控制系统)模式。在 TCS 模式中,电子控制单元首先向发动机控制模块(ECM)发送一个串行数据通讯信号,请求减小发动机扭矩。如果在发动机控制模块已执行发动机扭矩减小功能后仍能检测到有车轮空转,则电子控制单元将切换到牵引力控制阶段,实施 TCS 制动干预。如图 5-22 所示,以左后轮打滑为例,在这个阶段,电子控制单元将向液压调节器发送信号,关闭后隔离阀,以使后轮制动回路与总泵隔离开来,防止制动液返回总泵;打开后起动阀,使制动液从制动总泵进入液压泵中;关闭右后进口阀,以隔离右后轮液压回路,使液压调节器只向左后轮提供制动液压力;运行液压调节器泵,将制动液压力

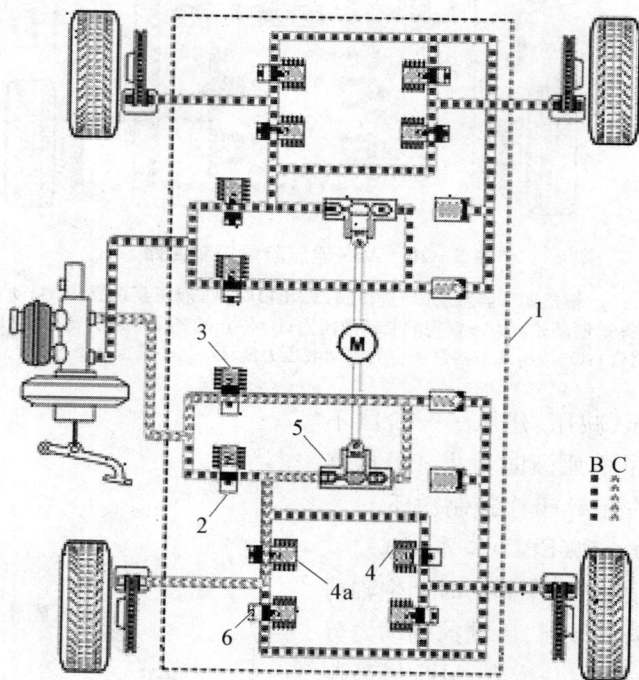

图 5-22　TCS 制动干预(以左后轮为例)

1-液压调节器总成;2-隔离阀;3-起动阀;4-右后进口阀;4a-左后进口阀;5-液压泵;6-左后出口阀;B-停止的制动液压力流(电磁阀闭合);C-液压调节器泵产生的制动液压力流;M-泵电机

施加到左后轮制动钳上,以阻止左后轮空转。在 TCS 模式下,这些操作每秒会执行约 4~6 次。ABS 和 TCS 模式之间的差别在于,在 TCS 模式下是增加制动液压力以阻止车轮空转,而在 ABS 模式下是减小制动液压力以避免车轮抱死。如果在 TCS 模式下人工实行制动,则退出 TCS 制动干预模式,而允许人工制动。

三、电子稳定程序(ESP)工作过程

电子稳定程序(ESP)用于在高速转弯或在湿滑路面上行驶时提供最佳的车辆稳定性和方向控制。电子控制单元(ECU)通过方向盘转角传感器确定驾驶员想要的行驶方向;通过车轮速度传感器和横向偏摆率传感器来计算车辆的实际行驶方向。当电子稳定程序检测到车辆行驶轨迹与驾驶员要求不符时,电子稳定程序将首先利用牵引力控制系统中的发动机扭矩减小功能并向发动机控制模块(ECM)发送一个串行数据通信信号,请求减小发动机扭矩。如果电子稳定程序仍然检测到车轮侧向滑移,则电子稳定程序将根据"从外部作用于车辆上的所有力(不管是制动力、推动力,还是任何一种侧向力)都会使车辆环绕其重心而转动"的原理,通过对前、后桥一个以上的车轮进行制动干预,迅速克服以下操作缺陷,使车辆不偏离正确的行驶轨迹,确保安全。

1. 克服转向不足的操作

转向不足如图 5-23 所示,方向盘转角传感器向电子控制单元发送一个驾驶员想要朝方向"A"转向的信号,横向偏摆率传感器检测到车辆开始打转"B",同时车辆前端开始向方向"C"滑移,说明车辆出现转向不足,电子稳定程序将实行主动制动干预。如图 5-24 所示,电子稳定程序利用 ABS-TCS 系统中已有的主动制动控制功能,对左后轮进行制动干预,此刻,由于左后轮被制动,而车子的重心因惯性作用继续向前运动,于是车子就只好以左后轮为支点,绕着它旋转,这样一来,车子就朝方向"A"转向,即朝驾驶员想要的方向转向。转向不足的操作缺陷就被克服,它的控制油路如图 5-25 所示。当电子控制单元检测到车辆

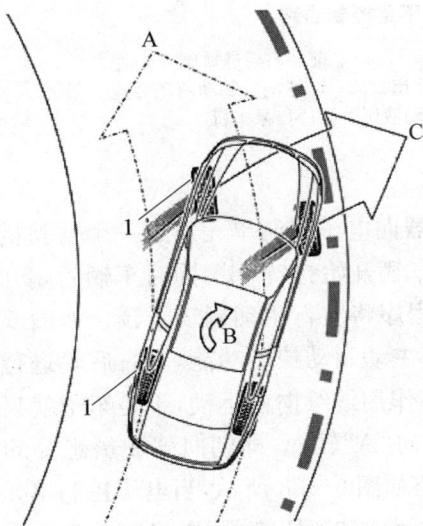

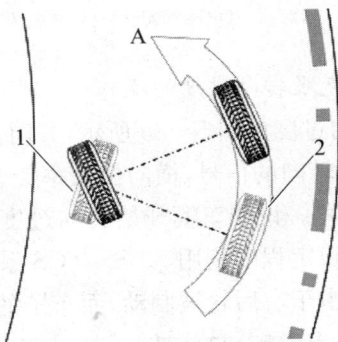

图 5-23 转 向 不 足　　　　图 5-24 克服转向不足控制

　　转向不足时,电子控制单元将向液压调节器发送信号,关闭前和后隔离阀,以使后轮制动回路与总泵隔离开来,防止制动液返回总泵;打开前和后起动阀,使制动液从制动总泵进入液压泵中;关闭右前和右后进口阀,以隔离右轮液压回路,从而使液压调节器只向左轮提供制动液压力;运行液压调节器泵,将合适的制动液压力施加到左轮制动轮缸上,以使车辆朝驾驶员想要的方向转向。如果在 ESP 模式下进行人工制动,则退出 ESP 制动干预模式并允许常规制动。

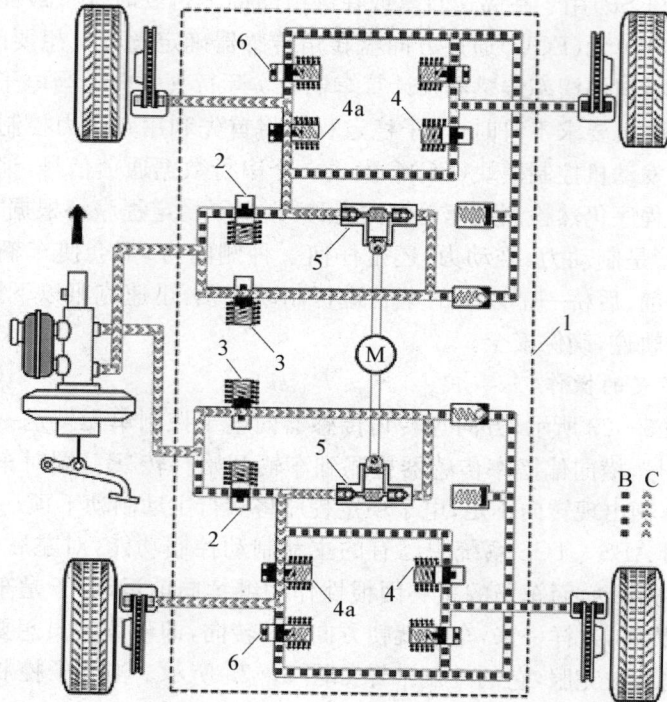

图 5－25　克服转向不足控制油路

1-液压调节器总成;2-隔离阀;3-起动阀;4-右前和右后进口阀;4a-左前和左后进口阀;5-液压泵;6-左前和左后出口阀;B-停止的制动液压力流(电磁阀闭合);C-液压调节器泵产生的制动液压力流;M-泵电机

2.克服转向过度的操作

　　转向过度如图 5－26 所示,方向盘转角传感器向电子控制单元发送一个驾驶员想要朝方向"A"转向的信号,横向偏摆率传感器检测到车辆开始打转"B",同时车辆后端开始向方向"C"滑移。说明车辆开始转向过度,电子稳定程序将实行主动制动干预。如图 5－27 所示,电子稳定程序利用 ABS－TCS 系统中已有的主动制动控制功能,对右后轮进行制动干预,此刻由于右后轮被制动,而车子的重心因惯性作用继续向前运动,于是车子就只好以右后轮为支点,绕着它旋转,这样一来,车子就朝方向"A"转向,即朝向驾驶员想要的方向转向。转向过度的操作缺陷就被克服,它的控制油路如图 5－28 所示,当电子控制单元检测到车辆转向过度时,向液压调节器发送一个信号,关闭前和后隔离阀,以将制动液回路与总泵隔离开来,防止制动液返回总泵;打开前和后起动阀,使制动液从制动总泵进入液压泵中;关闭左前和左后进口阀,以隔离左轮液压回路,从而使液压调节器只向右轮提供制动液压力;运行液压调节器泵,将合适的制动液压力"C"施加到右轮制动轮缸上,以使车辆朝驾驶员想要的方向转向。

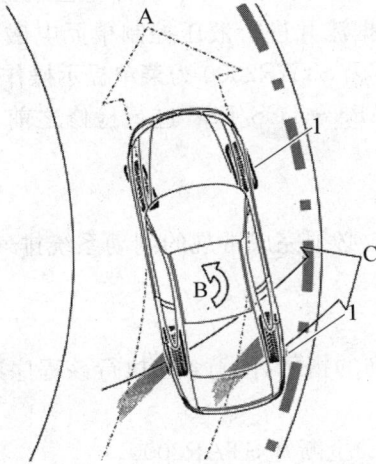

图 5-26 转 向 过 度

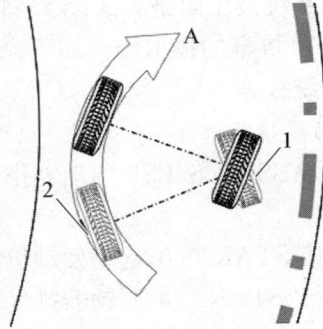

图 5-27 克服转向过度操作

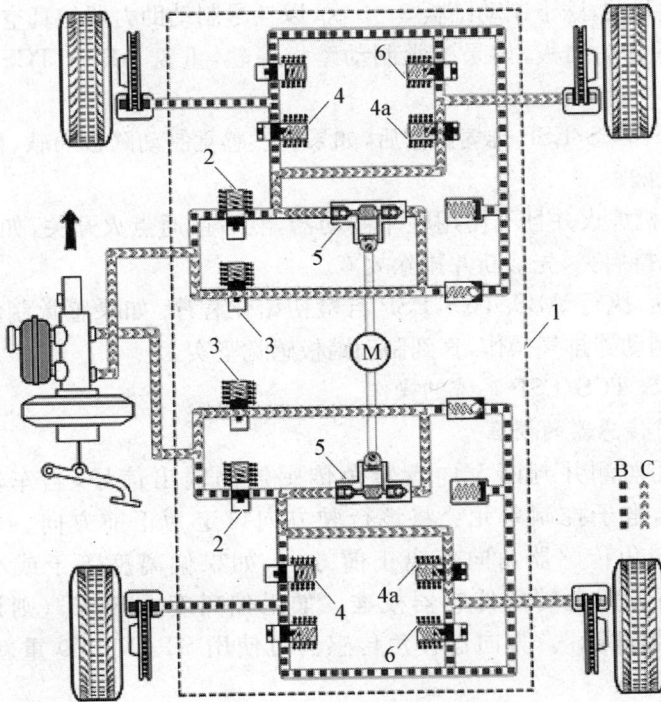

图 5-28 克 服 转 向 过 度 控 制 油 路

1-液压调节器总成;2-隔离阀;3-起动阀;4-左前和左后进口阀;4a-右前和右后进阀;5-液压泵;6-右前和右后出口阀;B-停止的制动液压力流(电磁阀闭合);C-液压调节器泵产生的制动液压力流;M-泵电机

四、电子制动系统的维修

1. 自诊断

电子控制系统出现故障后,控制单元可记忆相应的故障码。用奔驰公司故障诊断仪 STAR2000 可以读取、清除故障码,还可以阅读数据流并进行液压控制单元电磁阀测试、电子稳定控制系统液压回路测试、系统排气测试等。因 STAR2000 为菜单提示操作,这些功能按 STAR2000 屏幕的提示操作即可完成。在对 ABS - TCS/ESP 进行检修之前,应先排除常规制动系统故障。

2. 制动器排气程序

在执行 ABS/TCS/ESP 制动器排气程序之前,必须完成常规的制动系统排气程序。具体步骤是:

(1) 连接 STAR2000,起动发动机并怠速运行。

(2) 执行"STAR2000 制动器排气程序"中所列的指示,注意:在执行该程序期间,确保制动总泵中的制动液液位不低于最低液位。

(3) 关闭点火开关,并从数据链路连接器(DLC)上断开 STAR2000。

(4) 用规定的制动液加注制动总泵储液罐至最高液位。

(5) 执行另一个常规制动系统制动器排气操作。

(6) 关闭点火开关,踩下制动踏板 3~5 次,以耗尽制动助力器的真空储备压力。

(7) 缓慢踩下制动踏板,如果感觉制动踏板绵软,重复 ABS - TCS/ESP 制动器排气操作。

(8) 重复 ABS/TCS/ESP 排气操作后,如果仍然感觉制动踏板绵软,检查制动系统是否存在外部或内部泄漏。

(9) 保持发动机熄火并且不使用驻车制动器,然后接通点火开关,如果驻车制动器/制动器故障指示灯保持启亮,先诊断并排除故障。

(10) 路试车辆,执行 ABS/TCS/ESP 自检初始化程序,如果感觉制动踏板绵软,重复 ABS - TCS/ESP 制动器排气操作,直到制动踏板感觉坚实。

(11) 检查 ABS/TCS/ESP 系统的操作。

3. 方向盘转角传感器的校准

电子控制单元监测并判断方向盘转角传感器的输出信号,当车辆沿直线行驶了 15 分钟或以上时,电子控制单元会将该行驶方向设定为正前方向。如果电子控制单元检测到方向盘转角传感器角向偏离正前方向,如果偏离度等于或小于 15°,则电子控制单元自动执行方向盘转角传感器校准。如果偏离度大于 15°,则设置 DTC C0460 "方向盘转角传感器故障"。方向盘转角传感器可使用 STAR2000 重新校准,具体操作步骤是:

(1) 路试车辆并记录车辆笔直向前行驶时的方向盘位置。

(2) 将 STAR2000 连接到车辆上,并执行"STAR2000 方向盘转角传感器校准程序"中的指示。

(3) 检查 ABS - TCS/ESP 系统的操作。

4. 电子控制单元和液压总成的维修

电子控制单元和液压总成集成为一体,如图 5-29 所示,在保修期内,不要拆解电子控制单元和液压总成。

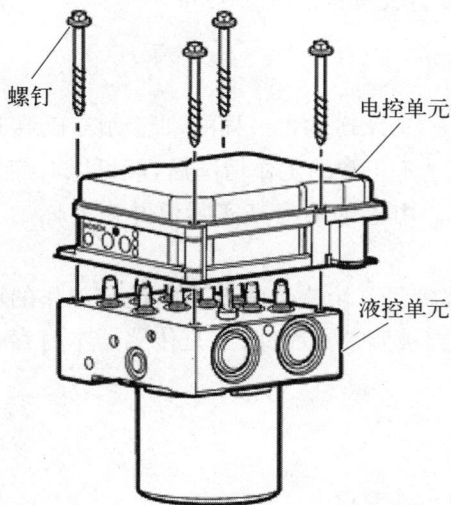

图 5-29 电子控制单元和液压总成

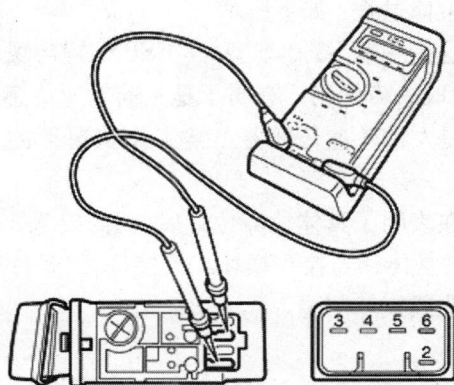

图 5-30 ESP 开关端子视图及检查方法

5. 轮速传感器的检查

奔驰轿车 4 个车轮速度传感器均为电磁式传感器,传感器气传感器气隙间隙在 0.6 到 1.0 毫米之间,用塞尺测量。检查轮速传感器时,可用万用表测量传感器阻值,也可用示波器测量传感器的输出波形。温度在 20℃时,传感器的电阻正常值为 1.3~1.8 kΩ。

6. ESP 开关的检查

ESP 开关的端子视图及检查方法如图 5-30 所示,可使用万用表测量 ESP 开关端子间的电阻,以判断其好坏。

ESP 开关处于常态位置时,端子 3~4 间应导通;端子 3~5 间开路。按下 ESP 开关时,端子 3~4 开路;端子 3~5 导通。端子 2~6 之间是照明灯电阻。如果测量结果不在规格范围内,则更换 ESP 开关。

五、电子稳定程序(ESP)典型故障案例

当电子稳定程序(ESP)发生故障时,汽车仪表盘上的 ESP 警告灯就会点亮。根据这一提示对汽车 ESP 的程序进行检测。

我们用的是奔驰专用检测电脑 STAR DIAGNOSIS,首先对汽车进行全车检查,以防是车上的其他的电子设备的不能正常工作的情况下影响到 ESP 的工作状况。排除了这一可能后,对汽车读取故障码,并进行消码,因为在 ESP 的工作中,有可能存在以前发生过的故障会通过类似于记忆的方式保存于汽车电脑中这一情况。

在做完上面的前期工作后,ESP 的警告灯仍然亮着,那说明问题出在 ESP 这一程序的内部配置中。接下来要做的就是根据 STAR DIAGNOSIS 的指引一步一步的读取故障码,

分析可能单独或者并立存在故障的情况,来达到解除实体故障的目的。

以下是一个左前轮速传感器的损坏影响了 ESP 的不正常工作的典型案例。

生产厂:梅赛德斯-奔驰

车型:S350　　　　生产年份:2010 年　　　　行驶里程:16 000 km

故障症状:左前轮速传感器不工作

检修过程:如下所示

这是一辆 S350 车型,其 ESP 配置与现有的 E - CLASS 的是一样的。起动汽车,接通电脑,读取故障代码。查明了是左前轮速传感器出现了不正常的工作情况后,就可以对症下药了。是左前轮速传感器正常工作状况下的标准值。由电脑测出其实际值并告诉你是不是好的。

在表明了具体故障位置后,就需要人工排除故障了。轮速传感器不能正常工作的原因有:一是传感器接头损坏或没接好;二是传感器线路被腐蚀或断路;三是传感器本身存在硬件老化或损坏问题。

项目六　FSE 系统检修

项目概述

随着科学技术的不断发展与进步,人们对汽车安全性的要求与日俱增,而优异的制动性能以及一体化的底盘综合控制技术是现代汽车安全性的一个重要评价标志。大到传统的拉线式油门、雨刮器等,均被电子油门及能随外界雨量大小而自我调节的智能雨刮器系统所取代。而传统机械制动时代为确保车辆不溜车,人们不得不拉起手动制动杆,随着机电技术的发展,电子技术不断渗入到了汽车的制动系统,出现了汽车电子驻车制动系统(Fse),只需按下 Fse 按钮就能实现驻车制动。Fse 系统是指将行车过程中的临时性紧急制动和停车后的长时性驻车制动功能整合在一起,并且由电子控制方式实现停车制动的技术。

图 6 - 1　电子手刹按钮

本项目主要学习任务：

FSE 拆装手刹制动拉索及维护与诊断、排除

> ## 工作任务 1 FSE 拆装手刹制动拉索及维护与诊断、排除

一天,接车员小刘接到一辆宝马轿车,车主反映车辆挂档行走时车辆没力,并伴随拖刹的异响,然后发现电子手刹不能解除,并在仪表盘上出现手刹报警灯,经过抢修人员对车辆电子手刹进行应急解除后,通过拖车运输到 4S 店。使用诊断仪读取故障码发现手刹制动电机有故障,所以初步判断为电机故障,现在需要进一步的检测。

学习目标

1. 知识目标

(1) 认识电子驻车制动系统的组成、结构与功用。

(2) 掌握整车上各系统组成、各部件的位置及作用。

2. 技能目标

(1) 能够初步进行电子驻车制动系统的检查维护。

(2) 会运用所学知识和经验,为客户提供汽车电子驻车制动系统日常维护的建议。

3. 素养目标

(1) 具备信息查询和手册使用的基本能力。

(2) 能够按照企业 5S 要求和安全生产规范进行操作。

(3) 能与同学密切合作,规范安全的完成学习活动。

(4) 养成自主学习、操作规范的工作作风及环保意识。

建议学时：6 学时

资料查询

1. 查阅"学习参考书"、维修手册和相关维修资料,整理出该任务的知识点和技能点

知识点	(1)	
	(2)	
	(3)	
	(4)	
	(5)	

（续　表）

技能点	(1)	
	(2)	
	(3)	
	(4)	
	(5)	

2. 查阅资料，完成下列测试

（1）FSE 是一个不可分拆的单元，主要有（　　）个部件组成？

A. 5　　　　　　　　　　　　　B. 3

C. 4　　　　　　　　　　　　　D. 2

（2）FSE 控制装置，主要有（　　）种控制状态

A. 1　　　　　　　　　　　　　B. 5

C. 2　　　　　　　　　　　　　D. 3

（3）以下（　　）幅图是 FSE 故障显示灯？

A.　　　　　　　B. AUTO (P) OFF　　　　　　　C. (P)!

3. 查阅资料，识别电子驻车制动系统主部件，并指出各部件在车上的安装位置

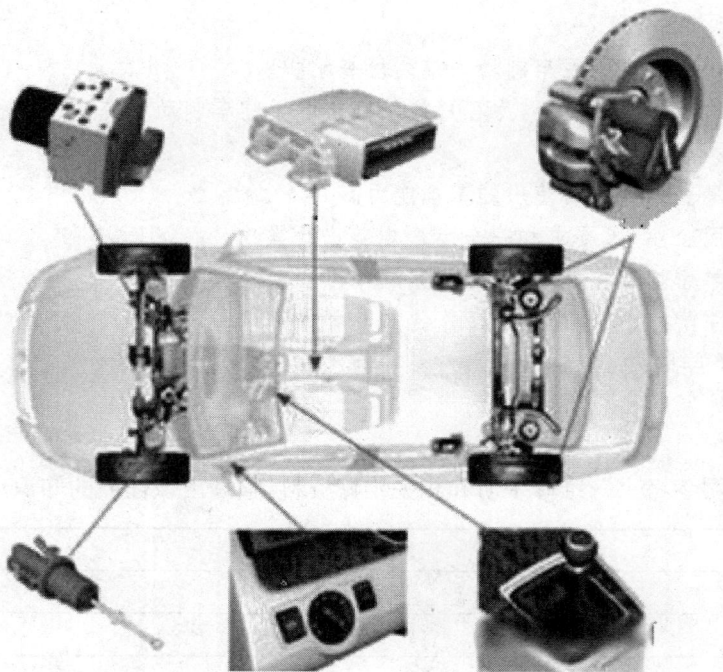

图 6-2　EPB 电子驻车制动系统概览

请结所学知识与电子驻车制动系统的主要结构组成,并填写下表。

序号	部 件 名 称	序号	部 件 名 称
1		4	
2		5	
3		6	

计划决策

请根据任务要求,确定电子驻车制动系统检查与维护所需要的资料及用具。

1. 需要的资料及用具

(1) 场地设施:＿＿＿＿＿＿＿＿＿＿＿＿＿＿＿＿＿＿＿＿＿＿＿＿＿

(2) 设备器材:＿＿＿＿＿＿＿＿＿＿＿＿＿＿＿＿＿＿＿＿＿＿＿＿＿

(3) 备件耗材:＿＿＿＿＿＿＿＿＿＿＿＿＿＿＿＿＿＿＿＿＿＿＿＿＿

(4) 防护用品:＿＿＿＿＿＿＿＿＿＿＿＿＿＿＿＿＿＿＿＿＿＿＿＿＿

2. 小组成员分工

人 员 分 工		工具、量具准备	主 要 职 责
组号			
组长			
组员			

3. 汽车电子驻车制动系统认知、检查与维护流程工作任务

工作步骤	工 作 内 容
步骤1	
步骤2	
步骤3	
步骤4	
步骤5	
步骤6	

任务实施

认识实车上进气系统各零件的位置,作用,并填写下表

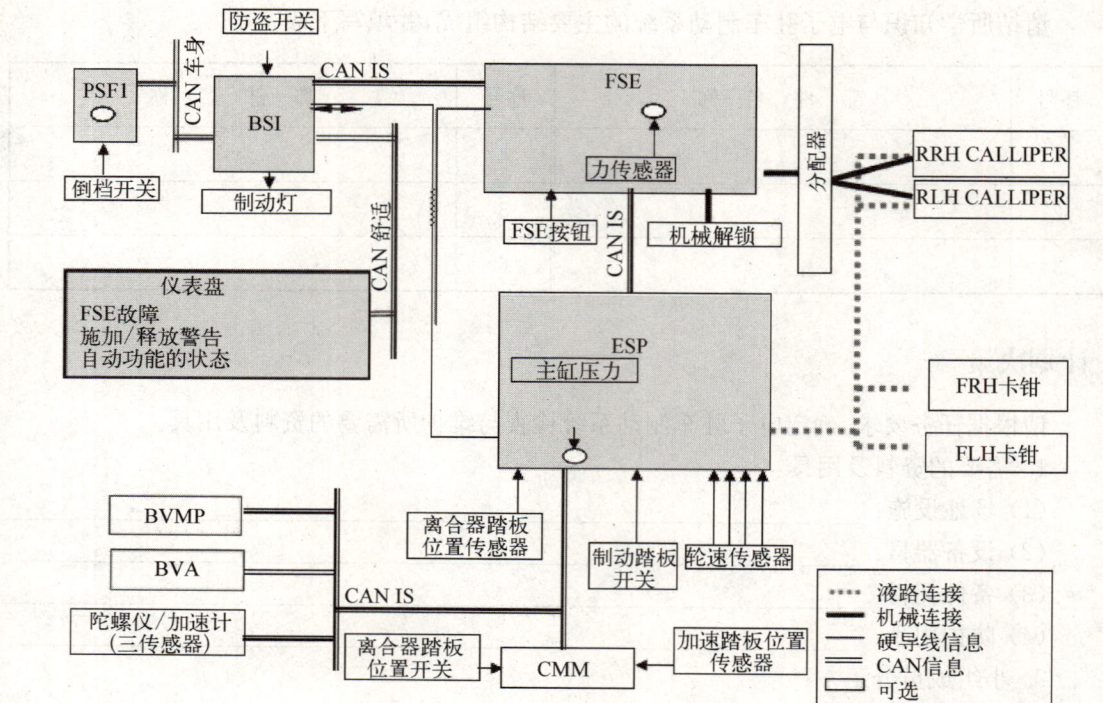

图 6-3　电子手刹系统的组成

零 件 名 称	作　用	零 件 名 称	作　用

考核评价

1. 知识评价

现场问答题：

（1）叙述电子驻车制动系统的功用。

（2）在实车上指出电子驻车制动系统的组成、各零件的位置及作用。

（3）描述电子驻车制动系统进行基本检查和维护方法。

2. 技能及素养评价

综 合 考 评		自我评价	小组互评	教师评价	第三方评价
素质考评 30分	劳动态度 6				
	遵守纪律 6				

（续　表）

综合考评		自我评价	小组互评	教师评价	第三方评价
素质考评 30分	安全操作 6				
	学习态度 6				
	出勤情况 6				
技能考评 70分	工具使用 10				
	任务方案 10				
	实施过程 30				
	完成结果 10				
	任务工单 10				
（总分 100 分）本次得分：					
最终得分：					

参考资料

理论知识

电子驻车制动（FSE）

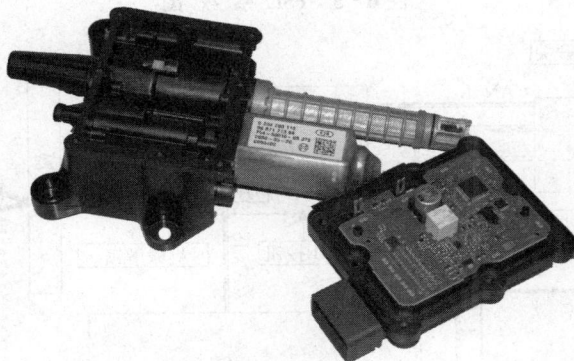

图 6-4　FSE 电机

电子驻车制动在所有级别上是标准装备。

它作用在后制动卡钳上。

一、电子驻车制动（FSE）介绍

提供的功能：

√ 驻车制动；

√ 紧急制动（动态制动）；

√ 切断点火后的自动制动施加；

　√ 自动制动释放（驶离）；

　√ 停车时监控车辆的移动。

⚠ 通过 ESP 计算机控制电子驻车制动（FSE）。后者可分析确定电机锁止/释放信号（锁止力和速度）

二、电子驻车制动（FSE）系统结构如图 6‑5 和 6‑6 所示

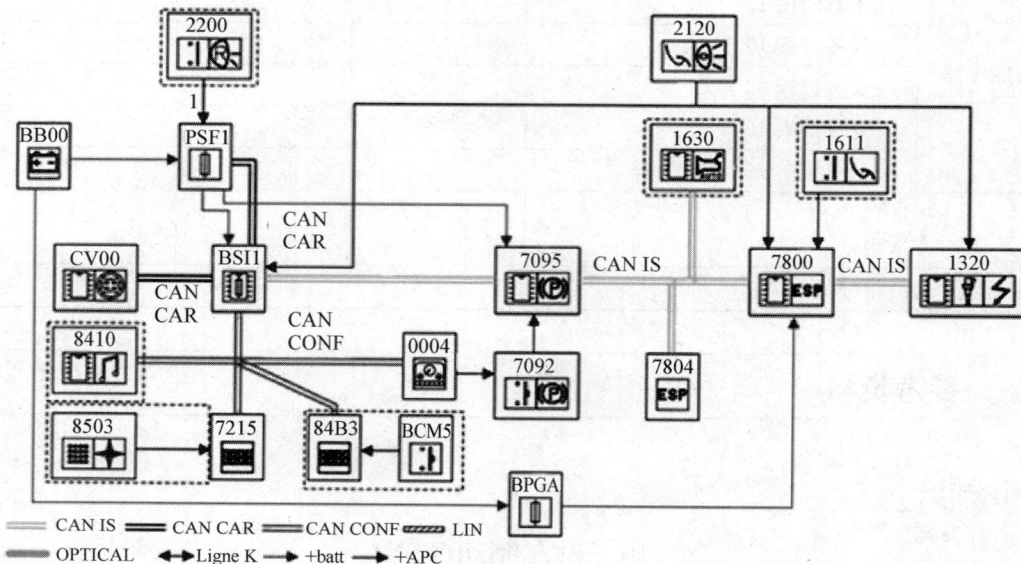

图 6‑5　FSE 系 统 图

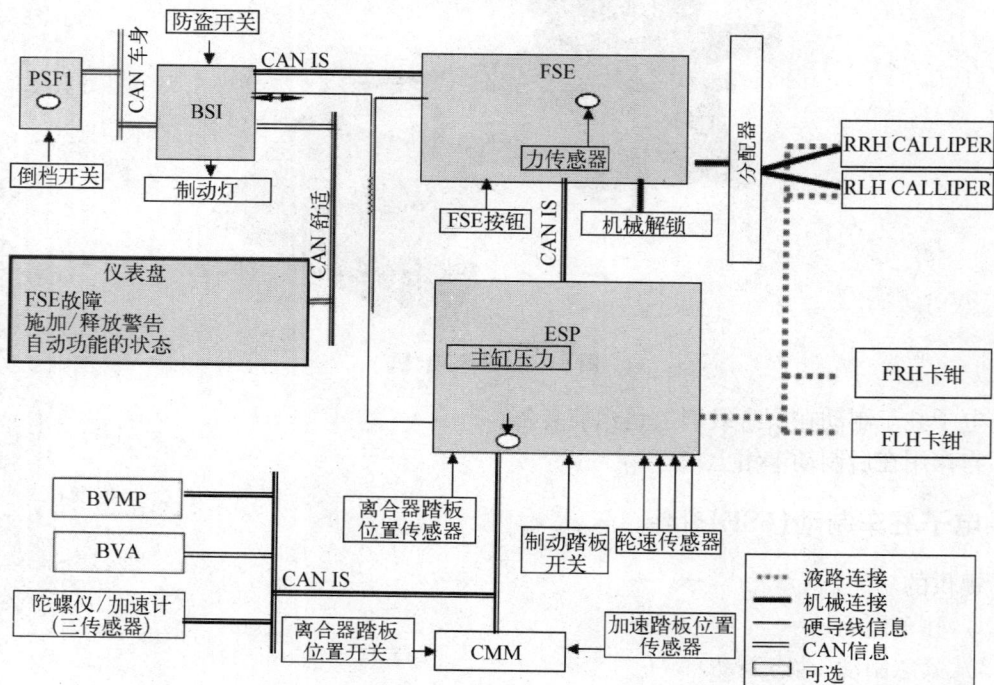

图 6‑6　FSE 系 统 图

笔记

三、电子驻车制动(FSE)用户界面

通过多功能显示屏可以取消自动制动施加和释放功能(根据车型),下面的灯会点亮如图6-7所示。

图6-7 FSE故障灯

要手动释放FSE,点火开关打开时,踩下制动踏板并拉FSE控制拉杆。

如果没有踩制动踏板来拉控制拉杆,2秒之后"脚在制动上"灯会点亮。

在任何情况下(点火关闭,经济模式…)FSE制动施加是可能的。

点火关闭时制动释放是不可能的。

1. 指示灯

√ 自动模式停用警告灯

√ FSE故障灯

√ 脚踩制动踏板提示灯

√ 电子驻车制动灯

2. 多功能显示屏消息

√ 驻车制动启用

√ 驻车制动

√ 驻车制动故障(驾驶员警告)

√ 驻车制动控制故障-自动模式激活

通过信息"驻车制动启用"来通知制动施加结束,仪表盘灯 和 按钮上的

灯点亮。

按按钮 5 秒钟(如当牵引时确保车辆停在原地)驾驶员请求最大制动力。

通过一个特殊的哗哗声和信息"驻车制动"通知最大制动施加。

如果驾驶员忘记施加驻车制动并且驾驶侧车门打开,系统会哗哗声并显示一个提示信息。

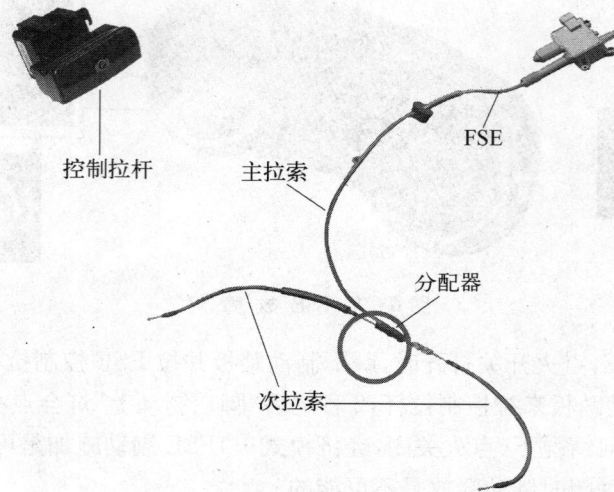

图 6 - 8

电机产生的力经过蜗杆驱动机构通过拉索作用在卡钳上,通过位于中控台上的按钮发出该请求。该功能需要用到两个 ECU:FSE 和 ESP。

3. 部件:FSE ECU

FSE 是一个不可分拆的单元(见图 6 - 8),组成如下:

1 个电机单元,包含:

√ 1 个电机

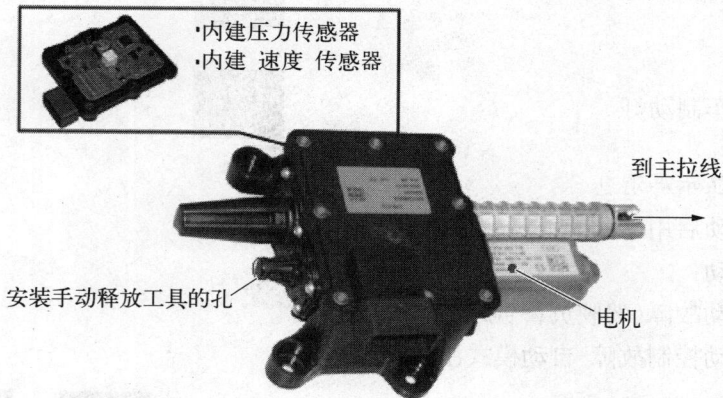

图 6 - 9　FSE 控 制 单 元

$\checkmark$ 1个蜗杆驱动机构

$\checkmark$ 1个手动释放孔

$\checkmark$ 1个 FSE ECU 包含：

$\checkmark$ 1个压力传感器

$\checkmark$ 1个转速传感器

在正常模式下,施加和释放制动的命令是由 ESP ECU 给出的。

注意：只有当车速低于 10 km/h 时才能施加驻车制动。高于这个速度,按驻车制动电子控制会激活 ESP 系统（动态紧急制动系统）。

4. 部件：控制拉杆

图 6-10　控　制　拉　杆

电气特点：

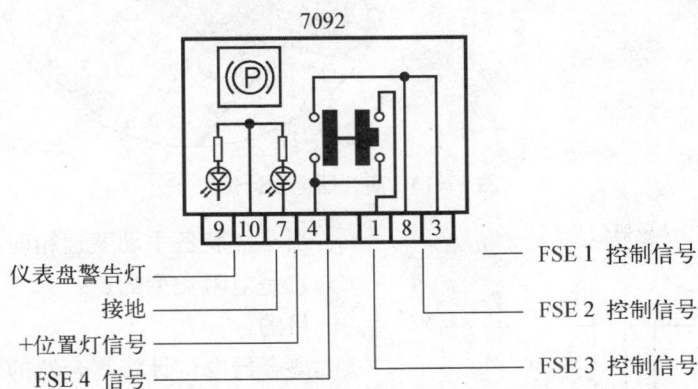

图 6-11　控制拉杆电路

有2个控制信号：

$\checkmark$ 1个控制拉杆激活

$\checkmark$ 1个控制拉杆未激活

因此能够判断此控制拉杆的状态如图 6-11 所示。

激活/关闭的条件：

笔记

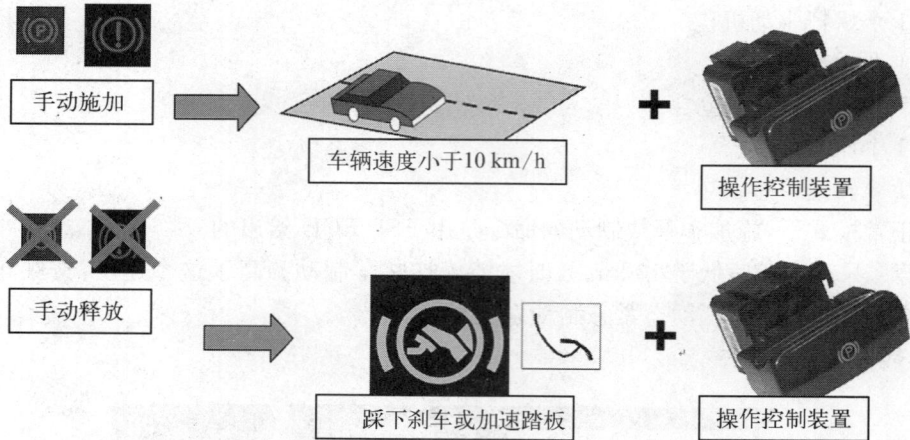

手动施加 ➡ 车辆速度小于10 km/h ＋ 操作控制装置

手动释放 ➡ 踩下刹车或加速踏板 ＋ 操作控制装置

图 6 - 12　FSE 工 作 情 况

在各类情况下电子驻车制动均可施加（FSE）（OFF 模式、经济模式等）。点火关闭情况下不能释放

5. 部件：离合器电位计

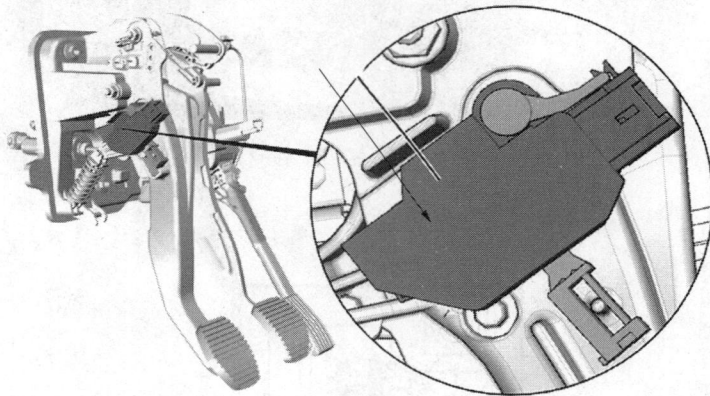

图 6 - 13　离合器电位计位置

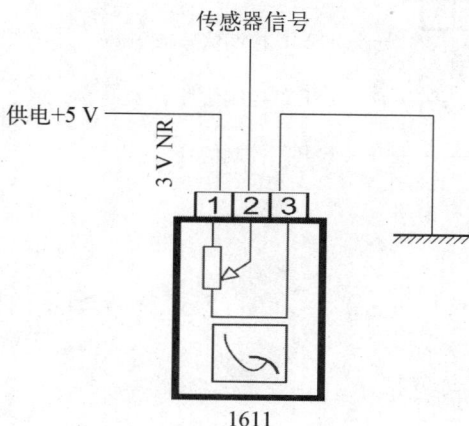

传感器信号

供电+5 V

3 V NR

1　2　3

1611

图 6 - 14　离合器位置传感器电路图

当车辆装备手动变速箱时有这个传感器。它是电阻类型的。

目的：

离合器电位计将离合器的位置通知 ESP 电脑，以便监控发动机运转状态和驾驶员输入。

电气特点如图 6 - 13 所示。

6. 总体构成：原理

FSE 必须获得 ESP 计算机发出的某些信息才可运行如图 6 - 14 所示。

7. 详细构成

FSE 控制装置有 2 种控制状态：

笔记

确定坡度

检测轮胎的旋转

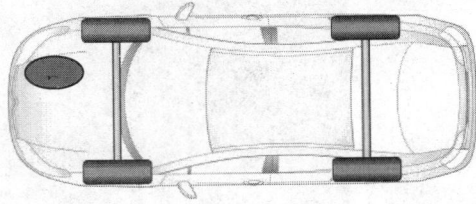

检测车辆的方向

或者

BVA 选择器的位置

检测驾驶员对前行的操控

加速踏板 和 离合器传感器

加速踏板 和 BVA 信息

图 6-15 FSE 系统的连接工作

（1）受控状态。
（2）非受控状态。

图 6-16 FSE 按 钮 键

如果没有检测到控制装置的位置，FSE 计算机可对控制拉杆进行检测。

释放状态

电机 控制蜗杆套 蜗杆

图 6-17 FSE 控制电机结构释放状态

电机带动蜗杆套和蜗杆旋转，松开线束，松开弹簧。

施加状态

电机　　控制蜗杆套　　　　蜗杆

图6-18　FSE控制电机结构施加状态

手动断开系统

图6-19　FSE手动断开系统

8. 系统部件：分手刹拉线

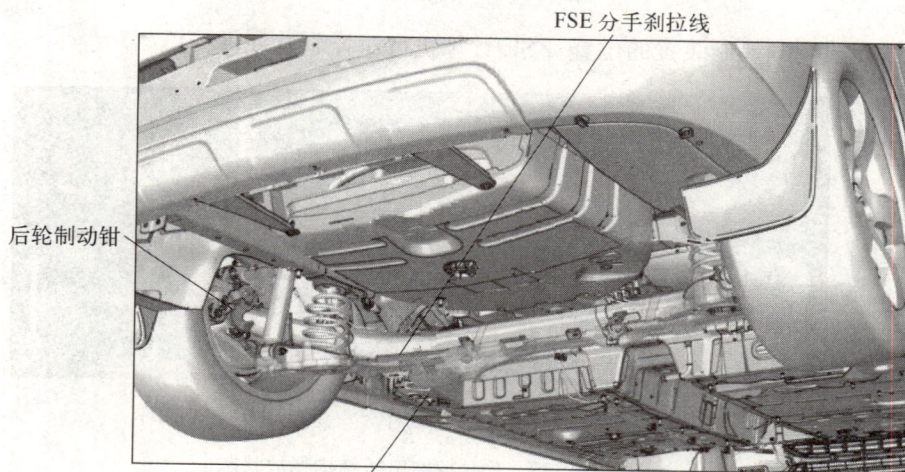

FSE分手刹拉线

后轮制动钳

FSE主手刹拉线

图6-20　FSE手刹拉线安装位置

四、电子驻车制动(FSE)工作原理

1. 电子驻车制动(FSE)工作模式

电子驻车制动有 4 种工作模式：

(1) 手动驻车制动：通过控制装置锁紧、释放驻车制动。

(2) 自动驻车制动：发动机熄火后车辆驻车时自动施加车辆起步后自动释放。

(3) 动态制动(法规要求)：通过操作驻车制动控制装置使行驶的车辆停驻。

(4) ADEC 坡道起步辅助系统：驾驶员在斜坡上停驻车辆时,制动压力会保持一段时间(约 2 秒),驾驶员可通过这段时间松开制动、加速,而车辆不会后退车辆起步时制动压力自动释放。

1) 手动驻车制动

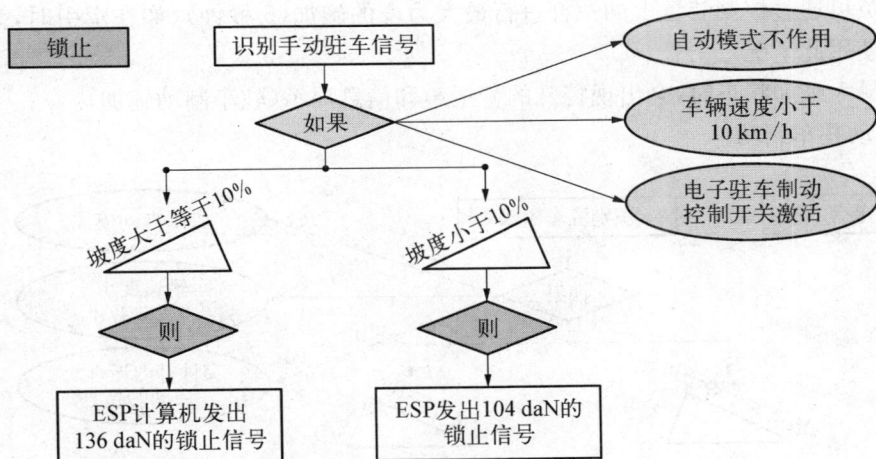

图 6‑21　FSE 手动驻车制动工作情况

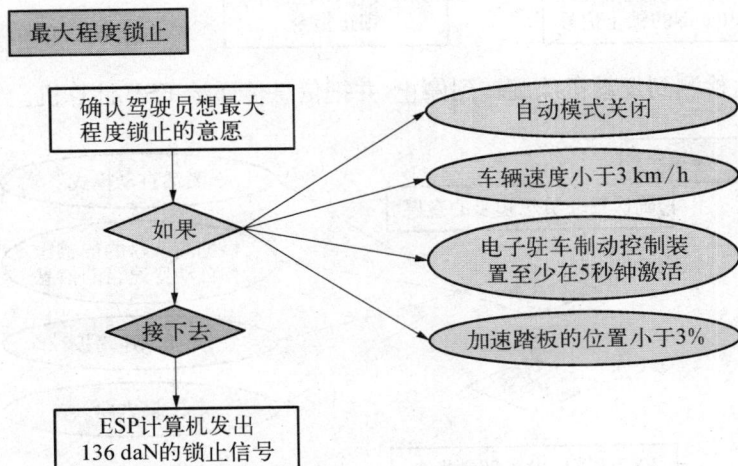

笔记

手动驻车制动

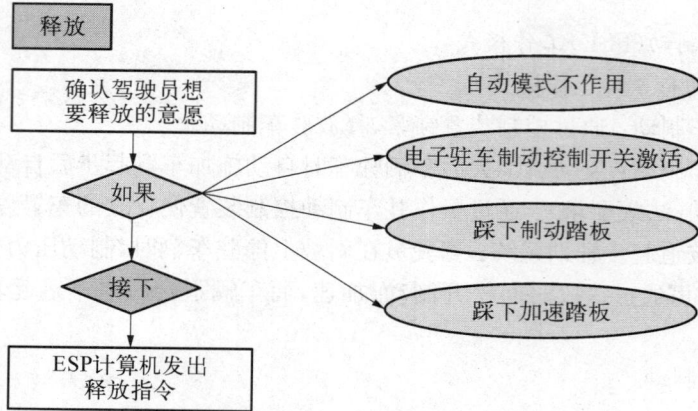

释放 — 确认驾驶员想要释放的意愿 — 如果（自动模式不作用 / 电子驻车制动控制开关激活 / 踩下制动踏板 / 踩下加速踏板）— 接下 — ESP计算机发出释放指令

驾驶员可通过控制装置上的拉杆进行最大力度的施加（5秒钟）（如在牵引时，为保证车的位置可使用此情况）。

达到最大施加状态时，会出现特殊的警报声和信息提示（驻车制动施加）。

2）自动驻车制动

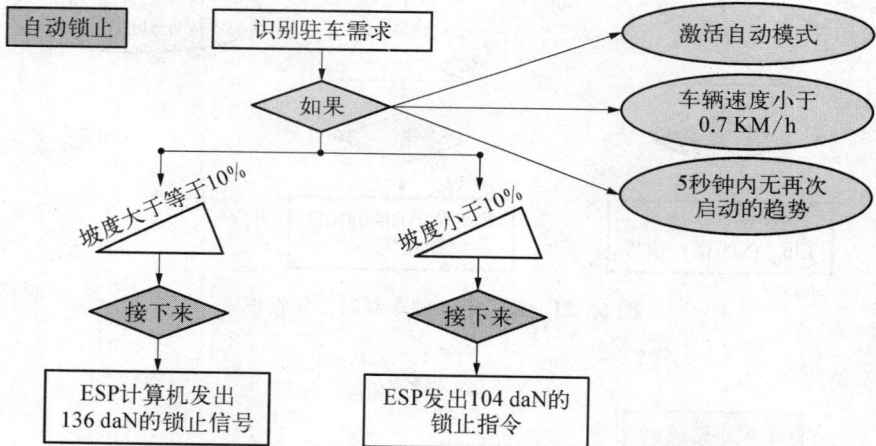

自动锁止 — 识别驻车需求 — 如果（激活自动模式 / 车辆速度小于0.7 KM/h / 5秒钟内无再次启动的趋势）— 坡度大于等于10%：接下来 — ESP计算机发出136 daN的锁止信号；坡度小于10%：接下来 — ESP发出104 daN的锁止指令

智能控制盒检测到发动机从旋转到停止，并把信息传递给ESP计算机。

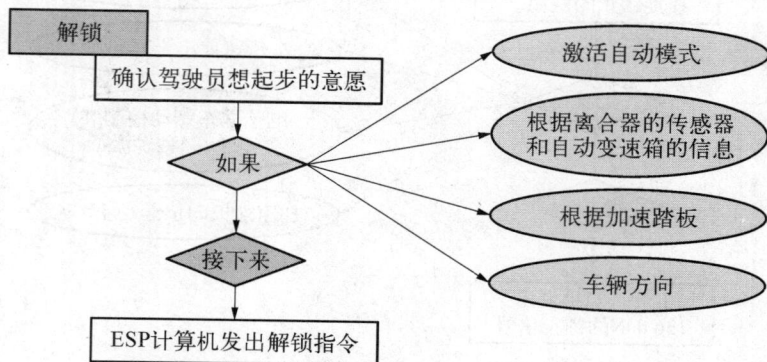

解锁 — 确认驾驶员想起步的意愿 — 如果（激活自动模式 / 根据离合器的传感器和自动变速箱的信息 / 根据加速踏板 / 车辆方向）— 接下来 — ESP计算机发出解锁指令

笔记

　　如果用户车速大于 0.7 km/h 时停止发动机，ESP 计算机会等待数值降到此极限值以下，才会向 FSE 计算机发出施加指令。

　　3）监控施加策略

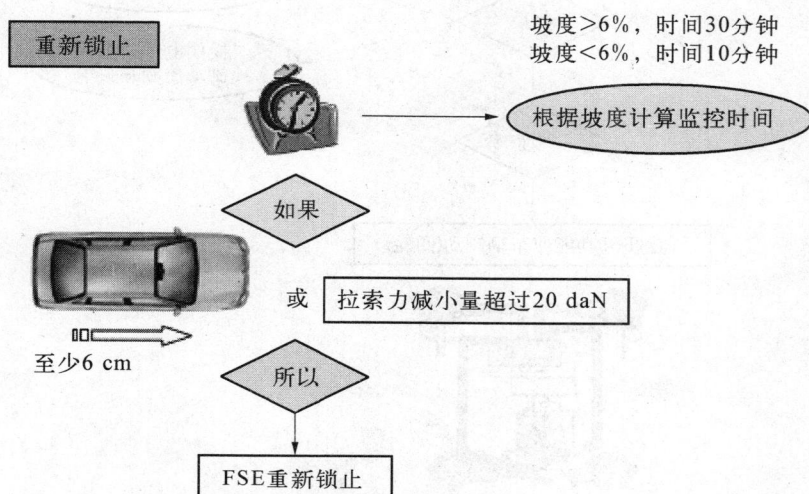

```
┌──────────┐                        坡度>6%，时间30分钟
│  重新锁止  │                        坡度<6%，时间10分钟
└──────────┘
                  ⏱            ┌────────────────────┐
                              →│  根据坡度计算监控时间  │
                               └────────────────────┘
              ◇ 如果 ◇

   [车辆图]        或   ┌──────────────────────┐
                      │  拉索力减小量超过20 daN  │
  ⇨                   └──────────────────────┘
  至少6 cm
              ◇ 所以 ◇

              ┌──────────────┐
              │  FSE重新锁止   │
              └──────────────┘
```

⚠ 在手动施加和自动施加状态下监控策略为激活状态。

⚠ 发动机旋转状态和无旋转状态下监控策略激活。

⚠ 如果力的减小低于 20 daN，则电子驻车制动不实施附加力。

　　断电后，计算机进入休眠模式，电子驻车制动仍可在一段时间行驶 ESP 功能，具体依据断电时车辆所处的坡度而定；

　　大于 6% 的：功能可维持 30 分钟

　　小于 6% 的：功能可维持 10 分钟

　　如检测到力值下降高于 20 daN，电子驻车制动计算机对制动钳实施附加力，以保证达到 ESP 计算机信号的要求

　　如检测到车辆移动，ESP 计算机会要求电子驻车制动重新锁紧（最大力）。

　　ESP 计算机检测轮胎的转动，并根据轮胎速度传感器的信息确定车辆的速度。

　　当车辆移动超过 6 cm 时，就会检测到轮胎的转动。

　　如果仅检测到前面轮胎的旋转，电子驻车制动不会实施任何功能。

　　2. 电子驻车制动（FSE）工作原理介绍：紧急制动（动态制动）

　　在车速超过 10 km/h 时可以激活动态制动。

笔记　　　　　动态制动

```
        ┌──────────────────────────┐
        │ 主制动控制装置(脚制动)出现故障 │
        └──────────────────────────┘
                    │                    ┌──────────────┐
                    │              ┌────▶│ 速度大于10 km/h │
              ╱◇╲                 │     └──────────────┘
             ╱ 如果 ╲ ────────────┤     ┌──────────────┐
             ╲     ╱              └────▶│ 操作电子驻车    │
              ╲◇╱                       │ 制动控制开关    │
                │                        └──────────────┘
              ╱◇╲
             ╱ 则  ╲
             ╲     ╱
              ╲◇╱
                │
        ┌──────────────────────────┐
        │ 通过ESP功能使车辆制动(四轮)  │
        └──────────────────────────┘
```

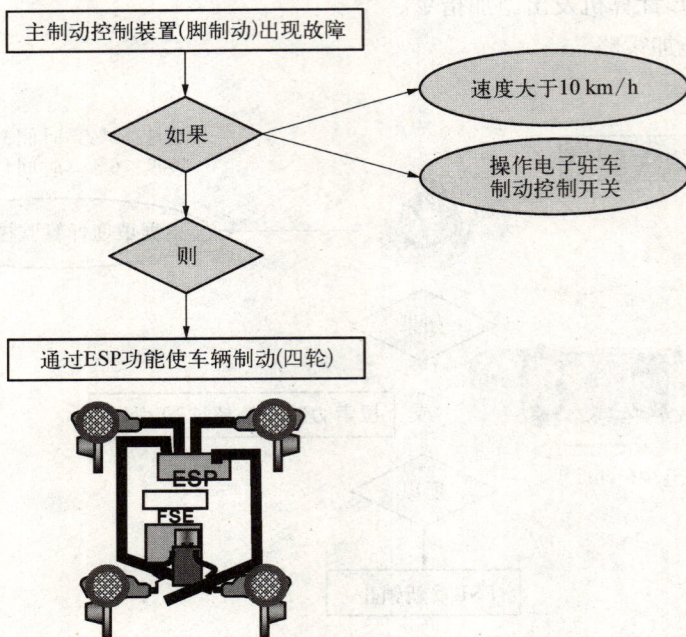

⚠ 驾驶员请求的制动力与按压在按钮上的时间成比例。在动态制动期间仪表
盘　警告灯不会点亮。

工作：紧急制动(动态制动)

动态制动

```
        ┌──────────────────────────┐
        │ 主制动控制装置(脚制动)出现故障 │
        └──────────────────────────┘
                    │                    ┌──────────────┐
                    │              ┌────▶│ 速度大于10 km/h │
              ╱◇╲                 │     └──────────────┘
             ╱ 如果 ╲ ────────────┤     ┌──────────────┐
             ╲     ╱              └────▶│ 操作电子驻车    │
              ╲◇╱                       │ 制动控制开关    │
                │                        └──────────────┘
        ┌──────────────┐
        │  ESP出现缺陷   │
        └──────────────┘
                │
              ╱◇╲
             ╱ 则  ╲
             ╲     ╱
              ╲◇╱
                │
        ┌──────────────────────────┐
        │ FSE计算机实施力=拉控制       │
        │ 开关的时间(制动2后轮)        │
        └──────────────────────────┘
```

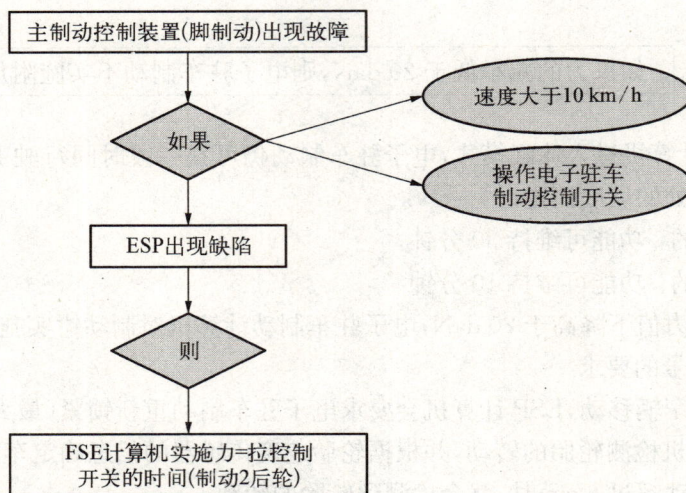

⚠ 如果不能液压制动(管路故障)，FSE 会进行制动。

⚠ 驾驶员请求的制动力与按压在按钮上的时间成比例。在动态制动期间仪表
盘警告灯不点亮。

3. ADEC 坡度辅助地步

前进中停驻在有坡度的位置上

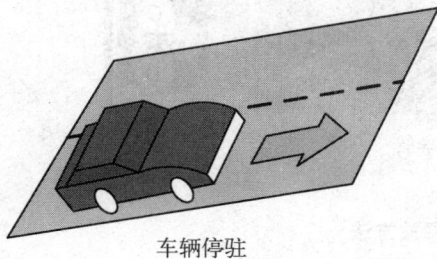

自动模式激活

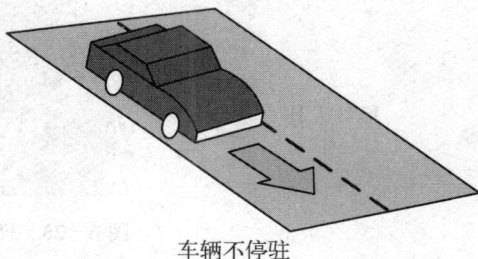

车辆停驻 车辆不停驻

图 6-22 根据波度位置自动激活

4. 特殊售后特点：诊断工具
备件菜单
－ 更换制动拉索
　＼置于安装/拆除位置
　＼安装拉索
　　➡ FSE 标定
－ FSE 更换
　＼置于安装/拆除位置
　＼安装拉索
　　➡ FSE 标定

图 6-23 专用诊断仪

图 6-24 诊断仪系统

5. 电子驻车制动(FSE)工作原理介绍：紧急释放
FSE 释放工具
如果蓄电池故障(电压<8 V)或如果 FSE 故障,在车辆的工具套件里的手动释放工具

笔　记

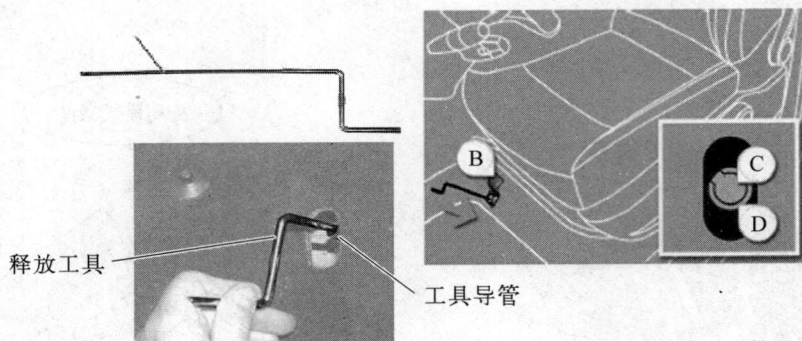

图 6 - 25　FSE 应急释放方法

B：进入塞盖　C：塞盖部分钻孔　D：插入

可以进行手动释放。

　　原理：

　在该操作期间，点火开关必须总是要打开并且从来不要关闭。

　　√ 在驾驶员座椅 B 下面在导管 D 上钻孔 C

　　√ 插入释放工具并旋转到限位点（只能顺时针）

　　√ 重新安装塞子

　　在维修后，在关闭钥匙并再次打开后 FSE 应该再次工作。

　　当进行手动释放时（使用工具）会取消力监控并且电子驻车制动不会再施加任何多余的力，以便返回到 ESP ECU 请求的设定值。

　　6. 降级模式

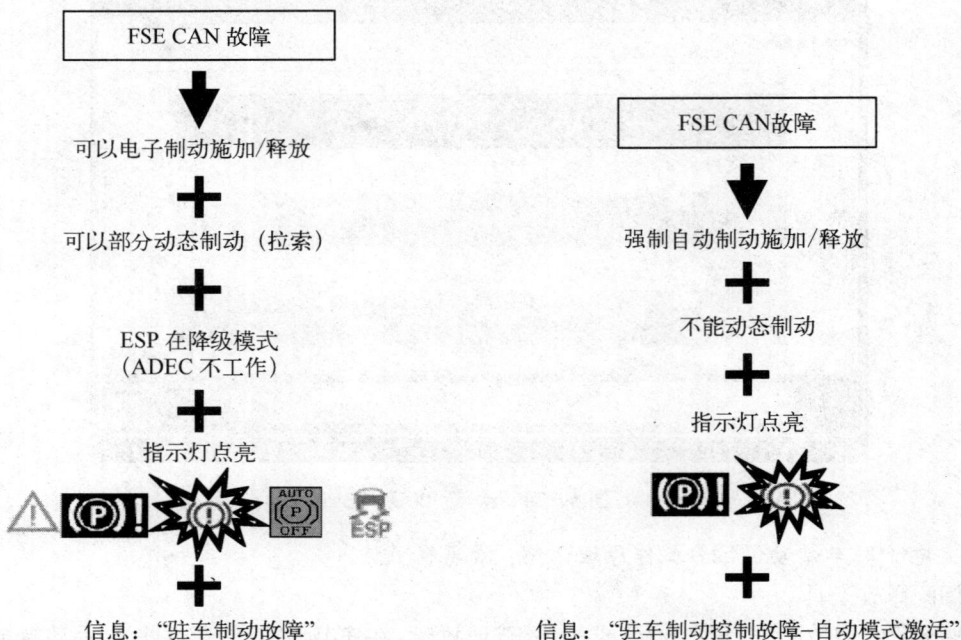

FSE CAN 故障

↓

可以电子制动施加/释放

＋

可以部分动态制动（拉索）

＋

ESP 在降级模式
（ADEC 不工作）

＋

指示灯点亮

＋

信息："驻车制动故障"

FSE CAN故障

↓

强制自动制动施加/释放

＋

不能动态制动

＋

指示灯点亮

＋

信息："驻车制动控制故障–自动模式激活"

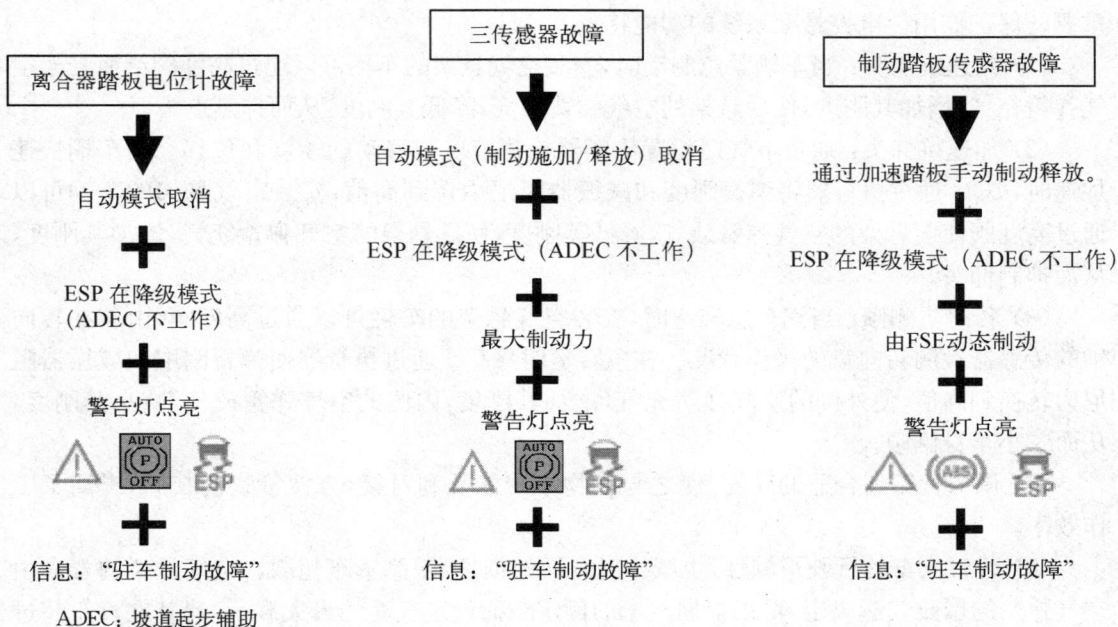

笔记

离合器踏板电位计故障

↓

自动模式取消

＋

ESP 在降级模式
（ADEC 不工作）

＋

警告灯点亮

⚠ [AUTO P OFF] [ESP]

＋

信息："驻车制动故障"

ADEC：坡道起步辅助

三传感器故障

↓

自动模式（制动施加/释放）取消

＋

ESP 在降级模式（ADEC 不工作）

＋

最大制动力

＋

警告灯点亮

⚠ [AUTO P OFF] [ESP]

＋

信息："驻车制动故障"

制动踏板传感器故障

↓

通过加速踏板手动制动释放。

＋

ESP 在降级模式（ADEC 不工作）

＋

由FSE动态制动

＋

警告灯点亮

⚠ [ABS] [ESP]

＋

信息："驻车制动故障"

项目七 汽车电控悬架系统检修

项目概述

空气悬架系统（AIRMATIC）是流行于当今发达国家汽车行业的先进产品。在发达国家，100％的中型以上客车都用了空气悬架系统，40％以上的卡车、挂车和牵引车用了空气悬架系统图7-1。其最大的优点是：不仅可以提高乘员的乘坐舒适性，而且可以对道路起到

图7-1 电控空气悬架系统车型

笔记

重要的保护作用。电控悬架系统的功能特点

（1）减速抗点头：当车辆紧急制动时，安装空气悬架的车辆可以通过高度阀给前悬架空气弹簧充气，增加其刚度，使后悬架的空气弹簧放气，降低其刚度，从而抑制点头。

（2）加速抗仰头：通过节气门位置传感器检测节气门移动的速度和位移。当车辆快速加速时，ECU通过执行器将弹簧刚度和减振器阻尼力调到高值，安装空气悬架的车辆可以通过高度阀使前悬架的空气弹簧放气，降低其刚度，使后悬架的空气弹簧充气，增加其刚度，从而抑制仰头。

（3）转向防侧倾：当汽车急转弯时，安装空气悬架的车辆可以通过高度阀，由装在转向轴的传感器检测转向盘的操作状况。在急转弯时，ECU通过执行器使弹簧刚度和减振器阻尼力转换到高值，使外侧的空气弹簧充气，增加其刚度，内侧的空气弹簧放气，减小其刚度，从而减小车身侧倾。

（4）调节货箱到合适的高度，使之与货物平台能顺利对接，方便货物的装卸，提高了工作效率。

（5）改善汽车的行驶平顺性，也减少对路面的损坏、限制货车超载。空气悬架的寿命由空气弹簧的橡胶气囊决定，可以根据汽车的额定载荷设定气囊的最大载荷，让其在汽车超过额定载荷后失效，从而有效地控制超载，这样既能降低车轮对路面的冲击载荷、减少对路面的损坏、延长公路的使用寿命，又能极大地降低交通事故发生的可能性。

本项目主要学习任务：

1　车身高度传感器维护与诊断与排除

2　汽车电控悬架打气泵维护与诊断与排除

项目一　车身高度传感器维护与诊断与排除

任务描述

一天，接车员接到一辆奥迪 A8 轿车，车主反映该车的电控悬架系统故障灯亮，并且车辆无法升高降低。经过基本检查空气悬架的空气管道接头与空气悬架本体并没有出现漏气，用解码器检查，显示车身高度传感器故障。

学习目标

1. 知识目标

掌握各类型电控悬架系统结构、工作原理及检测方法、流程。

笔 记

2. 技能目标

(1)能够解释车身高度传感器采样数据。

(2)能够正确使用故障诊断仪,通过查看所选参数,监测高度传感器。

(3)能够解释所选故障码的故障排除程序。

3. 素养目标

(1)具备信息查询和手册使用的基本能力。

(2)能够按照企业 6S 要求和安全生产规范进行操作。

(3)能与同学密切合作,规范安全的完成学习活动。

(4)养成自主学习、操作规范的工作作风及环保意识。

建议学时:4 学时

资料查询

1. 查阅"学习参考书"、维修手册和相关维修资料,整理出该任务的知识点和技能点

知识点	(1)	
	(2)	
	(3)	
	(4)	
	(5)	
技能点	(1)	
	(2)	
	(3)	
	(4)	
	(5)	

2. 查阅资料,完成下列测试

(1)车身高度传感器的作用是?

A. 检测制动管路压力,判断汽车制动情况

B. 检测制动灯电路通断,判断汽车制动状况

C. 检测车身与地面高度,反映车身的高度和车身的平顺性。

D. 检测转向盘转角,计算车身侧倾。

(2)悬架控制系统的执行机构可以是_____、_____或泵气电动机等。他们根据电脑的控制信号,_____、_____和及时地作出动作反应,实现对_____、减振器阻尼或车身高度的调节

3. 查阅资料,在图 7-2 上写出空气弹簧上各零件名称

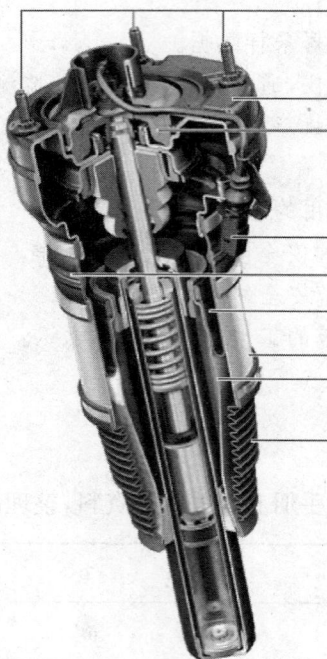

图 7-2 空气悬挂

计划决策

请根据任务要求，确定汽车电控悬架系统检查所需要的资料及用具。

1. 需要的资料及用具

（1）场地设施：_____

（2）设备器材：_____

（3）备件耗材：_____

（4）防护用品：_____

2. 小组成员分工

人 员 分 工		工具、量具准备	主 要 职 责
组号			
组长			
组员			

3. 汽车电控悬架系统认知、检查与维护流程工作任务

工作步骤	工 作 内 容
步骤1	正确识别和解释车身高度传感器数据
步骤2	利用 OBD 状态菜单检验轮速传感器的运行

笔记

（续　表）

工作步骤	工　作　内　容
步骤 3	解释所选 DTC 故障排除的程序
步骤 4	
步骤 5	
步骤 6	

任务实施

1. 检测车身高度传感器

（1）将诊断仪连接到诊断座，点火开关置于 ON 位置（不起动发动机），打开诊断仪。

（2）进入诊断系统。

（3）等待 30 秒钟，读取诊断仪上的检测值，记录检测值并与下表进行比对。

（4）使用万用表对车身高度传感器的电阻进行测量。

2. 检测车身高度传感器信号电压

（1）举升车辆，使个车轮悬空，断开车身高度传感器的插接器。

（2）用万用表交流电压档位测量传感器的输出电压。

（3）读取万用表的检测值，记录检测值并与下表进行比对。

检测内容	检测条件	规定状态	实测数据
车身高度传感器	点火开关打开	随车身高低变化	

考核评价

1. 知识评价

描述车身高度传感器的作用，并且叙述检测方法

2. 技能及素养评价

综合考评		自我评价	小组互评	教师评价	备注说明
素质考评 30分	劳动态度 6				
	遵守纪律 6				
	安全操作 6				
	学习态度 6				
	出勤情况 6				

（续 表）

综 合 考 评		自我评价	小组互评	教师评价	备注说明
技能考评 70 分	工具使用 10				
	任务方案 10				
	实施过程 30				
	完成结果 10				
	任务工单 10				
（总分 100 分） 本次得分：					
最终得分：					

任务二　汽车电控悬架打气泵维护与诊断与排除

任务描述

接车员小明接到一辆奥迪轿车，该车主反映车辆空气悬架无法升到最高位，车辆熄火以后车身 5～10 分钟后下降到最低点，只有再次着车车身才能再次升起，但依旧无法到达最高点，故障依旧。使用故障诊断仪读取故障码发现空气悬架打气泵出现过热保护报警。

学习目标

1．知识目标

（1）汽车电控悬架系统的组成、结构与功用。

（2）汽车电控悬架系统组成、各部件的位置及作用。

2．技能目标

能够初步进行汽车电控悬架系统的检查维护。

3．素养目标

（1）具备信息查询和手册使用的基本能力。

（2）能够按照企业 6S 要求和安全生产规范进行操作。

（3）能与同学密切合作，规范安全的完成学习活动。

（4）养成自主学习、操作规范的工作作风及环保意识。

建议学时：4 学时

资料查询

1. 查阅"学习参考书"、维修手册和相关维修资料,整理出该任务的知识点和技能点

知识点	(1)	
	(2)	
	(3)	
	(4)	
	(5)	
技能点	(1)	
	(2)	
	(3)	
	(4)	
	(5)	

2. 查阅资料,完成下列测试

(1) 汽车电控悬架系统的管道连接网络?

(2) 汽车电控悬架系统如何实现改变车身高低?

3. 查阅资料,在图7-3上填写出零件名称

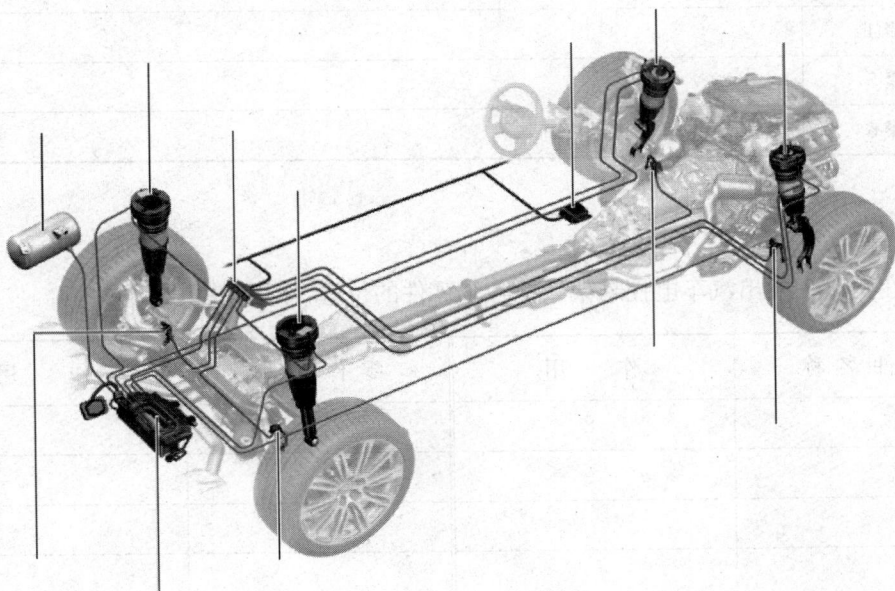

图7-3　空气悬挂分配图

计划决策

请根据任务要求,确定汽车电控悬架系统检查所需要的资料及用具。

笔 记

1. 需要的资料及用具

(1) 场地设施：_____

(2) 设备器材：_____

(3) 备件耗材：_____

(4) 防护用品：_____

2. 小组成员分工

人 员 分 工		工具、量具准备	主 要 职 责
组号			
组长			
组员			

3. 汽车电控悬架系统认知、检查与维护流程工作任务

工作步骤	工 作 内 容
步骤 1	
步骤 2	
步骤 3	
步骤 4	
步骤 5	
步骤 6	

任务实施

1. 在实车上找出汽车电控悬架系统各个零件的位置,作用,并填写表中

零 件 名 称	作　　用	零 件 名 称	作　　用

2. 检查汽车电控悬架打气泵

1) 概述

如果打气泵故障,导致产生的汽车电控悬架系统故障：

笔记

(1) 车身无法升高到最高点。

(2) 车身无法升高。

如果空气管道或者空气弹簧漏气,会导致的故障:

(1) 车身无法升高到最高点。

(2) 车身无法升高。

(3) 车身高度不平衡或者单独下沉。

(4) 车辆舒适性下降。

2) 技能操作

(1) 在车辆内部控制或使用诊断仪控制车身到最高点。

(2) 听取空气悬架打气泵是否有工作响声。

(3) 使用肥皂水对空气管道的连接位置进行喷洒,观察是否起泡则说明该地方漏气。

考核评价

1. 知识评价

在图上箭头写出空气悬挂打气泵内部零件名称。

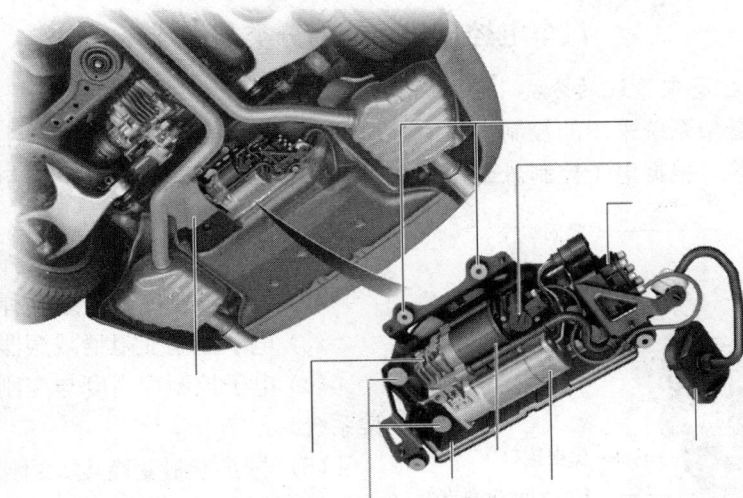

图 7-4

2. 技能及素养评价

综合考评		自我评价	小组互评	教师评价	第三方评价
素质考评 30分	劳动态度6				
	遵守纪律6				
	安全操作6				
	学习态度6				
	出勤情况6				

（续　表）

综合考评		自我评价	小组互评	教师评价	第三方评价
技能考评 70分	工具使用 10				
	任务方案 10				
	实施过程 30				
	完成结果 10				
	任务工单 10				
（总分 100 分） 本次得分：					
最终得分：					

参考资料

理论知识

汽车电控悬架系统的分类与组成

1. 汽车电控悬架系统的分类

电子控制悬架系统采用的控制方式有控制车身高度、控制空气弹簧的刚度和控制油液减振器的阻尼等。根据电子控制悬架系统的功能不同，目前采用的电子控制悬架系统主要有以下几种类型：

（1）电子控制变高度空气弹簧悬架系统。

（2）电子控制变刚度空气弹簧悬架系统。

（3）电子控制变阻尼减振器悬架系统。

（4）电子控制变高度与变刚度空气弹簧悬架系统。

（5）电子控制变高度、变刚度空气弹簧与变阻尼减振器悬架系统图 7-5。

2. 汽车电控悬架系统的组成

不同汽车电子调节悬架系统的功能与零部件组成各不相同，如图 7-6 主要由前后车身高度传感器、转向盘转向与转角传感器、高度控制开关、高度控制自动切断开关、驾驶模式选择开关、制动灯开关、悬架调节电控单元EMS ECU、前后悬架控制执行器、前后高度控制继电器、前后高度控制阀、储气筒与调节阀、高度控制空气压缩机、干燥器与排气阀总成等组成。

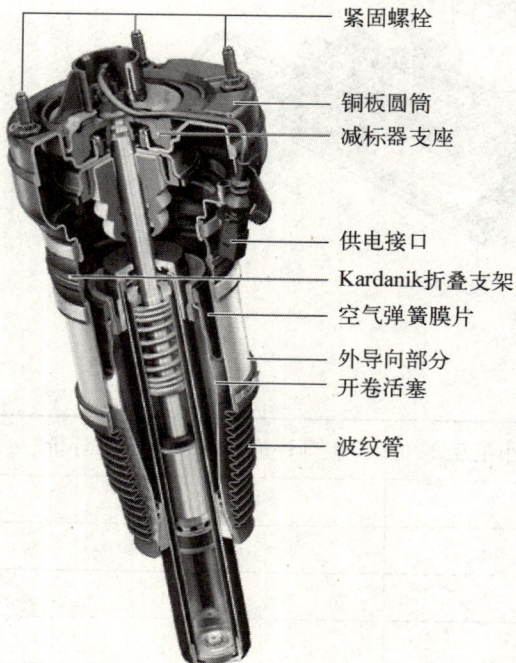

紧固螺栓
铜板圆筒
减标器支座
供电接口
Kardanik折叠支架
空气弹簧膜片
外导向部分
开卷活塞
波纹管

图 7-5　空气悬挂图

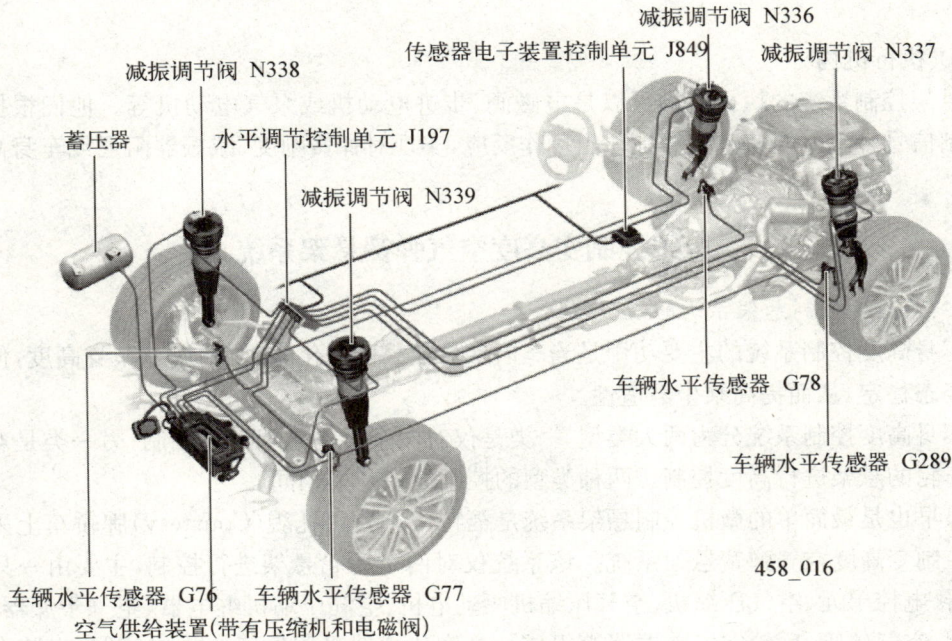

减振调节阀 N338
蓄压器
水平调节控制单元 J197
减振调节阀 N339
减振调节阀 N336
传感器电子装置控制单元 J849
减振调节阀 N337
车辆水平传感器 G78
车辆水平传感器 G289
458_016
车辆水平传感器 G76 车辆水平传感器 G77
空气供给装置(带有压缩机和电磁阀)

图 7-6 空气悬挂分配图

与其他控制系统一样,半主动悬架控制系统一般也包含传感器、电脑和执行机构 3 个组成部分。

1) 传感器

悬架控制系统的传感器有多种型式,他们在系统总承担着将汽车行驶路况(汽车的振动)和车速及起动、加速、转向、制动等工况转变为电信号,并输送给电脑。

车身加速度传感器:检测车身振动,间接地也可反映行驶的路面状况和车身横向运动状况(高级轿车会有垂直加速度传感器如梅赛德斯)。

车身高度传感器图 7-7:检测车身与地面高度,反映车身的高度和车身的平顺性。

车速传感器:检测车轮转速,反映车速和计算车身的侧倾量。

转向盘转角传感器:检测转向盘转角,计算车身侧倾。

制动压力开关:检测制动管路压力,判断汽车制动情况。

制动灯开关:检测制动灯电路通断,判断汽车制动状况。

节气门位置传感器:检测节气门开度,反映汽车加速状况。

门控灯开关:检测门控灯电路通断,判断乘员

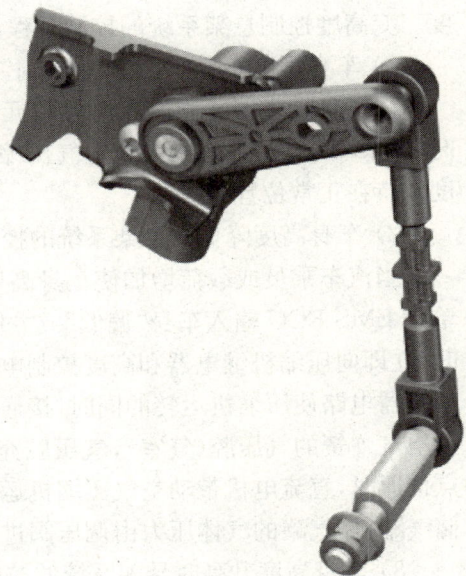

图 7-7 高度位置传感器

状况。

　　2）执行机构

　　悬架控制系统的执行机构可以是电磁阀、步进电动机或泵气电动机等。他们根据电脑的控制信号，准确、快速和及时地作出动作反应，实现对弹簧刚度、减振器阻尼或车身高度的调节。

<h2 align="center">电子控制变高度空气弹簧悬架系统</h2>

　　1. 变高度控制悬架系统的组成

　　车身高度控制系统的主要功用是当车内乘员或载荷变化时，自动调节车身高度，使汽车行驶姿态稳定，从而提高乘坐舒适性。

　　车身高度控制系统分为两大类型，一类是仅对两个后轮悬架进行控制；另一类是对全部四个车轮的悬架进行高度控制。两种类型的控制原理基本相同。

　　最早也是最简单的微机控制悬架系统是福特汽车公司礼貌（Courtesy）牌轿车上采用的电子控制变高度空气弹簧悬架系统。该系统仅对两个后轮悬架进行控制，主要由一只高度传感器、电控单元、空气压缩机、空气压缩机驱动电机、空气压缩机继电器、空气干燥器、排气电磁阀、空气软管、后轮空气减振器等组成。高度传感器采用磁感应式传感器，安装在后车架与悬架控制臂之间，用以检测车身后部高度的变化。

　　目前，汽车普遍采用的车身高度控制系统组成，由 4 只高度传感器（每个减振器下面各设 1 只）、控制开关、电控单元 EMS ECU、高度调节执行器（包括 4 个气压缸、两只高度控制电磁阀、空气压缩机、干燥器和空气管路）等组成。

　　2. 变高度控制悬架系统的控制过程

　　变高度控制悬架系统在汽车乘员或载荷变化时，能够自动调节车身高度。当乘员或载荷增加时，系统将自动调高车身高度；反之，当乘员或载荷减小时，系统将自动调低车身高度。变高度控制悬架系统的控制过程。

　　1）车身高度不变时悬架系统的控制过程

　　当车身高度传感器输入电控单元 EMS ECU 的信号表示车身高度在设定高度范围内时，EMS ECU 将发出指令使空气压缩机停止转动，空气减振器内空气量保持不变，车身高度保持在正常位置。

　　2）车身高度降低时悬架系统的控制过程

　　当汽车乘员或载荷增加使车身高度"偏低"或"过低"时，高度传感器将向悬架控制电控单元 EMS ECU 输入车身"偏低"或"过低"的信号。EMS ECU 接收到车身高度降低的信号时，立即向压缩机继电器和高度控制电磁阀发出电路接通指令，在接通高度控制空气压缩机继电器电路使压缩机运转的同时，接通高度控制电磁阀线圈电路使电磁阀打开，压缩空气进入空气弹簧的气压腔（气室），气压腔充气量增加便使车身高度上升。空气压缩机继电器触点接通时，直流电机带动空气压缩机运转，从压缩机输出的压缩空气进入干燥器干燥后进入储气罐，储气罐的气体压力由调压阀进行调节。

　　3）车身高度升高时悬架系统的控制过程

　　当汽车乘员或载荷减少使车身高度"偏高"或"过高"时，高度传感器将向悬架控制电控单元 EMS ECU 输入车身升高的信号。EMS ECU 接收到车身高度升高的信号时,立即向空气压缩机继电器发出电路切断指令,并向排气阀和高度控制电磁阀发出电路接通指令,压缩机继电器触点迅速断开使电动机电路切断而停止运转,排气阀和高度控制电磁阀线圈电路接通使电磁阀打开,空气从减振器气压腔、经高度控制电磁阀、空气软管、干燥器、排气阀排出,气压腔空气量减少使车身高度降低。

4) 系统保护措施

从减振器中放出的空气经过干燥器时,带走了干燥剂中的湿气。这样,干燥剂经过一段时间使用后不会被湿气浸透。这种保护干燥剂的再生干燥系统为许多空气悬架系统所采用。干燥器中空气的最小压力保持在不低于 55～165 kPa,从而保证系统中有一定量的空气。这样在乘员或载荷减少使减振器伸长时,空气弹簧的气压腔不致凹瘪。

电子控制变高度空气弹簧悬架系统

1. 变高度控制悬架系统的组成

车身高度控制系统的主要功用是当车内乘员或载荷变化时,自动调节车身高度,使汽车行驶姿态稳定,从而提高乘坐舒适性。

车身高度控制系统分为两大类型,一类是仅对两个后轮悬架进行控制;另一类是对全部四个车轮的悬架进行高度控制。两种类型的控制原理基本相同。

最早也是最简单的微机控制悬架系统是福特汽车公司礼貌(Courtesy)牌轿车上采用的电子控制变高度空气弹簧悬架系统。该系统仅对两个后轮悬架进行控制,主要由一只高度传感器、电控单元、空气压缩机、空气压缩机驱动电机、空气压缩机继电器、空气干燥器、排气电磁阀、空气软管、后轮空气减振器等组成。高度传感器采用磁感应式传感器,安装在后车架与悬架控制臂之间,用以检测车身后部高度的变化。

目前,汽车普遍采用的车身高度控制系统组成,由 4 只高度传感器(每个减振器下面各设 1 只)、控制开关、电控单元 EMS ECU、高度调节执行器(包括 4 个气压缸、两只高度控制电磁阀、空气压缩机、干燥器和空气管路)等组成。

2. 变高度控制悬架系统的控制过程

变高度控制悬架系统在汽车乘员或载荷变化时,能够自动调节车身高度。当乘员或载荷增加时,系统将自动调高车身高度;反之,当乘员或载荷减小时,系统将自动调低车身高度。变高度控制悬架系统的控制过程。

1) 车身高度不变时悬架系统的控制过程

当车身高度传感器输入电控单元 EMS ECU 的信号表示车身高度在设定高度范围内时,EMS ECU 将发出指令使空气压缩机停止转动,空气减振器内空气量保持不变,车身高度保持在正常位置。

2) 车身高度降低时悬架系统的控制过程

当汽车乘员或载荷增加使车身高度"偏低"或"过低"时,高度传感器将向悬架控制电控单元 EMS ECU 输入车身"偏低"或"过低"的信号。EMS ECU 接收到车身高度降低的信号时,立即向压缩机继电器和高度控制电磁阀发出电路接通指令,在接通高度控制空气压缩机继电器电路使压缩机运转的同时,接通高度控制电磁阀线圈电路使电磁阀打开,压缩空气进

笔记

入空气弹簧的气压腔(气室),气压腔充气量增加便使车身高度上升。空气压缩机继电器触点接通时,直流电机带动空气压缩机运转,从压缩机输出的压缩空气进入干燥器干燥后进入储气罐,储气罐的气体压力由调压阀进行调节。

3) 车身高度升高时悬架系统的控制过程

当汽车乘员或载荷减少使车身高度"偏高"或"过高"时,高度传感器将向悬架控制电控单元 EMS ECU 输入车身升高的信号。EMS ECU 接收到车身高度升高的信号时,立即向空气压缩机继电器发出电路切断指令,并向排气阀和高度控制电磁阀发出电路接通指令,压缩机继电器触点迅速断开使电动机电路切断而停止运转,排气阀和高度控制电磁阀线圈电路接通使电磁阀打开,空气从减振器气压腔、经高度控制电磁阀、空气软管、干燥器、排气阀排出,气压腔空气量减少使车身高度降低。

4) 系统保护措施

从减振器中放出的空气经过干燥器时,带走了干燥剂中的湿气。这样,干燥剂经过一段时间使用后不会被湿气浸透。这种保护干燥剂的再生干燥系统为许多空气悬架系统所采用。干燥器中空气的最小压力保持在不低于 $55\sim165$ kPa,从而保证系统中有一定量的空气。这样在乘员或载荷减少使减振器伸长时,空气弹簧的气压腔不致凹瘪。

电子控制变刚度空气弹簧悬架系统

1. 变刚度悬架系统的组成

在部分小轿车、越野汽车和大型豪华客车上采用的电子控制悬架系统中,每个车轮上都采用了空气弹簧和普通减振器。改变空气弹簧气压腔中压缩空气的压力(实际上是改变空气密度),即可改变空气弹簧悬架的刚度。

变刚度空气弹簧悬架系统也是由高度传感器、控制开关、电控单元 EMS ECU、刚度调节执行器(气压缸、高度控制电磁阀、空气压缩机、干燥器和空气管路)等组成。

2. 空气弹簧悬架刚度的调节原理

在汽车行驶过程中,为了防止或抑制车身出现"点头"、"侧倾"、"后坐"等现象,需要调节相应悬架的高度和减振器的阻尼。例如,当汽车紧急制动时,为了抑制点头现象,悬架控制电控单元 EMS ECU 将根据制动灯开关接通信号和车速传感器提供的车速高低信号,向前空气弹簧执行元件发出指令使其气压升高,增大前空气弹簧的刚度,同时控制后空气弹簧执行元件使后空气弹簧放气,减小其刚度。当控制单元计算的车速变化量表明无须抗点头控制时,就使前、后空气弹簧恢复到原来的压力。空气弹簧悬架刚度的调节原理,在主气压腔与辅气压腔之间的气阀阀体上设有大小两个通道。气阀控制杆由步进电机驱动,控制杆转动时,阀芯随之转动。阀芯转过一定角度时,气体通道的大小就会改变,主、辅气压腔之间气体的流量就会改变,从而使空气弹簧悬架的刚度发生变化。空气弹簧悬架的刚度分为"低"、"中"、"高"三种状态。

电子控制变阻尼减震器悬架系统

1. 变阻尼悬架系统的组成

在电子控制悬架系统中,最常用的是变阻尼悬架系统。改变减振器阻尼的悬架系统相对于使用空气弹簧的悬架系统有许多优点,最突出的优点是质量轻,因为空气弹簧悬架系统需要空气压缩机和干燥器,使整车质量大大增加,而变阻尼悬架系统只增加了电子控制元件和改变减振器阻尼的执行元件的质量。

变阻尼悬架系统采用的控制方式分为以下 3 种:

(1) 根据汽车行驶状况进行控制。

(2) 根据驾驶员选择的运行模式进行控制。

(3) 根据汽车行驶状况和驾驶员选择的运行模式进行控制。

2. 减振器阻尼控制机构的结构特点

1) 运行模式选择开关

电子控制悬架系统减振器阻尼的工作模式选择开关又称为运行模式选择开关,用于选择减振器阻尼的工作模式。驾驶员选择的〉一作模式不同,减振器阻尼的状态也不相同。减振器阻尼的状态一般设有"标准"、"中等硬度"和"坚硬"3 种。

2) 变阻尼执行元件

丰田汽车电子调节悬架系统的执行元件安装在减振器支柱顶部。

3. 减振器阻尼的控制过程

1) 阻尼"柔软"的控制过程

当电控单元 EMS ECU 根据传感器和控制开关信号确定阻尼为"柔软"状态时,控制单元向步进电机发出控制指令使其沿顺时针方向旋转,因此小齿轮驱动扇形齿轮沿逆时针方向转动,直到扇形齿轮凹槽的一边靠在档块上为止。

2) 阻尼"中等"的控制过程

当电控单元 EMS ECU 根据传感器和控制开关信号确定阻尼为"中等"状态时,控制单元向步进电机发出控制指令使其沿逆时针方向旋转,因此小齿轮便驱动扇形齿轮沿顺时针方向转动,直到扇形齿轮凹槽的另一边靠在档块上为止(从"柔软"位置开始计算,其转角约为 120°)。与此同时,扇形齿轮带动回转阀控制杆和回转阀旋转,回转阀上的阻尼孔与活塞杆上的减振油液孔的相对位置。由于只有 B-B 截面上的阻尼孔打开,允许减振油液流过活塞的流动速度不快也不慢,因此减振器能以缓慢速度伸缩,使阻尼处于"中等"状态。

3) 阻尼"坚硬"的控制过程

当电控单元 EMS ECU 根据传感器和控制开关信号确定阻尼为"坚硬"状态时,控制单元将同时向步进电机和电磁线圈发出控制指令,使步进电机和扇形齿轮从阻尼"柔软"或"中等"的极限位置旋转约 60°(从"柔软"的极限位置顺时针旋转 60°,从"中等"的极限位置逆时针旋转 60°),接通电磁线圈电流,其电磁吸力将档块吸出,使档块进入扇形齿轮凹槽中间部位的一个凹坑内。与此同时,扇形齿轮带动回转阀控制杆和回转阀旋转,回转阀上的阻尼孔与活塞杆上的减振油液孔的相对位置。由于 A-A,B-B 和 C-C 截面上的 3 个阻尼孔全部关闭,减振油液不能流动,因此减振器伸缩非常缓慢,使阻尼处于"坚硬"状态。

4) 变阻尼悬架系统指示灯的控制

电控单元除了向执行元件发出控制信号外,同时还向汽车仪表盘上的 3 只悬架系统指示灯发出控制指令。当减振器处于"柔软"阻尼状态时,控制左边一只指示灯发亮;当减振器处于"中等"阻尼位置时,控制左边和中间共两只指示灯发亮;当减振器处于"坚硬"阻尼位置时,控制三只指示灯全部发亮。悬架系统指示灯在接通点火开时,大约发亮 2 s 后熄灭,以便驾驶员检查指示灯及其线路是否完好。如果控制单元发现系统有故障,将使这些指示灯闪烁,提示驾驶员系统有故障。

电子控制变高度、变刚度空气弹簧与变阻尼减震器悬架系统

1. 变高度、变刚度、变阻尼悬架系统的组成(见图7-8)

在现代汽车采用的电子控制悬架系统中,通常同时使用了空气弹簧和变阻尼减振器。同前述悬架系统一样,减振器的螺旋弹簧用于支撑汽车的质量,减振器控制系统用于调节减振器的阻尼,空气弹簧用于调节车身高度和刚度。

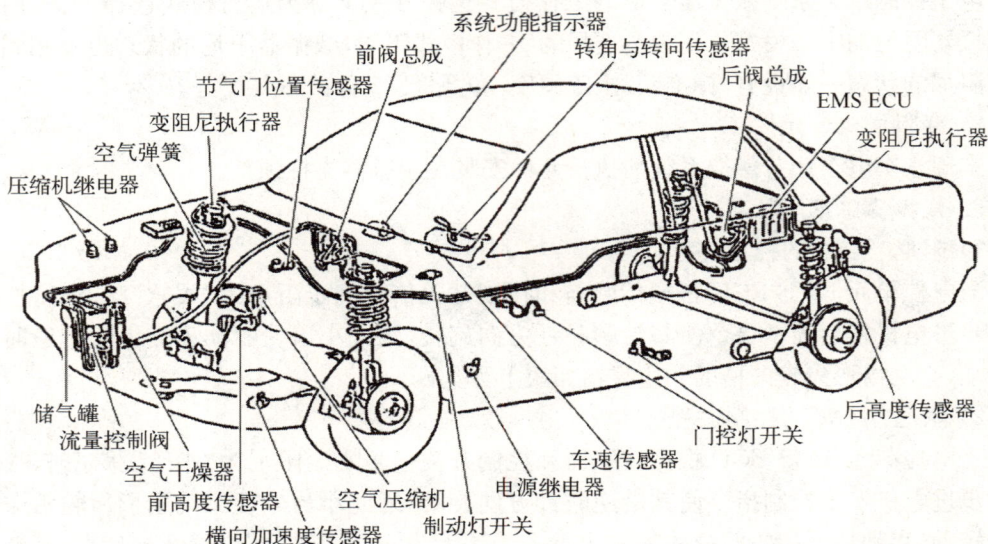

图 7-8 零件分布

变高度、变刚度、变阻尼悬架系统的组成

2. 变高度、变刚度、变阻尼悬架系统的控制过程

1) 抗侧倾控制

电子控制悬架系统的控制单元通过转向盘转角与转动方向传感器以及侧向加速度(惯性力)传感器来监视车身的侧倾情况。当这些传感器输入EMS ECU的信号表明汽车急转弯时,控制单元将给空气弹簧和转向外侧减振器阻尼调节元件发出控制指令,调节空气弹簧的刚度和减振器的阻尼,从而减小车身侧倾的程度,并改善操纵性。

调节空气弹簧刚度时,将给转向外侧的空气弹簧充气使空气量增加、刚度增大;给转向内侧空气弹簧放气使空气量减少,刚度减小。

2) 抗点头控制

当汽车紧急制动时,制动灯开关接通,控制单元将根据车速传感器提供的车速高低信号,向前空气弹簧执行元件发出指令使其气压升高,增大前空气弹簧的刚度,同时控制后空气弹簧执行元件使后空气弹簧放气,减小其刚度。与此同时,控制单元还将使前减振器阻尼变成"坚硬"状态,使汽车的姿态变换减小到最小,从而提高乘坐舒适性,当控制单元计算的车速变化量表明无需抗点头控制时,就使前后空气弹簧恢复到原来的压力。

笔记

在制动后加速行驶(如汽车下坡行驶)时,控制单元将使所有的空气弹簧放气,使车身高度降低,从而改善高速行驶的稳定性。

3)抗俯仰或后坐控制

当节气门位置传感器信号表示驾驶员快速踩下加速踏板加速行驶时,控制单元 EMS ECU 将使前空气弹簧放气使其刚度减小,并增加后空气弹簧的气压使其刚度增大;与此同时,EMSECU 还将控制后减振器阻尼变成"坚硬"状态,防止汽车仰头(又称为俯仰或后坐)。当车速稳定后,控制单元将使空气弹簧恢复到原来的气压,并使减振器阻尼恢复到原来状态。

当节气门位置传感器信号显示节气门开大且倒车灯开关接通时,说明汽车处于倒车行驶状态。此时控制单元将按"仰头"的相反方向调节空气弹簧压力和减振器阻尼,即增加前空气弹簧气压、减小后空气弹簧气压、减小后减振器阻尼。并在节气门位置传感器开大 1 s 后,将减振器阻尼变换到"坚硬"状态。

4)前后颠簸和上下跳动的控制

电子控制悬架系统设有前后两只或四只高度传感器,因此可以检测汽车在不平整路面(即所谓"搓衣板"路面)上行驶时悬架颠簸的运动状态。

当高度传感器信号表示空气弹簧被压缩时,控制单元 EMS ECU 将使该轴上的空气弹簧放气,使弹簧长度缩短来抑制车身上升;反之当空气悬架伸长时,EMS ECU 将使空气弹簧充气,抑制车身下降。由于空气弹簧能随车轮上下跳动通过放气或充气来抑制车身上升或下降,因此在汽车通过凹凸不平的路面时,车身上下跳动量减小,不易产生前后颠簸或倾斜运动。当车身高度传感器信号表明汽车车身前后颠簸时,EMS ECU 将使减振器阻尼变成"中等硬度"状态,并在车速超过 130 km/h 时,将减振器阻尼变成"坚硬"状态。

5)车速变化时阻尼的控制

当驾驶员选择减振器阻尼的工作模式为"运动"模式时,无论车速高低,控制单元将使减振器阻尼保持处于"坚硬"状态;当选择"柔软"模式时,控制单元在车速达到 129 km/h 时将使减振器阻尼变成"中等硬度"状态;当选择"自动"模式时,电控单元在车速达到 99 km/h 时将使减振器阻尼变成"中等硬度"状态。

当汽车减速时,在"柔软"模式下,车速为 117 km/h 时将从"中等硬度"状态转换到"柔软"状态;在"自动"模式下,车速为 64 km/h 时将从"中等硬度"状态变为"柔软"状态。

6)高度控制

当空气弹簧的工作模式开关选择为"自动"模式时,控制单元能够调节高位、正常、低位三种车身高度状态。在大多数情况下,控制单元将使汽车处于正常高度状态行驶,并根据车身高度传感器和车速传感器输入信号来改变车身高度。

3.变高度、变刚度、变阻尼悬架系统执行元件的工作情况

车悬架系统减振器的执行元件相互并联连接,因此各个减振器同时起作用,在减振器活塞杆内设有一个由步进电机驱动的控制杆,控制杆转动回转阀时便能改变阻尼孔的大小,从而改变了减振器阻尼的大小。

空气弹簧的执行元件能分别动作。空气供给系统由空气压缩机、干燥器、储气罐、流量控制阀、前阀总成、后阀总成等组成。从空气压缩机输出的空气经干燥器送到储气罐。储气罐由高压分罐与低压分罐、高压开关与低压开关和回收泵组成。

笔记

高压罐为系统储存高压空气,当空气压力小于 745 kPa 时,高压开关接通信号输入控制单元,电控单元发出指令起动压缩机转动。当空气压力达到 930 kPa 时,高压开关断开,控制单元发出指令使压缩机停止转动。

当控制单元发出指令降低空气弹簧压力时,空气排到低压分罐。当低压罐压力达到 140 kPa时,低压开关断开信号输入控制单元,电控单元接通回收泵,使空气从低压罐压入高压罐。当低压罐压力小于 70 kPa 时,低压开关接通,控制单元发出指令使回收泵停止转动。

流量控制阀由流速改变阀、前放气阀、后放气阀 3 个电磁阀组成。流速改变阀控制压缩空气从高压罐通过前、后阀总成流入前后空气弹簧。前放气阀控制空气从前空气弹簧通过前阀总成流入低压罐及压缩机上的排气阀。后放气阀控制空气从后空气弹簧经过后阀总成流入低压罐和排气阀。

前、后阀总成结构相似。前阀总成由前供气阀、前右阀、前左阀 3 个电磁阀组成。后阀总成由后供气阀、后右阀、后左阀组成。在前、后阀总成中,供气阀控制空气从流速改变阀流入左、右阀。这些阀的操作方式相同,从供气阀接收压缩空气,然后通到空气弹簧,或从空气弹簧将排气导入流量控制阀的前、后放气阀。

4. 变高度、变刚度、变阻尼悬架系统指示器功能(见图 7-9)

电子控制悬架系统具有多种控制功能,并设有模式选择开关,因此采用了许多指示灯来显示悬架系统的工作状态,指示灯安装在组合仪表盘中央。

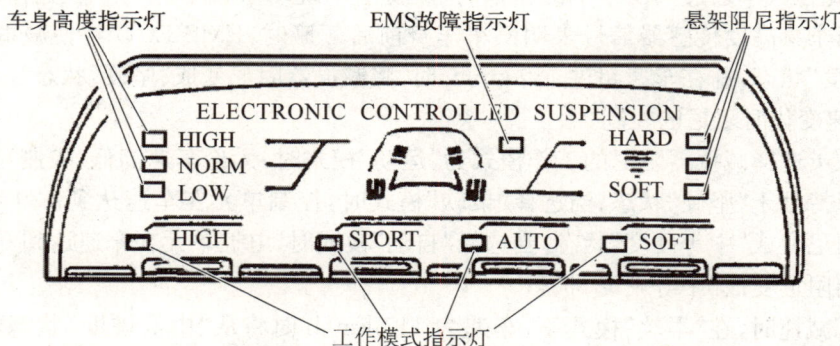

图 7-9 指 示 灯 图

项目八 汽车电控转向系统检修

项目概述

近年来,随着电子技术在汽车中的广泛应用,转向系统中也愈来愈多地采用电子器件。转向系统因此进入了电子控制时代,相应的就出现了电液助力转向系统。电液助力转向可以分为两类:电动液压助力转向系统 EHPS(Electro-Hydraulic Power Steering)和电控液压助力转向

笔记

ECHPS(Electronically Controlled Hydraulic Power Steering)。电动液压助力转向系统是在液压助力系统基础上发展起来的,与液压助力系统不同的是,电动液压助力系统中液压系统的动力来源不是发动机而是电机,由电机驱动液压系统,节省了发动性能量,减少了燃油消耗。电控液压助力转向也是在传统液压助力系统基础上发展而来,它们的区别是,电控液压助力转向系统增加了电子控制装置。电子控制装置可根据方向盘转向速率、车速等汽车运行参数,改变液压系统助力油压的大小,从而实现在不同车速下,助力特性的改变。而且电机驱动下的液压系统,在没有转向操纵时,电机可以停止转动,从而降低能耗。固然电液助力转向系统克服了液压助力转向的一些缺点。但是由于液压系统的存在,它一样存在液压油泄漏的题目,而且电液助力转向系统引进了驱动电机,使得系统更加复杂,本钱增加,可靠性下降。

为了规避电液助力转向系统的缺点,电动助力转向系统 EPS(Electric Power Steering)便应时而生。它与前述各种助力转向系统最大的区别在于,电动助力转向系统中已经没有液压系统了。原来由液压系统产生的转向助力由电动机来完成。电动助力式转向系同一般由转矩传感器、微处理器、电动机等组成。基本工作原理是:当驾驶者转动方向盘带动转向轴转动时,安装在转动轴上的转矩传感器便将转矩信号转化为电信号并传送至微处理器,微处理器根据转矩信号并结合车速等其他车辆运行参数,按照事先在程序中设定的处理方法得出助力电动机助力的方向和助力的大小。自 1988 年日本铃木公司首次在其 Cervo 车上装备该助力转向系统至今,电动助力转向系统已经得到人们的广泛认可。

本项目主要学习任务:

1 液压式电控动力转向系统结构与故障诊断、排除
2 电动式电控动力转向系统结构与故障诊断、排除

工作任务 1 液压式电控动力转向系统结构与故障诊断、排除

任务描述

接车员小李接到一辆大众波萝轿车,车主反映该车的故障现象是发动机没起动及起动后转到方向都很重,其他无明显异常。经过初步检查:发现该车方向机高压油管漏油,故障分析初步认为油管漏油造成的。

学习目标

1. 知识目标
(1)认识转向系统的组成、结构与功用。
(2)掌握整车上转向系统各部件的位置及作用。

2. 技能目标

(1) 能够初步进行转向系统的检查。

(2) 会运用所学知识和经验,为客户提供汽车转向系检修。

3. 素养目标

(1) 具备信息查询和手册使用的基本能力。

(2) 养成自主学习、操作规范的工作作风及环保意识。

(3) 能与同学密切合作,规范安全的完成学习活动。

(4) 能够按照企业 5S 要求和安全生产规范进行操作。

建议学时:6 学时

资料查询

1. 查阅"学习参考书"、维修手册和相关维修资料,整理出该任务的知识点和技能点

知识点	(1)	
	(2)	
	(3)	
	(4)	
	(5)	
技能点	(1)	
	(2)	
	(3)	
	(4)	
	(5)	

2. 查阅资料,完成下列测试

(1) 在转向系统中,采用液力式转向时,由于液体的阻尼作用,吸收了路面的冲击负荷,故可采用正效率高的(　　)转向器。

A. ＿＿极限不可逆式　　　　　　　　B. ＿＿不可逆式

C. ＿＿极限可逆式　　　　　　　　　D. ＿＿＿＿可逆程度大

(2) 齿轮齿条式动力转向系中控制阀上共有(　　)条油管。

A. ＿＿一条　　　B. ＿＿两条　　　C. ＿＿三条　　　D. ＿＿四条

(3) 整体式的动力转动系的油管数量一般为(　　)。

A. ＿＿一条　　　B. ＿＿两条　　　C. ＿＿三条　　　D. ＿＿四条

(4) 液压动力转向系统的高压油液的压力能达到(　　)压力。

A. ＿＿2 000 kPa～4 000 kPa　　　　B. ＿＿4 000 kPa～7 000 kPa

C. ＿＿8 000 kPa～10 000 kPa　　　D. ＿＿10 000 kPa～120 000 kPa

(5) 当转动转向盘时,动力转向系统发出不正常的啸叫声,其可能原因是(　　)

A. ＿＿油泵失效　　　　　　　　　　B. ＿＿油泵进油管密封不良

C.　____安全阀失效　　　　　　　　　D.　____流量控制阀失效

（6）检查液压动力转向系统的油泵、安全阀、动力缸等部件是否良好，接上带截止阀的专用压力表。以下哪项判断是正确的？（　　　）

A.　____打开截止阀，转向盘打死，压力表读数达不到规定值，则说明油泵或安全阀有故障

B.　____打开截止阀，转向盘打死，压力表读数达不到规定值，则说明动力缸或分配阀有故障

C.　____关闭截止阀，压力表读数达不到规定值，则说明油泵或安全阀有故障

D.　____关闭截止阀，压力表读数达不到规定值，则说明油动力缸或分配阀有故障

（7）液压动力齿轮齿条式转向系的动力缸，若是齿条活塞密封泄漏，甲说左转向动力降低，乙说右转向动力降低，则（　　　）。

A.　____甲正确　　　　　　　　　　　B.　____乙正确

C.　____两人均正确　　　　　　　　　D.　____两人均不正确

3. 查阅资料，识别转向系主部件，并指出各部件在车上的安装位置（见图8-1）

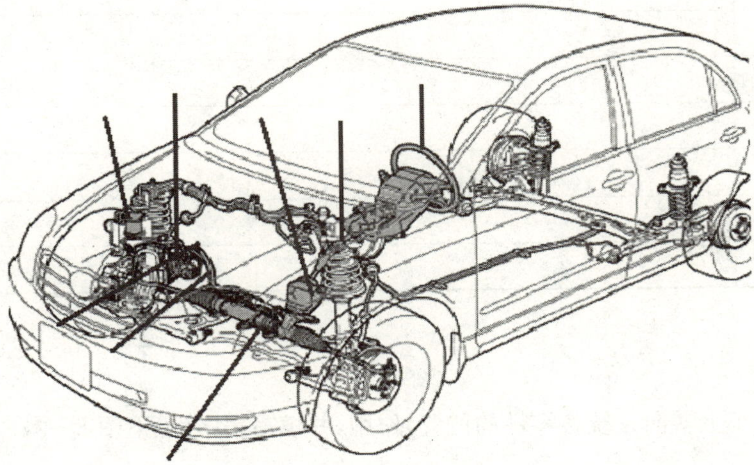

图 8-1　安 装 位 置

请结合图8-1掌握液压动力转向系统的主要结构组成，并填写下表。

序号	部 件 名 称	序号	部 件 名 称
1		5	
2		6	
3		7	
4		8	

计划决策

请根据任务要求，确定汽车转向系检查与检修所需的资料及用具。

1. 需要的资料及用具

（1）场地设施：_____

(2) 设备器材：_____

(3) 备件耗材：_____

(4) 防护用品：_____

2. 小组成员分工

人 员 分 工		工具、量具准备	主 要 职 责
组号			
组长			
组员			

3. 汽车转向系统认知、检修流程工作任务

工作步骤	工 作 内 容
步骤 1	
步骤 2	
步骤 3	
步骤 4	
步骤 5	
步骤 6	

任务实施

1. 认识实车上转向系统各零件的位置，作用，并填写表中（见下图 8-2）

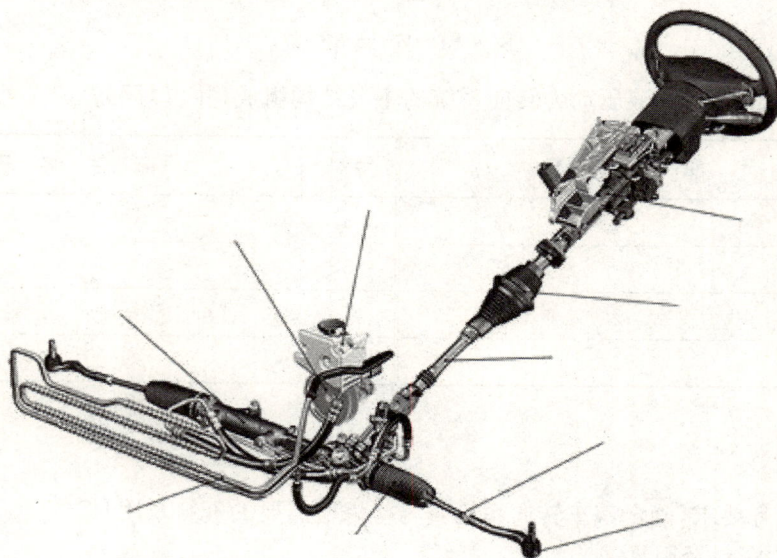

图 8-2　转向系统部件图

零 件 名 称	作　用	零 件 名 称	作　用

2. 转向系统检修的步

1）概述

检修要求及注意事项：

（1）确定悬架没有被改动过，否则会影响转向系统的工作。

（2）轮胎尺寸、气压规格需要与生产厂家的规定相符合。

（3）动力转向油泵皮带张力需要达到生产厂家的规定。

（4）动力转向油泵储油罐中的液面高度需要达到生产厂家的规定。

（5）发动机怠速转速需要达到厂家规定的标准，并且运转要稳定。

（6）确定转向盘没有更换过，需要是原车配件。

2）技能操作

检修方法及步骤：

（1）基本检查：

① 动力转向液面高度检查

② 皮带张紧力的检查

③ 系统压力的检查

（2）转向系统线路检查：

① 电源线路检查。

② 搭铁线路检查。

（3）转向系统管路连接，泄露情况检查：

检查转向系统管路，查看有无破裂、泄露情况有必要时紧固及更换。

考核评价

1. 知识评价

现场问答题：

（1）叙述转向系统的功用。

（2）写出图 8-3 的转向系统工作原理，并写出其在直行时、往右转、往左转时的部件运动路线图。

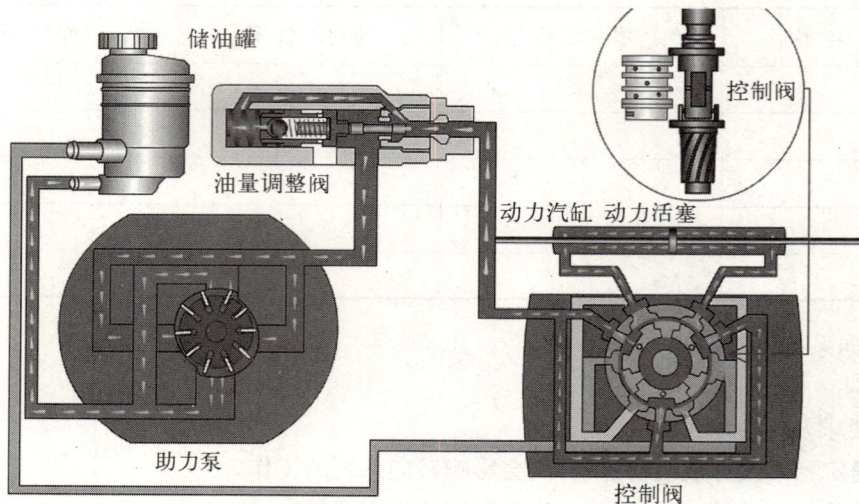

图 8-3　转向系统运动路线

2. 技能及素养评价

综合考评		自我评价	小组互评	教师评价	第三方评价
素质考评 30分	劳动态度 6				
	遵守纪律 6				
	安全操作 6				
	学习态度 6				
	出勤情况 6				
技能考评 70分	工具使用 10				
	任务方案 10				
	实施过程 30				
	完成结果 10				
	任务工单 10				
（总分 100 分） 本次得分：					
最终得分：					

工作任务 2　电动式电控动力转向系统结构与故障诊断与排除

任务描述

车主李先生反映,他的 2011 款的丰田皇冠车,最近下雨或洗完车后,打方向很重,但过

笔记

一段时间后又正常。用解码器检查没故障码,数据流也没异常。现在需要你对电动转向系统进行进一步检测。

电动助力主要由传感器、控制单元和助力电机构成,没有了液压助力系统的液压泵、液压管路、转向柱阀体等结构,结构非常简单。主要工作原理是,在方向盘转动时,位于转向柱位置的转矩传感器将转动信号传到控制器,控制器通过运算修正给电机提供适当的电压,驱动电机转动。而电动机输出的扭矩经减速机构放大后推动转向柱或转向拉杆,从而提供转向助力。电动助力转向系统可以根据速度改变助力的大小,能够让方向盘在低速时更轻盈,而在高速时更稳定。有故障是方向变沉重,影响驾驶员的操控。

学习目标

1. 知识目标

掌握电动转向系统结构、工作原理及检测方法、流程。

2. 技能目标

(1) 能够对电动转向系统数据流进行分析。

(2) 能够正确使用故障诊断仪对电动转向系统进行主动测试。

(3) 能够解释所选故障码的故障排除程序。

3. 素养目标

(1) 具备信息查询和手册使用的基本能力。

(2) 能够按照企业 5S 要求和安全生产规范进行操作。

(3) 能与同学密切合作,规范安全的完成学习活动。

(4) 养成自主学习、操作规范的工作作风及环保意识。

建议学时: 6 学时

资料查询

1. 查阅"学习参考书"、维修手册和相关维修资料,整理出该任务的知识点和技能点

	(1)	
	(2)	
知识点	(3)	
	(4)	
	(5)	

（续　表）

技能点	(1)	
	(2)	
	(3)	
	(4)	
	(5)	

2. 查阅资料,完成下列测试

(1) 电动机转向系统的原理是什么?

_____

_____

(2) 电动机转向系统有什么优点?

_____

_____

(3) 电动机转向系统与传统的转向系统有何区别?

_____

_____

_____

3. 查阅资料,写出实车上的电动转向系统的元件名称,写出工作原理及作用

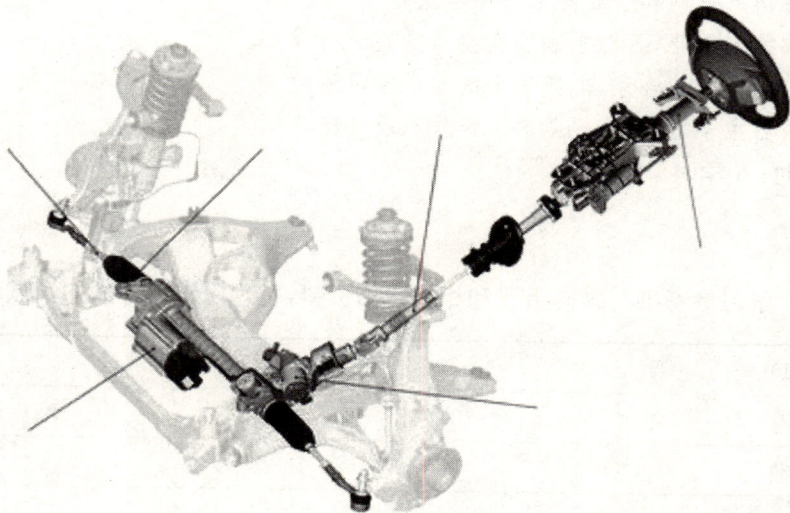

图 8-4　电动转向系统元件

笔记

计划决策

请根据任务要求,确定汽车转向系检修所需要的资料及用具。

1. 需要的资料及用具

(1) 场地设施: _____

(2) 设备器材: _____

(3) 备件耗材: _____

(4) 防护用品: _____

2. 小组成员分工

人 员 分 工	工具、量具准备	主 要 职 责
组号		
组长		
组员		

3. 汽车电动转向统系统认知、检修流程工作任务

工作步骤	工 作 内 容
步骤 1	
步骤 2	
步骤 3	
步骤 4	
步骤 5	
步骤 6	

任务实施

1. 用车载诊断仪检查故障码

(1) 将诊断仪连接到诊断座 DLC3,点火开关置于 ON 位置(不起动发动机),打开诊断仪检查故障码为 C1522(见图 8-5)。

(2) 检查分析电动转向系统的数据流。发现电机没输入及输出信号。

2. 检测电动转向机电源电压

(1) 断开电动转向器连接器(见图 8-6),将点火开关置于 ON 位置。

(2) 将万用表旋转开关置于直流电压档,检测以下两端子之间的电压,记录检测数据并与下表数据进行比对。

图 8-5 车载诊断仪

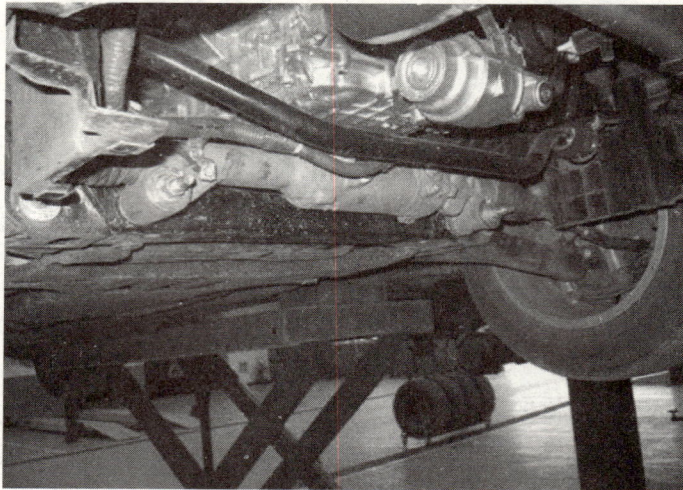

图 8-6　电动转向机

检测内容	检测条件	规定状态	实测数据
B2-3(+B)与车身搭铁	点火开关打开	9~14 V	

若检测值不在规定范围内,则检查线路。

3. 检测电动转向机线圈

(1) 将万用表旋转开关置于电阻档,检测以下两端子之间电源及电阻值。记录检测数据并与下表数据进行比对(见图 8-7)

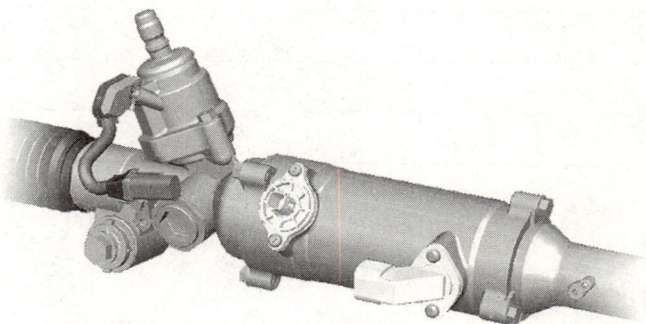

图 8-7　电动转向机线圈

检测内容	检测条件	规定状态	实测数据
5与4	向端子5和4之间检测	3 000 千欧	

若检测值不在规定范围内,则更换电动转向器总成。

(2) 在检查都没发现问题,重新连接电动转向器连接器时发现插座有水,清干净后试车正常。故障是由于插座有水,是电动转向器失效保护造成。

考核评价

1. 知识评价

叙述转向系统电动转向机的作用与功能

2. 技能及素养评价

综 合 考 评		自我评价	小组互评	教师评价	备注说明
素质考评 30分	劳动态度 6				
	遵守纪律 6				
	安全操作 6				
	学习态度 6				
	出勤情况 6				
技能考评 70分	工具使用 10				
	任务方案 10				
	实施过程 30				
	完成结果 10				
	任务工单 10				
（总分 100 分） 本次得分：					
最终得分：					

参考资料

理论知识

电动式电控动力转向系统是一种直接依靠电动机提供辅助扭矩的电动助力式转向系统。

该系统只需利用微机控制电动机电流的方向和幅值，就可直接控制转向助力的大小，控制的自由度较高，且结构简单、布置方便，其在轿车上的应用越来越广泛。

一、电动式动力转向的基本组成、原理及特点

1. 其本组成

电动式动力转向系统的基本组成如图 8-8 所示，主要由扭矩传感器、转角传感器、车速传感器、电动机、电磁离合器、减速机构、电子控制单元等组成。

2. 工作原理

电动式动力转向系统的基本原理是电子控制单元（ECU）根据车速传感器和扭矩传感器的信号，判断汽车的运行状况，以确定助力扭矩的大小和方向，然后发出控制指令，控制电动机的电流大小和方向，通过减速机构产生转向助力扭矩，使汽车在低、中和高速下都能获得最佳的转向效果。

笔记

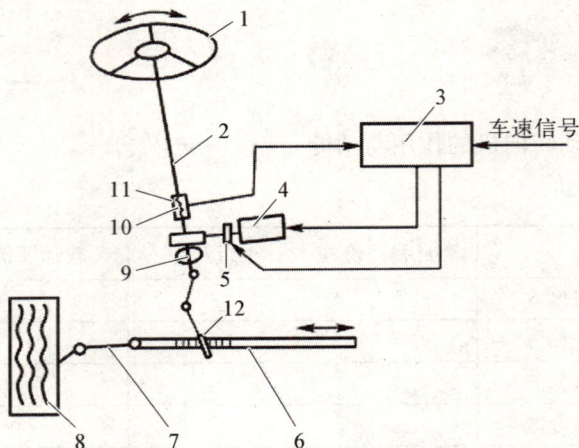

图8-8　电动式动力转向系统的基本组成

1-转向盘；2-转向轴；3-电子控制单元；4-电动机；5-电磁离合器；6-转向齿条；
7-转向横拉杆；8-转向车轮；9-输出轴；10-扭力计；11-扭矩传感器；12-转向齿轮

3. 特点

电动式动力转向系统具有质量轻、能耗少、"路感"好、污染少、应用范围广、装配性好、易于布置等特点。

二、电动式电控动力转向系统主要部件的结构及工作原理

1. 扭矩传感器

扭矩传感器的作用是检测驾驶员作用在转向盘上的转向力矩及转向方向等参数，并将其转变为电信号输送给 ECU，以作为控制电动助力大小和方向的主要依据。常用的有电磁感应式扭矩传感器和滑动电阻式扭矩传感器。

（1）电磁感应式扭矩传感器。图8-9为电磁感应式扭矩传感器的结构及工作原理。

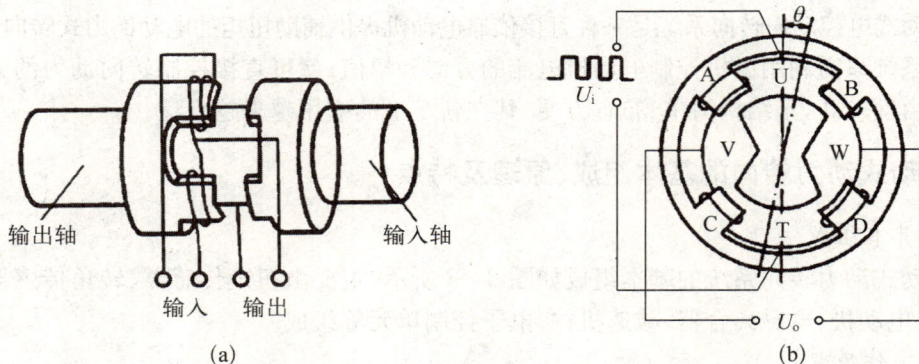

图8-9　电磁感应式扭矩传感器

(a) 结构　(b) 工作原理

（2）滑动电阻式扭矩传感器

图8-10为滑动电阻式扭矩传感器的结构和原理。

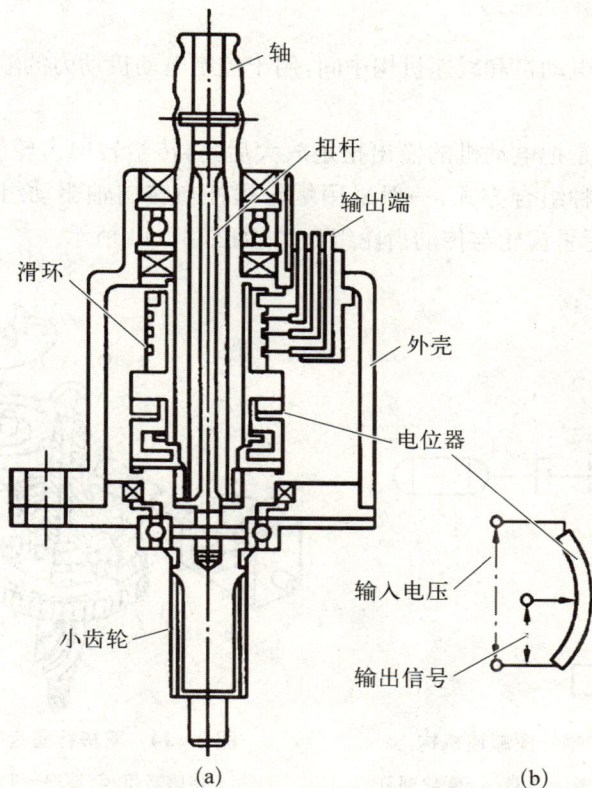

图 8 - 10 滑动电阻式扭矩传感器的结构和原理

(a) 结构 (b) 工作原理

2. 电动机

转向助力电动机就是一般的永磁电动机,连同离合器和减速齿轮一起,如图 8 - 11 所示。电动机的输出扭矩控制是通过控制其输入电流来实现,而电动机的正转和反转则是由电子控制单元输出的正反转触发脉冲控制。

图 8 - 12 是一种比较简单实用的正反转控制电路。

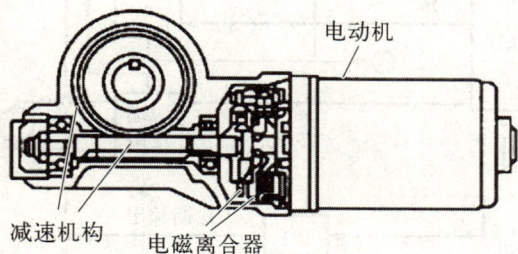

图 8 - 11 永 磁 电 动 机

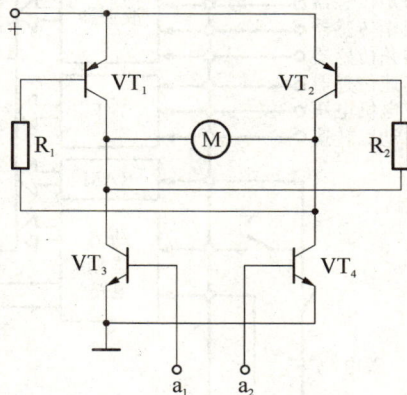

图 8 - 12 正反转控制电路

3. 电磁离合器

电磁离合器装在电动机和减速机构中间,用于控制电动机动力的输出。

4. 减速机构

减速机构的作用是把电动机的输出扭矩放大后,再传给转向齿轮箱的转向机构。目前使用的减速机构有多种组合方式,一般采用蜗轮蜗杆与转向轴驱动组合式,如图 8-13 所示;也有的采用两级行星齿轮与传动齿轮组合式,如图 8-14 所示。

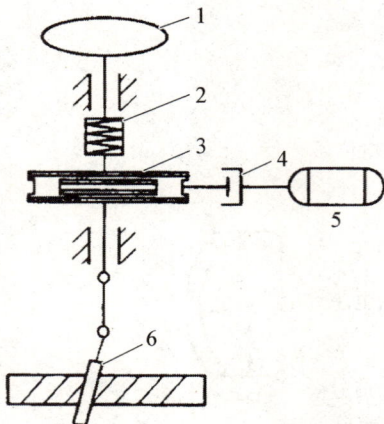

图 8-13　蜗轮蜗杆图减速机构

1-方向盘;2-扭矩传感器;3-蜗轮蜗杆机构;4-离合器;5-电动机;6-齿轮齿条转向器

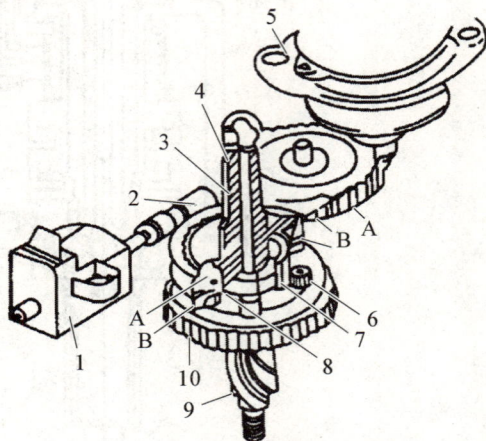

图 8-14　双极行星齿轮减速机构

1-扭矩传感器;2-转轴;3-扭力杆;4-输入轴;5-电动机与离合器;6-行星小齿轮;7-太阳轮;8-行星小齿轮;9-驱动小齿轮;10-从动齿轮

A-主动齿轮;B-内齿圈

5. 电子控制单元(ECU)

电子控制单元(ECU)是控制系统的核心,其组成如图 8-15 所示。

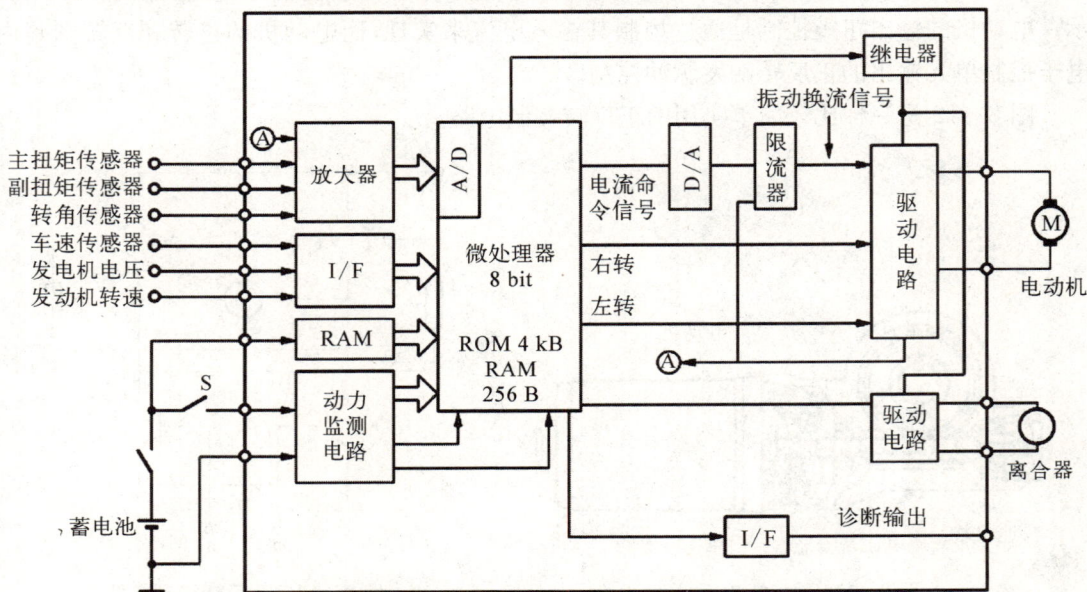

图 8-15　ECU 基 本 组 成

笔记

电子控制单元(ECU)主要包括 4 KB 的 ROM、256 B 的 RAM、8 位微处理器(CPU)、A/D(模拟/数字)转换器、D/A(数字/模拟)转换器、I/F(电流/频率)转换器、放大电路、动力监测电路、驱动电路等。

三、电动式电控动力系统的检修

1. 检修要求及注意事项

(1) 维修过程中,当点火开关在打开状态下时,不要随意断开蓄电池接线,否则会丢失控制模块中存储的信息,也不要拆卸或安装控制模块及其插接器。

(2) 确定是悬架没有被改动过,否则会影响转向系统的工作。

(3) 轮胎尺寸、气压规格需要与生产厂家的规定相符合。

(4) 发动机怠速转速需要达到厂家规定的标准,并且动运转要稳定。

(5) 在控制系统的检测中,必须使用生产厂家在维修手册中要求的检测工具,否则可能损坏控制系统的零部件。

2. 检修方法及步骤

1) 故障警告灯的检查

(1) 当点火开关处于 ON 位置时,故障警告灯应点亮,发动机起动后警告灯熄灭为正常。

(2) 警告灯不亮时,应检查灯泡是否损坏,熔断丝和导线是否断路。

(3) 若发动机起动后,警告灯仍亮时,首先应考虑系统是否处于保险状态(只有常规转向工作,无电动助力),然后进行自诊断操作。

2) 系统自诊断

(1) 电动式电控动力转向系统具有自诊断功能,利用专用诊断仪可对其进行故障自诊断,调取故障代码。

(2) 系统故障代码如表 8-1 所示。

表 8-1 系统故障代码

故障代码	故障代码内容提示
C1601	电源故障
C1604	转向柱总成中的扭矩传感器故障
C1606	电动机驱动器故障或 EPS 电子控制单元故障
C1607	EPS 电子控制单元的 EPROM 故障
C1608	EPS 电子控制单元内部故障
C1609	通过 CAN 接收的车速信号故障
C1610	通过 CAN 通信接收的发动机信号故障
U1000	在 CAN 通信电路中检测到故障

3) 线路检测

使用万用表对系统线路进行检测的项目如表 8-2 所示。

笔记

表 8-2　系统线路检测项目

测量端子	测量内容	万用表档位	测 量 条 件	标准值
4 与 7	扭矩传感器线路	交流 20 V	点火开关在 ON 位置,方向盘位于直行位置	约 2.5 V
5 与 7	扭矩传感器线路	交流 20 V	点火开关在 ON 位置	约 8 V
6 与 7	扭矩传感器线路	交流 20 V	点火开关在 ON 位置,方向盘位于直行位置	约 2.5 V
7 与搭铁	扭矩传感器线路	电阻档	点火开关在 OFF 位置	小于 0.1 Ω
10 与搭铁	电源线路	直流 20 V	点火开关在 ON 位置	约 12 V
			点火开关在 OFF 位置	约 0 V
17 与搭铁	电源线路	直流 20 V	点火开关在 ON 或 OFF 位置	约 12 V
18 与搭铁	搭铁线路	电阻档	点火开关在 OFF 位置	小于 0.1 Ω
19 与 20	电动机线路	电阻档	点火开关在 OFF 位置	约 12 V

4）元件检测

（1）扭矩传感器的检查。

检测扭矩传感器线圈电阻。拔下扭矩传感器插接器,测量扭矩传感器 4 号与 6 号端子之间、5 号与 7 号端子之间的电阻,其标准值应为 0.6～0.7 kΩ。若不符合要求,则应更换扭矩传感器。检测扭矩传感器电压。用万用表直流电压档测量上述各端子之间的电压,将转向盘置于中间位置,4 号与 7 号、6 号与 7 号端子测得电压约 2.5 V 为良好,4.7 V 以上为断路,0.3 V 以下为短路。

（2）直流电动机的检查。

检查电动机电阻。用万用表检查电动机两端子之间的电阻值,应小于 0.1 Ω,如果阻值很大,则更换电动机总成。检查电动动机运转情况。给电动机加上蓄电池电压时,应听到电动机转动的声音,如果没有声音,应更换电动机总成。

（3）电磁离合器的检查。

将蓄电池的正、负极分别接到电磁离合器的两个端子上,在接通与断开的瞬间,离合器应有工作声音。没有声音,表明电磁离合器有故障,应更换转向器总成。

（4）电子控制单元(ECU)检查。

如果在自诊断系统中出现故障代码 C1606、C1607、C1608,说明电子控制单元可能损坏;如果没有出现故障代码,在控制单元电源和搭铁线路都正常的情况下,可采用换件的方法替换怀疑有故障的控制单元,如果更换后故障排除,则说明控制单元损坏。

脏污,检测不到流量的变化。信号偏低,混合气偏稀。

项目九　汽车电控四轮驱动检修

项目概述

汽车的四轮驱动是指汽车的 4 个车轮都作为驱动轮来驱动汽车,发动机的动力经传动

笔 记

系分配到前后车轮上,通过 4 个车轮驱动汽车行驶,以提高汽车的牵引力和改善汽车的通过能力。四轮驱动汽车通常标有 4X4、4WD 或 AWD 字样,表示其具有四轮驱动功能。

四轮驱动的目的就在于可按行驶路面状态不同而将发动机输出扭矩按不同比例分布在前后轮子上,结合了前轮驱动和后轮驱动的优点,"牵引"与"推送"并行。不论是加减速或负重,所产生的影响均最小,既避免了前轮驱动车的转向不足,又防止了后轮驱动车的转向过度,尤其在高速过弯和恶劣路面上加速或爬坡时,其附着力强,牵引力大,通过性好,而且安全系数高。

图 9-1 装配电控四轮驱动的车辆

本项目主要学习任务:

1 电控四轮驱动系统检查与维护
2 电控四轮驱动系统故障的诊断与排除

工作任务 1 电控四轮驱动系统检查与维护

任务描述

一天,接车员小王接到一辆大众轿车,车主要求做汽车保养。经过询问车主和检查车辆,该车的行驶里程为 40 000 千米,现在为该车进行全车保养。检测该车的整车油、水、电路和整车机械。

学习目标

1. 知识目标
(1)电控四轮驱动系统的分类、组成、结构与功用。
(2)掌握整车上电控四轮驱动系统组成、各部件的位置及作用。
2. 技能目标
(1)能够初步进行电控四轮驱动系统的检查维护。
(2)会运用所学知识和经验,为客户提供电控四轮驱动日常维护的建议。
3. 素养目标
(1)具备信息查询和手册使用的基本能力。

笔记

（2）能够按照企业 6S 要求和安全生产规范进行操作。

（3）能与同学密切合作，规范安全的完成学习活动。

（4）养成自主学习、操作规范的工作作风及环保意识。

建议学时：6 学时

资料查询

1. 查阅"学习参考书"、维修手册和相关维修资料，整理出该任务的知识点和技能点

知识点	(1)	
	(2)	
	(3)	
	(4)	
	(5)	
技能点	(1)	
	(2)	
	(3)	
	(4)	
	(5)	

2. 查阅资料，完成下列测试

（1）全时四驱的控制测试。

（2）适时四驱的控制测试。

（3）分时四驱的控制测试。

3. 查阅资料，识别链轮机构驱动的分动器部件，并指出各部件在车上的安装位置

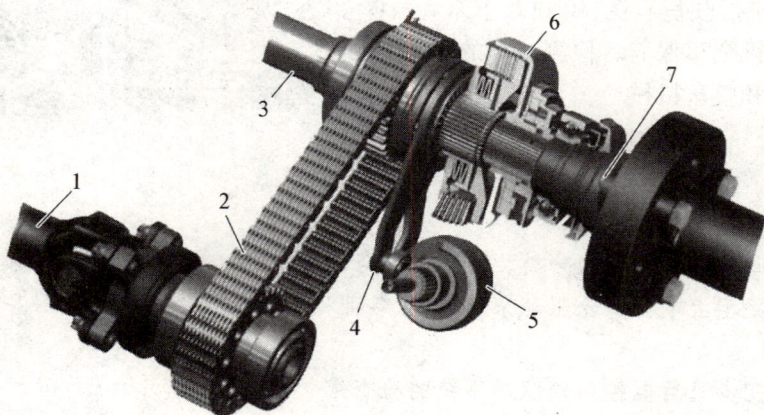

图 9-2 链 轮 传 动 器

请结合图 9-2 读懂链轮机构驱动的分动器的主要结构组成，并填写下表。

序号	部 件 名 称	序号	部 件 名 称
1		5	
2		6	
3		7	
4			

计划决策

请根据任务要求,确定汽车四轮驱动系统检查与维护所需要的资料及用具。

1. 需要的资料及用具

(1) 场地设施: _____

(2) 设备器材: _____

(3) 备件耗材: _____

(4) 防护用品: _____

2. 小组成员分工

人 员 分 工	工具、量具准备	主 要 职 责
组号		
组长		
组员		

3. 汽车汽车四轮驱动系统认知、检查与维护流程工作任务

工作步骤	工 作 内 容
步骤1	
步骤2	
步骤3	
步骤4	
步骤5	
步骤6	

任务实施

1. 在实车上找出汽车四轮驱动系统各零件的位置,作用,并填写表中。

零件名称	作 用	零件名称	作 用

（续 表）

零 件 名 称	作 用	零 件 名 称	作 用

2. 检查四轮驱动系统

（1）检查全时四驱的驱动控制。

（2）检查适时四驱的驱动控制。

（3）检查分时四驱的驱动控制。

考核评价

1. 知识评价

现场问答题：

（1）叙述分动器的功用。

（2）右图是齿轮传动分动器的结构简
图，查阅相关资料，对齿轮传动分动器的各部
分组成进行标注。

（3）在实车上指出四轮驱动系统的组
成、各零件的位置及作用。

（4）描述四轮驱动系统进行基本检查和
维护方法。

图 9-3 齿轮传动分动器

2. 技能及素养评价

综 合 考 评		自我评价	小组互评	教师评价	第三方评价
素质考评 30 分	劳动态度 6				
	遵守纪律 6				
	安全操作 6				
	学习态度 6				
	出勤情况 6				
技能考评 70 分	工具使用 10				
	任务方案 10				
	实施过程 30				
	完成结果 10				
	任务工单 10				
（总分 100 分） 本次得分：					
最终得分：					

工作任务 2　电控四轮驱动系统故障的诊断与排除

任务描述

　　一天,接车员王小姐接到一辆 2010 年产帕杰罗越野车,行驶里程约 50 000 千米。车主李先生反映,最近车辆在每正常行驶约 20 km 后,四驱系统警告灯会闪烁报警。如果将车熄火后再重新起动车辆,四驱系统则会恢复正常。但车辆再次正常行驶约 20 km 后,四驱系统警告灯依然还会闪烁报警。维修人员连接三菱专用故障诊断仪对四驱控制系统进行检测,发现了故障码 C1458,其含义为自由轮啮合开关系统异常。

　　现在需要进一步的检测。

学习目标

　　1. 知识目标

掌握电控四轮驱动系统的电控系统电路进行分析。

　　2. 技能目标

(1) 能够电控四轮驱动系统检查维护。

(2) 会运用所学知识和经验,为客户提供电控四轮驱动日常维护的建议。

　　3. 素养目标

(1) 具备信息查询和手册使用的基本能力。

(2) 能够按照企业 6S 要求和安全生产规范进行操作。

(3) 能与同学密切合作,规范安全的完成学习活动。

(4) 养成自主学习、操作规范的工作作风及环保意识。

建议学时: 4 学时

资料查询

　　1. 查阅"学习参考书"、维修手册和相关维修资料,整理出该任务的知识点和技能点

知识点	(1)	
	(2)	
	(3)	
	(4)	
	(5)	

笔 记

（续 表）

技能点	(1)	
	(2)	
	(3)	
	(4)	
	(5)	

2. 查阅资料，完成下列测试

(1) 在前轴转速等于后轴转速 LSD 的扭矩分配？

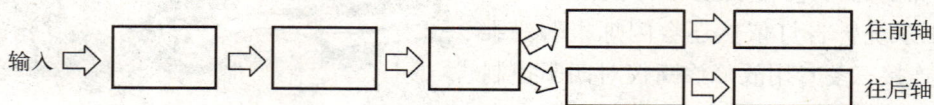

(2) 前轴转速大于后轴转速 LSD 的扭矩分配？

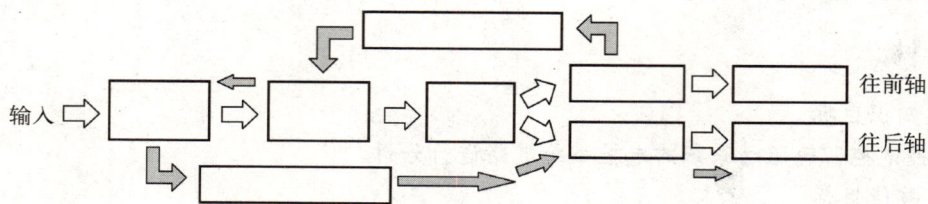

(3) 前轴转速小于后轴转速 LSD 的扭矩分配？

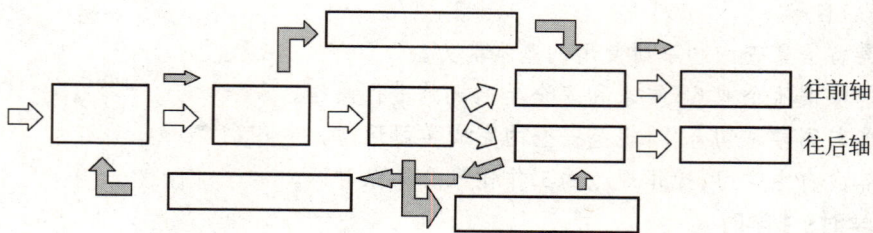

计划决策

请根据任务要求，确定汽车四轮驱动系统检查与维护所需要的资料及用具。

1. 需要的资料及用具

(1) 场地设施：_____

(2) 设备器材：_____

(3) 备件耗材：_____

(4) 防护用品：_____

笔记

2. 小组成员分工

人 员 分 工	工具、量具准备	主 要 职 责
组号		
组长		
组员		

3. 汽车四轮驱动系统认知、检查与维护流程工作任务

工作步骤	工 作 内 容
步骤1	正确识别和解释传感器扫数据
步骤2	解释所选DTC故障排除的程序
步骤3	对汽车四轮驱动系统各个零件进行检查
步骤4	
步骤5	
步骤6	

任务实施

东风本田 CR - V DPS 双泵液压控制系统功能检测

1. 当在四轮驱动模式前进档起动和加速时

(1) 举升起车辆,使4个车轮均升离地面。

(2) 在前节传动轴或后节传动轴上做一个标记。

(3) 起动发动机,使其达到工作温度(散热器风扇起动至少两次)。

(4) 使发动机怠速运转,并换至1档位置。

(5) 稳固地施加驻车制动,并测定传动轴旋转10圈所需的时间。

(6) 读取的检测值,记录检测值并与下表进行比对。

检测项目	检 测 条 件	规定状态	实测数据
控制系统	四轮驱动模式前进档起动和加速时	10 s	

如果所测时间超过10 s,说明四轮驱动系统正常。

如果所测时间小于10 s,说明四轮驱动系统有故障。检查后差速器油,如果后差速器油正常,则更换扭矩控制差速器(TCD)壳体组件。

2. 当在四轮驱动模式倒档起动和加速时

(1) 举升起车辆,使4个车轮均升离地面。

笔记

（2）在前节传动轴或后节传动轴上做一个标记。

（3）起动发动机，使其达到工作温度（散热器风扇起动至少两次）。

（4）使发动机怠速运转，并换至 R 档位置。

（5）稳固地施加驻车制动，并测定传动轴旋转 10 圈所需的时间。

（6）读取的检测值，记录检测值并与下表进行比对。

检测内容	检 测 条 件	规定状态	实测数据
控制系统	当在四轮驱动模式倒档起动和加速时	10 s	

如果所测时间超过 10 s，说明四轮驱动系统正常。

如果所测时间小于 10 s，说明四轮驱动系统有故障。检查后差速器油，如果后差速器油正常，则更换扭矩控制差速器壳体组件。

3. 当在两轮驱动模式前进档减速时

（1）阻档住前轮 A，举升起左后轮，并使用安全支座 B 将其支撑，如图 9-26 所示。

（2）用手握持住轮胎，将其逆时针连续旋转超过一整圈。

检测内容	检 测 条 件	规定状态	实测数据
控制系统	当在两轮驱动模式前进档减速时		

如果在旋转过程中，如果没有感觉到旋转轮胎越来越费力，则说明在前进档减速时两轮驱动系统正常。

如果感觉到旋转轮胎越来越费力，则说明系统有故障。检查后差速器油，如果后差速器油正常，则更换扭矩控制差速器壳体组件。

4. 当在倒档减速时（四轮驱动模式）

（1）阻档住前轮 A，举升起左后轮，并使用安全支座 B 将其支撑。

（2）用手握持住轮胎将其顺时针连续旋转超过一整圈。

检测内容	检测条件	规定状态	实测数据
控制系统	当在倒档减速时（四轮驱动模式）		

如果旋转过程中如果感觉到旋转轮胎越来越费力，则说明在倒档减速时四轮驱动系统正常。

如果没有感觉到旋转轮胎越来越费力，则说明系统有故障。检查后差速器油，如果后差速器油正常，则更换扭矩控制差速器壳体组件。

考核评价

1. 知识评价

叙述适时四驱的控制方法

2. 技能及素养评价

综合考评		自我评价	小组互评	教师评价	备注说明
素质考评 30分	劳动态度6				
	遵守纪律6				
	安全操作6				
	学习态度6				
	出勤情况6				
技能考评 70分	工具使用10				
	任务方案10				
	实施过程30				
	完成结果10				
	任务工单10				
（总分100分） 本次得分：					
最终得分：					

参考资料

理论知识

汽车电控四轮驱动系统

一、相关知识

汽车的四轮驱动是指汽车的 4 个车轮都作为驱动轮来驱动汽车,发动机的动力经传动系分配到前后车轮上,通过 4 个车轮驱动汽车行驶,以提高汽车的牵引力和改善汽车的通过能力。四轮驱动汽车通常标有 4X4、4WD 或 AWD 字样,表示其具有四轮驱动功能。

四轮驱动的目的就在于可按行驶路面状态不同而将发动机输出扭矩按不同比例分布在前后轮子上,结合了前轮驱动和后轮驱动的优点,"牵引"与"推送"并行。不论是加减速或负重,所产生的影响均最小,既避免了前轮驱动车的转向不足,又防止了后轮驱动车的转向过度,尤其在高速过弯和恶劣路面上加速或爬坡时,其附着力强,牵引力大,通过性好,而且安全系数高。

二、电控四轮驱动系统的性能特点

轿车采用电控 AWD 系统与传统两轮驱动系统相比有如下特点:

(1) 由于现代轿车车速越来越高,特别在高速公路上行驶时由于风阻加大。为最大限度地传递驱动力,采用 AWD 系统可充分利用车重来提高驱动力。提高汽车在各种路面上行驶的动力性。

（2）传统前轮驱动轿车,在加速转弯时会出现转向不足现象,传统后轮驱动轿车。在加速转弯时会出现转向过度的倾向。而装有 AWD 系统的轿车可根据汽车行驶状态分配前后轮驱动力。极大地改善汽车的转向性能。

（3）轿车 AWD 系统和全轮驱动专用的制动防抱死系统(ABS)可使轿车获得最大制动力,最大限度地利用路面和轮胎之间的摩擦力。提高汽车的制动性能。

（4）在越野和泥泞路面及雨天和雪天道路易滑的情况下,AWD 系统可防止车辆打滑,提高汽车的通过性。

三、电控四轮驱动系统的主要优势

ESC、TCS 系统通过控制发动机动力输出和制动系统来保证平稳驾驶,以损失动力作为安全保证以防止超越物理极限;AWD 控制并调整每个车轮的扭矩输出,在不干涉发动机动力输出的情况下提高了物理极限,保证你全天候的驾驶乐趣。

奥迪 Quattro AWD 诞生于 1980 年,当年奥迪的设计师声称:"早晚有一天,AWD 会像今天 4 轮盘式刹车一样流行。"果不其然,今天奥迪用 AWD 武装了它的每一款型号的车型,而各大厂商也在纷纷加入 AWD 行列。车辆的驱动型式有 FWD(Front-Wheel Drive)、RWD(Rear-Wheel Drive)、4WD(Four-Wheel Drive)和 AWD(All-Wheel Drive)。下面看看这几种驱动型式。

前轮驱动(FWD)：今天占轿车产品的 70% 的经济型及中级轿车都采用了前轮驱动。就像名字所暗示的,只有前轮传递动力。安装在前部的发动机将动力直接传输到前轮,提高了牵引效率,60%～70% 的重量集中在轿车前部,提供了更好的冰雪稳定性,但前轮要承受 75% 的制动,而且在急加速时车身重心后移,就会造成加速延迟,在操控上也存在着转向过度和后轮打滑现象。

后轮驱动(RWD)：豪华轿车通常采用后驱,重量分配接近于 50：50,提供了更平稳的驾驶。RWD 与 FWD 驱动情况正相反,操控性能有所提高。当加速时车身重心向后转移,这正是你所希望的,因为后轮主管牵引力,前轮主管汽车方向。你还可以在弯道加速。这并不是说 RWD 在结构上就好,它也存在缺陷,如从前到后的传动轴(使车内地板从前到后隆起),还有一个很大的差速器在后部,增加了重量和成本,它同样不适应全天候驾驶。

以上两种车型都是只使用了两个车轮传递动力,为什么不同时使用另两个车轮? 四轮驱动就是使用了 4 个车轮传递动力,它又分为 4WD 和 AWD 两种形式。4WD 是为了增加牵引力,在不顺利的道路条件下或是追求极限性能驾驶,是专为越野设计的。而 AWD 主要是为了减少轮胎的滑动和提供更好的操控性能。AWD 通常不需要司机来操作接合系统,没有低速范围,按照需求自动分配前后轮扭矩。AWD 通常是一种公路驾驶系统,提高公路驾驶性和全天候性,而不是越野性。

AWD 可以全时段实现最佳操控。相对于 RWD 和 FWD,AWD 对每个驱动轮分配了更少的牵引力,所以会更少发生牵引力大于轮胎和地面的摩擦力的情况,也就是说,驱动轮更少打滑。

显然四轮驱动会带来更高水平的牵引和操控,因为牵引力是被 4 个车轮而不是 2 个车

笔记

轮分享。它能够跨越更高的弯道极限,特别是在粗糙、湿滑路面,所以从 1980 年奥迪使用 AWD 开始就主要用于 WRC 赛车。

恒时 AWD 轿车会产生中性的转向倾向,这要得益于 4 个车轮共享牵引力。事实上,还与重量分布相关,而通常恒时 AWD 轿车前后的重量分布是 50∶50,所以很难出现转向过度。

AWD 轿车有些是恒时四驱,而有些平时是前轮或后轮驱动,只有在车轮打滑时才变为四驱。今天竞争的压力已使更多的汽车厂商制造了不同级别的 AWD 轿车。那么 AWD 是最好的驱动方式吗?并不准确,因为它增加了重量和复杂性及增加了成本,AWD 会比 2WD 多消耗燃油,一般 AWD 系统会比 2WD 重 50～100 kg,即使是一般品牌售价也要增加 2 000 美元,但 AWD 在驾驶性能上的提高是不可否认的,像保时捷 AWD 从 0 到 100 km/h 的加速时间是 3.7 s,而两轮驱动只能达到 4～5 s。

电控四轮驱动系统的分类和组成

一、电控四轮驱动系统的分类

电控四轮驱动系统按照驱动方式可以分为 3 种基本类型:分时四轮驱动系统、全时四轮驱动系统和适时四轮驱动系统。

1. 分时四轮驱动系统

分时四轮驱动(Part-Time 4WD),就是部分时间采用四轮驱动模式,正常时间仍采用前轮驱动或后轮驱动模式,是一种可以根据驾驶者的意愿在两轮驱动和四轮驱动之间切换选择的四轮驱动系统。

分时四轮驱动主要用于越野或在光滑的路面上行驶的情况,所以是越野车采用的驱动布置方案,通常由变速器、分动器、前传动轴、前桥差速器和后传动轴、后桥差速器等组成,一般不设有轴间差速器,如图 9-4 所示。

分时四轮驱动的特点是人工操作,由驾驶员根据路面情况通过接通或断开分动器来选择两轮驱动或四轮驱动模式,优点就是可以根据实际情况来选取驱动模式,比较经济。

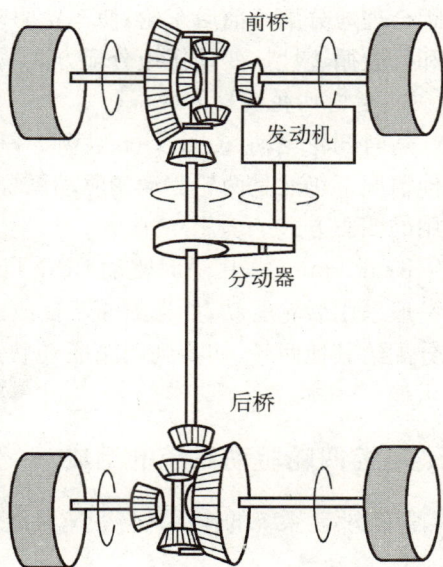

图 9-4 分时四轮驱动系统的组成

2. 全时四轮驱动系统

全时四轮驱动(Full-Time 4WD)又称全轮驱动(AWD,All Wheel Drive),即全部时间都保持四轮驱动模式,不能选择退出四轮驱动状态,是常啮合式四轮驱动系统。应用全时四轮驱动系统的车型并不是为了越野行驶,而是在不良附着力的情况下(冰雪滑溜路面)提高汽车的行驶性。

全时四轮驱动系统的组成如图 9-5 所示。全时四轮驱动系统采用 3 个差速器,除了前后桥各有一个差速器外,在前后驱动桥之间还有一个差速器,称为轴间差速器。轴间差速器是全时四轮驱动的重要标志。

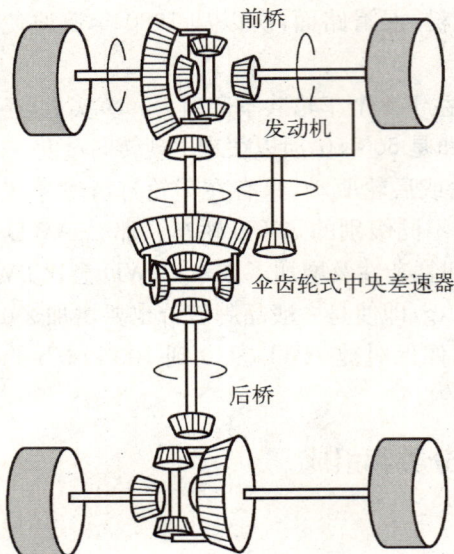

图 9－5　全时四轮驱动系统的组成

轴间差速器一般还带有差速锁止功能,也称差动限制。

轴间差动限制装置多采用黏性耦合器、液压多片式离合器或直接采用托森式差速器(Torsen LSD)。

全时四轮驱动系统按照前后扭矩分配比例的大小可分为固定扭矩分配方式和变动扭矩分配方式两种。

(1)固定扭矩分配方式利用轴间差速器把扭矩分配到前后车轮,扭矩分配比取决于轴间差速器的结构,多数为 50:50。常配置于一般的越野吉普车上,如陆地巡洋舰 100 系列、富士斯巴鲁、奔驰 G 系列、三菱帕杰罗 V3000 及吉普切诺基等。

(2)变动扭矩分配方式是指汽车在行进中能适应行驶状态和路面情况的变化,自动将不同的扭距合理地分配给前后车轮,使车轮驱动力及转向力达到最佳配置,具有良好的操纵稳定性和和行驶循迹性。变动扭矩分配方式属于高性能传动系统,常用于一些高性能的轿车上。

3. 适时四轮驱动系统

适时四轮驱动(Real-Time 4WD),是指只有在需要的时候才会选择四轮驱动模式,而在其他情况下仍然是两轮驱动的驱动系统。适时四轮驱动是一些多功能城市 SUV、CRV 车型常用的四驱方式。

Real-Time:采用适时驱动 Real-Time 的车辆,其选择何种驱动模式由电脑控制,正常路面一般采用后轮驱动,如果路面不良或驱动轮打滑,电脑会自动测出并立即将发动机输出扭矩分配给其他两轮,切换到四轮驱动状态,操纵简单。其缺点是电脑即时反应较慢,缺少驾驶乐趣。

二、电控四轮驱动系统的组成

四轮驱动系统的作用是将变速器传来的动力分配给前后驱动桥,同时起副变速器的作用。

1. 分动器

分动器有两种形式,即以齿轮机构驱动前输出轴的分动器和采用链轮机构驱动的分动器。

齿轮传动分动器在 3 根轴上安装 6 个齿轮及两个滑动换档总成,如图 9－6 所示,大多数早期的分动器都属于这种结构。

链轮机构驱动的分动器的应用非常广泛,这些总成各有差别,但都采用长的、无噪声的链条把动力经上部的轴传递给下部的前输出轴,如图 9－7 所示。分动器加上空档,有 3 种动力传递方式。

2. 操纵机构

分动器操纵机构的结构如图 9－8 所示。

对分动器的操纵要求是:接上前桥前,不得挂上低速档;低速档退出前,不得摘下前桥,

笔记

图 9-6 齿轮传动分动器的结构

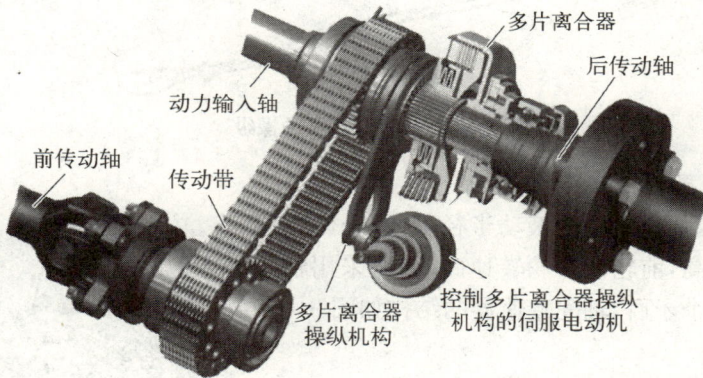

- 多片离合器
- 后传动轴
- 控制多片离合器操纵机构的伺服电动机
- 前传动轴
- 多片离合器横纵机构
- 传动齿轮

图 9-7 链轮机构驱动的分动器

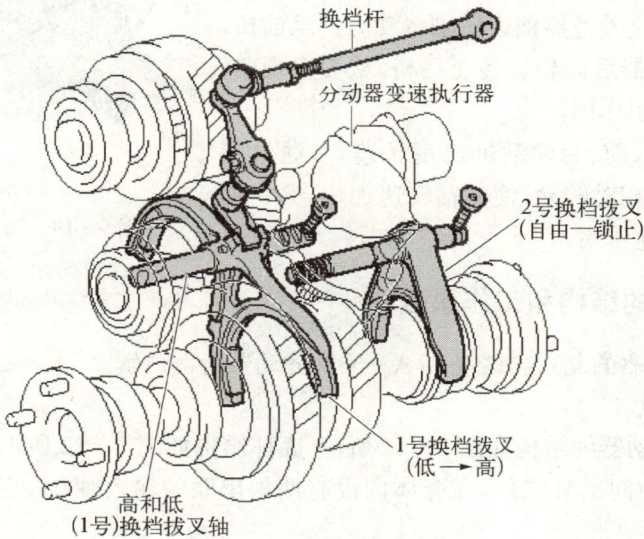

- 多片离合器
- 后传动轴
- 动力输入轴
- 前传动轴
- 传动带
- 多片离合器操纵机构
- 控制多片离合器操纵机构的伺服电动机

图 9-8 分动器的操纵机构

- 换档杆
- 分动器变速执行器
- 2号换档拨叉（自由—锁止）
- 1号换档拨叉（低→高）
- 高和低（1号）换档拨叉轴

如图9-9所示。分动器在使用时应注意以下事项：在普通路面上使用高速档，在恶劣路面上使用低速档；在好路上应使用高速档且不接前桥；当汽车在较差的路面上行驶时，应接上前桥并用低速档，使汽车具有足够的驱动力，克服增加的行驶阻力。

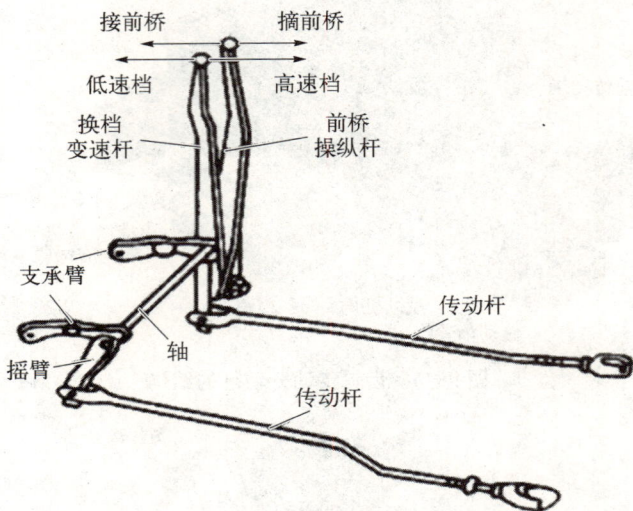

图9-9 分动器的操纵

3. 轴间差速器

汽车转向时，每个车轮的滚动半径不同，外侧车轮不内侧车轮转速高，前轮比后轮转速高，因此采用轴间差速器来解决这个矛盾，轴间差速器的结构如图9-10所示。

当汽车驱动时，来自发动机的动力通过空心轴传至差速器外壳，差速器外壳通过蜗轮轴传到蜗轮，再传到蜗杆。前轴蜗杆通过差速器前齿轮轴将动力传至前桥，后轴蜗杆通过差速器后齿轮轴传至后桥，从而实现前、后驱动桥的驱动牵引作用。

当汽车转弯时，前、后驱动轴出现转速差，通过啮合的直齿圆柱齿轮相对转动，使一轴转速加快，另一轴转速下降，实现差速作用。

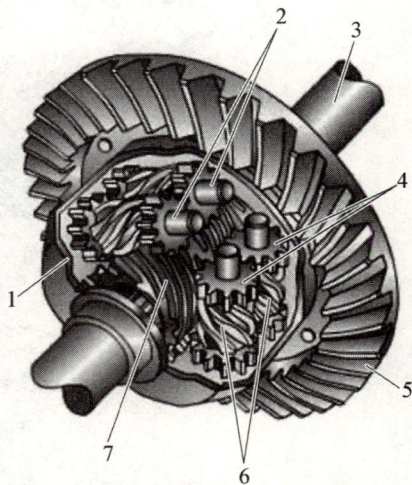

图9-10 轴间差速器的结构

1-差速器壳；2-直齿轮轴；3-半轴；4-直齿轮；5-主减速器从动齿轮；6-蜗轮；7-蜗杆(2个)

三、典型分动器的结构和工作原理

下面以兼时四驱的北京切诺基87A-K型分动器为例讲解。

1. 结构与组成

87A-K型分动器的结构如图9-11所示，壳体结构如图9-12所示，结构简图如图9-13所示。壳体是中间剖分式的，在壳体内设有两根串联的输入轴21、后输出轴10、中间轴11及前输出轴。

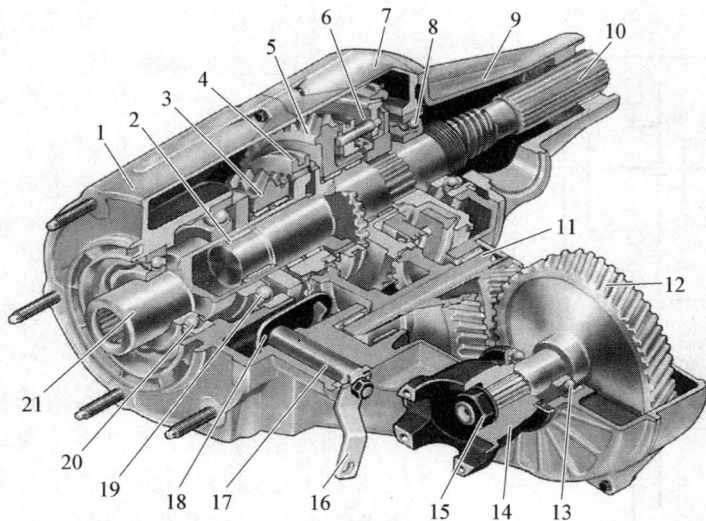

图 9-11　87A-K型分动器的结构

1-前壳体；2-滚针轴承；3-齿毂；4-低档齿轮；5-同步器总成；6-四轮驱动齿轮；7-后壳体；8-后输出轴后轴承；9-后凸缘壳；10-后输出轴；11-中间轴；12-前输出轴齿轮；13-前输出轴前轴承；14-前输出轴万向节；15-前输出轴螺母；16-换档杆；17-换档轴；18-扇形板；19-输入轴后轴承；20-输入轴前轴承；21-输入轴

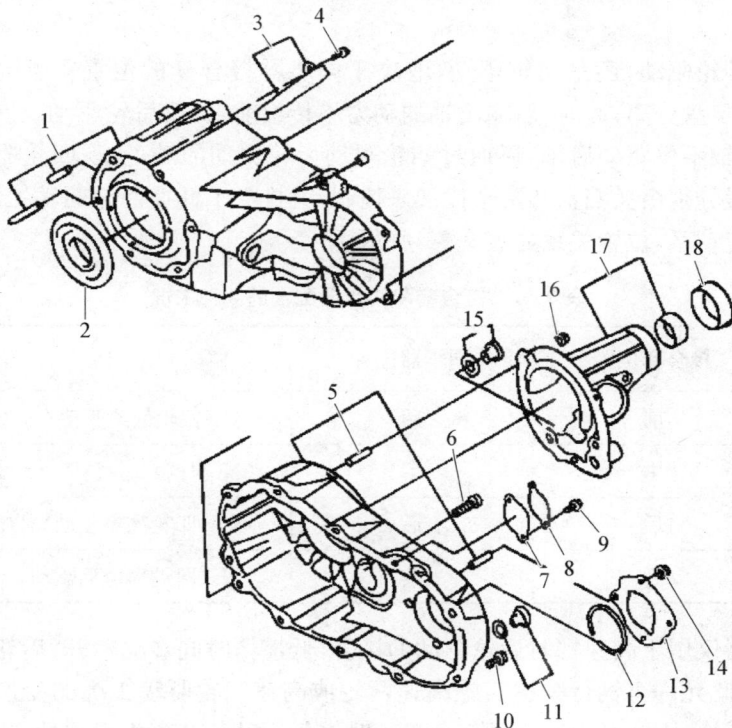

图 9-12　87A-K型分动器的壳体结构

1-前箱体；2、18-油封；3-油槽；4-油槽固定螺钉；5-后箱体；6-箱体固定螺栓；7-中间轴承盖；8-标牌；9-螺栓；10-箱体固定螺栓；11-放油螺塞；12-垫圈；13-前输出轴承盖；14、16-螺母；15-加油螺塞和垫片；17-后凸缘罩总成

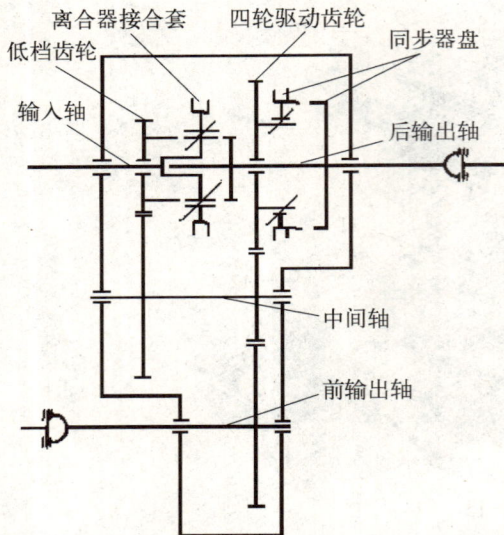

图 9 - 13　87A - K 型分动器的结构

分动器的高、低、空档是由牙嵌式离合器接合套的位置决定的。接合套内孔制有齿形花键,与输入轴后端的齿形花键滑套。当接合套在前后不同位置时,可以分别与低档齿轮或后输出轴的齿形花键接合,也可以在中间位置与输入轴接合。

当接合套在前端位置时,花键孔同时套着输入轴低档齿轮和后端的齿形花键,输入轴的转矩就通过后端的齿形花键传给接合套,继而通过低档齿轮、中间轴大齿轮和中间轴小齿轮分别传给前输出轴和四轮驱动齿轮(速比为2.36∶1),此时同步器的接合套被同步器拨叉拨向后方与同步器盘接合,转矩同时传递给后输出轴,转速与前输出轴相同。

当接合套在中间位置时,接合套只与输入轴的齿形花键套合,因此,输入轴无转矩输出,成为空档。

当接合套在后方位置时,输入轴的转矩通过接合套,直接传给输出轴,二者转速相同,为高档传动。

分动器是四轮驱动,还是两轮驱动,取决于同步器接合套的位置。当同步器处于前方时,同步器和同步盘分离,此时,后输出轴的动力不传给前轴,仅后轮驱动。同步器接合套在后方时,后输出轴不仅驱动后轴,还通过四轮驱动齿轮驱动前轴,实现四轮驱动。由于接合套和同步器位置分别由换档盘和两个拨叉来控制,就排除了低速两轮驱动工况,防止转矩传递过大而损坏传动系,位置关系如表 9 - 1 所示。

表 9 - 1　接合套和同步器配合的 4 种工况

工　况	接合套位置	同步器位置	档　　　位
1	前	后	4L(四轮低速驱动)
2	中	后	N(空档)
3	后	后	4H(四轮高速驱动)
4	后	前	2H(两轮高速档驱动)

惯性同步器仅用于高速档时后轮驱动的接合,低速档时同步器断开,后轮由高低档接合套传递动力,因此允许车辆行驶中实施高速两轮或高速四轮驱动工况的变换。由于高低档是采用接合套变换,因此必须在车辆完全静止时进行,否则,会产生强烈冲击及噪声,甚至损坏有关零件,换档困难。

2. 转矩传递路线

(1) 自由的高速方式,转矩传递路线如图 9 - 14 所示。

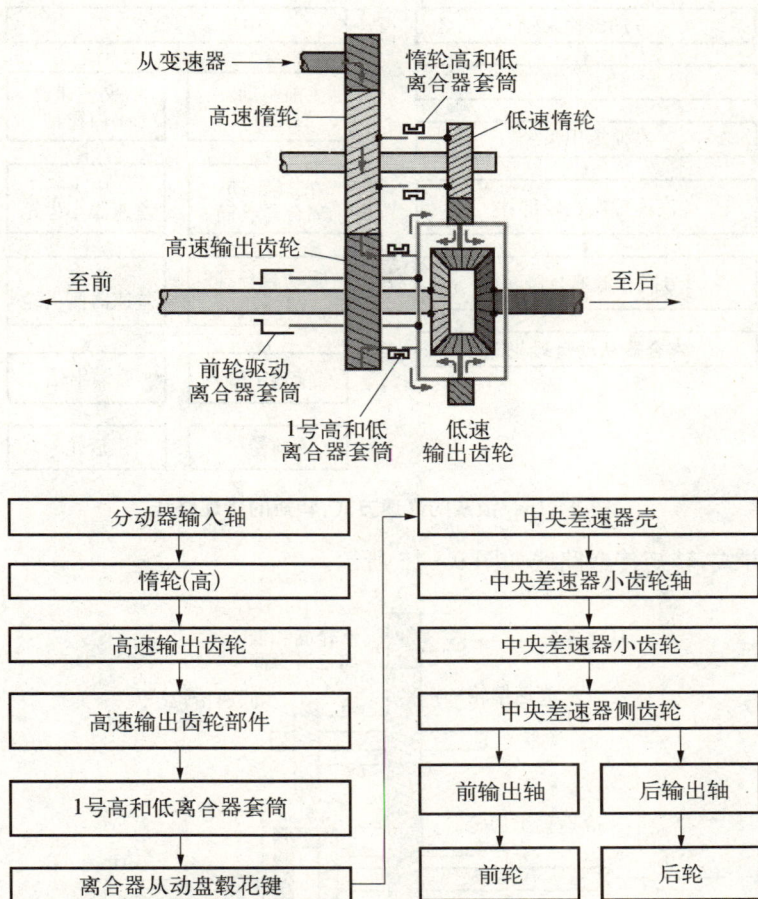

图 9-14 4-L 自由的高速方式,转矩的传递路线

(2) 锁紧的高速方式,转矩传递路线如图 9-15 所示。

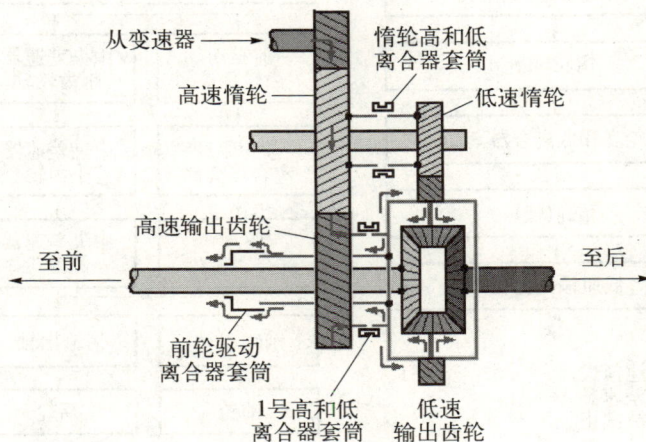

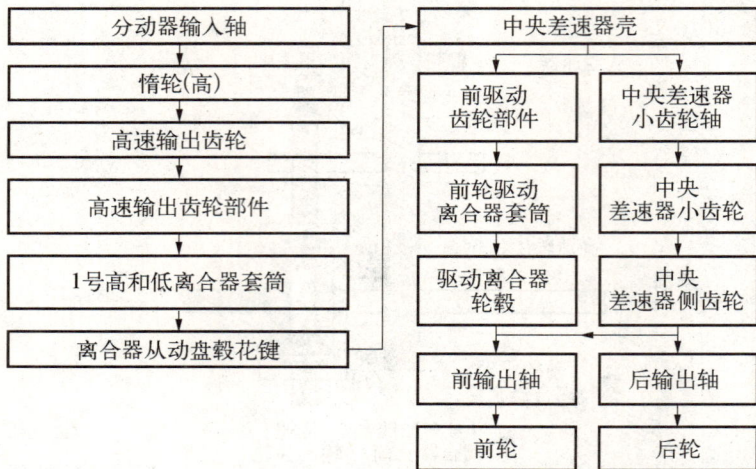

图 9‑15　锁紧的高速方式,转矩的传递路线

（3）低速方式,转矩传递路线如图 9‑16 所示。

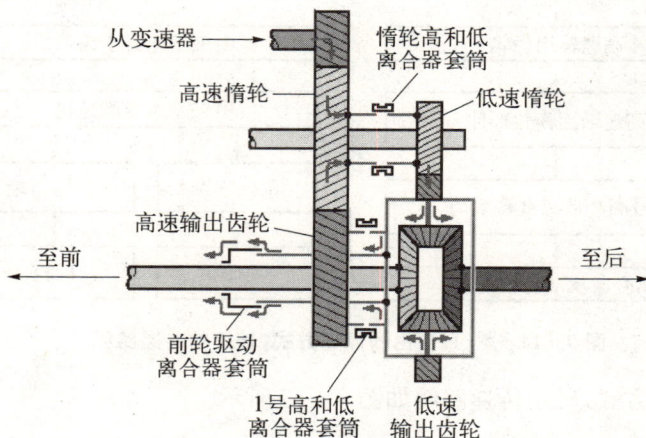

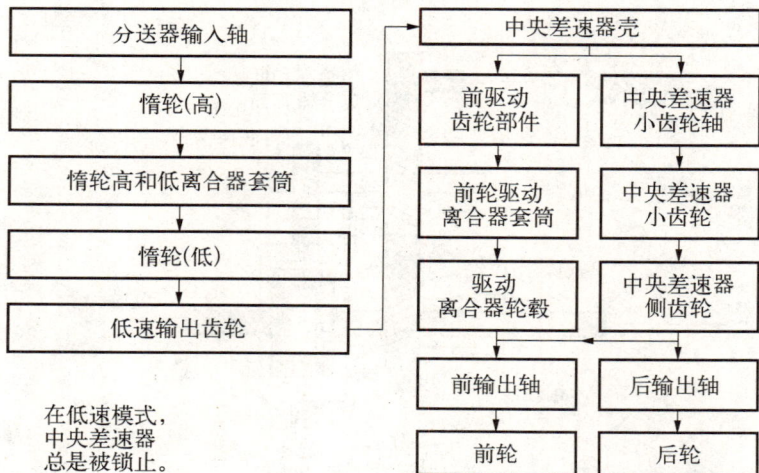

在低速模式,
中央差速器
总是被锁止。

图 9‑16　低速方式,转矩传递路线

笔记

电控四轮驱动系统的工作过程

一、全时四驱系统

1. 全时四驱系统的基本构成

1）机械部分组成

丰田普拉多（PRADO）四驱传动系统的机械部分主要由变速器、分动器（可电控锁止差速器）、前后传动轴及前后差速器等组成，如图 9－17 所示。

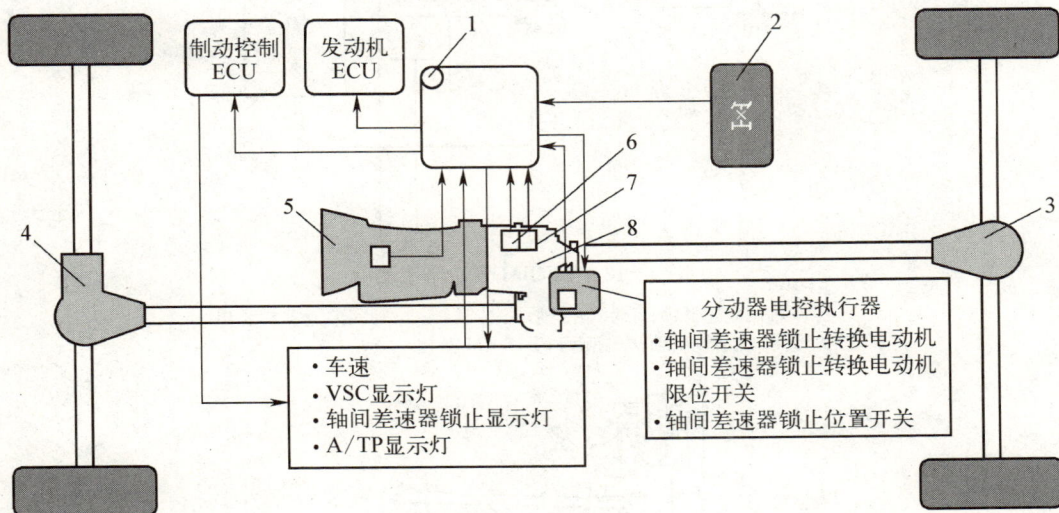

图 9－17 丰田普拉多（PRADO）四驱传动系统的组成

1-蜂鸣器；2-轴间差速器锁止按钮；3-后差速器；4-前后差速器；5-驻车/空档位置开关；6－L 档位置开关；7-空档位置开关；8-分动器

2）电控部分组成

四驱的电控部分由制动控制 ECU、发动机 ECU、轴间差速器锁止按钮、驻车及空档位置开关、4WD 控制 ECU 和分动器电控执行器等组成。

3）分动器及电控执行器

一汽丰田普拉多（PRADO）的分动器采用 VF4BM，如图 9－18、图 9－19 所示。

4）LSD 防滑差速器结构

Torsen LSD 的结构如 9－20 所示，主要由差速器外壳、行星齿轮架、行星齿轮、太阳轮、环形齿轮接合齿、太阳轮接合齿及 4 个离合器盘等组成。

2. 不同行驶状态 LSD 的扭矩分配

把分动器切换到 H4F 或 L4F 模式时，差速器处于"自由模式"，LSD 有如下 3 种工作状态。

（1）前轴转速等于后轴转速（见图 9－21）。

（2）前轴转速大于后轴转速（见图 9－22）。

（3）前轴转速小于后轴转速（见图 9－23）。

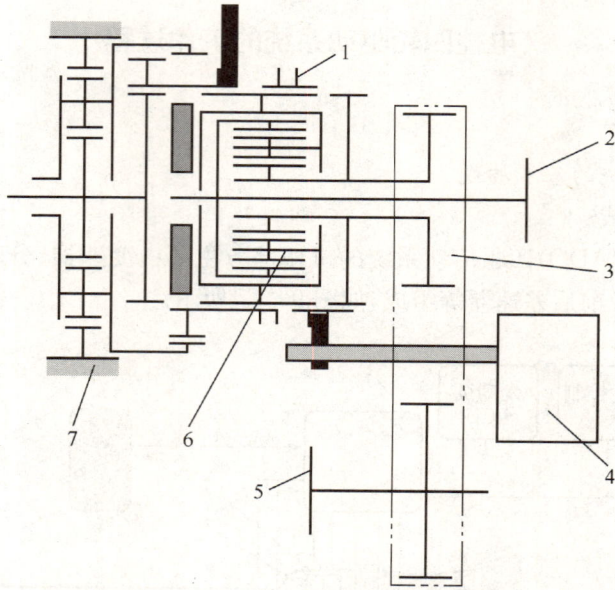

图 9 - 18 VF4BM 分动器传动

1-轴间差速器锁;2-后输出轴;3-传动链;4-轴间差速器锁止电
控执行器;5-前输出轴;6-托森 LSD;7-H/L 档

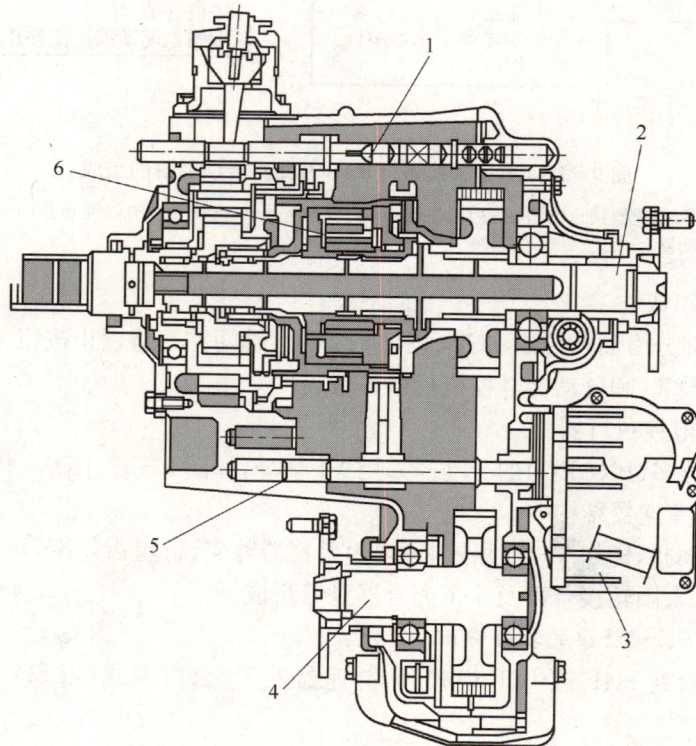

图 9 - 19 分 动 器 结 构

1-L/H 档换档轴;2-后输出轴;3-分动器电控执行器(用于轴间差速器
锁止);4-前输出轴;5-轴间差速器锁止转换拨叉轴;6-Torsen LSD

图 9－20　LSD 差速器结构

1-差速器外壳；2-1号离合器盘；3-环形齿轮接合齿；4-太阳轮接合齿；5-2号离合器盘；6-
4号离合器盘；7-行星齿轮；8-太阳轮；9-环形齿轮；10-3号离合器盘；11-行星齿轮架

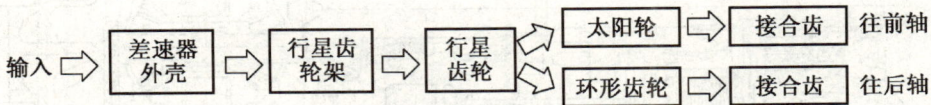

图 9－21　前轴转速等于后轴转速时 LSD 的动力传递路线

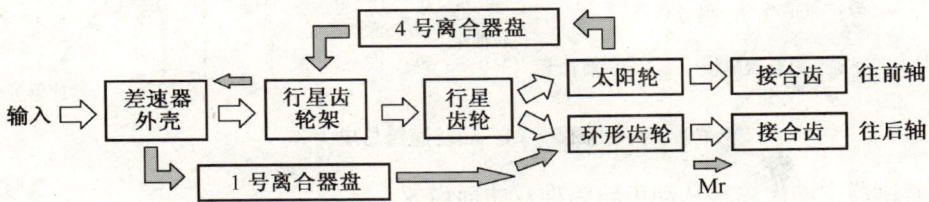

图 9－22　前轴转速大于后轴转速时 LSD 的动力传递路线

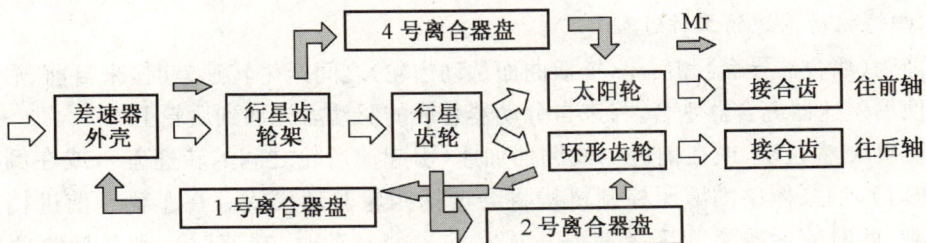

图 9－23　前轴转速小于后轴转速时 TORSEN LSD 的动力传递路线

二、实时四轮驱动系统

1. 实时四轮驱动系统的特点

实时四轮驱动(4WD)双泵系统车型的后差速器总成上装备有液压离合器和后差速器机构。正常条件下,车辆由前轮驱动。而根据前轮驱动力和路面条件的不同,无需驾驶员在两轮驱动(前轮驱动)和四轮驱动之间做操作转换,系统就会在瞬间将适当的驱动力传递给后轮。两轮驱动(2WD)和四轮驱动之间的转换机构内置于后差速器总成中,与其合成为一体,这使得系统既轻便又紧凑。

2. 实时四轮驱动系统的构造

后差速器总成包括扭矩控制后差速器壳体总成和后差速器行星架总成,如图 9-24 所示。扭矩控制后差速器壳体总成包括后差速器离合器总成、结合法兰和油泵体总成。后差速器行星架总成由各种机构组成。

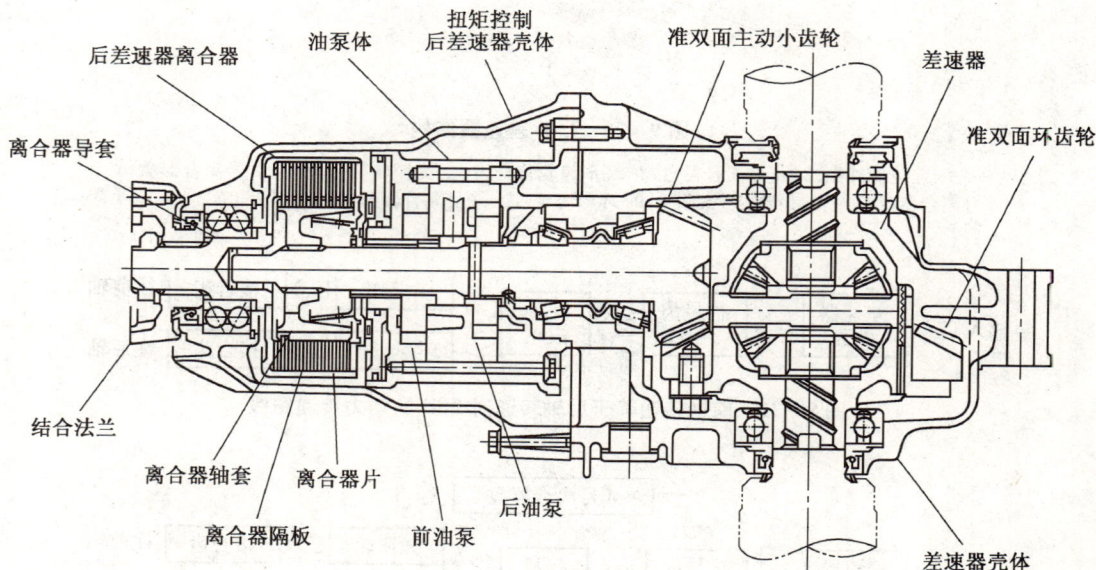

图 9-24　后差速器总成

后差速器主动齿轮和从动齿轮为准双曲面齿轮。

油泵体总成包括前油泵、后油泵、液压控制机构和离合器活塞。离合器活塞上有一个盘簧,该盘簧向后差速器离合器总成提供预置扭矩,以防总成发出异常噪声,见图 9-25 所示

3. 四轮驱动系统的工作过程

当前轮(离合器导套)和后轮(准双曲面从动齿轮)之间产生转速差时,来自前、后油泵的液压促使后差速器离合器啮合,将来自分动器总成的驱动力施加到后轮上。

在车辆突然起动,或在前进档或倒档加速(引起前后轮之间的转速差),或在倒档制动时(减速时),油泵体中的液压控制机构将会选择四轮驱动模式。在车辆于前进档或倒档匀速行驶(此时前后轮之间无转速差),或在前进档制动时(减速时),则转换为两轮驱动模式。

笔记

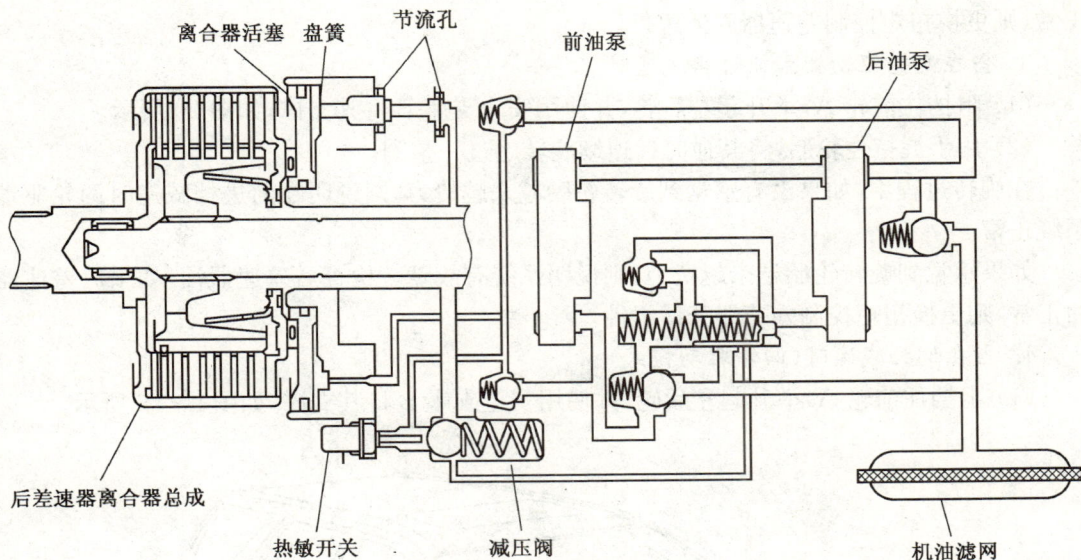

图 9－25　DPS 双泵液压控制系统

为保护系统,无论在四轮驱动还是两轮驱动模式下,后差速器离合器总成均通过油泵所产生的液压供油润滑。另外,当后差速器的温度超过正常值时,热敏开关将释放作用在离合器活塞上的液压并取消四轮驱动模式。

电控四轮驱动系统的检修

东风本田 CR - V DPS 双泵液压控制系统功能检测

1. 当在四轮驱动模式前进档起动和加速时

(1) 举升起车辆,使 4 个车轮均升离地面。

(2) 在前节传动轴或后节传动轴上做一个标记。

(3) 起动发动机,使其达到工作温度(散热器风扇起动至少两次)。

(4) 使发动机怠速运转,并换至 1 档位置。

(5) 稳固地施加驻车制动,并测定传动轴旋转 10 圈所需的时间。

如果所测时间超过 10 s,说明四轮驱动系统正常。

如果所测时间小于 10 s,说明四轮驱动系统有故障。检查后差速器油,如果后差速器油正常,则更换扭矩控制差速器(TCD)壳体组件。

2. 当在四轮驱动模式倒档起动和加速时

(1) 举升起车辆,使 4 个车轮均升离地面。

(2) 在前节传动轴或后节传动轴上做一个标记。

(3) 起动发动机,使其达到工作温度(散热器风扇起动至少两次)。

(4) 使发动机怠速运转,并换至 R 档位置。

(5) 稳固地施加驻车制动,并测定传动轴旋转 10 圈所需的时间。

如果所测时间超过 10 s,说明四轮驱动系统正常。

如果所测时间小于 10 s,说明四轮驱动系统有故障。检查后差速器油,如果后差速器油正常,则更换扭矩控制差速器壳体组件。

3. 当在两轮驱动模式前进档减速时

(1) 阻挡住前轮 A,举升起左后轮,并使用安全支座 B 将其支撑,如图 20 所示。

(2) 用手握持住轮胎,将其逆时针连续旋转超过一整圈。

在旋转过程中,如果没有感觉到旋转轮胎越来越费力,则说明在前进档减速时两轮驱动系统正常。

如果感觉到旋转轮胎越来越费力,则说明系统有故障。检查后差速器油,如果后差速器油正常,则更换扭矩控制差速器壳体组件。

4. 当在倒档减速时(四轮驱动模式)

(1) 阻挡住前轮 A,举升起左后轮,并使用安全支座 B 将其支撑,如图 9 - 26 所示。

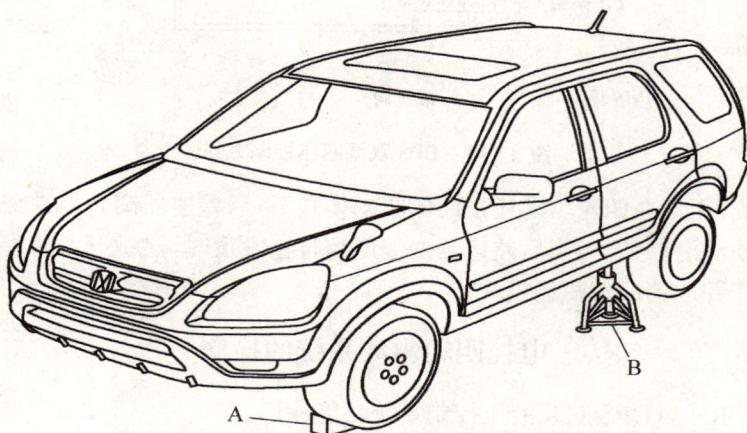

图 9 - 26　左后轮升离地面

A-前轮;B-安全支座

(2) 用手握持住轮胎将其顺时针连续旋转超过一整圈。旋转过程中如果感觉到旋转轮胎越来越费力,则说明在倒档减速时四轮驱动系统正常。

如果没有感觉到旋转轮胎越来越费力,则说明系统有故障。检查后差速器油,如果后差速器油正常,则更换扭矩控制差速器壳体组件。

(3) 四轮驱动系统常见故障及维修方法。装置中的大部分故障可通过齿轮或轴承发出的噪声进行诊断。

诊断时应小心,切勿将后差速器的噪声与其他动力系统组件的噪声混淆。常见故障及维修方法如表 9 - 2 所示。

表 9 - 2　四轮驱动系统常见故障及维修方法

症　状	可　能　原　因	维　修　方　法
不能进入 4WD 模式	油液液位太低 油液类型不正确	添加油液 更换
无法返回 2WD 模式	油液类型不正确	排放后差速器油液并重新加注

（续 表）

症 状	可 能 原 因	维 修 方 法
齿轮或轴承噪音	油液液位太低 油液类型不正确或耗尽 齿轮损坏或有缺口	添加油液 排放后差速器油液并重新加注 更换后差速器行星架总成
过热	油液液位太低 油液类型不正确	添加油液 排放后差速器油液并重新加注
油液渗漏	油液液位太高 通风软管堵塞 油封磨损或损坏 密封垫圈损坏 装配螺栓松动或密封不严	降至正常液位 清理或更换 更换 更换 重新检查扭矩或施加密封剂

项目十 轮胎气压不足监测系统检修

项目概述

在汽车行驶过程中，只有时刻保持轮胎在标准压力下使用，才能尽可能的避免爆胎事故发生。TPMS能实时监测所有轮胎的气压，对气压过低、气压过高、以及快速漏气等异常状态及时发出报警，提示驾驶员及时处理有效排除了爆胎事故的隐患。

在欧美等国，原车渐渐开始原配胎压监测系统装置，直接集成在行车。

电脑里，显示在中控台仪表盘中间。在北美胎压监测系统规定中，明确要求胎压监测系统必须在轮胎出现异常2分钟内反应，报警提示车主（见图10-1）。并且规定中还特别说明：胎压监测系统显示器在未接收到轮胎中胎压监测传感器装置信号，或者接收不稳定时必须报警提示车主。

图 10-1 轮胎气压检测系统故障灯

　　直接系统可以提供更高级的功能,随时测定每个轮胎内部的实际瞬压,很容易确定故障轮胎。间接系统造价相对较低,已经装备了 4 轮 ABS(每个轮胎装备 1 个轮速传感器)的汽车只需对软件进行升级。但是,间接系统没有直接系统准确率高,它根本不能确定故障轮胎,而且系统校准极其复杂,在某些情况下该系统会无法正常工作,例如同一车轴的 2 个轮胎气压都低时。

本项目主要学习任务:

1　轮胎气压不足监测系统检查与维护
2　轮胎气压不足监测系统的故障诊断与排除

工作任务 1　汽车轮胎气压不足监测系统检查与维护

任务描述

　　接车员小刘接到一辆标志轿车,车主反映轮胎压力检测一直正常,但是一次轮胎扎穿后换上原装备用轮胎后,轮胎压力检测系统一直在报警,但是备胎气与其他 3 个车轮胎压标准。使用诊断仪对轮胎压力系统进行检测发现,该车只是轮胎压力系统只匹配了 4 个轮胎,其中一个轮胎处于未匹配或者有故障。

学习目标

1. 知识目标
(1) TPMS 控制系统的组成、结构与功用。
(2) 掌握整车上 TPMS 控制系统组成、各部件的位置及作用。

2. 技能目标
(1) 能够初步进行 TPMS 控制系统的检查维护。
(2) 会运用所学知识和经验,为客户提供汽车 TPMS 系统维护的建议。

3. 素养目标
(1) 具备信息查询和手册使用的基本能力。
(2) 能够按照企业 6S 要求和安全生产规范进行操作。
(3) 能与同学密切合作,规范安全的完成学习活动。
(4) 养成自主学习、操作规范的工作作风及环保意识。

建议学时: 6 学时

资料查询

1. 查阅"学习参考书"、维修手册和相关维修资料,整理出该任务的知识点和技能点

知识点	(1)	
	(2)	
	(3)	
	(4)	
	(5)	
技能点	(1)	
	(2)	
	(3)	
	(4)	
	(5)	

2. 查阅资料,完成下列测试

(1) TPMS 的作用?

(2) TPMS 如何实现轮胎气压检测?

(3) TPMS 最多能匹配( )个带胎压传感器的轮胎?

A. 5　　　　　B. 9　　　　　C. 4　　　　　D. 6

(4) 根据在 20℃时推荐的正常压力,胎压不足检测阀值( )mb,爆胎检测阀值
( )mb

A. 400、600　　　　　　　　B. 600、500

C. 500、500　　　　　　　　D. 300、400

3. 查阅资料,识别图 10-2 TPMS 主部件,并指出各部件在车上的安装位置

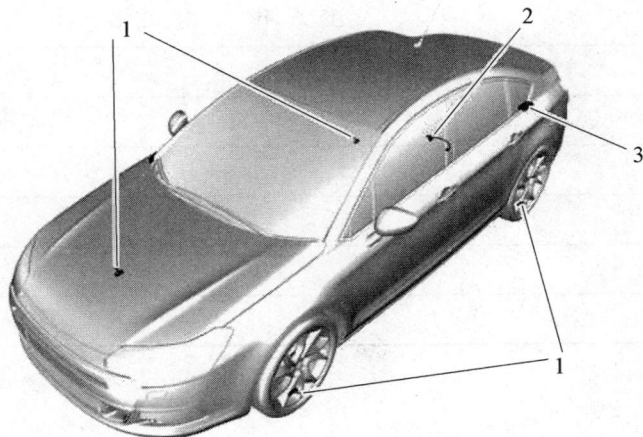

图 10-2

零件名称	作　　用	零件名称	作　　用

2. 检查车轮发射器模块

概述

如果车轮发射器模块故障，将会导致 TPMS 故障，所以要定期检查保养车轮发射器模块。

查阅资料，确定车轮发射器模块定期检查保养、更换的里程：_____。

考核评价

1. 知识评价

现场问答题：

（1）叙述 TPMS 的功用。

（2）图 10-3 是典型的 TPMS 车轮发射器模块示意图，查阅相关资料，对模块的各部分组成进行标注，并且在实车上找出零件。

（3）描述 TPMS 进行基本检查和维护方法。

2. 技能及素养评价

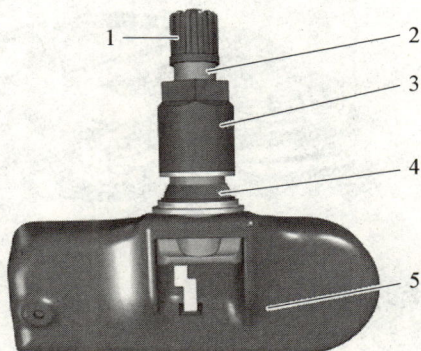

图 10-3　轮胎压力传感器组成位置

综合考评		自我评价	小组互评	教师评价	第三方评价
素质考评 30分	劳动态度6				
	遵守纪律6				
	安全操作6				
	学习态度6				
	出勤情况6				
技能考评 70分	工具使用10				
	任务方案10				
	实施过程30				
	完成结果10				
	任务工单10				
（总分100分） 本次得分：					
最终得分：					

工作任务 2　轮胎压力检测系统的故障诊断与排除

任务描述

一天,接车员接到一辆雪铁龙轿车,车主反映该车在跑长途过程中仪表显示 TPMS 有故障灯如图 10-4,停车检查轮胎并没有爆胎和少气压。到 4S 店后,进行轮胎与备胎对调后故障消失,再用解码器检查,显示其中一个 TPMS 传感器电压值过高故障。现在需要进一步的检测。

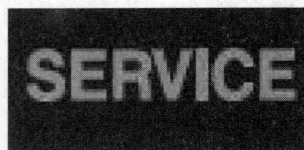

图 10-4　TPMS 故障灯

学习目标

1. 知识目标
掌握各类型 TPMS 结构、工作原理及检测方法、流程。

2. 技能目标
(1) 能够解释 TPMS 传感器采样数据。
(2) 能够正确使用故障诊断仪,通过查看所选参数,监测 TPMS 传感器。
(3) 能够解释所选故障码的故障排除程序。

3. 素养目标
(1) 具备信息查询和手册使用的基本能力。
(2) 能够按照企业 6S 要求和安全生产规范进行操作。
(3) 能与同学密切合作,规范安全的完成学习活动。
(4) 养成自主学习、操作规范的工作作风及环保意识。
建议学时:4 学时

资料查询

1. 查阅"学习参考书"、维修手册和相关维修资料,整理出该任务的知识点和技能点

知识点	(1)
	(2)
	(3)

（续　表）

笔记

知识点	(4)	
	(5)	
技能点	(1)	
	(2)	
	(3)	
	(4)	
	(5)	

2. 查阅资料，完成下列测试

(1) 请叙述任意一款车型的轿车轮胎气压的标准值是多少？

_____

(2) 胎压不足监测系统的电控单元不监测超压情况。（　　　）

(3) 额定气压是能进行更改设置的（气压值与 VIN 号关联，不可更改）。（　　　）

(4) 我们可以通过诊断工具关闭该功能（　　　）

3. 查阅资料，在车辆上找出 TPMS 的各个部件，分析工作原理，并将插座上的各线路用胶布进行名称标注

计划决策

请根据任务要求，确定汽车 TPMS 检查与维护所需要的资料及用具。

1. 需要的资料及用具

(1) 场地设施：_____

(2) 设备器材：_____

(3) 备件耗材：_____

(4) 防护用品：_____

2. 小组成员分工

人 员 分 工		工具、量具准备	主 要 职 责
组号			
组长			
组员			

3. 汽车 ASR 认知、检查与维护流程工作任务

工作步骤	工　作　内　容
步骤 1	正确识别和解释 TPMS 轮速传感器数据
步骤 2	利用 OBD 状态菜单检验轮速传感器的运行

（续　表）

工作步骤	工　作　内　容
步骤 3	解释所选 DTC 故障排除的程序
步骤 4	
步骤 5	
步骤 6	

任务实施

车轮发射器模块定位

车轮发射器模块的定位如图 10-5 需要进行 2 个步骤。

第一步：确定发射器模块的前/后位置。

第二步：确定车轮发射模块的左、右位置。

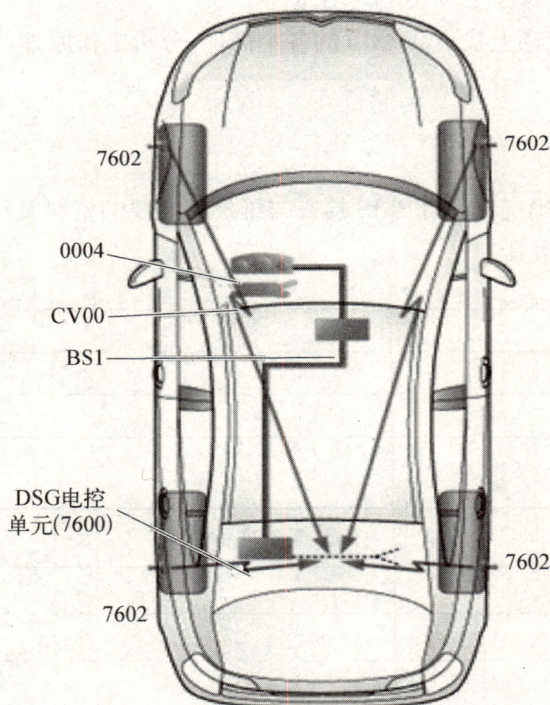

图 10-5　车轮发射器模块定位

考核评价

1. 知识评价

描述车轮发射模块的 3 个模式作用，并且叙述检测方法。

笔 记

2. 技能及素养评价

综 合 考 评		自我评价	小组互评	教师评价	备注说明
素质考评 30分	劳动态度 6				
	遵守纪律 6				
	安全操作 6				
	学习态度 6				
	出勤情况 6				
技能考评 70分	工具使用 10				
	任务方案 10				
	实施过程 30				
	完成结果 10				
	任务工单 10				
（总分 100 分） 本次得分：					
最终得分：					

参考资料

理论知识

一、TPMS 系统可以监测车辆轮胎气压并在气压不足或爆胎的情况下警示驾驶员

车轮发射模块（MER）将高频信息（HF）通过高频天线传递给位于行李舱左侧的电控单元如图 10 - 6。在处理之后，如果有必要，电控单元会给驾驶员发出警报（通过 CAN 网）。

定位功能可以识别每个车轮的每个发射器的位置。

部件位置如图 10 - 7：车轮发射器模块；高频天线如图 10 - 9；轮胎气压不足监测 ECU。

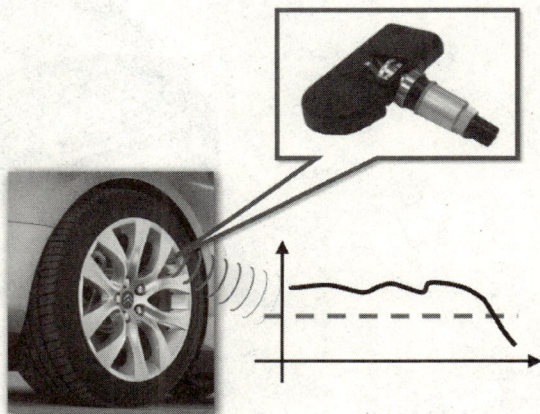

图 10 - 6 车轮发射模块

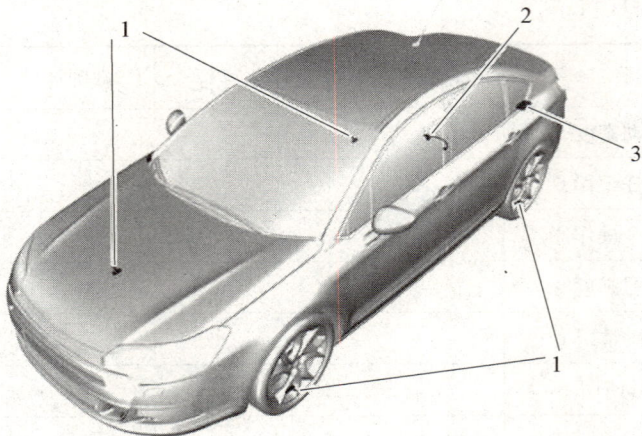

图 10 - 7   TPMS 部件位置

1. 车轮发射器模块如图 10 - 8

图 10 - 8   车轮发射器模块

2. 高频天线(备胎箱外底面)

3. 轮胎气压不足监测 ECU(左后翼子板内)

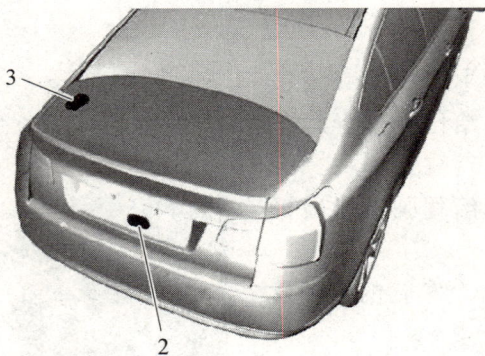

图 10 - 9   高 频 天 线

人机接口：

轮胎气压不足监测

笔记

– 启用/停用

驾驶员不能停用轮胎气压不足监测系统。

系统信息介绍：

当轮胎之一胎压不足或穿孔或如果车轮发射器模块或系统总体上存在故障时，"轮胎气压不足监测"功能警告驾驶员。

二、轮胎压力监控初始化（如图10-10）

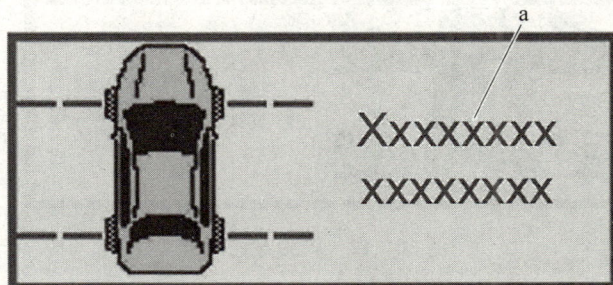

图 10-10　压力监控

"压力监控"信息显示在仪表板上（在"a"里）。

车辆在20天内没有开动后，打开点火装置时，显示"压力监控"信息。

系统重新初始化正在进行中

用户手动检查开始时，正在进行中的系统初始化信息被传输给"DSG/保养"界面，以显示轮胎气压不足监测系统的重新初始化指示。

注：其他轮胎继续显示其实际状态。

信息"轮胎压力OK"如图10-11。

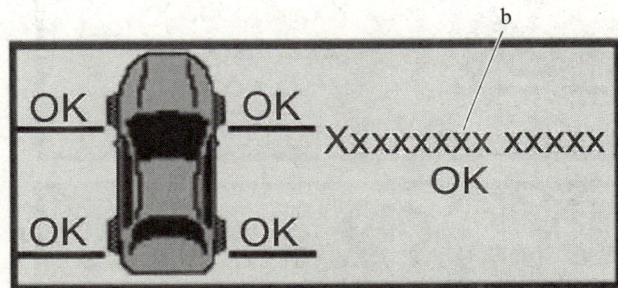

图 10-11　轮胎压力"ok"

"轮胎压力OK"的信息显示在仪表板上（在"b"里）。

将4个车轮的轮胎气压通知驾驶员是正常的。

当用户按下"CHECK"键时，组合仪表的显示屏上显示信息"轮胎压力OK"的信息。

压力"正常"的车轮以"正常"符号显示。

其他车轮按照与其状态（穿孔、胎压不足、传感器故障）有关的要求显示。

1.轮胎穿孔警告

信息传输：轮胎穿孔警告如图 10 - 12。

图 10 - 12　轮胎穿孔警告

（1）带固定中央控制装置的方向盘发出报警声。

（2）仪表板上的"STOP"指示灯点亮。

（3）仪表板上出现"爆胎"指示符号。

（4）爆胎及其位置的指示符号显示在仪表板上。

在驾驶员的请求下，手动检查时（CHECK 开关），也会显示信息"爆胎警告"。

2. 轮胎亏气报警

信息传输：轮胎胎压不足如图 10 - 13：

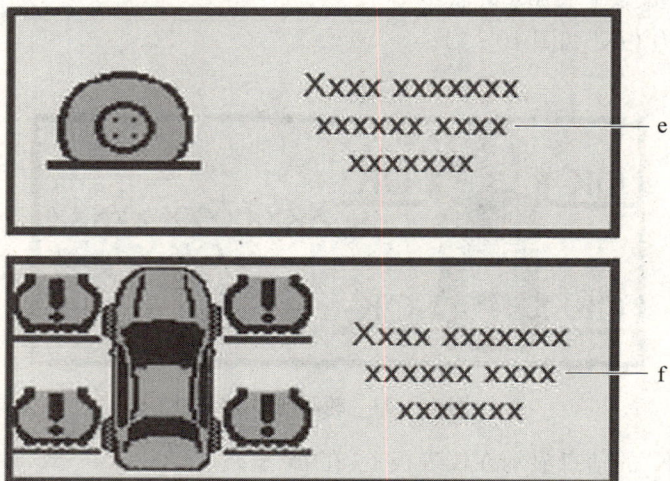

图 10 - 13　轮胎亏气报警

（1）带固定中央控制装置的方向盘发出报警声。

（2）仪表板上的"SERVICE"指示灯点亮。

（3）仪表板上显示"轮胎胎压不足"指示符号。

（4）仪表板上显示胎压不足轮胎及其位置。

在驾驶员的请求下，手动检查时（CHECK 开关），也会显示信息"胎压不足轮胎"。

3. 轮胎监控故障

信息传输：未监控到车轮压力如图 10-14 所示。

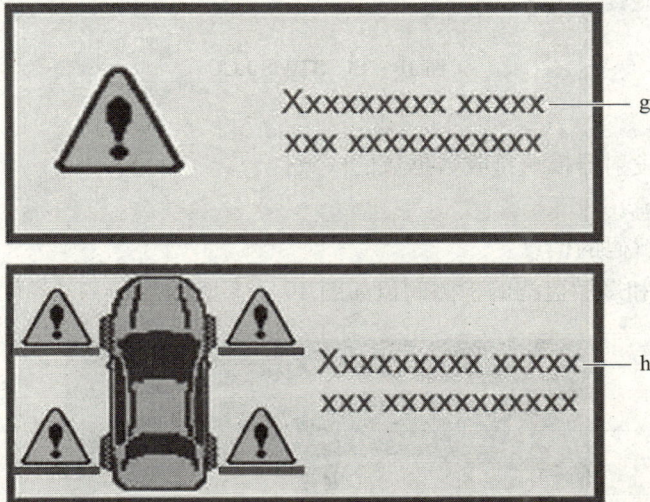

图 10-14　轮胎检测故障

（1）带固定中央控制装置的方向盘发出报警声。

（2）仪表板上的"SERVICE"指示灯点亮。

（3）仪表板上显示"危险"指示符号（轮胎未受监控）。

（4）仪表板上出现显示未受监控的轮胎及其位置的指示符号。

在驾驶员的请求下，手动检查时（CHECK 开关），也会显示信息"轮胎压力未受监控"。

轮胎气压不足监测系统的组成

一、ECU

对车轮发射器模块发出的信号解码。

（1）确定车轮发射器模块的位置。

（2）监控行驶和静止时轮胎的压力。

（3）确定警告的类型。

（4）探测车辆轮胎上的压力泄漏或穿孔。

（5）相对制造商推荐的压力警告驾驶员压力变化。

（6）在某个部件出现故障时允许备用工作模式，这有助于轮胎气压不足监测系统的操作。

轮胎气压不足监测 ECU。

"a"18 路黑色插接器。

图 10-15　TPMS ECU

另外还执行：

（1）检查车轮发射器模块接收数据流的一致性。

（2）确认数据流。

（3）重新传递解码的信息。

胎压不足监测和爆胎监测的检测阀值如图 10-16 所示。

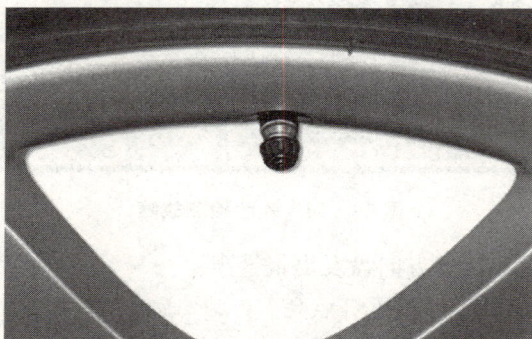

图 10-16　胎压传感器安全位置

根据在 20℃时推荐的正常压力：

（1）胎压不足检测阀值：—400 mb。

（2）爆胎检测阀值：—600 mb。

这些检测阀值都是固定不变的，不能设定。因此，当前后轮胎推荐的压力不同时，将根据实际压力，返回各自报警状况。

二、车轮发射器模块

车轮发射器模块（见图 10-17）由下列部件构成：

（1）气门盖。

（2）气门。

（3）气门固定螺栓。

（4）固定套。

（5）发射器-传感器 ECU。

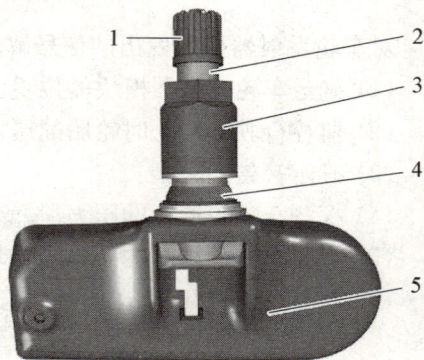

图 10-17　车轮发射器模块

车轮发射器模块的供应商是 SIEMENS。

车轮发射器模块装有一个与无线电发射器相连的压力和温度传感器。

发射天线安装在车轮气门上。

车轮发射器模块装有运动检测传感器。

集成在车轮发射器模块上的运动检测传感器为压电陶瓷型。

为了抵抗振动,电子设备被封装在树脂内。

运行状况:

电源由锂电池提供,其使用寿命大约为 10 年。电池与车轮发射模块(MER)是不可拆分的。

车轮发射模块(MER)发出一个频率为 433.92 M 赫兹的无线电信号。

车轮发射模块(MER)有 3 种运行模式:

(1) 停机模式。

(2) 驻车模式。

(3) 行驶模式。

图 10-18 车轮发射器模块

图 10-19 轮发射器模块安装位置

备胎没有安装车轮发射模块。

1. 车轮发射器模块(MER)——驻车模式

车轮发射器模块(MER)在检测不到运动时进入的工作模式(车辆停止)。

在该模式下,车轮发射器模块每隔 13 h 或压力差(>60 mb)时发射一个数据帧

2. 车轮发射器模块(MER)——驾驶模式

车轮发射器模块在车辆移动时进入的工作模式。

可以检测到车辆运动的最低车速为 20 km/h。

在驾驶模式下,车轮发射器模块每分钟发射一个信息帧,或者如果检测到泄漏,则每 5 秒钟发射一个信息帧。

注:在 10 分钟内如果一直报告没有检测到运动,驾驶模式将切换至驻车模式。

3. 车轮发射器模块（MER）——停止模式

一旦车轮发射器模块被启用，就不能再返回至该工作模式。

利用车轮发射器模块初始化触发器，低频启用车轮发射器模块，可使其退出停止模式。

三、轮速传感器

ABS 或 ESP 系统提供以下信息：

（1）4 个车轮的轮速如图 10 - 20 所示。

（2）车速。

（3）车轮行驶单位距离（在确定的时间内每一个车轮行驶的距离）。

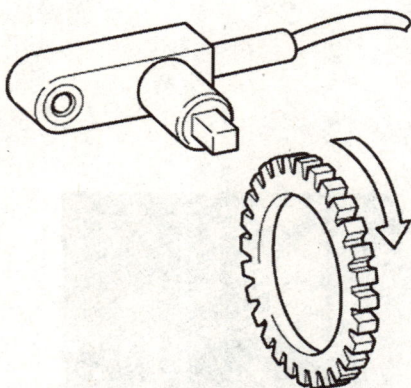

图 10 - 20 轮 速 传 感 器

图 10 - 21 方向盘角度传感器

四、方向盘角度传感器

方向盘角度传感器在发射模块左/右监测中（见图 10 - 21）。

轮胎气压不足监测系统的工作

给驾驶员的警示

智能伺服盒（BSI）获取到要发给驾驶员的警示信息。

通过以下部件进行通信：

组合仪表的显示屏（通过信息显示），方向盘下转换模块（通过声音警报）。

1. "车辆停止"运行模式

待机模式（车辆停止）：

DSG 电控单元扫描车轮发射器模块发送的信息（3 毫秒工作，97 毫秒停止）。

"车辆静止"工作模式：

图 10 - 22 仪表盘上显示的 TPMS 提示

当车辆静止时,系统继续监视轮胎气压,以便在下次起动车辆时将异常警告驾驶员。

为使电耗较低,车辆静止时的监控有较长的取样间隔,这样可以减少系统静止时的能耗。

待机模式下(车辆静止),轮胎气压不足探测 ECU 扫描车轮发射器模块发送的信息(3毫秒扫描,然后 97 毫秒关闭)。

在扫描阶段(3 ms)期间,只有当车轮发射器模块发射的"触发数据流"信息正确时(9 600 Hz 的方波信号),轮胎气压不足探测 ECU 才能识别该数据流。

注:车辆保持静止状态 20 天后,ECU 就停止监控轮胎。

2. "行驶"运行模式

扫描信息间隔与车辆停置时一样。

DSG 电控单元由 RCD 控制信号唤醒,该信号可以将轮胎状况更快地反馈给驾驶员。

(1)胎压不足监测系统(DSG)的电控单元不监测超压情况。

(2)额定气压是不能进行更改设置的(气压值与 VIN 号关联,不可更改)。

(3)可以通过诊断工具关闭该功能(例如:安装了不带车轮发射器模块(MER)的车轮)。

(4)可以记忆 9 个车轮发射器模块(MER)(见图 10-23)。

如果车辆在一个高频干扰信号非常强的环境中行驶时(例如:在机场附近),该系统将不工作(就像车辆受到了干扰)。

温度低而锂电池电量又弱时,车轮发射模块可能也不工作

图 10-23 行驶运行模块

轮胎气压不足监测系统的检修

车轮发射器模块的初始化

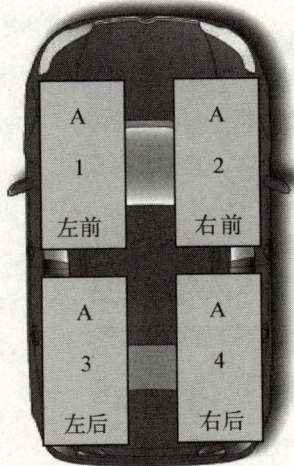

图 10-24 轮胎气压储存图(a)

A=常用车轮

充气程序:将车轮气压充至 3.7 bar,等待 1 分钟后将轮胎放气至额定充气气压(由生成厂家建议)。

在进行初始化之前,必须将轮胎气压充到高于 3.7 巴,以便进入"测试模式"。

在一个空白电控单元中初始化 4 个车轮发射模块(MER)如图 10-24 所示(a)

在对常用的 4 个车轮进行初始化之前,电控单元的状况是:9 个位置是空的。如图 10-25 所示(b)

在一个空白电控单元中初始化 4 个车轮发射模块(MER)。如图 10-26,10-27,10-28 所示

进行初始化:

在一个空白电控单元中进行完 4 个车轮发射器。

模块(MER)的初始化还有 5 个空位置。如图 10-29 所示

例如:前面 2 个轮胎失窃,又更换了新的(新轮胎 R1 和 R2)。

笔记

图 10‑25　轮胎气压储存图(b)

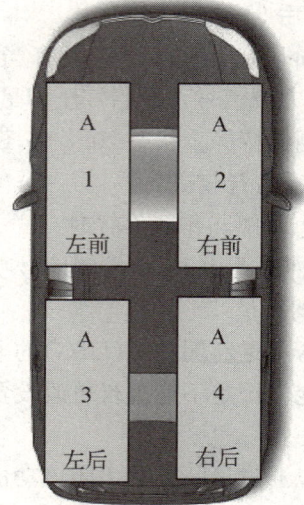
图 10‑26　轮胎气压储存(a)

A＝常用车轮

图 10‑27　轮胎气压储存(b)

图 10‑28　检查轮胎气压传感器信号

在对新的车轮发射器模块(MER)进行初始化前,电控单元的状况图10-31所示。

在对 MER R1 和 R2 进行完初始化后,电控单元的状况图10-32所示。

由于没有空的位置,所以车轮 A2 被删除。

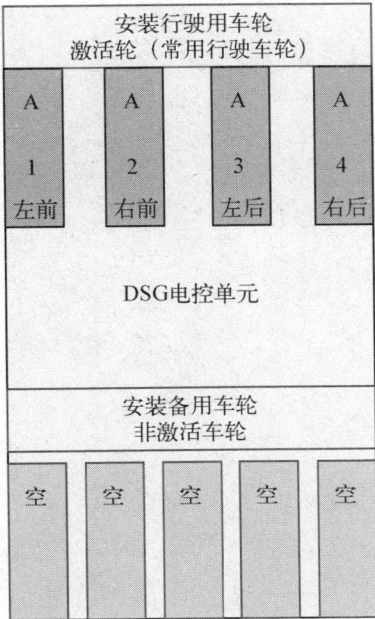

图 10-29　轮 胎 气 压 储 存

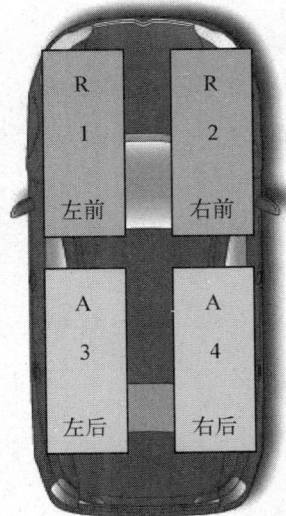

图 10-30　轮 胎 压 储 存

A=常用车轮胎
R=更换的轮胎

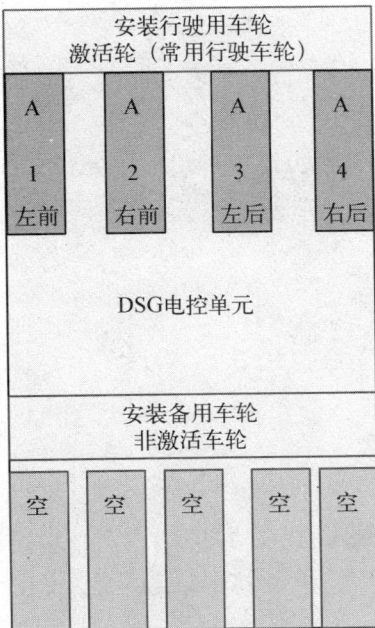

图 10-31　轮 胎 气 压 储 存

图 10-32　轮 胎 气 压 储 存

参考文献

［1］ 冯永亮.汽车电控底盘检修(上册)［M］.北京：中国劳动社会保障出版社,2006.

［2］ 雷治亮.汽车自动变速器检修［M］.广州：华南理工大学出版社,2013.

［3］ 吴玉基.汽车自动变速器构造与维修［M］.北京：人民交通出版社,2002.

［4］ 杨海龙,夏明君.汽车自动变速器［M］.北京：机械工业出版社,2008.

［5］ 冯永亮,徐家顺.汽车自动变速器检修一体化项目教程［M］.上海：上海交通大学出版社,2011.

［6］ 巫兴宏.汽车自动变速器维修工作页［M］.北京：人民交通出版社,2008.

［7］ 周志立.汽车 ABS 原理与结构.北京：机械工程出版社,2011.

［8］ 廖曙洪.汽车制动系检修［M］.广州：华南理工大学出版社,2013.

［9］ 李海波,邱霖.汽车 ABS 的结构与维修［M］.北京：中国广播电视出版社,2010.

［10］ 周杨志勇.长安微型汽车维修速查手册［M］.北京：机械工程出版社,2011.

［11］ 周志立.汽车 ABS 原理与结构［M］.北京：机械工程出版社,2011.

［12］ 廖曙洪.汽车制动系检修［M］.广州：华南理工大学出版社,2013.

［13］ 李海波,邱霖.汽车 ABS 的结构与维修［M］.北京：中国广播电视出版社,2010.

［14］ 周杨志勇.长安微型汽车维修速查手册［M］.北京：机械工程出版社,2011.

［15］ 蒋家旺,方俊.大众汽车电控系统检修培训教材［M］.北京.机械工业出版社,2012.

［16］ 杨占鹏.怎样维修巡航电控悬架电控动力转向系统［M］.北京.机械工业出版社,2005.

［17］ 孔军.图解汽车动力转向电控系统(EPS)故障检修［M］.北京.化学工业出版社,2014.

［18］ 胡勇.汽车电控系统检测与维修实训［M］.北京.机械工业出版社,2010.